KB075723

민주시민교육 핸드북 II: 방법론

국립중앙도서관 출판시도서목록(CIP)

민주시민교육 핸드북 II: 방법론
= Handbook of The Civic Education II: Method
/ 신두철·허영식 공편. -- 서울 : 오름, 2009 p. ; cm

색인수록
ISBN 978-89-7778-325-6 93340 : ₩18000

민주 시민 교육[民主市民教育]
민주 주의[民主主義]
정치 문화[政治文化]

370.8-KDC4
370.115-DDC21                         CIP2009003358

# 민주시민교육 핸드북 II: 방법론

신두철 · 허영식 공편

# Handbook of The Civic Education II: Method

SIN Du Chel · HUH Young Sik

ORUEM Publishing House
*Seoul, Korea*
2009

## 머리말

   민주주의의 수립과 정착에 관한 한 우리나라는 그동안 상당한 우여곡절을 겪어왔다. 특히 권위주의 정권의 유지와 타파를 둘러싸고 적지 않은 반전과 뒤틀림을 거치면서 비로소 오늘날 비교적 안정된 민주주의를 확립하게 되었다.

   그렇지만 선거와 관련하여 정치적 참여를 할 수 있는 권리를 누리고, 사법부의 도움을 빌어 국가에 의한 권리침해와 부당한 행위에 대하여 방어를 할 수 있는 가능성을 활용하고, 신상에 큰 위협을 느끼지 않으면서 자기 자신의 견해를 밝힐 수 있고, 자신의 생각에 따라 정치적으로 관여하고 참여할 수 있는 자유를 향유하게 된 것은 역사가 그렇게 오래되지 않은 일이다.

   또한 그러한 자유의 향유는 결코 저절로 이루어질 수 있는 자명한 일이 아니다. 다시 말하면, 민주주의를 유지·발전시키는 데 있어서는 시민의 자세와 태도가 매우 중요하다. 결국 민주주의는 우리가 마음대로 처분할 수 있도록 우리 앞에 단순히 주어져 있는 것이 아니라, 시민들이 민주적인 정치체제를 유지하는 데 기여하고, 민주적 정치문화를 가꾸고 돌보아야 한다는 의미에서 우리의 영속적인 과제로서 남아 있는 것이다.

   이러한 맥락에서 민주시민교육도 역시 바람직한 민주적 정치문화를 확립하고 정착시키는 데 있어서 긍정적으로 기여해야 한다는 과제를 안고 있다. 그동안 우리나라에서는 관련된 전문가 집단이나 관심 있는 사람들을 중심으로 하여 민주시민교육의 필요성과 중요성에 대한 의사소통 및 담론이 어느 정도 이루어진 편이다. 하지만 공공 교육기관이나 민간 시민·사회단체에서 준거로 삼을 수 있는 민주시민교육의 지침서 혹은 안내서가 여전히 부족한 상태에 놓여 있다.

이와 같은 배경에서 출발하여, 이 책의 집필에 참여한 연구진은 민주시민 교육의 취지와 목표, 내용과 방법, 운영체계와 환경조건 등에 대하여 비교적 체계적인 지침서나 안내서 혹은 편람으로서의 기능을 수행할 수 있는 책을 작성할 필요가 있다는 점에 동의하였다. 그리하여 선거연수원의 재정적 지원을 받으면서 집필진은 주제별로 역할분담을 하여 각자 해당하는 부분을 작성하고 집필진 회의를 거친 다음 민주시민교육에 대하여 어느 정도 전체적으로 개관할 수 있는 도서를 지난해 말에 『민주시민교육 핸드북』이라는 이름으로 발간하기에 이르렀다.

이 책은 방금 언급한 도서의 후속편이라고 간주할 수 있다. 그런데 선행도서와 비교할 때 이 책이 특별히 중점을 둔 부분은 다름 아니라 민주시민 교육의 방법적 접근방안이다. 그래서 이번에는 『민주시민교육 핸드북 II: 방법론』이라는 제목을 달고 책을 발간하기에 이르렀다. 이 책의 가장 큰 장점은 여러 가지 방법 및 기법에 대하여 단순히 특징과 적용방안을 기술하는 데 그치지 않고, 각 방법 및 기법에 대하여 간단히 해설을 한 다음 이어서 구체적인 실천 및 적용 사례를 첨부했다는 데 놓여 있다. 그렇게 함으로써 교육현장에서 교사나 전문가가 보다 더 쉽게 각 방법과 기법을 활용하고 적용하는 데 있어서 많은 도움을 줄 것으로 기대한다.

이 책에 포함된 내용을 간단히 소개하자면, 제1부에서는 시민교육 방법의 이론적 기초를 다루고, 제2부에서는 30여 개의 방법 혹은 기법에 대한 해설과 더불어 실천 및 적용 사례를 제시한다. 제1부에서는 방법의 개념과 의미, 방법의 특징, 메타이론의 관점에서 바라본 방법의 기초, 그리고 방법적 능력의 측면을 비교적 간단히 살펴본다. 그 다음 제2부에서는 의사결정학습, 미래워크숍 등과 같이 비교적 큰 규모로 활용할 수 있는 방법과 더불어, 그때그때 수업상황에서 비교적 간단하게 활용할 수 있는 기법(피라미드 토론법, 터부토론 등)에 대하여 특징과 유의사항을 고려하면서 간단히 해설을 하고 그 적용가능성을 예시한다.

이 도서의 발간을 위하여 집필계획 단계부터 기꺼이 재정적 지원을 해주신 중앙선거관리위원회 선거연수원에 집필진을 대표하여 특별히 감사드린다. 또한 어려운 출판사정에서 불구하고 흔쾌히 도서발간에 협조해 주신 도서출판사 오름의 부성옥 대표께도 심심한 사의를 표한다. 그리고 연구와 교육을 위해 바쁘신 와중에서도 각자 담당한 표제어별로 옥고를 작성해 주시고 기한 내에 원고를 보내주신 집필진 여러분에게 고마운 마음을 전하고 싶다.

2009년 10월
집필진을 대표하여 신두철·허영식

# 차례

# CONTENTS

# 제1부 시민교육 방법의 이론적 기초

01

# 방법의 개념과 의미

우리는 일단 일반적인 (과학적인) 방법과 수업방법을 구분할 수 있다. 방법은 대상과 인식(또는 개념)의 관계에 대한 성찰, 즉 일반적으로 중요하고 의미가 있는 것과 그것을 나타내는 내용에 대한 질문과 관련된다. 이와는 대조적으로 수업에서 이루어지는 의사소통의 이론이라는 의미에서 수업방법은 교수·학습의 단계·형태에 관한 질문을 제기한다. 다시 말하면, 여기서는 새로운 지식과 인식·통찰(학습내용)의 습득을 위한 조작적 방법과 그것을 전달하는 교수법이 중요한 문제이다(Mickel, 1995: 4).

방법의 개념은 오래된 철학적 전통을 지니고 있다. 플라톤의 산파술 뒤에는 일정한 인식론적 입장이 놓여 있다. 헤겔도 역시 내용과 방법의 중개(존재론적 방법개념)를 주장하면서, 대상과 인식의 관계에 대한 성찰을 목표로 삼고 있다. 그 반면에 칸트에게 있어서는 방법 그 자체가 대상을 구성하는 요인으로 작용한다. 그 이외에도 방법에 도구적인 성격을 부여함으로써 인식과정의 단순한 수단으로 간주하려는 입장이 있다. 이러한 기술적인 방법개념에 따르면, 방법은 단지 전달하는 기능만을 갖고 있으며, 작업방식과 절차에 주안점을 둔다. 이 입장에서는 내용과 절차에 대한 의사결정이 비가역적인 목적·수단 관계를 맺게 된다.

방법의 개념은 내용과 소재의 관점에서 접근할 수도 있고, 일정한 내용을 다루는 개인의 관점에서도 역시 접근할 수 있다. 첫 번째 접근방식에서의 방법은 말하자면 지식의 내용 또는 소재가 지시하는 사항을 적절하게 수행함으로써 그것을 가장 효과적으로 활용할 수 있도록 한다. 대상과 내용을 구성하는 방법의 기능은 다음과 같이 나타난다. 학습을 과정으로 그리고 사고도 역시 과정적으로 파악하게 되면 내용을 습득하는 방법과 동떨어진 존재라는 의미에서의 내용이란 없는 것이다. 이렇게 볼 때, 방법의 도구적 측면만을 강조하는 일은 일방적인 것이라고 거부할 수 있다.

수업방법은 대상의 주제를 구조화하고 수업기법을 통합함으로써 구체적인 조건하에서 목표에 도달하게 만든다. 수업방법은 따라서 과정으로서 그리고 그 결과의 측면에서 대상을 구성한다. 수업방법과 기술적인 배열 및 준비를 위한 지침은 자기활동, 창의성, 자기결정, 정치적 참여, 민주적 행동, 팀 활동 따위이다. 그런데 이 모든 것은 개방적인 교육과정에서 비로소 가능하다. 방법은 단순한 수단이 아니며, 수업에서 이루어지는 상호작용의 구조화를 안내하는 측면이다.

시민교육은 주어진 일반적인 (과학적) 체계나 계통에 따라 그 내적인 구조를 탐색할 수 없다. 오히려 교수법의 절차와 원칙을 이용하지 않으면 안 된다. 수업방법의 과제는 학습자와 대상(문제)의 만남을 위하여 최적의 조건을 마련하는 데 놓여 있다. 그 근본적인 방도는 이른바 산파술을 통하여 이미 오래전에 소크라테스와 플라톤이 제시한 바 있다. 사람들은 문제 제기(질문), 논증(주장), 그리고 답변(결과)의 3박자를 어떤 문제의 해결을 위한 방법이라고 부른다. 즉, 이것은 방도와 처리방식을 배열하고 정리하는 것이다. 방법은 교수·학습의 일정한 절차와 수단, 그리고 여기에 부응하는 조직형태를 사용한다.

방법개념은 메타이론(과학이론) 수준의 논의에서 '경험과학'이라고 불리는 경기의 규칙을 가리키는 총괄개념으로서, 그리고 개념형성, 연구계획의 구성, 과학적으로 의미가 있는 중요한 출처나 자료의 해석과 같은 과학적 절차를 위한 집합개념(총칭)으로서 사용되고 있다. 따라서 과학적인 방법에 관한 논의는 그때그때 기초가 되고 있는 패러다임의 신뢰성과 타당성을 중심으로 이루어진다. 혹은 다음과 같이 말할 수도 있다. 즉, 방법론은 특히 이론의 성질을 이루는 것이며, 인식과정에서 이론의 성취능력을 보여준다. 이와는 대조적으로 도구적인 방법개념을 강조하는 입장에서는 다음과 같이 말할 수 있다. 즉, 방법은 내용을 응용 가능하게 만들며 이론이 제대로 기능할 수 있도록 한다(Mickel, 1995: 5).

따라서 인식획득의 방법과 수업방법은 동일한 것은 아니지만 그러나 서로 접근한다. 예를 들면, 교육적인 목표를 고려할 때, 어떤 사례나 문제를 다루는 일은 문제해결방법에 관한 지식을 요구하며, 어떤 상황에 대한 해석학적 이해를 요구한다. 방법에 관한 지식에는 일반적으로 다음과 같은 것이 속한다. 즉, 어떤 과제의 해결을 위하여 가능한 단계를 논의하고 그 근거를 대는 일, 방법의 성취능력을 검토하는 일, 텍스트·지도·통계·도해 따위를 적절하게 다루는 일, 분석·구조화·배열(정리)·추상화·구체화·일반화의 형태를 활용하는 일, 증인의 보고, 과학적인 서술, 기록물(문서), 해설, 텍스트, 정보에 관하여 평가를 내리는 일, 그리고 다른 서술방식으로 옮기는 일 등이 일반적인 방법적 지식에 속한다.

수업방법은 학습이론, 지향(志向)과 목표, 내용의 측면에서 바라본 함의, 그리고 기능적(機能的) 함의 혹은 매체의 측면에서 바라본 함의에 따라 분화시킬 수 있다. 그것은 대상(소재)을 가장 적절하게 처리하거나 해결하는 데 지향을 둘 수 있으며, 아니면 학습자 자신의 인식과정에 지향을 둘 수도 있다. 그래서 수업방법은 어떤 대상의 구조와 내용이 학습자에게 드러나도록 하거나 거꾸로 학습자가 그것에 가까이 갈 수 있도록 배려해야 한다. 그렇게 하기 위해서는 구조에 적절한 그리고 단계적인 절차와 처리방식, 교과에 적합한 작업방식과 기법의 적용, 적절한 시청각매체와 수업형태의 활용이 요청된다(Mickel, 1995: 5).

다시 말하면, 방법의 개념은 교과교육학적 성찰의 두 가지 수준에서 작용한다. 첫째, 한편으로는 교과교육학적인 범주(기본개념)에 따라 학습내용을 구조화하는 데 기여하며, 둘째, 다른 한편으로는 적용해야 할 수업 및 조직형태, 연구 및 조사 기법, 매체활동 등에 대한 계획을 필요로 한다. 계몽에 지향을 둔 내용과 목표는 그에 부응하는 방법에 대하여 조건이 된다. 예를 들어, 비평에 대한 일반적인 강조는 수업비평의 실천을 포함하고 있으며, 사회적 관계의 투명성을 추구하려는 노력은 수업에서 일어나는 일 그 자체의 투명성도 역시 포함한다.

특히 방법의 습득은 동기부여의 가치를 갖고 있다. 방법을 습득함으로써 스스로 학습을 진척시킬 수 있으며, 문제해결을 할 수 있으며, 사회정치적 참여에 기여할 수 있다. 방법 그 자체는 특히 시민교육의 지향(志向)과 자주성에 따르며, '추상화와 재구체화'의 과정적 연관성에 따른다. 방법적 능력은 의사소통능력을 위한 전제조건이며, 이 의사소통능력은 다시금 참여를 위한 필수적 조건이 된다. 하지만 방법능력은 학습자의 소질이나 감수성 혹은 성향과 무관하게 생겨나는 것은 아니다. 일정한 방법을 다룰 수 있는 능력은 서로 다르게 나타난다. 따라서 방법은 단순한 수업기술이 아니라, 학습과 관련된 개인적인 전제조건에 달려 있다. 방법적인 구조화는 개인적·주관적인(즉, 인간에 의해 발생한) 전제조건을 (사회문화적인 조건을 갖고 있는) 객관적인 사물과 결합시켜야 한다.

방법의식은 단순히 나아갈 길(방도)에 관한 의식뿐만이 아니라, 동시에 목표와 가치에 관한 의식이기도 하다. 길 혹은 방도는 우선 목표에 의해 정당화된다. 이것은 방도의 목적론적인 혹은 규범적인 계기를 가리킨다. 그러므로 방법은 형식일 뿐만 아니라, 학습과정 또는 작업과정의 내용이기도 한 것이다. 그래서 방법의 본질적인 요소로는 다음과 같은 것이 속한다. 즉, 목표와 절차방식에 관한 명료성, 진행방식 혹은 처리절차의 논리, 방도의 옳음에 관한 확신이나 신념, 올바른 방향으로 나아가고 있는지의 여부에 관한 염려, 처리와 실행의 계획성과 체계성, 일목요연함과 합리성이 본질적인 요소를 이룬다.

더 나아가서 방법은 그 기초가 되는 교수·학습의 개념에 달려 있다. 어떻게 학습할 것인가? 예를 들면, 수용적인가, 능동적인가. 아니면 비판적인가? 또한 방법은 학습목표에 의존하고 있다. 방법은 다층적인 내용(혹은 주제영역)을 비로소 어떤 확정되고 구조화된 과제로 만든다. 그래서 방법은 대상뿐만 아니라 목표도 역시 구성한다고 말할 수 있다. 이때 물론 인식하고 비평을 하는 주체의 이성이 어떻게 짜임새를 갖추는가에 따라서 달라질 수 있다. 이를테면, 인문학적·해석학적 입장, 기술적(記述的)·분석적 입장, 변증법적·비판적 입장에 따라 달라질 수 있는 것이다.

방법을 학습자를 위한 비평적인 과정으로 이해한다면, 그것은 사물과 자기 자신의 위상을 파악하고 물화(物化)와 소외를 물리치는 데 기여할 것이다. 그래서 결국 방법을 순전히 도구적·기술적(技術的)인 방식으로 이해하려는 편협한 태도는 일단 배제하는 것이 바람직하다. 그와는 대조적으로 예를 들면, 프로젝트학습(구안학습)·사회연구·시뮬레이션과 같은 접근방안에서는 방법이 학습과정의 내용 그 자체가 되기도 한다. 요컨대, 여기서 다음과 같은 근본적인 질문을 제기할 필요가 있다. 진지하거나 심각한 상황을 슬기롭게 처리하고, 실제경험에서 무엇인가를 배우고, 그렇게 함으로써 이론과 실제의 분리를 적어도 부분적이나마 극복하기 위해서 방법은 도대체 어떤 가능성을 제공하는가?(Mickel, 1999: 332-334; Mickel, 1996: 12-15).

＊허영식

# 02

# 시민교육 방법의 특징

특정한 방법의 적용은 예를 들면, 해방적이냐 아니면 현상유지나 체제 긍정적이냐에 따라 사회정치적 예단(豫斷)과 인식론적인 예단을 함축하고 있다. 대상은 인식방법에 의해 함께 구성되기 때문에, 인식방법은 질문방식과 양립할 수 있어야 한다. 어떤 배타적인 수업방법론을 허용하지 않는 과학이론(메타이론) 수준의 다원주의와는 대조적으로 변증법적·유물론적 입장은 사회과학 방법론에 상당히 많은 영향력이 있다고 인정한다. 이 입장에 따르면, 인식론적인 문제 제기하에서 사회과학적인 방법론을 통하여 비로소 정치적 인식과정의 전개와 발전을 위한 방법적 구조를 구상할 수 있는 길이 열린다.

시민교육의 특정한 방법은 주어진 사회정치적 관계와 조건하에서 사회정치적 의도가 전혀 없는 시민교육이란 존재하지 않는다는 가정에서 출발한다. 교수주체, 학습주체, 그리고 대상 사이의 상호관계에서 방법적인 사고와 소재(대상)를 배열하고 정리하는 사고의 연관성이 그 결과로서 나오게 된다. 다시 말하면, 수업방법에 관한 모든 성찰은 다른 요인들을 함께 포함시키지 않으면 안 된다. 그렇기 때문에 방법적 관점과 내용적 관점은 개별적인 사례에서 그때그때 새롭게 근거를 댈 필요도 없이 종종 서로 겹치게 된다.

따라서 모든 방법적인 접근방안은 다음과 같은 전제조건에 유의해야 한다. 학습목표와 내용에 대한 분명한 의식 이외에도 배경학문(준거학문)의 측면, 가치표상을 포함한 철학적 측면, 인간상을 포함한 인간학적 측면, 사회적 환경을 포함한 사회문화적 측면, 학습동기와 학습의지를 포함한 학습심리학적 측면, 문화형태학과 시대진단의 측면을 해명해야 한다. 또한 다음과 같은 사항을 고려해야 한다. 즉, 시간과 학습의 경제학, 사회적 성숙도, 개인적인 학습의 진도와 속도, 사회적 행위와 상호작용, 학습대상·학습상황·인성구조와의 연관성 속에서 나타나는 행동을 고려해야 한다. 그에 따라 방법의 단위 속에서는 한편으로 합리성을 따지기 이전에 역사적으로 이미 주어진 요소와 계기, 그리고 다른 한편으로 합리적으로 형성된 절차가 서로 밀접하게 연관되어 있다(Mickel, 1995: 7-8; Mickel, 1996: 30-31; Mickel, 1999: 334-335).

따라서 방법은 예를 들면, 인간의 위상이나 특정한 주제의 기능(機能)을 대상으로 삼는 세계관적·이데올로기적 선결(先決)을 통하여 함께 결정된다. 그래서 결국 방법의 문제는 합리적인 영역에만 속하는 것은 아니다. 이와 마찬가지로 동시에 정신적 함축내용, 윤리적 의사결정, 심지어는 종교적 원칙, 그리고 인간 및 '올바른' 삶 그 자체에 대한 이해도 역시 고려해야 할 중요한 요인이다. 어쨌든 대상인식의 방법은 수업의 방법이 되었다.

그리고 방법과 관련된 지침과 지시사항은 일반적으로 그때그때 기초가 되는 논리적·인식론적 전제조건에 따르며, 그때그때 개인이 대상과 만나는 특정한 방식에 의해 부분적으로 수정·보완된다. 학습자가 관계를 맺는 대상과 인물, 즉, 학습자의 대상 및 인물 준거를 고려할 때, 교수주체는 적어도 사람들이 어떻게 일정한 행동방식과 인식·통찰을 습득하는가 하는 질문을 제기하지 않으면 안 된다. 결국 방법은 일정한 대상(소재)에서 주체(학습자)로 나아가기 위한 방도에 대하여 필요한 정보를 주어야 한다.

방법은 기능적인 의미와 중요성을 지니고 있다. 특히 대상과 적합한 관련성을 맺는 일이 중요하다. 칸트의 사상에 따르면, 방법은 자율적이다. 즉, 인식하는 주체에서 인식을 해야 하는 객체로, 학습자에서 대상으로 방향이 정해진다. 『순수이성비판』이나 『판단력비판』과 같은 저서를 살펴보면, 칸트는 우리를 둘러싸는 환경의 구조관계와 법칙성을 우리 오성(悟性)의 기능으로 이해하고 있다. 대상은 그 형식적인 관점에서 바라볼 때 인식하는 이성의 산물이며, 진리란 존재에 놓여 있는 것이 아니라, 거꾸로 의식에 놓여 있는 것이다. 따라서 방법은 그 방법의 도움을 빌어 (대상과의) 만남을 결정하는 학습자에게 달려 있고 또한 그에게 놓여 있는 것이다. 이러한 맥락에서 학습자의 활동과 자주성이 매우 중요하다는 결론을 도출할 수 있다.

그리고 대상준거, 즉 학습자가 대상과 맺는 관련성이 학습자의 흥미·관심이나 이해관계에서 나올 때 만남의 가치는 그만큼 더 커진다. 따라서 방법적인 일원론과 도식주의는 지양하는 것이 좋다. 오히려 방법이란 사람과 주제(소재), 그리고 일반적인 상황의 변증법적인 관계를 고려하면서 언제나 다시 검토해야 할 성질의 것이다. 일종의 방법적 정언명령으로서 우리는 다음과 같은 진술을 받아들일 수 있다. 즉, 학습자로 하여금 대상과 유익하고 성과 있는 만남을 경험하도록 하고, 특별한 학습과정을 안내하는 관심과 이해관계에 도달하도록 한다면, 그때 적용 혹은 활용되는 어떤 방법을 비로소 정당화할 수 있다. 요컨대, 방법은 다음과 같은 질문에 대하여 답변을 제공할 수 있어야 한다(Mickel, 1996: 32; Kuhn, 2005: 136).

① 내가 정보와 지식을 어떻게 얻을 수 있는가?
② 그것을 어떻게 가공·처리하여 판단에 도달할 것인가?
③ 어떻게 근거가 있는 입장을 취할 수 있는가?
④ 내가 다른 사람들과 어떻게 협력하고 토의할 것인가?
⑤ 내가 행위를 할 수 있는 가능성으로는 어떤 것이 있는가?

과학이론(메타이론)의 근거에서 바라볼 때, 인식과정에서 방법론에 커다란 의미와 중요성을 부여하게 된다. 그러므로 방법을 숙달하는 일은 실제 혹은 실천을 위하여 근본적으로 매우 중요한 것이다(Mickel, 1999: 335-336).
"학습자가 방법을 갖추고 있어야 한다."라는 모토가 함축하고 있는 의미는 자기 자신의 학습을 계획하고 조절하기 위해서도 역시 학습의 방법과

기법을 습득하지 않으면 안 된다는 것이다. 다시 말하면, 시민교육의 틀 속에
서 이루어지는 학습은 인식 및 작업의 절차를 방법적으로 활용할 수 있어야
하는데, 그러한 절차를 학습자가 연습을 통하여 숙달해야 한다. 그런 점에서
방법의 습득을 일단 '방법적 행위'로 이해할 수 있다. 하지만 방법의 개념을
상당히 포괄적으로 파악하여, 직접적으로 개별 학습상황을 구성하는 일과
관련될 뿐만 아니라, 더 나아가서 학습상황의 결과 및 활동범위와도 역시
관련되는 모든 활동의 총체로 확장하다면, 방법적 행위라는 의미는 방법의
여지를 지나치게 편협하게 간주할 수 있는 위험성이 있다(Mickel, 1995: 11;
Mickel, 1996: 9, 20).

　학습과정에서는 필요하고 적절한 경우에 언제나 방법에 관한 성찰과 비
평이 이루어져야 한다. 방법성찰은 모든 교과교육학의 관심사이다. 모든 배
경학문(준거학문)의 인식론적인 진술은 방법과 문제에 관한 의식을 강화시
키거나 감수성을 신장시킬 것을 요구하고 있다. 방법과 그 실제적용에 관한
성찰이 점점 더 중요하게 간주되고 있는 까닭은 특히 인지적 지식(정보지식)
이 낡은 것으로 쇠퇴하는 속도가 빨라지고 있다는 데에서 찾을 수 있다. (수
업)방법의 능력에 포함되는 요소는 다음과 같이 요약하여 정리할 수 있다
(Hilligen, 1985, 37-38; Mickel, 1995: 11-12; Mickel, 1996: 9-10; Mickel,
1999: 336-337).

① (예를 들어 문제해결방법의 도움을 빌어) 문제를 처리하고 해결하기
　위하여 분명하게 인식할 수 있는 단계의 순서(계열)
② 자료를 다루는 데 필요한 기능(技能)의 함양 및 신장
③ (처음에 간단한) 사회과학적 방법의 단계별 도입(보기: 면담, 사회연구,
　그리고 사실확인·기술(記述)·해석·평가 사이의 구분 연습)
④ 사회정치적 현상과 의사결정을 알아보고 판단·평가하는 데 필요한 도
　구적 질문의 연습(보기: 장기적 관점(예측)과 단기적 관점(예측), 결과
　(귀결), 필요한 정보 등에 대한 질문)
⑤ (개인·집단·제도 수준에서) 행위의 가능성에 대한 성찰

⑥ 학습자들이 수업단계·수업조직·사회형태(학급조직)를 점점 더 자주적으로 (공동)결정할 수 있도록 하기 위한 방법학습(학습의 학습)

⑦ 특수한 것(개별사례)과 일반적으로 중요한 것 혹은 어떤 상황과 그 사회정치적 의미(중요성)를 서로 결합시킬 수 있는 능력의 점진적 연습 (이것도 역시 방법학습에 속하는 것으로 간주할 수 있다.)

이러한 일이 어느 정도로 성공을 거둘 수 있는가 하는 것은 학습자(사람)가 새로운 지식을 (기본개념과 기본질문으로 구성된) 인지구조로 배열·정리할 수 있는지의 여부에 달려 있다.

현대사회에서 생활하고 학습하는 데 있어서는 그에 적절한 방법의식이 요청되며, 이와 같은 맥락에서 현대적인 학습기법을 최적의 상태로 활용하고 처리할 수 있는 능력이 필요하다. 또한 예를 들면 자료수집, (목록·카드 따위를 이용한) 참고문헌 정리, 다루는 내용(소재)의 가공 및 배열·정리, 참조, 교과에 특정한 문제의식의 계발과 같은 과학적인 작업기법을 다룰 수 있는 능력도 역시 배워야 한다.

더 나아가서 자기주도적인 학습, 책임감, 의사소통 및 협력을 위한 능력, 개인적인 기회와 이해관계를 인식하고 대변(옹호)하기, 위계질서를 인식하고 필요한 경우 철폐하는 데 기여하기, 그리고 사회에 지향을 둔 문제의식의 함양과 같이 사회적 환경에서 요청되는 통찰과 행동방식을 습득해야 한다. 그리고 학년이 높아질수록 보다 더 많이 자기주도적인 활동과 학문을 준비하는 활동을 강조할 필요가 있다. 그리고 어떤 과정을 마친 다음에 그 과정에서 취급한 주제, 적용(응용)한 방법, 결과(물)에 대하여 되돌아보면서 비평적으로 분석하고 평가하는 기회를 마련하는 것이 바람직하다.

여러 가지 서로 다르게 구조화된 주제와 문제를 취급하는 시민교육의 틀속에서는 특히 방법의 자유 혹은 방법다원주의가 적절하다. 사회정치적 문제와 현상의 다차원성은 내용을 다시각적으로, 즉 여러 가지 관점과 전망에서 분석할 것으로 요구한다. 그렇게 해야 비로소 학습자는 새로운 관점과 전망을 개인적으로 처리·가공하고 자기 것으로 만들 수 있게 된다. 이를 위해서 방법적으로 특히 문제에 지향을 둔 절차, 예를 들면, 프로젝트·사례 분석·시뮬레이션 따위가 적합하다. 그 이외에 제도와 객관적 사물에 지향을 둔 수업, 특히 객관적 사물과 현상의 구조를 전달하는 데 목표를 둔 수업이 있다(Mickel, 1995: 12-13; Mickel, 1996: 27).

이것은 실제로는 결코 여러 가지 방법을 뒤섞어서 결국 모든 것을 아우르고 받아들이는 일종의 초(슈퍼)방법(super-method)을 지향한다는 것을 뜻하지 않는다. 더 중요한 점은 학습자가 대상에 적합하고 자신이 가장 잘 다루고 운용할 수 있는 방법에서 뒷받침을 받아야 한다는 것이다. 주제의 다양성으로 인하여 종종 방법의 변경이 필수적으로 요청된다. 학습의 방법이 실제로 혹은 현실적으로 쓸모 있는 결과에 도달하고자 한다면 사회정치적 행동과 행위의 화용론(pragmatics)을 따르려는 시도를 하지 않으면 안 된다. 그러한 종류의 진행과 절차는 학습자에게 사회정치적 현상에 대한 관점과 전망을 열어줄 것이다.

학습방법은 기술적(記述的)인 것, 분석적인 것, 그리고 임상적인 것으로 구분할 수 있다. 여기서 기술적인 학습방법의 보기로는 강의·강연을 들 수 있으며, 분석적인 학습방법의 보기로는 소집단학습(모둠활동), 사례연구, 현장견학 등을 들 수 있다. 그리고 임상적인 학습방법은 이제까지 습득한 지식과 필요한 도구(수단)의 도움을 빌어 예를 들어, 시뮬레이션을 통하여 문제를 자주적으로 분석하고 해결방안을 모색한다는 것을 함축하고 있다(Mickel, 1995: 13; Mickel, 1999: 337-338). ＊신두철

# 03

## 과학이론(메타이론)의 관점에서 바라본
## 방법의 기초

 어떤 사회과학적인 연구의 결과가 지닌 유효범위는 선정된 방법적 접근 방안과 가설설정, 응용한 패러다임에 달려 있다. 방법은 결코 이론과 동떨어진 것이 아니기 때문에 방법 그 자체는 그 이론적 근거나 뒷받침을 방법론, 즉 과학이론의 메타입장에서 얻는다. 사회과학에서 보통 거론되는 과학이론은 시민교육의 방법적 실천을 위한 기초를 제공한다.

 되돌아보건대, 예를 들어 이미 몇십 년 전에 사회학 분야에서는 소위 '가치판단논쟁'이 열띠게 벌어진 적이 있었다. 이 논쟁에서는 연구과정에서 주관적인 요인이 어느 정도로 역할을 수행하는가를 결정하는 것이 주된 문제였다. 왜냐하면 사회과학 분야에서는 인식주체와 인식객체, 주관적인 구조와 객관적인 (사회적) 구조를 서로 분리시킬 수 없기 때문이다. 그러한 연관성은 결국 이론적인 해명을 요구한다.

 논리적 경험주의에서 발전된 비판적 합리주의에 따르면, 지식과 사실은 서로 분리시켜야 할 성질의 것이다. 비판적인 사고는 범주(기본개념)를 논리적 연역을 통하여, 인간의 이성에 의해 주어진 사고단계에서 도출해야지, 결코 수시로 계속해서 변화하는 실천에서 끌어내서는 안 된다. 그 결과 비판적인 사고는 영속적인 반증(즉, 반증주의의 방법)을 통하여 문장 혹은 명제의 일관성과 정합성만을 검토할 수 있을 뿐이지, 사회적 실천을 위한 어떤 모형을 설계할 수는 없다. 이러한 기본적인 견해를 우리는 이른바 '열린사회'를 강조한 포퍼(Popper)의 글에서 확인할 수 있다.

비판적 합리주의는 내용적인 확정을 포기하고, 지속적으로 검증(확증)과 반증의 과정을 유지하고, 이를테면 "··· 한다면, ··· 할 것이다(if-then)"와 같은 진술의 형식을 취하는 문장이나 주장의 엄정성에 지향을 두고 있다. 그런데 다른 입장에서 바라볼 때 비판적 합리주의의 비판적·분석적 방법은 실증주의적이고 현상유지에 지향을 두고 있다는 비판을 받고 있다.

호르카이머(Horkheimer), 아도르노(Adorno), 하버마스(Habermas) 등으로 대표되는 비판이론의 사상은 구체적인 사회현실의 주어진 상태에서 출발하며, 이론과 실천의 상호연결 혹은 상호환류(피드백)를 수립하려고 한다. 이것은 비판적 합리주의와는 대조적으로 자유와 평등의 최적상태를 구현하는 해방적 사회모형을 목표로 삼는다. 그러한 사회를 실현하기 위해서는 정당화되지 못한 혹은 정통성을 결여한 지배와 통치를 철폐하고, 억압과 빈곤을 제거하며, 사회적·정치적·경제적 참여를 극대화하고, 해방을 추구해야 한다.

사유의 전제조건은 실천과 관련되어 있으며, 주관적인 관심과 이해관계에 따른다. 사회분석의 측면에서 바라볼 때, 우선 '적실성(relevance)'과 '이해관계(interest)'의 개념에서 분명하게 드러나는 '도구적 사고'가 중요하다. 방법적인 절차는 비판적·변증법적으로 이루어지며, 목적에 지향을 두고 있고, 사회적 적대관계를 지양하는 일과 연관되어 있다. 자명한 일이지만, 여기서도 역시 인정받고 있는 논리적 사고의 규칙에 유의하고, 일반적인 가정과 전제에 관하여 합리적으로 설명하려는 시도를 한다.

비판이론에 대한 비판의 화살은 (이를테면 신마르크스주의(neo-Marxism)를 본보기로 삼아) 사회를 적대적인 두 가지 진영으로 나눈다는 점을 향하고 있으며, 또한 사회적으로 불이익을 받거나 상대적으로 혜택을 받지 못하는 사람들을 위해 일방적으로 혹은 배타적으로 편을 든다는 점, 가치상대주의 입장을 취한다는 점, 그리고 인식이론(방법론)보다는 오히려 사회이론(사회철학)에 더 가깝다는 사실이라는 점을 향하고 있다. 실천가능성의 관점에서 그것이 시민교육을 위해 지닌 함의는 경험적·분석적 측면에서 경제 및

사회를 분석하는 입장을 이른바 '이데올로기 비판'의 방법을 통하여 추가적
으로 보완하려는 방법적 강점에 놓여 있다.

이와는 대조적으로 체제이론은 다른 방법적 접근을 향한 길을 열어준다.
파슨즈(Parsons)에 따른 '구조기능' 체제이론은 정치체제를 사회 전체 체제
의 하위체제로 관찰한다. 이것은 부분과 변인의 동조(同調)된 상호의존을 통
하여 특징지을 수 있으며, 또한 여기서 작용하는 기능(작용방식)이 체제의
평형을 유지한다는 조건하에서(즉, 통합모형을 전제로 하면서), 그것을 객체
의 집합으로서, 그리고 객체(그 특징을 포함하여) 사이에 존재하는 관계의
총계로서 파악할 수 있다. 체제의 상대적인 안정은 확고한 구조와 특정한
행동유형(패턴)을 통하여 보장된다. 기능은 구조와 결합된 역동적인 진행의
연관성(맥락)이며, 체제의 과정을 그 (규범적인) 주변조건과 일치(조화)시킨다.

파슨즈의 질서유지 이론에서는 자기조절을 하는 체제의 이념이 중심에
놓여 있다. 사회는 틀을 갖춘 규범적 질서로 이해되며, 이 규범적 질서는
어떤 인구나 집단의 생활을 집단적으로 조직화한다. 체제통합에서 해결되지
않은 문제는 긴장과 갈등의 원인과 동일한 것이다. 그런데 갈등이론의 입장
에서 바라볼 때, 가치합의·통합·기능성과 같은 구조기능 체제이론의 주요
개념은 정적이며 사회변동을 방해하는 것이라는 비판을 받고 있다.

그에 비해서 루만(Luhmann)의 '기능구조' 체제이론에서 주요 관심사는
더 이상 어떤 체제의 현상(現狀, status quo)을 유지하는 데 놓여 있는 것이
아니라, 대등한(등가의) 기능적 전개(발전) 및 이것과 관련된 구조적 변동과
정을 파악할 수 있는 새로운 가능성에 놓여 있다. 이 이론은 세계를 그 존재
의 관점에서가 아니라 오히려 그 복합성의 관점에서 살펴본다. 여기서 체제
개념은 내부(체제)와 외부(환경, 세계)의 원칙으로 구성된다. 세계는 사회적
체제의 유지와 존속에 위협을 가하며, 이때 사회적 체제의 기능은 복합성을
파악하고 줄이는 데 있다(복합성 환원의 기능).

루만의 행위이론에서는 체제를 안정시키기 위하여 과정적 문제해결전략
이 필요하다. 그가 주된 관심을 두고 있는 질문은 우선 체제가 기능을 하고
있는가의 여부가 아니라 문제를 해결할 수 있는가의 여부와 관련된 것이다.

그런데 이것은 복합성 환원을 통하여, 즉 개관할 수 있고 처리·해결할 수 있는 행위의 가능성으로 환원시킴으로써 이루어진다. 동시에 아직 충분히 이용하거나 활용하지 못한 가능성에 대하여 행위의 자유여지가 남아 있어야 한다. 이러한 시각에서 바라볼 때, 자체의 과제를 수행하고 성취하는 체제는 '의미'를 전달하고 중개한다고 말할 수 있는데, 여기서 의미의 전달과 중개란 결국 사람들을 위한 발전가능성을 가능하게 한다는 것을 가리킨다.

그런데 사회과학에서 보편타당한 방법이란 존재하지 않기 때문에, 시민교육의 실제에 있어서는 실용적인 입장, 특히 비판적·분석적 방법을 중심으로 하여 서로 다른 여러 가지 방법을 절충하는, 말하자면 '방법의 혼합' 형태가 선호되고 있다. 이와 동일한 문제를, 그때그때의 지향(志向)에 따라, 여러 가지 다른 방법적 측면에서 관찰할 수 있다. 예를 들면, 왜 그리고 무엇을 위한 것인가 하는 질문(목적과 가치준거)과 관련해서는 비판적·변증법적 측면에서, 이해관계·가치평가·선이해(先理解)와 관련해서는 이데올로기 비판의 측면에서, 역사적 과정에서의 변동 및 의미와 관련해서는 해석학적 측면에서, 그리고 상호주관적인 검토가 가능한 경과나 진행과 관련해서는 경험적·분석적 측면에서 접근할 수 있다.

그러므로 여기서 관건이 되는 사항은 특정한 방법이나 설명에 대한 물신주의(fetishism)에 빠지지 말고, 관련된 개념을 명료화하고 서로 모순이 없도록 하는 일이다. 또한 논리적·경험적 수준에서 경험적으로 관찰할 수 있는 현실을 이론적인 구상과 결합시키는 조작적 정의(定義)가 중요한 일이다. 그 결과로서 각 개념을 변수(변인)로서 사용하지 않으면 안 된다. 그런데 어려움은 개념이 종종 의미론적으로 이론적 구상과 동일하다는 데에 놓여 있다. 이를테면, '사회적 불평등'이라는 이론적 구상을 연구하려 한다면, 사회적 불평등을 예를 들어 다음과 같은 수단이나 경로를 통하여 정의를 내려야 한다.

① 불균등한 소득의 배분을 통하여(그리고 이것은 다시 저·중·고의 소득으로 세분하지 않으면 안 된다.)

② 불균등한 사회적 지위를 통하여(이것은 서로 다른 사회적 역할의 지정 혹은 할당을 통하여 분석된다.)
③ 불균등한 권력행사 및 사회정치적 행위의 가능성을 통하여

방법적인 수단이나 도구를 조합시켜 활용한다면 특정한 과학이론의 방법론에서 끌어낼 수 있는 사회정치적 귀결의 일면성이나 편파성을 더 용이하게 피할 수 있다. 예를 들어 사회적 모순의 탐색과 발견(비판이론), 사회분석의 기술(記述) 혹은 서술의 엄밀성(엄정성)에 대한 상호주관적인 검토를 통한 (언어적·논리적) 반증(비판적 합리주의), 그리고 그때그때 해당하는 사회의 상황에 대한 사회분석 결과의 적용(체제이론)을 연결하거나 결합함으로써 방법의 조합을 꾀할 수 있다. 그렇지만 더 나아가서 세 가지 과학이론에서 어떤 (정치적) 귀결을 도출하는 일, 이를테면 비판적 합리주의에서 (좌파)자유주의를, 비판이론에서 사회주의를, 체제이론에서 보수주의를 도출하는 일은 따로 열려 있는 별개의 문제라고 볼 수 있다(Mickel, 1995: 10; Mickel, 1996: 32).

요컨대, 방법론에 대한 개념정의는 다음과 같은 측면을 고려할 필요가 있다. 방법론은 과학적인 인식 획득을 위한 방법을 개발하고 적용하는 데 있어서 요청되는 처리방식을 규정한다는 의미에서 규범적으로 설정된 규칙의 총체를 지칭한다. 이러한 의미에서 방법론은 과학이론과 같은 뜻이라고 할 수 있다. 과학이론(메타이론)에 관한 진술은 모순이 없는지를 분석하는 수준을 넘어서서 결국에는 다시금 그 상위에 놓인 이론(메타-메타이론), 즉 규범적인 의사결정을 포함하지 않으면 안 되는 이론을 기반으로 하여 비로소 가능하다. 방법은 사회와 정치의 문제에 대한 접근방식을 마련해야 한다. 따라서 일방적으로 방법에 지향을 둔 수업은 이러한 과제를 정당하게 취급할 수 없을 것이다(Mickel, 1999: 338-340). ＊허영식

# 04

# 시민교육과 방법적 능력

'방법'이란 말 그대로 '어디를 향한 방도'를 뜻한다. 그러므로 방법은 이미 도달해야 할 어떤 목표를 가정하고 있다. 방법과 관련된 논의에서 최근에 관찰할 수 있는 커다란 변화를 지적하자면, 교육과정이나 교과서를 통한 투입의 과정보다는 오히려 점점 더 많이 교육을 통한 산출, 즉 학습자의 능력에 중점을 두는 경향이 있다. 이 맥락에서는 지속가능하고 자기주도적인 학습발달을 위한 전제조건으로서 방법적 능력이 핵심적인 역할을 수행하고 있다. 이러한 배경과 전제에서 출발하여 여기서는 방법적 능력의 함양과 신장을 추구하는 접근방안을 중심으로 하여 논의를 전개하고자 한다.

활동지향 학습방법, 예를 들면, 역할놀이와 시뮬레이션, 찬반대립토의 등은 사회정치적 참여를 위해 필요한 능력을 기르는 데 기초가 될 수 있다. 그것은 구체적인 갈등과 사태에서 배울 수 있는 것이며, 동시에 나중에 사회정치적 행위를 하는 데 전이시킬 수 있는 행위성향을 가리키고 있다.

시뮬레이션에서 어떤 이해관계를 대변하면서 행위자 및 당사자와 동일시하는 일, 찬반대립토의에서 반대 입장을 변호하는 사람으로 활동하는 일, 토크쇼에서 사회자(진행자)로서 역할을 수행하는 일, 그리고 논쟁적인 역할놀이에서 의식적으로 관계자의 관점을 취득하는 일 등은 놀이국면에서 첫째, 열린 행위상황에서 체험할 수 있는 기회를 제공하고, 둘째, 사회정치적

인 객관적 사물에 대한 지식을 제공하며, 셋째, 놀이의 역학을 통하여 의사
결정의 과정에 대한 표상, 복합적인 정치에 대한 인상, 참여의 기회를 얻을
수 있다.

그렇지만 여기서 사회정치적 인식을 제대로 학습하는가의 여부는 분석
및 평가 국면에서 비로소 결정된다. 여기서는 행위자, 범주(기본개념), 전략,
그리고 놀이와 사회정치적 현실 사이의 관계에 대한 질문을 제기할 수 있다.
특히 이 마지막 측면에서 활동지향 학습방법의 한계도 역시 확인할 수 있다
(활동지향 학습방법의 효과, 즉 경험적 결과 및 연구문제에 관해서는 특히
마싱, 2006 참조). 따라서 중요한 목표로 삼아야 할 점은 다름 아니라 그때그
때 선정한 방법의 성질을 체험하고 성찰하는 일이다. 그렇다고 하여 강의법
및 텍스트 분석과 같은 전통적인 방법을 평가절하하자는 것은 아니다. 그
반대로 사회정치적 판단형성은 해석학적인 텍스트 이해를 통하여 전달할 수
있는 분석능력을 전제로 한다. 그러므로 이 대목에서 결정적으로 중요한 점
은 방법에서 사회정치적으로 중요하고 의미가 있는 것을 찾아내고 끌어낼
수 있는 교과교육학적인 안목이다.

사회과에서 방법적 능력을 함양하는 일은 우선 초등학교에서 관찰, 배열
과 정리, 초보적인 추상화를 통하여 이루어질 수 있고, 중등학교에서는 보다
더 분화된 여러 가지 다양하고 특정한 학습기법을 통하여 더 발전시킬 수
있다. 복합적인 사회적·정치적 현상을 분석하고 평가하는 데 있어서 어느
정도 거리를 유지하기 위해서는 심미적인 접근, 상징화, 모형 따위가 도움을
줄 수 있다. 더 나아가서 자기 자신의 방법적 능력을 보다 더 큰 맥락 속에서
파악하기 위해서는 특히 방법과 내용의 연관성을 성찰하는 일이 요청된다.

방법 및 매체와 관련된 능력에 대해서는 다음과 같은 사항에 유의할 필요
가 있다. 우선 교과에 특정한 능력과 더불어 특정한 교과의 범위를 넘어서는
능력도 역시 갖추도록 하는 것이 바람직하다. 학습자는 텍스트를 비평적으
로 취급하고, 여러 가지 다양한 종류의 그림·지도·만평·그래프·통계자료
를 해독하고 언어로 표현하고 평가할 수 있어야 한다. 또한 간단한 형태를
통하여 스스로 제작할 수 있어야 한다. 그리고 민주사회에서 필요한 공동생

활의 규범과 규칙을 알고 체득하도록 해야 한다. 또한 토의기법, 토의진행기법 혹은 사회자 역할수행을 위한 기법도 역시 상황에 적합하게 활용할 수 있어야 한다.

여러 가지 다양한 방법과 기법은 분석의 편의상 일단 거시방법과 미시방법으로 구분할 수 있다. 거시방법은 학습과정의 전체를 규정하고, 수업단원의 중심에 놓여 있으며, 핵심적인 수업단계(즉, 정보습득단계, 적용단계, 문제화단계)를 관통한다. 그에 비해서 미시방법은 학습과정의 각 국면을 뒷받침하며, 이 국면을 도입하거나 아니면 종결짓는다. 예를 들면, '시뮬레이션'이라는 거시방법이 수업의 중심에 놓여 있다면, 그것의 준비 및 도입은 정보습득단계를, 실행은 적용국면을, 그리고 분석 및 평가는 문제화단계를 이룬다. 그와는 대조적으로 '강의법'이라는 미시방법은 정보습득단계의 일부분을 이루거나 아니면 문제화단계를 끝마치는 데 기여할 수 있다. 미시방법의 보기로는 만평, 텍스트 이해, 통계자료 분석·해석, 그래프 해독·분석, 강의법 등을 들 수 있으며, 거시방법의 보기로는 역할놀이, 시뮬레이션, 토크쇼, 찬반대립토의, 전문가면담, 미래워크숍 등을 들 수 있다(Kuhn, 2007; 프레쉬 외, 2007).

방법적 능력을 갖추고 있다는 것은 경우에 따라서 사회정치적 행위영역에서 활동할 수 있는 능력과 자질을 지니고 있다고 것을 말한다. 이러한 수준에서 방법적 능력은 공론장에 참여할 수 있다는 것을 의미한다. 이를 위해서는 특히 의사소통능력이 요구된다. 여기에는 정확하게 주장을 정식화하고, 다른 사람들에게 설득을 하며, 목표의식을 갖고 문제를 제기할 수 있는 능력이 속하며, 토의·토론을 위한 기법, 토의진행과 사회자 역할수행을 위한 기법을 활용할 수 있는 능력도 역시 속한다. 또한 벽신문과 포스터의 구성과 제작, 프로토콜(수업의 과정이나 결과에 대한 조서, 회의록) 작성, 독자투고 쓰기, 보고서 작성 및 발표 등 여러 가지 다양한 글쓰기 기능(技能)과 발표 및 시각화 기법, 그리고 전문가면담을 포함한 면담기법도 역시 중요하다. 결국 방법적 능력의 함양과 신장 그 자체를 시민교육의 중요한 목표로 간주할 필요가 있다(Kuhn, 2005: 134-137).

시민교육에서 요청되는 방법적 능력의 함양과 신장에 초점을 맞추어 볼 때, 여기서 다시 짚고 넘어갈 사항은 시민교육의 교수·학습 원칙(학습자지향, 사례학습, 문제지향, 논쟁점 반영, 활동지향, 학문지향), 기본적인 학습상황(조사, 의사소통, 묘사·서술, 청취, 산출·제작, 도해·예증, 탐구, 시뮬레이션, 연습·반복, 적용, 환류·평가, 자기성찰), 그리고 이와 연관시킬 수 있는 여러 가지 다양한 방법과 기법이다(이에 대한 보다 더 자세한 설명과 해설은 Sander, 2007: 190-220; 허영식, 2008: 177-189; 허영식, 2006: 305-423; 허영식·신두철 편, 2007, 제4부 참조). *장원순

# ▌참고문헌

마싱, 페터(2006). "정치수업에서 수업방법의 효과. 경험적 결과와 연구문제." 전득주 외 편. 『민주시민교육의 이론과 실제』. 서울: 엠-에드, 124-151.
프레쉬, 지그프리드 외(2007). 『시민교육방법 트레이닝』. 신두철 외 역. 서울: 엠-애드.
허영식(2006). 『현대사회의 시민교육: 이론과 실제』. 서울: 원미사.
_____(2008). 『지구사회의 도전과 시민교육의 과제』. 서울: 원미사.
허영식·신두철 편(2007). 『민주시민교육 핸드북』. 서울: 도서출판 오름.

Hilligen, W.(1985). *Zur Didaktik des politischen Unterrichts.* Opladen: Leske + Budrich.
Kuhn, H.-W.(2005). "Inhaltliche Aufgaben und Unterrichtsmethoden der politischen Bildung in Deutschland." 중앙선거관리위원회 선거연수원 편. 『민주시민교육의 비전과 제도화』. 민주시민교육 국제심포지엄 자료집, 131-141.
_____(2007). "Mikromethode/Makromethode." In Weisseno, G. et al. (Hrsg.). *Woerterbuch Politische Bildung,* 244-253.
Mickel, W.(1995). "Methodenorientierung im politischen Unterricht." In W. Mickel, D. Zitzlaff (Hrsg.). *Methodenvielfalt im politischen Unterricht,* 1-14.

_____(1996). *MethodenLeitfaden durch die politische Bildung.* Schwalbach/Ts.: Wochenschau.

_____(1999). "Grundsaetzliches zu den Methoden." In W. Mickel (Hrsg.). *Handbuch zur politischen Bildung,* 332-342.

Sander, W.(2007). *Politik entdecken – Freiheit leben. Didaktische Grundlagen politischer Bildung.* Schwalbach/Ts.: Wochenschau.

# 제2부 시민교육의 다양한 방법과 실천 사례

# 정치현상이해를 위한 내용분석모형

## 1. 해설

### 1) 민주시민교육을 위한 작업 개념으로서의 '정치'

현실 사회에서 벌어지고 있는 정치는 그 모습과 과정이 대단히 복잡하고 다차원적이어서 이를 바르게 파악하기가 쉽지 않다. 모리스 뒤베르제는 그의 저서 『정치란 무엇인가』에서 정치를 추잡한 권력 다툼이라는 현실적 모습과 갈등과 다툼을 조정하여 평화와 질서를 창출하는 이상적 모습을 가진 일종의 야누스라고 표현한 바 있기도 하다. 정치의 이러한 다차원적 성격으로 인하여 많은 사람들은 정치가 우리의 삶에 매우 중요함에도 불구하고 쉽게 외면해버리거나 별것 아닌 것으로 격하해 버리는 경우가 많다. 그 결과 정치는 민주적으로 작동하기보다는 엘리트를 중심으로 작동하거나 각종 정치선동과 모략 등에 휩싸이는 경우가 많다.

만약에 이렇게 복잡하고 다차원적인 정치를 쉽게 파악할 수 있는 개념 틀 또는 도구가 제시될 수 있다면 이는 민주시민교육에 큰 도움이 될 것이다. 왜냐하면 우리는 정치의 복잡성과 다차원성으로 인한 좌절과 기피현상을 해결할 수 있으며 그 개념 틀을 활용하여 정치현상을 바르게 이해하고 그 이해에 기반하여 민주시민으로서 정치에 적극적으로 참여할 수 있을 것이기 때문이다.

이러한 문제를 해결하는 방안은 무엇인가? 그것은 민주시민교육을 위한 작업개념으로서 '정치'를 규정하고 이에 속한 핵심적인 요소들을 중심으로 일종의 교수학습모형을 구성하는 것이다. 이는 교육내용을 학생들이 이해하기 쉽도록 교수학습모형으로 변환하는 것으로서 이는 셜먼(Shulman, 1987)이 교사전문성의 핵심으로 언급한 일종의 '교수학적 내용지식'이라고 할 수 있다.

그렇다면 민주시민교육을 위한 작업개념으로서 정치는 어떻게 규정될 수 있는가? 아마도 여러 가지 답변이 가능할 것이지만 여기서는 정치의 핵심을 이루는 두 측면에 주목하고자 한다. 하나는 정치를 그에 포함된 여러 가지 차원들로 구분하여 정의하는 것이고 두 번째는 정치가 이루어지는 일련의 과정들을 중심으로 정의 내려 보는 것이다(이하 허영식, 1999).

먼저 정치를 그에 포함된 다양한 차원들로 구분하여 보면 다음과 같다. 즉 정치는 구조적·형식적 또는 제도적 차원(polity), 규범적·내용적 차원(policy), 그리고 과정적 차원(politics)으로 구분될 수 있다. 이 세 가지 차원의 의미에 대해 부연 설명하면 다음과 같다. 정치의 제도적 차원은 헌법, 법질서, 정부기구 등에 의해 규정된다. 정치적 의사형성의 원칙들도 선거, 기본권, 정당, 이익집단 등의 제도를 통해 실현이 된다. 정치의 이 제도적 차원을 가리키는 영어 단어는 보통 '정치 형태', 또는 '정체'라고 번역되는 'polity'이다. 정치의 규범적·내용적 차원은 정치의 목표, 과제, 대상을 가리킨다. 정치의 구성과 과제 수행은 이해관계에 의존하고 있다. 그래서 정치의 내용적 구성공간은 항상 갈등의 소지를 안고 있다. 정치의 내용적 차원에 해당하는 영어단어는 보통 '정책'으로 번역되는 'policy'이다. 정치의 과정적 차원은 갈등과 합의를 통한 이해관계의 중개 또는 조정에 해당한다. 정치적 의사형성 및 이해관계 조정이라고 하는 이 영속적 과정은 제도적 측면이나 내용적 측면의 연구를 통해 파악될 수 없다. 정치개념의 이 과정적 차원을 나타내는 영어단어는 'politics'이다. 제도적 형태, 규범적 내용, 과정적인 진행의 이 세 가지 차원이 함께 상호연관되어 정치를 구성한다.

정치의 세 차원 이외에 민주시민교육을 위한 하나의 작업개념으로서 유용한 것은 정치를 사회의 현재 및 미래 문제를 해결하기 위한 노력의 끝없는 과정으로 보는 것이다. 정치에 대한 이러한 이해의 기초가 되는 것은 정책연구의 중심에 놓여있는 이른바 '정치순환' 또는 '정책순환'모형이다. 이 과정을 제시하면 다음과 같다.

1단계: 어떤 '문제'가 공공연하게 된다. 일정한 사회적 또는 정치적 집단의 요구에 의거하여 어떤 잠재적인 사회적 문제가 정치적 행위를 요구하는 정치문제가 된다.

2단계: 정치문제와 관련하여 여러 다른 정치적·사회적 집단 사이의 '논의'가 벌어지게 된다.

3단계: 문제는 정치적·행정적 '의사결정'의 형식을 갖추게 된다.

4단계: 하위의 정치적·행정적 사회집단과 조직 그리고 개개인에 의해 그 결정은 구체적인 실현으로 옮겨지게 되는데 이것은 결정의 '집행' 단계에 해당한다.

5단계: 의사결정과 의사결정의 집행, 그리고 그것으로부터 기인하는 결과와 효과는 '평가'를 받으며 결국에는 동의 또는 거부의 '반응'을 불러일으킨다.

6단계: 이 반응은 다시 정치적으로 반영이 되어 문제의 계속, 변화 또는 종결로 나아가게 된다.

정치수업을 위한 이러한 두 가지 정치 개념, 즉 정치의 세 차원과 정치순환은 두 가지 기능을 갖고 있다. 첫째, 내용적인 관점에서 볼 때 정치적인 요소에 초점을 맞추게 함으로써 사회 현실의 다른 영역과 구분을 갖도록 해준다. 둘째, 방법적인 관점에서 볼 때 분석도구 또는 탐색도구로 이용할 수 있는 범주체계를 제공해 준다.

2) 정치의 세 차원 모형과 정치순환 모형
앞에서 제시한 정치의 세 차원 모형과 정치순환 모형을 이루는 핵심적
요소들을 단순화시켜 정치수업을 위한 일련의 모형을 구성할 수 있다. 이를
제시하면 다음과 같다(허영식, 2006: 355-356).

〈표 1〉 정치의 세 차원 모형

| 차원 | 범주 | 기본질문 |
|---|---|---|
| 형식차원 | 법과 제도 | 관련된 법과 제도, 국가기구는 무엇인가? |
| 내용차원 | 문제와 과제 (문제와 그 해결책) | 무엇이 문제이며 그것을 해결하기 위한 과제는 무엇인가? |
| 과정차원 | 의사형성 및 결정과정 | 그 문제는 어떻게 논의되고 있는가? (또는 문제해결을 위한 갈등의 조정과 타협은 어떻게 이루어지고 있는가?) |

〈표 2〉 정치순환 모형

| 범주 | 기본질문 |
|---|---|
| 문제 | 무엇이 문제인가? 그 문제를 해결하기 위한 과제는 무엇인가? |
| 논의 | 논의는 어떻게 이루어지고 있는가? (의견의 차이 또는 이해관계의 갈등을 보인 것은 무엇인가?) 갈등을 조정하기 위하여 협상과 타협은 어떻게 이루어지고 있는가? |
| 의사결정 (또는 정책) | 논의의 결과는 무엇인가? (또는 의사결정된 것은 무엇인가?) |
| 평가 및 반응 | 논의의 결과 또는 정책에 관한 평가와 반응은 어떻게 나타나고 있는가? |

두 가지 분석도구를 활용하여 정치현상에 대한 내용분석을 할 경우, 이를 위한 수업절차의 안은 다음과 같다.

(1) 정치의 세 차원을 활용한 수업절차
① 정치의 세 차원을 소개하고 각 차원에 대해 부연 설명을 해 주고 보기를 통해 이 세 차원이 어떤 대상영역(또는 내용영역)을 분석하는 데 어떻게 이용될 수 있는지 간단하게 보여준다.
② 그 다음에 조별학습을 통해 각 조는 정치의 세 차원을 도구로 삼아 준비된 자료에 들어 있는 내용을 분석한다. 이때 각 조에 부과된 과제는 동일하며, 각 조는 내용을 분석하고 분석결과를 큰 종이 위에 기록하거나 벽신문(또는 벽보)을 작성한다.
③ 이에 뒤 따르는 일제 학습에서는 조별로 분석결과를 발표하고 여기에 관하여 토의를 한다. 이때 조별 분석결과에 대한 평가, 보완, 통합 등의 작업이 이루어질 수 있으며, 아직 충분히 해결되지 않은 질문이나 어려운 점이 지적될 수도 있다.

(2) 정치순환 모형을 활용한 수업절차
① 정치순환 모형을 소개하고 그 특징과 의미를 간단히 설명한다. 이때 물론 기본질문과 하위질문을 포함하고 있는 범주체계를 중심으로 해설이 이루어져야 할 것이다.
② 그 다음 조별학습단계에서는 주어진 대상영역(또는 내용영역)을 범주체계의 질문에 따라 분석한다. 이때 핵심적인 첫 번째 질문 '무엇이 문제인가?'는 각 조가 모두 답변하도록 시도한다. 나머지 기본질문은 시간이 충분하면 조별로 다 다룰 수도 있지만, 약 1시간이 가용하다면 각 조가 분업을 하여 답할 수도 있다. 각 조는 내용분석의 결과를 종이에 기록하거나 벽신문(또는 벽보, 대자보)을 만든다.
③ 다음에 뒤따르는 일제 학습 상황에서 조별로 발표하고 그것에 관해 토의할 수도 있으며 분업이 이루어졌을 경우에는 조별 분석결과를 종

합하여 이것에 관해 전체적으로 문제점이나 보완사항을 언급하면서 논의할 수도 있다.

### 3) 각 모형의 적용상의 유의점

두 모형은 현실 정치의 복잡성과 다차원성을 학생들이 쉽게 분석할 수 있도록 하는 대단히 유용한 개념 틀이다. 이제 학생들은 위 두 모형을 활용함으로써 정치현상을 단지 회피하거나 격하해버리지 않고 객관적으로 심도 있게 분석할 수 있을 것이다.

그러나 위 두 모형은 각각 장단점을 가지고 있으므로 적용에 있어서 항상 유의해야 한다. 먼저 정치의 세 차원 모형은 정치가 가지고 있는 다양한 차원들을 보여줄 수 있다는 데 큰 장점이 있지만 정치의 역동적인 과정들을 드러내는 데는 한계를 갖는다. 이에 비하여 정치순환 모형은 현실 정치가 이루어지는 역동적인 과정들을 보여주는 데 있어서 장점이 있다. 그러나 정치에 관련된 다양한 차원들을 반드시 모두 다루고 있지는 않는다는 한계를 갖는다. 따라서 민주시민교육에 있어서 두 모형을 사용할 경우 두 모형의 장단점과 교수목적을 종합적으로 고려하여 선택할 필요가 있다. 정치현상을 보다 잘 이해하기 위해서는 두 모형을 상호보완적으로 적용할 필요가 있다.

## 2. 실천 및 적용 사례

### 1) 수업 학급

본 수업이 이루어진 학급은 대도시에 위치하고 있는 B초등학교 6학년이다. 이 학급의 인원수는 34명이며 학부모의 교육열이 높고, 경제적으로도 안정된 편이어서 학업 성취도는 높은 편에 속한다. 학급은 비교적 동질적인 학습 집단을 형성하고 있으며, 과제에 대해 성실히 준비해 오고 선수학습이 많이 되어 있다. 발표력이 왕성하고 자신의 의견을 표현하는 데 적극적이나 학습 주제에 따라서 개인별 편차가 약간씩 존재한다. 수업은 2008년 9월 5일 사회 시간 1시간 동안 진행되었으며 학습 조직은 활동 내용에 따라 전체

학습, 모둠별 학습, 전체학습의 순서로 변화하였다. 모둠은 6인 1조로 조직
하였다.

## 2) 수업 계획과 구성
(1) 수업 주제: 내용분석모형을 통한 정치현상의 이해
(2) 수업 목표: 우리 주변에서 발생하는 다양한 정치 문제를 내용분석모형
       을 통하여 분석한 후 이를 기반으로 정치의 의미와 민주정
       치과정을 이해할 수 있다.

(3) 수업 시간의 개요

| 단계 | 내용적 특징 | 자료 |
|---|---|---|
| 출발점 확인 | 정치에 대한 아동들의 선입견 파악 | |
| 문제 제시 | 학습 문제 제시 | '무한도전' 동영상 |
| 모형 제시 | 정치현상 이해를 위한 내용분석모형 제시 | 내용 분석 모형 |
| 모형 적용 | 정치 현상 이해를 위한 내용분석모형 적용하기 | 학습지(과제로 미리 제시) |
| 분석결과공유 | 정치의 의미와 민주 정치의 과정에 대해 생각해 보기 | |

(4) 수업 전개

가. 수업 단계 1: 출발점 확인
먼저 정치에 대해서 학생들이 가지고 있는 선입견을 확인하기 위해 '정
치'하면 떠오르는 것이 무엇인지 물었다. 학생들의 대답은 '대통령', '국회의
원', '정당', '진압대', '시위', '투표', '사회문제', '과격', '싸움', '심각한 분위
기', '무섭다', '시끄럽다' 등이 나왔다.
학생들의 대답은 향후 정치관련 단원에서 배울 내용이 담겨 있는 교과서에
포함된 단어들과 자신들이 평소 뉴스나 신문 등에서 느꼈던 느낌 등이 많았

다. 특히 최근 불거진 '미국산 쇠고기 수입' 문제와 관련한 뉴스를 많이 접해 관련 단어나 이미지가 많이 나온 듯했다. 전체적으로는 정치에 대하여 '과격', '싸움', '무섭다', '시끄럽다' 등 부정적인 이미지가 강한 것을 알 수 있었고, 그렇게 생각한 이유를 물어 보니 신문이나 뉴스에서 국회위원들의 말다툼하는 모습이나 시위 모습들을 보고 그런 생각이 들었다는 의견이 있었다.

### 나. 수업 단계 2: 문제 제시

아이스크림을 들고 서로 먹으려고 싸우다가 한 사람이 나눠먹을 것을 주장하지만 결국 녹아버려 아무도 먹지 못하게 된 동영상을 보여주고 주인공들이 아이스크림을 먹으려면 어떻게 해야 할 지 생각해 보게 한다. 그 후 이같이 우리 주변에서 발생하는 다양한 정치 현상들을 '내용분석모형'에 따라 분석해보자고 하였다.

### 다. 수업 단계 3, 4: 모형 제시 및 모형 적용

수업 시간상 한 시간 내에 모형 제시와 모형 적용이 원활하지 않을 듯하여 모형 제시는 전날 학습과제로 실시하였다. 정치현상 이해를 위한 내용분석 모형 학습지를 제시하고 아동들에게 이 내용분석 모형의 각 단계를 예를 들어 설명하였다. 문제 → 논의 → 의사결정 → 평가 및 반응의 범주에 따라 기본 질문을 설명하고 그에 대한 분석 내용을 작성해 오도록 하였다. 모형에 적용할 정치 현상으로는 '미국산 쇠고기 수입문제', '경부운하 건설문제', '영어 몰입교육 문제'를 제시하였고 한 주제당 두 모둠씩 선택하여 분석하도록 하였다. 분석과제는 개인별로 제시하였다.

### 라. 수업 단계 5: 분석결과 공유

개인별 과제로 제시한 내용을 모둠별로 모여 분석한 결과를 정리 발표하였다. 모둠별로 여섯 명 또는 다섯 명이 자신의 과제 내용과 다른 친구들의 과제 내용을 비교하여 중복되는 내용은 빼고 모둠의 내용분석 발표 자료를 완성하였다. 모둠별 분석 결과는 다음과 같다.

### 〈표 3〉 모둠별 분석내용

| 문제 | 정부가 사교육비 절감 및 국가 경쟁력 강화를 위하여 영어 몰입교육을 하겠다고 하자 국민들이 이에 반대하였다. |
| --- | --- |
| 논의 | <찬성의견><br>영어가 국제어이기 때문에 꼭 배워야 하며 사교육비가 절감될 것이 확실하다. 또 세계시민 육성을 위해 반드시 필요하다.<br><반대의견><br>영어로 모든 과목을 공부하면 민족 언어의 정체성이 약화될 것이며 국가적인 낭비가 될 것이다.<br><갈등을 조절하기 위한 협상과 타협><br>토론회가 열리고 국민의 의견을 들어보고자 한다. |
| 의사결정 | 아직 결정되지 않았지만 내년부터 실시할 것으로 보인다. |
| 평가 및 반응 | 시행하는 것을 반기는 사람과 반대하는 사람의 의견이 아직 충돌하고 있다. |

| 문제 | 대통령의 공약이었던 한강과 낙동강을 연결하는 대 운하 건설과 관련해 찬반 의견이 나오고 있다. |
| --- | --- |
| 논의 | <찬성의견><br>일자리 창출로 인한 경기 부양이 가능하고, 국토를 균형 있게 발전시킬 수 있으며 물류비용이 줄고, 수자원 확보 및 관광 산업이 발전할 수 있다.<br><반대의견><br>막대한 건설비용이 들 것이고 환경을 파괴하며 경제성이 예상보다 그렇게 높지 않다. 운하의 유지 관리 비용이 막대하고 검증되지 않은 시스템이다.<br><갈등을 조절하기 위한 협상과 타협><br>환경 운동 연합과 환경정의가 주최하는 '경부운하 뉴딜인가? 망상인가?' 등의 토론회가 개최되고 여러 경부 운하에 관련한 보고서, 논문 팸플릿 등이 나왔다.<br>국민의 투표에 부친다는 의견도 있었다. |
| 의사결정 | 아직 어떤 결정도 내려지지 않았다. |

| 평가 및 반응 | 민주주의 사회에서는 국민의 의견을 잘 듣고 반영해야 하는데 정부는 경기 부양책으로 한반도 대운하를 선거 공약으로 내세웠으나 실효성과 타당성에 시민단체와 환경 단체의 반대에 부딪혔고 국민의 여론도 반대에 가깝다. |

| 문제 | 정부에서는 30개월 이상 된 미국산 쇠고기를 수입하겠다고 발표하자 국민들은 광우병의 위험을 제기하고 이에 반대 시위를 하고 있다. |
| 논의 | <찬성의견><br>국산 쇠고기보다 미국산 쇠고기가 값이 싸다. 대통령도 많은 생각을 하고 결정을 내렸을 것이다. 광우병은 사람들이 생각하는 것만큼 위험하지 않다. 우리나라 수출품을 많이 팔려면 어쩔 수 없다.<br><반대의견><br>국민의 건강이 위험하다. 아무리 적은 확률이라도 무시할 수 없다. 결국 돈이 많이 없어 한우를 못 먹는 서민들만 위험해질 것이다.<br><갈등을 조절하기 위한 협상과 타협><br>수입에 반대하는 국민들이 촛불집회를 벌였고, 나중엔 폭력사태까지 벌어졌다. 여러 방송에서 미국산 소고기와 관련한 방송을 내보내고 학자들의 논문이 나왔다. 정부에서는 고기의 원산지를 철저히 표기하도록 하였다. |
| 의사결정 | 소고기를 수입하는 것에 변화가 없다. 실제로 판매하는 곳이 생기기 시작했다. |
| 평가 및 반응 | 아직도 소고기 수입을 반대하여 촛불 시위를 하고 있는 사람들이 많다. |

　내용분석 모형을 통해 정치 현상을 분석해 본 후 정치의 의미와 민주정치의 과정을 되짚어 보도록 하였다. 왜 이러한 갈등과 다툼이 생기는지에 대하여 '서로의 입장이 달라서', '서로 이득이 달라서', '자신에게 이로운 것만 하려고' 등의 의견이 나왔다.

　문제를 해결할 수 있는 방법에 대해서는 서로 어느 정도 양보하여 적절한 선에서 의견 일치를 보아야 하며, 가장 좋은 방법으로는 토론을 꼽았다. 토론을 통해 가장 적절한 선을 찾아야 하는데 어떤 것이 가장 적절한 선이겠는지에 대한 질문에는 '양보할 수 있는 정도의 선', '양쪽 모두 손해를 보지 않는 정도', '양쪽 모두 이득을 볼 수 있는 선'에서 타협해야 한다는 의견이 있었다. 간혹 너무 많은 사람을 배려해 주다 보면 제대로 정책을 할 수 없으니 정책을 추진하는 윗사람들의 계획대로 밀고 나가야 한다는 의견도 있었다.

출발점 확인 시 했던 질문을 다시 하였다. '정치란 무엇인가?'에 대한 답변으로 '여러 의견들을 듣고 문제를 해결하는 것', '손해 보는 사람이 없도록 조정하는 것', '여러 사람에게 골고루 이득이 돌아가도록 문제를 해결하는 것'의 답변이 나왔다.

내용 분석 모형을 참고하여 민주적인 정치 과정에 대해 알아본 후 우리 주변에서 일어나는 정치문제의 해결과정에 대해 알아보았다. 학생들은 주변의 정치 문제에 대하여 교실 내에서는 친구와의 다툼, 선생님이 정한 규칙 등을 이야기하였다. 이러한 주변의 정치 문제 해결과정에서 부족했던 점에 대해서는 대부분 잘잘못을 가리지 않고 선생님의 일방적인 훈화로 끝나거나 둘 다 혼나는 등의 문제가 있었다고 하였고, 서로 양보하지 않으려 하다가 큰 싸움이 된 경우가 많았다는 의견이 있었다. 좋은 해결 방법으로는 대화와 타협이 가장 중요한 것 같으며 싸움이 있을 때 서로 입장에 대해서 이야기하는 시간을 가지면 더 좋을 것 같다는 결론을 내렸다.

### 3) 수업에 대한 분석

학생들은 정치에 대해서 어렵다거나 부정적인 선입견을 많이 가지고 있었다. 이것은 주로 접하는 뉴스와 부모님의 영향을 많이 받은 것으로 생각되었다. 이러한 상황에서 사회적으로 이슈가 되고 있는 문제를 직접 분석해 보고 문제의 해결과정을 되짚어 보는 것은 그 경험만으로도 학생들이 마치 정치에 참여한 것 같은 느낌을 주었다.

그렇지만 정치가 발생하는 근본적인 이유에 대해서는 다소 어렵게 생각하였다. 대화와 타협을 통하여 모두에게 도움이 되는 해결방안을 찾을 수 있다는 결론에서도 다수의 학생들은 동의하였지만 소수 몇몇의 학생들은 과연 모두에게 도움이 되는 해결방안이 존재하는지에 대해서 의문을 제기하기도 하였다.

그렇기 때문에 타협이 필요하며 많은 대화는 그만큼 서로의 입장을 좀 더 명확히 전달할 수 있고, 그 만큼 모두에게 좋은 해결책이 탄생하는 데 도움을 줄 수 있다고 설명하였으나 정치나 정치문제해결과정에 대한 교사의 좀 더 체계적인 지식이 필요하다는 생각이 들었다.

수업의 정리단계에서 학생 주변에서 일어나는 문제와 그 문제해결과정 부분은 시간상 긴 이야기를 하지 못하였지만 생각할 거리가 많았다. 실제 학생들의 생활에선 민주적인 문제해결 과정보다는 윗사람이 아랫사람을 권위적으로 지시하는 경우가 많아, 학생들이 공부하는 내용과 실생활에서의 괴리가 느껴졌고, 교사인 나 스스로 학급 운영을 되돌아보는 계기가 되었다.

＊강위순

▎참고문헌 ────────────────────────────

한홍수·황주홍 편역(1995).『현대정치와 국가: 민주주의의 새로운 지평』. 서울: 연세대 출판부.

허영식(1999). "정치현상의 이해를 위한 내용분석모형과 그 적용."「청주교육대학교 논문집 제36집」, pp.217-285.

_____(2006).『현대사회의 시민교육: 이론과 실제』. 서울: 원미사.

Shulman, Lee(1987). "Knowledge and Teaching: Foundations of the New Reform." *Harvard Educational Review*, 57, pp.1-22.

─────── 06

# 신문활용교육(NIE)

## 1. 해설

"함께하는 NIE논술 — 아하! 한겨레"의 2008년 10월 17일자 기사에 의하면, 영화배우 ○○○(38세) 씨가 '올해의 신문읽기 스타'로 뽑혔다고 한다. 한국신문협회는 2008년 10월 8일 ○○○ 씨가 배우의 꿈을 키우던 고교시절, 담임교사의 권유로 지금까지 20년 동안 하루도 빠짐없이 신문을 읽고 있다고 선정 이유를 밝혔다. "신문이 어휘력을 늘리는 데 큰 도움이 되고 있다"고 말하는 김 씨는 20년 전 담임선생님이 "갖가지 삶을 연기해야 하는 배우에게 세상의 다양한 경험을 전해주고 사고의 폭을 넓혀 주는 신문은 최고의 연기 교재"라며 신문읽기를 권했다고 한다.

필자도 중학교 3학년 시절인 1970년대 초반에 학급의 시사(時事)담당 학생으로서 당시 사회선생님의 권유에 따라 매일 일간신문을 보면서 교실 칠판에 그날의 주요사건을 짤막하게 기록했던 기억이 새롭다. 이처럼 신문을 이용한 소박한 형태의 NIE는 오래 전부터 우리 교육계에 존재해 왔었다.

오늘날 NIE는 'Newspaper in Education'의 영문 머리글자를 따서 만든 용어로서 '신문활용교육'이라고 번역할 수 있다. NIE는 우리의 삶 전체를 보여주는 신문을 학습 자료로 활용함으로써 살아 있는 교육을 실시하려는 교

육 방법론이다. 더욱이 사회과에서 연구하는 대상이 사회현상이며 사회과의
목표가 시민적 자질을 함양하는 것이라고 본다면 가공되지 않은 축소판 사
회현상으로서 혹은 날카롭게 대립된 논쟁점들의 집합체로서 신문은 민주시
민의 자질을 함양하는 데 매우 적절한 교수·학습 자료로 활용될 수 있다.
　이러한 NIE의 발생지는 미국이다. 일찍이 메인 주에서 발간된 신문『포
틀랜드 이스턴 헤럴드』지는 1795년 6월 8일자 기사에서 "신문은 학교에서
사용할 수 있는 가장 값싸고도 정보가 풍부한 교재로서 학생들의 독해력과
지식을 높이는 데 유용하다."고 언명함으로써 신문의 교육적 효과를 강조하
였다(한진숙 외, 2004: 5). 이후 1930년대 후반기 뉴욕타임스는 미국 최초로
학급에서 신문을 활용할 수 있는 NIE프로그램을 실시하였고 교실에 신문을
정기적으로 배포하였다.
　NIE가 미국전체로 점차 확산된 것은 1955년부터였다. 당시 아이오와 주
(州)의 지방신문 『데모인 레지스터(Desmoines Register)』에서 중·고교생
5,500명을 대상으로 '문자 접촉빈도 조사'를 했는데, 조사대상자의 40%가
"교실 밖에서는 전혀 문자를 접하지 않는다."는 충격적인 결과가 나왔다. 이에
레지스터는 미국교육협회와 공동으로 '교실 안의 신문 교육(NIC, Newspaper
in Classroom)' 운동을 시작했다(이태종, 2006: 12).
　1950년대 후반부터는 미국 전역의 교육단체들이 이에 동참했고, 신문발
행인협회(ANPA)가 주체가 되어 NIC를 학교 수업뿐만 아니라 성인을 위한
평생교육 차원으로 확대시켰다. 1960년대에는 NIC프로그램에 참여하는 신
문들의 수가 급증하게 되었다. 교사들은 ANPA가 제공하는 다양한 신문 관
련 자료를 제공받았고, 학생들은 저렴한 가격으로 신문을 구독할 수 있었다.
　1970년대에는 교사와 신문사들이 학년과 과목에 상관없이 학습자료로써
신문이 유용하다는 것을 깨닫기 시작했다. 신문사들은 전담인원을 배치하면
서 교사용 지침서, 학생용 워크북, 안내 책자 등을 개발하였다. 신문사와 학
교는 대학 학점으로 인정해주는 강좌를 운영하고 특정 주제에 관한 워크숍
과 세미나를 개최하는 등 신문 활용 방법을 다각도로 홍보하였다. 1976년에
NIC프로그램은 NIE프로그램으로 바뀌게 되었는데, 그것은 그 프로그램이

학교뿐 아니라 병원, 교도소, 기업체 등 다른 기관에서도 폭넓게 사용되고 있기 때문이었다. 미국에서는 어휘력 향상뿐 아니라 수학·역사·에세이 등을 공부하는 교재로 신문이 활용되고 있다. 오늘날 미국에서는 전체 신문사들의 절반 이상이 NIE프로그램을 제공하고 있다.

미국의 NIE가 성공적으로 정착하자 1980년대 후반부터 캐나다, 영국, 프랑스, 독일, 핀란드, 노르웨이, 스웨덴, 덴마크, 일본 등 세계 여러 나라에서 NIE를 받아들이기 시작했다. 세계신문협회(WAN) 조사에 따르면 2002년 말 현재 52개국이 NIE를 도입했으며, 해마다 그 수가 늘고 있다. 아시아 지역에서는 우리나라와 일본, 중국(홍콩), 말레이시아, 태국, 인도 등에서 실시하고 있다. NIE가 실시되는 나라들 중 20%는 정부에 관련 기구가 있다. 프랑스 교육부엔 미디어와 교육을 담당하는 부서를 두고 있고 우루과이 문화부도 마찬가지이다. 국가에서 NIE를 정규 교육과정에 포함시킨 나라도 40%에 이른다(이태종, 2006: 19).

우리나라에서는 일찍이 1899년 9월 1일자 독립신문에 "나라 백성을 교육하는 데는 학교가 주장이로되 사람의 이목을 개명케 하는 데는 신문의 공효가 또한 적지 아니하다."는 주장이 실린 것으로 보아 당시 신문 편집인들의 선각자다운 교육적 안목을 엿볼 수 있다(박미영, 2006: 23).

요즘 실시되는 NIE에 대해서는 1994년 5월 한국신문편집인협회가 교육부장관 앞으로 서한을 보내 학교 교육에 NIE를 도입할 것을 건의하면서 본격 논의되기 시작했다. 같은 해 한국언론연구원이 고교 교사를 대상으로 처음으로 NIE연수를 실시하였다. 중앙일보는 1995년 3월 NIE 코너를 마련하여 NIE를 소개하였으며, 학부모들에게도 연수기회를 제공하고 있다. 조선일보는 1997년부터 '키드넷 NIE'라는 이름으로 전개하고 있으며, 오늘날 대부분의 신문사가 NIE를 직·간접으로 추진하고 있다. 이밖에 대학 사회교육원, 도서관, 문화센터 등에서도 일반인을 대상으로 NIE를 실시하고 있다. 그중에서 유아들을 위한 NIE처럼 가정에서 하는 NIE는 우리나라만의 독특한 프로그램이다. '가정 NIE'는 일본을 비롯한 여러 나라에 새로운 자극을 주고 있다고 한다.

특히 자기 주도 학습을 중시하는 제7차 교육과정에서는 정보화시대에 맞는 교수·학습 방법으로서 NIE 수업실시가 명시되고, 현행 중·고등학교 교과서에 신문에 출처를 둔 많은 읽기자료가 나와 있기 때문에 NIE는 우리에게 매우 친숙하게 다가서 있다.

NIE의 교육적 효과를 살펴보면, 첫째로 지식과 정보를 찾는 기능, 이들을 기억하고 이해하는 저급사고력에서부터 비판력과 창의력 같은 고급사고력까지 모두 기를 수 있다. 사회현상에 대한 여러 가지 자료들로서의 지식과 정보를 검색하는 기능, 그림이나 도표 및 그래프 등을 읽고 분석하는 기능, 지식과 정보를 이해하고 해석하는 능력, 자신의 관점을 토대로 여러 가지 지식과 정보를 비판하는 사고, 문제해결을 위해 새로운 아이디어를 구성해 보는 창의적인 사고를 자극한다. 더욱이 신문에는 이론적으로 배운 여러 개념과 일반화가 실생활에 생생하게 적용된 사례들이 많이 제시되기 때문에 어려운 개념이나 일반화가 쉽게 이해되고 기억된다.

둘째로 신문을 활용하는 여러 가지 형태의 수업은 학생들 간 의사소통과 공동 작업을 중시하기 때문에 경쟁적인 개별 학습 구조보다는 모둠 중심의 협동 학습 구조에 더 적합하다. 경쟁이 아닌 협동을 통한 학습효과 증진은 또 다른 의미 있는 경험을 제공한다.

셋째로 사회현상을 통합적으로 볼 수 있는 안목을 기르는 데 도움을 준다. 신문에는 정치·경제·사회·문화·교육 등 생활세계 모든 영역과 여러 전문가들의 다양한 전공에 따른 접근방법이 망라되므로 마치 여러 과목의 최신 교재를 한 군데에 모아 놓은 것 같다. 따라서 NIE는 통합적으로 사회현상을 관찰하고 사고하게끔 관심을 유도한다. 이는 주제 중심 혹은 사회문제 중심 통합학습에 유리함을 보여준다.

넷째로 첨예하게 대립된 논쟁점을 확인함으로써 의사결정 학습이나 논쟁 학습에 유리하다. 사설이나 칼럼의 기사를 비판적으로 읽고 사고함으로써 자신의 의견을 더욱 담금질하고 키워 나갈 수 있기 때문이다. 서로 다른 관점의 칼럼이나 사설을 통한 논쟁은 단순한 대립이 아니다. "철이 철을 날카롭게 하는 것 같이(구약성서, 잠언 27장 17절)" 상대방의 대립된 견해를 통해 우리는 보다 균형 잡힌 견해 혹은 보다 바람직한 민주시민이나 세계시민의 자세를 가질 수 있다.

다섯째로 자신이 속한 공동체와 공동체의 공공선에 관한 관심을 고양시킨다. 고대 아테네에서 솔론(Solon)은 공적 문제에 대해 무감각하고 무관심한 행위를 불법으로 규정하면서 공동체 일에 관심을 가질 것을 촉구하였으며, 페리클레스(Pericles)도 펠로폰네소스 전쟁 후에 개최된 그의 장례연설에서 정치에 무관심한 자를 '쓸모없는 자'로 간주한다고 표현한 바 있다.

여섯째로 리더십을 기를 수 있다. 신문을 통해서 여러 가지 사회문제와 논쟁점을 접하고 이들에 대해 자신의 의견과 가치판단을 내리고 사태의 추이를 계속 추적함으로써 자신의 의견과 판단을 반성하고 점검할 수 있다. 이는 리더십의 도상훈련이다. 이 외에도 NIE는 학생들에게 신문과 책을 읽는 좋은 습관을 길러줌으로써 민주시민으로서 교양을 높이고 자질 함양에 기여할 수 있다.

NIE의 효과를 계량적으로 조사한 결과를 살펴보면, 미국의 경우 뉴욕대 교수 두 명이 1991년 뉴욕시 초등학교 4~6학년 20개 학급을 대상으로 1년간 NIE수업을 하고 표현력과 문장 독해력을 측정한 결과 NIE수업을 받지 않은 학생들보다 표현력과 문장 독해력이 더욱 향상된 것으로 나타났다. 일본의 경우 일본신문협회의 신문교육문화재단이 2002년 9월부터 6개월간 NIE를 실천한 초·중·고 학생 7,884명을 대상으로 교육효과를 조사하였다. 결과는 책을 읽는 태도와 스스로 조사하여 아는 태도, 남의 의견을 경청하는 태도 등이 더 좋아진 것으로 나타났다고 한다. 우리나라의 경우 중앙일보가 한국언론재단과 함께 초·중·고생 227명을 대상으로 조사한 결과에서도 창의력과 정보검색, 읽기, 글쓰기 능력 향상이 두드러졌다. 또한 연극·영화·음악회·전시회 등 문화 활동에 대한 욕구를 자극하고, 사회현상을 관찰할 수 있는 눈과 국제적인 안목을 갖게 하는 것도 NIE의 결과이다. 무엇보다 조사 대상 학생들 모두 "남의 입장에서 생각하게 됐다."와 같이 남을 배려할 줄 알게 됐다고 응답해 NIE 실시 뒤 인성 변화가 뚜렷하게 일어났다. 이 조사는 2002년 3월 25일부터 6개월간 교과시간에 신문을 활용해 수업하고, 읽기·쓰기·창의력·사회에 대한 관심도 등 13개 분야의 만족도를 설문하는 방식으로 이뤄졌다(이태종, 2006: 15-17).

NIE를 실제로 실시할 경우 유아들을 대상으로 한 '유아 NIE'에서부터 고교생들에게 적합한 논쟁수업에 이르기까지 다양한 방법들이 존재한다. 유아 NIE의 경우, 유아는 신문에 익숙하지 않으므로 먼저 신문과 친해지도록 하는 일부터 시작하는 일이 일반적이다. 신문에 친해지도록 하기 위해 유아의 눈길이 자주 가는 사진이나 만화나 광고 등을 스크랩하고 내용을 파악하도록 한다. 글자를 안다면 처음엔 관심 있는 기사를 택해 읽도록 한다. 글자를 모르면 부모가 교육 목적에 맞는 기사를 골라 읽어준 뒤 지적 발달에 맞는 다양한 주제 활동을 한다. 어떤 경우이든 유아는 다양한 영역의 글을 받아들이기 어려운 수준이므로 '찾고 이해하는 정도'에서 학습활동이 이뤄질 수밖에 없다(이태종, 2006: 229).

초등학생 이상인 경우에 있어서는 신문일기 쓰기를 권하고 싶다. 이는 그날 신문에서 가장 자신의 관심을 끈 내용을 오려 붙인 뒤 자신의 생각이나 느낌을 간단히 적어 일기를 쓰는 것이다. 소재를 선택할 때는 가급적 미담 중심의 밝은 내용에서부터 시작해 인터뷰, 칼럼, 대담, 사설 등으로 심화시키는 것이 좋다. 신문기사의 출처와 날짜 적기, 주요 용어 뜻 찾기, 내용의 핵심을 간결하게 요약하기, 자기의 독창적인 의견 제시, 친구들이나 교사의 논평 같은 순서로 쓰는 것이 무난하다. 신문일기를 지속적으로 쓰면 읽기와 쓰기 능력뿐 아니라 세상을 보는 시야가 넓어지고 비판적 창의적 사고를 기를 수 있다. 부모가 갓난아이 육아일기를 쓸 때 가끔씩 신문일기 형식으로 기록하는 것도 좋다. 나중에 자녀가 자라면 어린 시절에 일어난 사건들을 이해하는 데 큰 도움을 준다. 교사가 신문일기를 숙제로 낼 경우에 좋은 아이디어나 표현에 대해서는 적절하게 칭찬이나 격려의 글을 적어주는 것이 좋으며, 일주일에 한두 번 정도 쓰도록 하는 것이 좋을 것이다.

## 2. 실천 및 적용 사례

고교생에게 유익한 NIE 중 세 가지를 소개한다면, 첫째는 교과서 진도를 나가는 도중 단원과 관련해서 신문을 보충교재로 삼을 수 있다. 예를 들어 현재 진행되고 있는 미국발 금융위기의 근본원인으로 정부의 시장에 대한 금융 감독의 소홀을 제기할 수 있다. 이는 세계경제가 시장의 자유와 경쟁을 최우선으로 하는 신자유주의 경향으로 가고 있다는 현 교과서 기술 내용과 연관해서 작은 정부 추구와 국영기업의 민영화가 능사라는 신자유주의에 대해서 토론해 볼 수 있는 좋은 기회가 될 수 있다.

둘째는 신문의 기사나 칼럼에 대해 학생 자신의 의견을 물어보는 쓰기 전략이나 논술형 과제를 추구할 수 있다. 더욱이 제시된 기사나 칼럼 내용이 유익하거나 바람직한 경우에는 좋은 교훈도 제공해 줄 수 있기 때문에 일석이조의 효과를 거둘 수 있다.

셋째는 어떤 사회문제나 논쟁점(issue)에 대해 상반된 견해를 제시하고 이에 대한 자신의 의견을 근거와 함께 제시하면서 정당화하는 논쟁학습에서 찾을 수 있다. 이는 법정에서 피고인의 유죄를 입증하려는 검사와 무죄를 입증하려는 변호사 간의 공방과 같이 치열한 논리와 설득의 귀납적인 과정과 유사하다.

첫째 사례로서는 한겨레신문사에서 매주 발행하는 '함께하는 NIE논술 아하 한겨레'의 2008년 10월 10일자에 나오는 5면 분량의 '시장에서 다시 국가로?' 라는 내용이 현 금융위기의 본질을 간결하면서도 핵심을 잘 짚은 내용으로 참고할 수 있다.

둘째 사례로서는 '국기에 대한 맹세' 문안이 곧 바뀔 것이라는 보도 기사와 관련해서 학생들이 각자 한 번씩 맹세문을 적어보도록 유도할 수 있다. 물론 국기에 대한 맹세가 꼭 필요한가에 대해서 학생들 간에 논쟁할 수 있다. '인문학의 필요성'에 대한 주제 아래 논술 과제를 부과할 수도 있다. 이러한 과제는 수행평가의 주관식 문항으로도 충분히 활용할 수 있다.

셋째 사례로서는 최근 우리사회에서 부각된 쟁점으로서 북한 핵문제에 대한 상반된 시각의 사설을 각각 제시한 뒤 각자의 의견을 제시하는 논쟁학습의 일환으로 시행한 내용이다. 1차시 수업에서는 북한 핵무기 개발에 따른 한반도 긴장 촉발 문제가 불거진 경위를 학생들에게 설명한다. 학생들이 이 사건의 배경을 잘 알지 못하고 어려운 전문용어들과 복잡한 상황이 개입되어 있기 때문에 이의 설명에 거의 한 시간 정도의 수업 시간이 소요되었다.

다음 2차시 수업에서는 보수 입장에서 쓴 ○○일보의 사설과 진보 입장에서 쓴 ○○신문의 사설을 상호 비교하면서 자신의 의견을 정립하는 시간이었다. 곧바로 자신의 의견을 발표하고 토론하기에 앞서 두 가지 사설을 분석하는 작업을 먼저 실시하도록 하였다. 문제가 무엇인가? 사실적 차원에서 북한의 주장과 5개국을 실질적으로 대표하는 미국의 주장이 어떻게 다른가? 북한과 미국의 주장에 전제된 가치들은 무엇인가? 곧 어떤 가치와 어떤 가치의 대립인가? 학생 자신의 주장과 이의 근거는 무엇인가? 를 제시하도록 하였다.

3차시가 주어진다면 학생들을 3개 모둠으로 구분하여 2개 모둠이 서로 논쟁하도록 기회를 제공하고 1개 모둠은 배심원 역할을 하도록 역할을 부여할 수 있다(ㄴ찬반토론, 토론문화 형성 학습). 논쟁하는 모둠의 발언자들은 자신의 의견이 건전한 상식에 부합하는지 생각해보고 모둠 내 자체 논의에서 검증을 받도록 지도한다. 사회자와 칠판기록 및 문서기록을 맡을 학생도 각각 임명하면 좋다. 마지막으로 교사가 수업에 대한 총체적인 평가를 실시하면서 수업을 종결한다.

이 경우 교사는 학생들이 자신의 입장과 근거를 자유스럽게 발표하도록 개방적 분위기를 유지해야하며 문제와 관련된 용어 정의를 도와주고, 시간을 효율적으로 사용하도록 조언을 할 필요가 있다. 나아가 형식적인 중립형 교사가 아니라 켈리(T. Kelly)가 언급한 '신념을 가진 공정형' 교사로서의 역할을 수행할 필요가 있다(Kelly, 1985: 113-135). 이는 무조건적인 산술적 중립성이 아니라 학생의 자율성을 살리되 필요시 토론에 적절히 개입할 필요가 있다는 점이다. 이를 테면 교사는 인종차별이나 홀로코스트가 옹호되는 학생들의 토론에서 침묵만을 지킬 수는 없는 노릇이다. 그리고 논쟁학습에서 학생들이 명확한 결론을 내리도록 유도할 필요는 없지만 적어도 우리 사회 구성원들의 건전한 상식에 부합하는 잠정적인 의견을 제시함으로써 논쟁수업의 방향과 의미를 제시할 필요가 있다.

1) '국기에 대한 맹세' 35년 만에 바꾼다

(1) '국기에 대한 맹세문'의 경우에도 관련 신문기사 내용을 수업 시간에 소개하면서 학생들에게 자기 나름의 국기에 대한 맹세 문안을 만들어보도록 과제를 부과할 수 있다. '국기에 대한 맹세' 문안을 스스로 작성해 봄으로써 국가와 개인 간 관계를 생각해볼 수 있고 올바른 애국심에 대한 검토도 해 볼 수 있다.

1972년부터 국기에 대한 경례를 할 때마다 사용해 온 '국기에 대한 맹세문'이 다음 달 바뀔 예정이다. ○○○ 행정자치부 제1차관은 30일 "현재의 문안이 너무 무겁다는 의견이 있어 시대 흐름에 맞게 바꾸기로 했다."고 밝혔다. 맹세문은 지난해 말 국회에서 대한민국 국기법이 제정될 때 일부 의원들과 시민단체에서 '국가주의 잔재'라는 비판과 함께 폐지론까지 나와 논란을 빚었다.

그러나 행자부가 5월 여론조사를 실시한 결과 맹세문을 유지해야 한다는 의견이 75%였고, 문안 수정에 대해서도 '현재의 맹세문을 유지해야 한다(44%)'는 의견과 '수정해야 한다(42.8%)'는 의견이 팽팽했지만 행자부는 젊은 층에서 수정 쪽의 의견이 더 많이 나왔기 때문에 미래지향적으로 결정해야 한다며 수정하기로 한 것이다.

행자부는 홈페이지 등에 3개의 예시안을 공개해 6월 8일까지 일반 국민의 의견을 구한 후 6~7명의 전문가로 구성되는 맹세문검토위원회에서 최종 문안을 확정할 예정이다. '국기에 대한 맹세문'은 국기법 시행령으로 규정하기로 돼 있어 이 법이 시행되는 7월 전까지 확정해야 한다.

_출처: 동아일보, 2007.5.31

(2) 학생 작성 답안 사례

* 나는 자랑스러운 태극기 앞에 인간의 존엄과 자유, 평등을 위하여 국민
  으로서 권리와 의무를 다할 것을 굳게 맹세합니다.
* 나는 자랑스러운 태극기 앞에 나의 가족과 민족과 세계의 평화와 발전
  을 위하여 인간과 국민으로서 책임을 다할 것을 굳게 다짐합니다.

2) 인문학의 중요성: '그늘진 곳'을 찾아 나선 인문학

(1) 다음 신문기사 내용을 읽고서 클레멘트 코스를 만든 얼 쇼리스의 관
  점(가난한 사람에게 인문학을 가르친다)에 동의하는지 혹은 반대하는
  지 자신의 관점을 제시하고 그 근거를 논술하시오.

* 교도소 담장을 넘어온 편지. 여러 해 전, 언론인 얼 쇼리스(E. Shorris)는
  뉴욕의 한 교도소에서 살인 사건에 연루돼 복역 중인 비니스 워커라는
  여죄수와 마주 앉았다. "왜 당신이 여기까지 오게 됐다고 생각하느냐?"
  는 질문에 그 여죄수는 "시내 중심가 사람들이 누리고 있는 정신적 삶
  이 없었기 때문"이라는 다소 의외의 대답을 했다. 쇼리스가 "그것이 뭐
  냐?"고 재차 묻자 "극장과 연주회, 박물관, 강연 같은 거죠. 그냥 인문학
  이오."라는 답이 돌아왔다. 여죄수의 뜻밖의 답변에 자극받은 얼 쇼리스
  는 얼마 후 사회의 그늘 속에 갇힌 노숙자, 빈민, 마약중독자, 죄수 등을
  대상으로 살아있는 인문학을 가르치는 '클레멘트 코스'를 열었다. 시와
  그림, 철학과 역사를 배우고 특히 연주회와 공연, 박물관과 강연과 같은
  '살아있는 인문학'을 접하면서 그들은 자존감을 회복했다. 다시 살아낼
  힘을 얻은 것이다. 자존감을 회복해 스스로를 존중하는 사람은 자신과
  타인의 삶을 결코 망가뜨리지 않는 법이다.
  _출처: 중앙일보, 2008.4.5

* 1995년 뉴욕 맨해튼. 교도소 재소자, 마약중독자, 에이즈 감염자…. 이들을 위한 인문학 강좌가 열렸다. 빈민교육 활동가 얼 쇼리스가 제창한 일이었다. 건물 이름이 클레멘트기념관이었기에 이 이름을 따 '클레멘트(Clement) 코스'로 불린 이 강좌에 참여한 31명 가운데 17명이 강의를 마쳤다. 1명을 뺀 전원이 일자리를 얻거나 대학에 입학했다. 이후 12년이 흐른 지금 4개 대륙 6개 나라에서 57개 클레멘트 코스가 운영 중이다. 우리나라에서도 2005년 9월 성(聖)프란시스대학이 생겨났다. 노숙인의 자활을 돕기 위해 개설된 이 학교에서는 기초 인문학 과정을 개설했다. 프로그램의 성과는 이미 나타나고 있다. 지난해 11명이 철학, 역사, 문학, 인간과 문화, 글쓰기 등 인문학 관련 5과목을 수료했다. 수료자 가운데 한 명은 방송통신대학에 입학할 예정이고, 두 명은 가정으로 돌아가 새 출발을 다짐한다. 두 명은 학기 도중 취업했다. 소자본 창업을 준비하는 등 나머지 학생들도 자신의 적성에 맞는 직업을 찾고 있다.

특히 매 주 1회 노숙인을 위한 프로그램에 자원봉사자로 참여하는 이들이 많다고 한다. 노숙인 뿐 아니라 교도소 재소자, 성매매 피해여성 등을 위한 인문학 강좌도 늘어나고 있다. 자기 삶의 가치와 의미를 성찰하게 하는 인문학의 근본적인 치유 능력이 이들 강좌에서 입증되고 있는 셈이다. 이들 강좌를 운영하는 종교인과 교수들은 한결같이 "인문학의 생활력을 느낄 수 있다."고 말한다. 그 힘의 원천에 대해 그들은 '한번 빠져들면 헤어 나오기 힘든 끈질긴 중독성'이라고 말한다. 인문학을 통해 삶의 희망을 보게 된 이들은 강좌에서 뛰쳐나갔다가도 이내 돌아오는 모습을 보인다는 것이다.

그런데 곰곰이 따져보면 이들에게만 클레멘트 코스가 필요한 건 아니라는 생각도 든다. 돈과 권력만을 좇느라 내면을 성찰할 기회를 갖지 못한 이 땅의 수많은 음습한 부자와 권력자들에게도 인문학의 햇살이 스며득어야 하는 건 아닐까. 어쨌든 클레멘트 코스의 성공과 세계적 확산은 인문학이 고준담론의 성역에 머물러 있을 필요가 없다는 점을 보여준다. 동시에 인문학의 위기가 어떻게 극복될 수 있을지에 관한 시사점도 던져준다.

_출처: 한겨레신문, 2007.8.19

- 얼 쇼리스는 소외계층을 위한 인문학 교육 과정인 '클레멘트 코스'의 창설
  자이자 자문위원회 위원장. 시카고대 출신으로 젊은 시절 한국에서 군 생활
  을 한 적이 있다. 1972년부터 미국 잡지 '하퍼스 매거진' 편집장을 지냈다.
  일흔을 앞둔 최근까지 클레멘트 코스가 도입되는 국가를 찾아 강연을 하는
  등 바쁜 나날을 보내고 있다. 우리나라에는 저서 '희망의 인문학'이 번역되
  어 출간됐다.

(2) 학생 작성 답안 사례

* 저자의 입장에 동의하는 주장: 최근 우리 사회에서는 인문학의 가치를
  과소평가하고 현실적 가치를 지닌 기술이나 취업과 관련된 학과나 학문
  이 인기를 얻고 있다. 그러나 이러한 풍조는 잘못이다. 특히 가난한 사
  람들은 자신의 처지를 비관하고 무기력함이 학습되어 있는 실정이다.
  삶의 의욕이 약한 상태에서 이루어지는 직업훈련은 이들에게 큰 도움이
  되지 못한다. 그러나 인문학을 통해 가난한 사람들에게 스스로 생각하
  는 방법을 가르치고 스스로 삶의 의미를 깨닫게 한다면 장기적으로 볼
  때 교양 있는 시민이 될 수 있을 것이다.

* 저자의 입장에 반대하는 주장: 흔히 인간은 동물과는 달리 이성적 존재
  로서 고차원적인 사고를 한다고 말한다. 하지만 이러한 고차원적인 사
  고도 인간의 기본적인 욕구가 얼마나 충족되어 있느냐에 따라 그 수준
  이 다르다. 가난한 사람은 기본적인 욕구가 충족되지 못한 사람들이다.
  이들이 사회인으로서 제대로 살기 위해서는 사치스런 인문학을 가르치
  기보다는 먹고 사는 데 필요한 기술과 기능을 가르쳐 주는 것이 더 필요
  하다.

3) 북한 핵무기 관련 사설 비교

(1) 관련 사건 개요

북한은 1992년 '한반도 비핵화에 관한 공동선언'에 조인하였지만 핵확산 금지 조약(NPT)과 국제원자력기구(IAEA)를 탈퇴하면서 본격적으로 핵무기를 개발하였다. 핵무기개발에 대한 북한의 끈질긴 집착으로 9·11 테러 이후 부시 대통령은 이라크, 이란, 북한 3국을 '악의 축(대량 살상 무기 개발 및 테러 지원 국가)'으로 설정하였다. 더욱이 북한은 2006년 10월 함경북도에서 지하 핵실험까지 실시하여 UN으로부터 제재를 받고 있는 형편이다.

2008년 2월 13일 6자회담(남·북한 및 미, 일, 중, 러) 합의사항의 골자는 북한이 핵무기 검증을 받는 대신 북한은 테러지원국 규제에서 벗어나며 적절한 경제 지원을 받는다는 것이다. 그 합의사항이 지지부진하게 이행되고 있는 가운데, 2008년 8월 14일 북한은 영변에 머물던 국제원자력기구 사찰관의 핵시설 접근을 차단하고 1주일 내에 핵 재처리시설에 핵물질을 주입하겠다고 선언했다. 핵시설에 부착돼 있던 봉인과 감시카메라도 제거했다. 2차 북핵 위기가 불거진 2002년으로 시계추를 되돌리는 중대한 사태가 발생한 것이다. 2002년 당시에도 북한은 핵시설의 봉인을 뜯어내고 이틀 뒤 감시요원을 추방했으며 2006년 핵실험을 감행하였기 때문이다.

북한의 이러한 선언과 긴장촉발은 미국이 북한에 대해 규정한 테러지원국 규제가 약속대로 해제되지 않고 있기 때문이라는 것이 북한의 주장이다. 북한은 1987년 대한항공(KAL) 여객기 공중폭파 사건으로 테러지원국 명단에 올라있는 상태이다. 테러지원국에서 해제되면 북한은 대외원조법·국제금융기관법 등 미국 법률에 의한 제재로부터 벗어나며 국제통화기금 등 국제 금융기관으로부터의 차관 도입이 가능해진다. 공적개발자금(ODA) 원조도 받을 수 있게 된다. 한마디로 국제사회에 '정상적인 국가'로 편입될 수 있는 길이 열린다.

당초 계획에 의하면, 6월 26일 북한의 핵 신고서 제출 직후 미국 정부가 의회에 테러지원국 해제 방침을 통보하면서 45일 뒤인 8월 11일 테러지원국이란 제재가 해제될 예정이었다. 그러나 미국의 주장은 북한이 '완전하고도 검증 가능한' 핵 검증체계 구축에 비협조적으로 나오기 때문에 테러지원국 해제를 보류할 수밖에 없다고 주장한다.

이처럼 핵 프로그램 검증을 둘러싸고 북한과 미국 간 심각한 갈등이 빚어지자 10월 초 6자회담 미국 측 수석대표인 힐 차관보가 북한을 방문하여 다시금 북한과의 이견을 조율하였다. 그 결과를 두 가지로 요약할 수 있다. 첫째로 미국은 일단 영변지역 핵시설 신고서를 중심으로 검증 작업을 실시한다. 둘째로 우라늄농축프로그램(UEP)이나 미신고시설 문제 및 시리아 핵협력 실태 해명 등은 시간이 걸리더라도 순차적으로 이행하겠다는 것이다. 이는 '완전한 검증'을 요구하던 미국의 양보를 의미한다. 곧 북한과 미국이 영변 핵시설과 기타 핵시설에 대한 단계적 분리 검증에 합의했음을 나타낸다.

비록 잠정적이란 조건을 달았지만 검증 방안 합의 대가로 미국은 적성국 교역법 제재 대상과 테러지원국 명단에서 북한을 제외할 것이며 북한은 멈췄던 핵시설 불능화 작업을 재개하고, 6자회담 참가국들은 불능화 대가인 경제·에너지 지원에 속도를 낼 것이다. 또 10월 중순 6자회담을 재개하여 북핵 관련 2단계 불능화 협상을 마무리하고, 3단계 핵폐기 협상 돌입을 선언하는 수순을 밟을 가능성이 높다. 검증은 7월 6자회담 합의대로 시설방문, 문서검토, 기술인력 인터뷰 등 3가지 방식이 기본이다. 북한과 미국은 샘플 채취에 대해서도 의견접근을 이뤘다. 검증 작업은 핵폐기 협상과 동시에 진행하게 된다.

하지만 걸림돌도 많다. 북한은 당시 신고서에 영변 원자로와 핵 재처리시설 등의 가동 기록, 플루토늄 추출량, 천연 우라늄 재고 등을 담았다. 그러나 핵무기를 만드는 과정, 핵무기의 수량과 종류 등은 포함되지 않은 것으로 알려졌다. 특히 핵무기 수량(플루토늄 추출량)을 확인하는 과정에서 필수적인 고준위폐기물 저장시설도 신고 대상에서 빼놓았다. 게다가 이번에 신고하지 않았던 시설은 북한이 합의를 해줘야 검증을 할 수 있다는 점이다. 결국 미신고시설에 대한 검증이 3단계 핵폐기 협상의 발목을 잡을 공산이 크다.

북한은 미신고시설 검증 대가로 경수로나 국제금융기구 가입 지원 등을 요구할 것으로 보인다. 미국은 반대로 핵무기에 더해 우라늄농축프로그램이나 북한의 핵확산 의혹 등을 추가로 검증하자고 압박하고 나설 것이다. 미국의 새 행정부와 북한 김정일 국방위원장의 결단에 따라 판세가 좌우되겠지만 1~2년 사이에 완전 해결될 사안은 아닌 것 같다.

(2) 두 가지 사설의 관점 비교

① 보수적인 관점: 테러지원국 해제, 북한만 남는 장사 아닌가?
미국이 어제 북한을 테러지원국 명단에서 삭제했다. KAL기 폭파 만행으로 1988년 1월 테러지원국으로 지정된 지 20년 9개월 만이다. 당시 한국인 승객 93명을 비롯해 115명이 미얀마 상공에서 목숨을 잃었지만 북은 지금까지 사과는커녕 범행 자체도 시인한 적이 없다. 이를 생각하면 우리로선 미국의 해제 조치를 선뜻 받아들이기 어렵다.

미국은 북한이 2단계인 핵 검증 실시에 동의했기 때문에 '행동 대 행동'의 원칙에 따른 것이라고 설명했지만 북이 '정확한 신고'와 '완전한 검증' 약속을 지킨 것도 아니다. 오히려 미신고 핵시설은 '북의 동의'가 있어야만 사찰할 수 있게 돼 검증은 더 어려워졌다.

이런 상태로 북핵문제를 차기 정권에 넘기면 또 얼마나 시간이 흘러갈지 모른다. 한일(韓日) 양국에서 "북한만 남는 장사를 했다." "임기 말에 쫓긴 조지 W 부시 미 행정부가 북의 통미봉남(通美封南) 전술에 넘어갔다."는 비판론이 나오고 있는 것도 무리가 아니다.

그나마 부시 행정부가 테러지원국 해제를 발표하면서 "북한이 핵 검증에 부합하지 않는 행동을 할 경우 다시 명단에 올릴 수 있다."고 단서를 단 것은 다행이다. 버락 오바마 민주당 대통령 후보도 같은 내용의 성명을 발표했다. 미국은 이번 조치가 '조건부'임을 분명히 하고 차기 정권 출범 전이라도 말이 아닌 행동으로 이를 보여줘야 한다.

북한 외무성 대변인은 벌써 "핵 검증 이행은 미국의 테러지원국 해제 조치가 실제적 효력을 내고 6자회담 참가국들이 경제보상을 완료하는 데 달려 있다."며 고압적인 자세를 보였다. 그러나 테러지원국 명단 해제로 당장 크게 달라지는 것이 없음을 북은 알아야 한다. 핵 폐기 약속을 지키고 인권문제 개선 등 개혁과 개방에 적극 나서야만 국제사회로부터 대접도 받고 지원도 기대할 수 있기 때문이다. 미국과의 관계도 마찬가지일 것이다.

이번 조치와 함께 민주당과 좌파세력을 중심으로 "이명박 정부가 6·15 및 10·4 정상선언의 이행과 함께 남북관계 개선에 나서야 한다."는 목소리가 커지고 있다. 가볍다는 생각을 지울 수 없다. 북의 진정성을 봐가며 그런 주장을 해도 늦지 않다. "북이 서울을 건너뛰고 바로 워싱턴으로 갈 것"이라는 상투적인 주장으로 상황을 호도해선 곤란하다.

_출처: ○○일보, 2008.10.13

② 진보적인 관점: 테러지원국 해제, 남북관계 개선 전기 돼야

북한을 테러지원국에서 제외한 미국의 결정으로 한반도는 새로운 전기를 맞게 됐다. 우선 파국 위기에 이르렀던 핵협상을 되살려 한반도 비핵화 과정이 재개될 수 있게 됐다. 그제 미국의 발표 후 북한이 즉각 핵불능화 복귀 의사를 밝혔기 때문이다. 북·미 양국의 이런 움직임에 따라 곧 6자 회담이 열려 비핵화 2단계가 마무리 국면에 들어갈 것으로 보인다.

아울러 60년 가까이 적대해 온 북·미 관계가 정상화의 길로 들어설 수 있게 됐다. 지난해 10·3 합의는 북·미 관계 정상화를 핵협상의 마무리 단계로 상정해 놓았다. 아직 많은 어려움이 남아 있지만, 이번 결정으로 두 나라는 그 가능성을 재확인한 셈이다.

물론 이번 합의에는 미진한 점이 없지 않다. 북한 동의가 필요한 미신고 핵시설 검증과 핵물질 관련 시료의 외부 반출 문제 등이 그것이다. 그러나 이것은 기본적으로 북·미 사이 신뢰의 문제다. "앞으로 중요한 것은 미국이 우리의 핵 억제력을 발생시킨 대조선(대북) 적대시 정책을 송두리째 철회하는 것"이라는 북한 외무성 대변인 담화에서 보듯이 북한은 미국의 체제전복 위협을 핵개발 이유로 내세워 왔다. 반면 미국은 북한이 끊임없이 국제사회를 속이려 한다고 의심해 왔다. 두 나라가 끈질긴 양자회담을 통해 합의에

이름으로써 이런 불신의 장벽을 낮출 수 있음을 보여줬다. 이렇게 신뢰를 쌓아 가며 미국의 새 정부가, 8년을 허비한 부시 정부와 달리 북한을 견인해 낼 수 있다면 한반도의 비핵화가 훨씬 당겨질 수 있을 것이다.

우리 정부 역시 북·미 관계 개선에 발맞춰 남북관계를 개선하기 위해 배전의 노력을 다해야 한다. 정부는 그동안 과거 정부의 대북정책을 뒤집고 북한을 자극하는 정책을 취함으로써 남북관계를 경색시켜 왔다. 그런 정부가 북한에 대해 남쪽의 진정성을 믿고 대화에 나오라고 한다고 북이 선뜻 나올 리 없다. 남쪽의 진정성을 보이려면 무엇보다 먼저 6·15 선언과 2007년 10·4 선언 등 기존의 남북 합의를 인정한다는 사실을 분명히 천명해야 한다.

북한 또한 성실한 약속 이행으로 국제사회의 신뢰를 회복하는 한편 남북관계에 대승적 자세를 보여야 한다. 미국과의 관계 개선을 이유로 통미봉남을 도모하는 것은 어리석은 일이다. 대외관계가 개선된다 하더라도 가장 큰 도움을 줄 수 있는 곳은 남한이기 때문이다.

_출처: ○○신문, 2008.10.12

(1) 무엇이 문제인가?
(2) 구체적인 쟁점이 무엇인가?
(3) 그동안 북한 핵무기 검증에서 북한과 미국의 입장이 어떻게 대립되었는지 기술하시오.
(4) 북한과 미국의 입장에 전제되어 있는 가치를 명시적으로 제시한다면 무엇인가?
(5) 두 종류 사설에 나타난 관점을 2줄 정도로 요약하고, 자신은 이 두 관점 중에서 어떤 관점을 지지하는지 밝히고 그 근거를 논술하시오.

(3) 학생 작성 답안 사례 1

(1) 북한 핵무기 개발

(2) 북한에 대한 테러지원국 제재 해제

(3)

* 북한 입장: 완전하지 않은 핵시설 개방과 몇몇 곳의 검증만 원함.
* 미국 입장: 완전한 핵시설 개방과 완벽한 검증을 원함.

(4)

* 북한 입장: 미국의 체제 전복 위협으로부터 자기 방어를 추구.
* 미국 입장: 북한이 국제사회를 끊임없이 속이려 한다고 의심.

(5)

* 첫 번째 사설: 북한을 테러지원국에서 해제한 것에 부정적인 입장을 나타낸다.
* 두 번째 사설: 북한을 테러지원국에서 해제한 것에 긍정적인 입장을 나타낸다.
* 첫 번째 입장을 지지한다. 왜냐하면 테러지원국 해제를 통해 북한은 더욱더 원하는 것을 얻기 위해 협박을 할 것이다. 그러므로 해제한 것은 잘못이다.

④ 학생 작성 답안 사례 2

(1) 북한의 테러지원국 해제
(2) 미국이 북한에 대한 테러지원국 지정을 해제한 것이 잘한 것인가?
(3)

* 북한 입장: 북한의 동의가 있어야만 사찰을 할 수 있다.
* 미국 입장: 수상하다 싶으면 사찰할 수 있게 해야 한다.

(4)

* 북한 입장: 핵으로 위협해서 국제사회로부터 지원을 받는다.
* 미국 입장: 핵 보유 국가를 하나라도 줄이려 한다.

(5)

* 첫 번째 사설: 북한의 테러지원국 해제에 대한 미국의 행동과 대처.

* 두 번째 사설: 북한의 비핵화로 인한 북·미관계의 정상화와 남·북한
  관계 개선.
* 두 번째 입장을 지지한다. 왜냐하면 북한이 비핵화를 실행하여 북·미
  관계가 최대한 빨리 개선된다면 이에 발맞춰 남·북관계도 개선될
  수 있기 때문이다. *강영호

## ▌참고문헌

박미영·한진숙 외 11인(2004). 『NIE 어떻게 가르칠 것인가』. 서울: 커뮤니케이션북스.
이태종(2006). 『NIE원론 I, II』. 서울: 도서출판 통키.
조성민(2005). 『탐구공동체 수업사례집』. 서울: 한국학술정보.
조성민·정선심(2002). 『토론이 된다 논술이 된다』. 서울: 사계절.

Kelly, T. E.(1985). "Discussing controversial issues: Four perspectives on the teachers role." *Theory and Research in Social Studies*, 14(2). pp.113-138.

# 07

# 정치적 판단력 학습

## 1. 해설

### 1) 정치적 판단력 학습의 의미와 성격

한 사회에 민주주의가 정착되고 하나의 삶의 문화로 구현되기 위해서는 민주주의를 뒷받침하는 여러 제도들과 더불어 이러한 제도들을 운영하는 사람들이 깊이 있는 사고를 통하여 이른바 바른 정치적 판단을 내릴 수 있어야 한다. 만약 많은 사람들이 정치적 문제에 당면하여 바른 정치적 판단을 내리기보다는 혈연, 지연, 학연 등에 따라 정치적 결정을 한다면 비록 그들이 민주주의를 실현하려는 아무리 굳은 실천 의지와 능력을 가지고 있다고 할지라도 민주주의는 대단히 실현되기 어려울 것이다.

그렇다면 바른 정치적 판단력이란 무엇인가?, 그리고 이러한 능력을 함양하기 위한 정치적 판단력 학습은 어떻게 가능한가? 정치적 판단력에 대하여 의미 있는 논의를 제기하고 있는 사람으로 한나 아렌트를 들 수 있다. 그녀는 『칸트의 정치철학』이라는 저서에서 칸트의 미적 판단을 정치적 판단으로 변환한다. 그녀에 따르면 정치적 판단력이란 상호 이질적인 각 개인들의 개체성이 인정되는 상태에서 이들 간의 조화와 소통을 모색하고 형성해 나아가는 판단을 의미한다. 그리고 이러한 정치적 판단력은 정치적 문제에 당

면하여 관련 당사자들의 상상력과 반성과정을 거치는 과정에서 각 주장들의
미학적 조화가 형성되는 그 순간 나타난다(Arendt, 2000). 그녀가 말하는 정
치적 판단력이 작동하는 과정을 그림으로 제시하고 설명하면 다음과 같다.

즉 정치적 논쟁에는 언제나 상호 이질적인 주장들이 존재한다. 정치적 판
단을 위해서는 일단 이러한 상호 이질적인 주장들을 가능한 한 왜곡 없이
그대로 정신 속에서 재현해야 한다. 각 주장들이 정신 속에서 재현되는 순간

〈그림 1〉 정치적 판단력의 구조

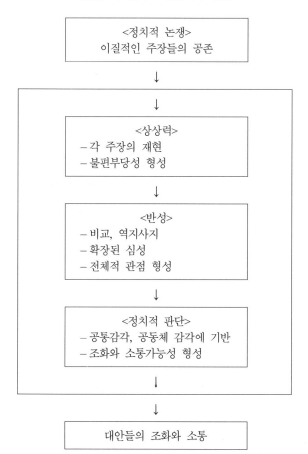

각각의 주장은 나의 정신 속에서 다룰 수 있는 것으로, 현실의 절실함, 급박함을 떠나 존재하므로 이제 불편부당하게 바라볼 수 있는 대상이 된다. 이것은 재현이 주는 장점이다. 이렇게 재현된 주장들은 이제 정신의 반성작용의 대상이 된다. 정신은 먼저 각 주장의 입장이 되어 본다. 즉 그의 신발을 신어 보는 것이다. 그리고 다시 정신은 그 입장을 떠나 또 다른 입장들이 되어 본다. 그리고 나서는 각각의 주장들을 상호 비교, 검토해 본다. 이러한 과정에서 각 입장은 충분히 이해되며 각 주장의 장단점은 철저히 검토된다. 이러한 과정에서 정신은 타인의 입장을 수용하게 되어 스스로 확장되며 전체적 관점을 형성한다. 이러한 확장된 관점이 되었을 때 정신은 각 주장들의 장점들 간의 조화와 균형을 발견할 수 있다. 그 순간이 바로 이른바 정치적 판단력이 형성되는 순간이다. 즉 각 주장들의 좋은 점들을 상호 접합과 배치를 통하여 이른바 조화와 균형을 찾는 것이다. 이러한 정치적 판단은 공통감각 (common sense), 즉 모든 사람들이 수용할 수 있는 의미에 기반 한다. 이제 각각의 대안들은 경쟁하기보다는 상호 조화를 이루며 소통한다. 마치 이질적인 색깔들과 형태들이 모여 조화와 균형 속에서 아름다움을 발하는 미술작품이 되듯이 말이다.

아렌트의 정치적 판단력 개념에 기반하여 정치적 판단력 학습방법을 구성해 볼 수 있다. 이는 학생들이 일상적 삶에서 발생하는 갈등과 다툼을 관련 당사자들과 대화하고 토론하는 과정을 통하여 타자의 의견을 수용하여 자신의 인식의 지평을 확장시키고 이를 기반으로 공공성을 창출하는 판단을 증진시키고자 하는 교수학습을 의미한다. 이러한 정치적 판단력 학습은 칼 슈미트가 말한 바의 「정치적인 것의 의미 변화」를 고려할 때 그 중요성이 더 부각된다. 왜냐하면 정치는 이제 단지 국가기구나 제도, 거시적인 국가적 사안들로 한정되지 않으며 이는 우리의 일상적 삶의 전 영역과 삶의 스타일, 정체성, 의미 등과 같은 미시적인 영역으로 확대되기 때문이다. 따라서 정치적 판단력 학습은 국가기구와 제도, 국가적 사안들에 대한 올바른 정치적 판단을 위해서도 그리고 일상적 삶에서 발생하는 미시적인 정치문제에 대하여 올바른 정치적 판단을 하기 위해서도 절실히 요구된다.

정치적 판단력 학습은 몇 가지 특성을 가지고 있다. 첫째, 정치적 판단력 학습은 갈등과 다툼을 특정한 이론과 이념 하에 포섭하는 한정적 판단력이 아니라 개별 사례들을 포괄하는 하나의 이념이나 이론이 존재하지 않는 상황에서 각각의 사례들을 종합해 나아가는, 새로운 공공성을 창출하는 반성적 판단력을 지향한다. 따라서 정치적 판단력 학습은 정치적 갈등에서 발생하는 개별 사례들의 독특성을 인정하고 수용하며 이들을 특정 이론과 개념으로 환원시키고자 하지 않는다. 정치적 판단력 학습에서는 정치적 행위자의 개체성이 존중된다.

둘째, 정치적 판단력 학습은 문제해결에 있어서 이성에 전적으로 의존하지 않는다. 그것은 끝없는 상상력과 반성작용을 요구할 뿐만 아니라 각 개별 사례들의 조화를 인식하는 미학적 측면을 갖는다. 따라서 정치적 판단력을 기르기 위해서는 개체의 독특성을 인정하고 수용하여 대화하면서 그 자신의 마음을 확장시키고 이성과 감성의 조화 속에서 각 시민들 간의 소통가능성을 느끼도록 노력해야 한다.

셋째, 정치적 판단력 학습이 지향하는 정치적 판단력은 정치적 실천과의 관계에서 단선적인 선후의 관계에 있지 않다. 오히려 이들은 상호 토대를 구성하는 보완관계에 있다. 즉 올바른 정치적 판단은 정치적 공동체의 참여를 통하여 형성되는 공통감에 기반하며, 정치적 실천은 개별사례를 공적으로 만드는 정치적 판단에 기반한다.

### 2) 정치적 판단력을 위한 교수학습모형

정치적 판단력이란 앞에서 언급한 바와 같이 일상적 삶에서 발생하는 갈등과 다툼에 대하여 관련 당사자들과 대화하고 토론하는 과정을 통하여 형성된 확장된 마음을 바탕으로 공공성(감)을 창출하는 판단을 말한다. 이를 형성하기 위한 정치적 판단력 학습모형을 제시하면 아래와 같다. 이는 파커가 제시한 숙고의 단계를 정치적 판단력의 의미를 고려하여 재구성한 것이다(Parker, 2003: 66-68, 2006: 12-15).

정치적 판단력을 위한 교수학습모형은 크게 세 부분 즉 포함과 재현

<표 1> 정치적 판단력을 위한 교수학습모형

| 단계 | 유치원~3학년 | 4학년~6학년 |
|------|------------|-----------|
| 1 | 참여하라 | 정치참여를 선택하고 문제를 기술하라 |
| 2 | 잘 들어라 | 다른 사람들이 그의 생각을 말하는 동안 주의 깊게 들어라 |
| 3 | 말하라 | 당신이 생각하고 느끼는 것을 명확하게 말하라 |
| 4 | 이유를 말하라 | 당신의 의견을 지지하는 이유와 증거들을 제시하라 |
| 5 | 이름을 부르지 마라 | 사람이 아닌 아이디어에 도전하라 |
| 6 | 테스트하라 | 대안들을 테스트해보라 |
| 7 | 함께 하라 | 모든 사람들의 생각을 해결책에 포함시켜라 |

(inclusion & representation), 대화와 반성(dialogue & reflection) 그리고 상상과 판단(imagination & judgement)으로 구성된다. 정치적 판단이 합당하게 이루어지기 위해서는 먼저 관련 당사자들이 모두 포함되어야 한다. 그리고 논의가 풍부하게 이루어지고 관련 당사자들이 만족할 수 있는 해결책이 제시되기 위해서는 사태에 대한 이들의 다양한 의견들이 수용되어야 한다. 타자의 입장을 들을 때 사람들은 최대한 타자의 입장이 되어보도록 노력해야 한다. 그리고 난 후 자신의 생각을 이유와 증거들을 통하여 분명하게 표현하도록 한다. 다양한 의견들은 문제해결을 위한 중요한 사고 자료가 되며, 자신의 한계를 뛰어넘을 수 있는 중요한 자극제가 된다. 이는 위의 1, 2, 3단계와 직접적으로 관련된다.

두 번째는 대화와 반성이다. 관련 당사자들 각각의 생각을 모두 듣고 난 후에는 특정 사람에 대한 도전이 아닌, 아이디어를 비판적으로 함께 검토할 필요가 있다. 이때 비판적 검토는 개념에 대하여, 경험적 증거에 대하여, 전제된 가치에 대하여 이루어진다. 이러한 과정을 통하여 불명확한 용어가 해소되고 경험적 증거가 미약한 주장이 기각되며 숨겨진 가치가정과 각 주장

의 장점과 단점들이 부각된다. 대화는 앞의 단계에서 4단계에서 6단계까지
해당한다.

세 번째는 상상력과 판단이다. 대화과정을 통하여 어느 정도 검증된 주장
들을 먼저 사고실험을 통하여 시험해 본다. 즉 그들의 주장이 실현되었을
때 발생하는 장점과 단점은 무엇인가를 생각해본다. 이를 통하여 각 주장들
의 진정성(authenticity)이 인정된 후에는 이러한 각 주장들 중 어느 하나를
선정하기보다는 이들 간의 조화를 이루는 대안을 모색하는 것이 중요하다.
이들이 조화를 이루는 사회모습을 그리는 일에 상상력과 미학적 사고가 요
구된다. 미술작품에서 매우 이질적인 재료들과 여러 가지 형상들이 조화를
이루어 하나의 작품이 되듯 각각 진정성 있는 여러 주장들이 조화를 이루도록
판단하는 능력이 중요하다. 상상력과 판단은 위 단계에서 7단계에 해당한다.

### 3) 정치적 판단력을 위한 교수학습 전략

위에서 제시한 교수학습모형은 하나의 체계를 이룬다. 따라서 수업에 있
어서 이들은 가능한 한 순서대로 진행되어야 한다. 이에 비하여 수업의 맥락
과 필요에 따라 정치적 판단력의 요소들을 함양할 수 있는 다양한 교수학습
전략들을 제시하면 다음과 같다.

### (1) 공통감 파악하기

바람직한 방향으로 정치문제를 해결하기 위해서는 많은 사람들이 인간으
로서 공통으로 느끼는 바를 파악할 수 있어야 한다. 본 활동은 사람들이 무
릇 인간이라면 갖게 되는 느낌과 마음을 파악하도록 하는 활동이다. 이를
위하여 특정 상황을 제시하고 이 상황에서 사람들이 공통으로 느끼는 마음
을 추측해 보도록 한다. 예를 들어 재난을 당한 사람들의 마음 알아보기,
미술품과 아름다운 사진보고 함께 느끼기 등이 이에 해당한다.

### (2) 상상하기

대화와 토론을 통하여 문제를 해결하기 위해서는 상대방의 의견을 경청

하는 것이 중요하다. 이때 우리는 상대방의 의견의 장단점을 잘 파악해야
한다. 그러나 이러한 활동 전에 할 일이 있다. 그것은 상대방의 이야기를
잘 들으면서 그 의견이 전제하고 있는 사회모습을 최대한 객관적으로 상상
하여 이미지화시키는 것이다. 이러한 과정을 통하여 불편부당성을 확보할
수 있으며 상대방의 의도를 보다 깊이 있게 파악할 수 있을 것이다.

(3) 이질성의 조화: 모자이크 만들기

한국사회에서 토론은 많은 부분 타인의 의견을 반박하고 자신의 의견을
관철시키는 방향으로 나아가는 경향이 있다. 이는 조화와 공존을 모색하는
정치의 기본 의도에서 벗어나는 것이다. 조화와 공존을 모색하기 위한 연습활
동으로 모자이크 만들기를 할 수 있다. 이를 위하여 실제로 다양한 재료와
형상들을 이용하여 모자이크 작품을 만들 수도 있으며 더 나아가 서로 이질적
인 사람들의 의견을 조합하여 조화를 창출하는 방안 모색 활동을 할 수 있다.

(4) 전체주의의 사례와 문제 파악하기

전체주의는 정치의 기본 토대인 다양성을 특정 사상과 이념, 행위방식으
로 환원시켜 그 다양성이 사라지게 한다. 이러한 전체주의적 시도는 과거의
파시즘과 공산주의 사회 그리고 권위주의정권들에서 발견된다. 정치적 판단
력을 증진시키기 위해서는 정치적 판단을 사전에 제거하는 이러한 전체주의
의 문제점을 바르게 인식할 필요가 있다. 이러한 전체주의가 발생하게 된
원인과 과정 그 결과를 살펴본다. 그리고 최근 일상적 삶에서 발생하는 파시
즘에 대하여 살펴본다.

(5) 타자의 존재 인정하기

정치가 가능하기 위해서는 나에게 종속될 수 없으며, 되어서도 안 되는 나와
다른 사람들의 존재를 인정해야 한다. 이를 위한 활동으로 우리는 서로 어떻게
다른가를 이해할 필요가 있다. 예를 들어 친구와 나의 다른 점 찾기, 사람들의
생각의 차이 찾기, 우리문화와 외국문화의 차이 찾기 활동을 할 수 있다.

## 2. 실천 및 적용 사례

### 1) 수업 학급

본 수업이 이루어진 학급은 대도시에 위치하고 있는 B초등학교 6학년이다. 이 학급의 인원수는 34명이며 학부모의 교육열이 높고, 경제적으로도 안정된 편이어서 학업 성취도는 높은 편에 속한다. 학급은 비교적 동질적인 학습 집단을 형성하고 있으며, 과제에 대해 성실히 준비해 오고 선수학습이 많이 되어 있다. 발표력이 왕성하고 자신의 의견을 표현하는데 적극적이나 학습 주제에 따라서 개인별 편차가 약간씩 존재한다. 수업은 2008년 9월 3일 사회 시간 1시간 동안 진행되었다.

### 2) 수업 계획과 구성
(1) 수업 주제: 아름다운 사회를 위한 정치적 판단
(2) 수업 목표: 다양한 의견들의 대립과 갈등을 이해하고 이들을 조정할 수 있는 제3의 대안을 미학적으로 판단하여 제시할 수 있다.
(3) 수업 시간의 개요

| 단계 | 내용적 특징 | 자료 |
|---|---|---|
| 예비단계 | 공통감과 미학적 조화 느끼기 | 그림 자료 |
| 안내 | 학습문제 제시 | |
| 포함과 재현 | 토론 주제에 대하여 각자 의견 제시 | 찬반 의견 PPT |
| 대화와 반성 | 제시된 의견에 대하여 합당한 근거를 들어 지지하거나 반대하기 | 학습지 |
| 상상과 판단 | 각각의 의견이 갖는 장점을 조합하여 제3의 대안 구성하기 | 학습지 |
| 적용 | 아름다운 사회를 위해 우리가 할 수 있는 일 생각해 보기 | |

**(4) 수업 전개**

**가. 수업 단계 1: 예비단계**
뭉크의 '절규', 고흐의 '자화상', '별이 빛나는 밤에' 등의 미술작품을 보여주고 무엇을 그렸는지, 그릴 때는 어떤 상황이었을지를 상상해보고, 그림을 보는 자신의 느낌은 무엇인지 등을 물었다. 학생들의 느낌은 '쓸쓸하다', '두려움에 떨고 있다', '슬픔이 있다', '아름답다' 등이었다. 이 그림들이 왜 후대에 길이 남는 명작이 되었을까 라는 질문에 '사람의 마음이 잘 드러나 있어서', '그림 속 사물들의 균형이 잘 맞아서', '색들이 조화를 잘 이루어서'라는 응답이 있었다. 교사는 만약 하나의 색으로만 칠했다면 어떠했을까? 여전히 명작으로 아름다웠을까?라고 의문을 던지고 아름다운 것에는 마음의 표현과 조화가 필요하다는 이야기를 하였다.

**나. 수업 단계 2: 안내**
하나의 완성된 그림 속에도 여러 색들이 존재하듯, 우리 사회에도 다양한 의견들이 존재한다고 학생들에게 말해주었다. 이러한 다양한 의견들의 대립과 갈등을 이해하고 이들을 조정하는 제3의 대안을 판단해 제시해 보는 것이 본 차시의 목표임을 제시하였다.

**다. 수업 단계 3: 포함과 재현의 단계**
'개고기 과연 먹어도 되는가?'라는 주제로 토론을 실시하였다. 본격적인 토론을 시작하기 전에 프랑스 여배우 브리짓 바르도의 개고기를 먹어선 안 된다는 주장과 아나운서 손석희의 대화 내용을 보고 토론 주제에 대하여 생각해보도록 하였다.
자신의 생각이 정리가 되면 주제에 대하여 각자 찬성과 반대의 의견을 자유롭게 제시하도록 하였다. 찬성하는 학생의 입장에서는 '식용 개를 먹는 것은 문제가 되지 않는다', '식문화의 일부일 뿐 비판의 대상이 될 수 없다,' '개인적인 취향을 인정해야 한다.' '소나 돼지 닭과 마찬가지로 식품으로서의 개고기도 별반 다를 것이 없다'는 의견이 나왔다. 반대하는 입장에서는 '위생적이지 못한 상태에서 도축되는 경우가 많다.' '집에서 기르는 식구 같은 개를 먹는 것은 안 된다.' '도축하는 과정이 너무 잔인하다.' '사회는 계속 변하고 있는데 전통이라고 해서 모두 지켜야 하는 것은 아니다.' '개고기 말고도 소, 돼지, 닭 등 우리가 먹을 수 있는 고기류는 충분하다.'는 의견이 나왔다. 또 '세계화 시대에 다른 나라와 괜한 마찰을 일으켜 좋을 것이 없다.'는 의견도 있었다.

라. 수업 단계 4: 대화와 반성의 단계

개고기 식용 문제에 대하여 찬성과 반대의견이 충분히 나온 후 지금까지 나온 의견은 누구 혼자만의 의견이 아니라 우리 모두의 것이라고 하였다. 지금까지 찬반의 과정은 가장 좋은 의견을 찾기 위한 과정일 뿐 이제 지금까지 내가 가지고 있는 나의 주장을 버리고 함께 가장 좋은 해결방안을 만들자고 하였다.

자신의 의견을 버리는 과정 후 찬성과 반대 의견 속의 가치와 문제점을 구분하여 그 의견들이 갖는 의미는 무엇인지 탐구하도록 하였다. 우리 반 친구들은 의견 속에서 다양한 가치를 찾아내었다. 찬성의 의견 속에는 전통을 중시하고, 서로의 문화를 존중하며, 개인의 취향을 인정해주는 가치 등이, 반대의 의견에서는 생명을 존중하고, 사회 변화를 중요시 하며, 외교를 중요시 하는 가치가 있음을 찾아내었다.

찬성과 반대 의견이 갖는 문제점으로는 너무 전통만 주장하다가 국제 사회에서 고립될 수 있고, 외국에 나갔을 때 외국인들과 마찰이 생길 수 있다, 애견을 사랑하는 사람들에게 불쾌감을 줄 수 있다와 애견만 중시하다가 사람보다 애견이 더 좋은 대접을 받는 거 같아 주객이 전도 된 듯하다는 의견, 개고기 먹는 사람을 미개인 취급하는 것은 옳지 않다는 의견이 있었다.

마. 수업 단계 5: 상상과 판단 단계

여러 색이 서로 어우러져 아름다운 미술작품으로 탄생되듯 앞 단계에서 언급한 각각의 의견의 장점들을 조합하여 제3의 대안을 구성하도록 하였다. 학생들이 제시한 제3의 대안의 내용은 다음과 같다.

- 식용 개고기의 관리 과정을 투명하게 하여 위생을 철저히 하고 먹는 사람은 먹고 안 먹는 사람은 안 먹되 서로를 비판하지 않는다.
- 식용 개와 애완견을 분리시켜 기르고 식용 개를 도축할 때 잔인하지 않게 한다.
- 년 중 개고기 먹는 주간을 정하고 더불어 유기 견을 보호하는 주간도 정한다.
- 개고기를 먹을 자유를 주되, 개고기를 먹는 사람은 다른 사람의 애완견을 가지고 농담하지 않는다.
- 프랑스처럼 개고기를 고급 요리로 개발하여 인식을 바꾸고 다른 나라에 홍보한다.
- 개고기는 먹되 평소 개에게 함부로 대하거나 하지 않는다.

다음으로 이렇게 조합된 제3의 대안이 실현되었을 때 어떠한 사회가 될지 예상하여 써보도록 하였다. 학생들이 예상한 사회는 다음과 같다.

- 서로의 문화를 비판하지 않는 사회, 생명을 소중히 여기는 사회, 개인의 취향을 인정해 주는 사회, 비폭력적인 사회 등

바. 수업 단계 6: 적용단계

우리가 조합해 낸 사회 중에서 가장 아름다운 사회라고 생각되는 것을 고르고 우리가 그것을 위해 할 수 있는 방법을 생각해 보았다. 우리 반에서 가장 아름다운 사회로 꼽은 사회는 서로의 문화를 비판하지 않으면서, 생명을 소중히 여기는 사회였다. 우리사회가 생명을 소중히 여기는 사회가 되기 위하여 우리는 스스로 작은 동물도 생각 없이 괴롭히지 않으며 작은 풀도 함부로 꺾거나 장난치지 않는다. 화풀이를 집에 있는 동물에게 하지 않는다.

의견이 다르거나 취향이 달라도 친구들에게도 함부로 말하거나, 폭력을 쓰지 않고 서로를 존중하는 자세로 대한다. 등의 의견을 발표하였다.

### 3) 수업에 대한 분석

이 수업은 마음이 표현되고 색이 조화를 이룬 명화처럼 학생들이 아름다운 사회를 위하여 여러 의견들의 대립과 갈등을 이해하고 제3의 대안을 제안하도록 하고자 하였다.

하나의 쟁점에 대한 찬성과 반대의 토론은 학생들이 학습에 적극적으로 참여하고 활기 있게 공부하도록 하였다. 하지만 대화와 반성의 단계에서 자신의 주장을 모두 버리고 함께 가장 좋은 해결방안을 만들자는 교사의 지시에 약간 맥이 빠진 듯한 느낌을 주었다. 마치 그럴 거면 지금까지 이야기는 무엇 하려고 한 것인가? 라는 의문이라도 가진듯한 표정이었다. 아마 항상 찬성과 반대 혹은 다수결로 결론을 내리는데 익숙한 학생들에게 각자의 의견을 버리고 새로운 제3의 대안을 찾는 과정이 낯설었는지도 모르겠다.

가장 어려웠던 과정은 찬성과 반대 의견 속에서 가치를 찾아내는 것이었다. 제일 쉬운 예로 문화상대주의를 예로 들어 설명하였더니 생명존중, 개인의 취향 존중 등 하나 둘 의견을 내기 시작하였다. 자신들이 내세운 주장 속에 그러한 가치들을 찾을 수 있다는 사실을 매우 신기해 하였다.

제3의 대안에 의해서 이루어 질 수 있는 사회 중 우리 반이 선택한 가장 아름다운 사회는 서로의 문화를 비판하지 않으면서 생명을 소중히 여기는 사회였다. 거창한 가치에 대해 이야기 하다가 이러한 사회를 이루기 위해 우리가 할 수 있는 일을 이야기 하니 다시 아주 작은 실천의 내용들이 나왔다. 좋은 내용들이었지만 학생들이 좀 더 깊게 생각해 볼 수 있는 교사의 발문과 수업 시간의 여유가 부족해 아쉬웠다. ＊장원순

Ⅰ참고문헌 ─────────────────────────────────────

장원순(2007). "초등사회과교육에서 정치적 판단력 증진을 위한 민주시민교육 접근
    법."『사회과교육』제46권 제1호. 한국사회과교육연구학회.

Arendt, Hannah(1982). *Lectures on Kant's Political Philosophy.* Chicago: The Uni-
    versity of Chicago; 김선욱(역)(2000).『칸트 정치철학 강의』. 서울: 푸른 숲.
Parker, Walter, C.(2003). *Teaching Democracy: Unity and Diversity in Public Life.*
    New York: Teachers College, Columbia University.
_____(2006). "Talk isn't Cheap: Practicing Deliberation in School." National Council
    Social Studies. *Social Studies and Young Learner* 19(1). pp.12-15.

**08**

# 문화 분석 기법

## 1. 해설

### 1) 문화 분석 기법의 의미

민주주의가 한국사회의 중요한 삶의 가치와 방식으로 그리고 갈등과 다툼을 해결하는 과정과 절차로 받아들여진 후 이제 어느 누구도 명시적으로 특정 지역, 민족, 계급, 집단을 부당하게 차별하거나 억압하는 일은 거의 불가능하게 되었다. 그러나 그렇다고 하여 한국사회에 부당한 차별과 억압이 완전히 사라진 것은 아니다. 사실 부당한 차별과 억압은 아마도 방법을 다소 달리 하고 있는 것으로 보인다. 그것은 이른바 문화를 통한 차별과 억압 그리고 지배이다.

문화는 흔히 의미화의 실천(signifying practices), 삶의 양식(The style of life)으로 정의되며 그 자체로 우리 삶의 한 부분을 이루고 있다. 문화는 표면적으로는 다양한 음식, 축제, 의복, 주거, 언어 등으로 나타나지만 그 심층에는 독특한 신념체계, 판단형식, 형이상학적 실체, 감정체계 등으로 구성되어 있다. 슬리터는 문화를 하나의 빙하에 비유하여 아래와 같이 나타낸 바 있다(sleeter, 2007: 125).

슬리터가 제시하고 있는 문화의 심층을 살펴보면 그 곳에는 수많은 개념

〈표 1〉 빙하와 같은 문화

| 표면문화<br>감정적 부담:<br>상대적으로 낮음 | 음식, 옷, 음악, 시각예술, 드라마, 기예, 춤, 문학,<br>언어, 축제, 게임 |
|---|---|
| 심층문화<br><br>비언어적 규칙들<br>감정적 부담: 매우 높음<br><br>무의식적 규칙들<br>감정적 부담: 강함 | 호의, 맥락적인 대화패턴, 시간개념, 비언어적 의사소통, 신체언어, 애처로운, 감정을 전하는 눈 맞춤 패턴, 겸손의 개념, 미의 개념, 구애방식, 동물과의 관계, 리더십의 의미, 노동 템포, 음식 개념, 아동양육의 전형, 질병이론, 사회적 상호작용 비율, 우정의 성격, 목소리 톤, 연장자에 대한 태도, 청결 개념, 청소년의 의미, 집단의사결정 패턴, 광기의 정의, 경쟁 또는 협력에의 선호, 신체적 고통에 대한 관용, 자아 개념, 과거와 미래 개념, 외설의 정의, 타인에 의존하는 사람에 대한 태도, 문제 해결, 나이, 성(sex), 계급, 직업 친족 등의 관계에서의 역할 |

과 규칙들이 존재함을 알 수 있다. 이들은 대부분 비언어적이며 무의식적이라는 특성을 가지고 있으면서 감정과 밀접히 연관되어 있어서 이성적 사고와 판단에 따라 움직이기보다는 마치 자동인형처럼 작동하는 경향이 있다. 이를 통하여 알 수 있는 것은 심층 문화란 눈에 보이지 않는 수많은 규칙과 개념들로 구성된 일종의 정신구조라는 것이다. 그러한 의미에서 문화는 부르디외(1992)가 말한바 사회구조와 정신구조의 공모의 한 형태이다.

문화는 어려서부터 이루어지는 다양한 사회화 과정을 통하여 전수되며 그 결과 많은 부분 우리 삶의 한 부분으로 당연한 것으로 인식된다. 따라서 문화를 통한 부당한 차별과 억압, 지배는 쉽게 반성대상에서 제외되어 인식 범위를 벗어난다. 문화를 통한 차별과 억압은 그런 만큼이나 거부하거나 저항하기 어렵다.

시민교육방법으로서 문화 분석 기법이란 여러 인종, 국가, 민족, 집단의 문화와 더불어 우리 주변에 늘 존재해 왔지만 그동안 잘 인식하지 못하고 있던 우리 자신의 삶의 방식, 가치관, 정체성, 그리고 다양한 하위 및 소수문화들을 다차원적(예를 들어 표면과 심층)으로 이해하고 이에 포함된 부당한 차별과 억압, 지배들을 드러내고 이를 수정함으로써 다양한 삶의 의미와 방식을 가진 사람들과 공존을 모색하는 교수기법이다.

한국사회에는 다양한 삶의 문화들이 존재한다. 여기에는 세계화로 인한 결혼이민자, 외국인노동자, 조선족, 탈북자, 화교뿐만 아니라 한국사회 자체 내에 존재해온 다양한 하위문화, 즉 동성애자, 장애인, 노인, 여성, 청소년, 혼혈인들이 포함된다. 이들은 모두 각각 독특한 삶의 방식과 의미체계 그리고 사고방식을 가지고 있다. 그런데 이들은 특정 권력집단이 형성한 부당한 분류도식과 유포로 말미암아 많은 부분 외면되어 왔으며 더 나아가 차별과 배제의 대상이 되는 경우가 많았다.

예컨대 한국사회에서 남자가 술을 많이 마셔 제정신을 잃고 심하게 주정해도 그러려니 하고 넘어간다. 아니 때로는 그것이 남자다움으로 장려되기도 한다. 그렇지만 만약 여성이 그렇게 행동한다면 단정하지 못한 사람으로, 자기절제력이 부족한 사람으로 낙인찍히는 경우가 많다. 또한 우리 사회는 독신자에 대해서 많은 편견을 가지고 있기도 하다. 단지 혼자 산다는 이유만으로 그녀가 불행하다고 여기며 동정의 시선을 보낸다. 그리고 만약 그녀가 화를 내거나 신경질을 내면 결혼을 하지 못해서 오는 욕구불만을 표현하는 소위, 노처녀 히스테리로 간주한다. 그러나 실상 노처녀 히스테리는 결혼을 하지 못해서 오는 욕구불만 같은 것이 아니라 독신으로 살아가는 것을 바라보는 사회의 눈이 그의 마음을 계속해서 불편하게 하고 그것이 누적되어 심리적인 '비정상'으로 굳어진 것으로 보아야 할 것이다.

## 2) 문화 분석을 위한 교수학습단계

그렇다면 민주시민교육에서 문화를 어떻게 분석할 수 있을까? 문화를 분석하는 방법은 다양하지만 여기서는 크게 두 가지를 제시하고자 한다. 하나는 일련의 교수학습단계로 구성되어 있는 하나의 모형이다. 두 번째는 수업단계에서 일정한 절차와는 무관하게 우리의 문화를 분석할 수 있는 다양한 교수학습 아이디어들이다. 먼저 문화 분석 기법을 하나의 교수학습단계로 구성하여 제시하면 다음과 같다.

〈표 2〉 민주시민교육으로서 문화 분석기법

| 단계 | 주요 교수학습활동 |
|------|-----------------|
| 문제 제기 | • 일상적 삶에서 발생하는 차별과 배제에 주목하기<br>– 정상성, 친숙한 것에 대한 반성하기<br>– 사회적 소수 및 약자 그리고 타자의 관점, 목소리에 주목하기 |
| 현상탐구 | • 차별과 배제의 현상과 그 이면에 존재하는 분류도식 탐구하기<br>– 사회적 소수, 약자의 어려움 알아보기<br>– 이들을 정당화하는 분류도식 그려보기<br>– 분류도식에 포함된 문제점 파악하기 |
| 인정과 수용 | • 대안적 분류도식 마련하고 타문화 인정 및 수용하기<br>– 대안적 분류도식 마련하기<br>– 대안적 분류도식에 따라 타문화 인정하고 수용하기 |
| 실천계획 | • 대안적 분류도식에 따른 실천방식 정하기<br>– 개인이 실천할 사항 정하기<br>– 공동체에로 확산방안 마련하기(홍보, 법제화) |
| 실천 및 반성 | • 실천계획 실천하고 반성하기<br>– 자신이 맡은 부분을 실천하기<br>– 함께 실천경험 공유하고 반성하기 |

　첫째 단계는 문제 제기이다. 교수학습단계에서 가장 특징적이며 가장 어려운 단계이다. 왜냐하면 우리는 이미 한국문화 내에 존재하는 분류도식을 많은 부분 이미 성향으로 내재화하고 있으며 이로 인하여 우리 안에 포함된 이질적인 문화들을 보지 못하거나 외면하기 쉽기 때문이다. 우리 안에 존재하는 문화를 드러내는 방법은 크게 두 가지로 구분된다. 첫째는 우리에게 정상적인 것, 친숙한 것을 의심해보는 방법이다. 현재 이루어지고 있는 사회적 관행은 언제 형성되었으며 어떠한 구조를 가지고 있으며 이러한 구조 하에서 가장 유리한 이는 누구이며 가장 불리한 이는 누구인가를 묻는 것이다. 둘째는 주류집단으로부터 소외된 사회적 소수나 약자 그리고 우리와는 다른 관점을 가진 타자의 시각에 주목하는 것이다. 그러한 의미에서 최근

박노자의 글은 우리가 그동안 가지고 있으면서 미처 인식해오지 못한 한국 사회의 권위주의와 그 불합리한 모습들을 되돌아볼 수 있는 계기를 제공하고 있다.

둘째는 제기된 문제와 연관된 사회현상을 자세히 탐구하는 현상탐구 단계이다. 제기된 문제와 관련하여 사회적 소수 및 약자의 이야기에 주목하고 이와 연관된 여러 가지 자료들을 통하여 문제의 현상적 측면들을 탐구해 간다. 이러한 현상적 탐구와 더불어 진행되어야 할 것은 우리가 그동안 이들에 주목하지 못한, 외면해온 근본원인인 분류도식을 분석해 내는 것이다. 문제와 연관된 분류도식 체계를 표로 작성하고 이들이 형성된 근원을 살펴본다. 그리고 이러한 분류도식이 가지고 있는 문제점을 파악한다.

셋째 단계는 인정과 수용의 단계이다. 먼저 기존 분류도식에 대한 대안적 체계를 마련한다. 예를 들어 남녀 차별의 근원을 이루어온 남자-하늘-밖-강함-태양-양지-정치, 여자-땅-안-부드러움-달-음지-가정경제의 분류도식이 갖는 임의성을 비판하고 남녀 동등성이 기반한 대안적 관점을 마련한다. 다음으로 이러한 대안적 관점에 기반하여 기존에 배제되었던 여성들을 인정하고 수용한다. 피부색이 능력과 성품의 차이의 근원이 아니라는 관점을 수용할 때 우리는 유색인종들을 차별하지 않을 수 있다.

넷째, 실천계획을 마련하는 단계이다. 대안적 분류도식에 따른 개인 및 집단의 행위방식을 마련하고 이들을 공동체에 확산시킬 수 있는 방안을 모색한다. 행위방식은 개인과 집단으로 구분하고 단기와 장기계획을 구분하여 제시한다. 예를 들어 그동안 배제된 사람들을 대변하는 홍보물을 만들 수 있으며 캠페인을 벌일 수도 있다. 그리고 법제화를 위한 민원 및 청원활동을 할 수 있다.

다섯째, 실천계획에 따라 실천하고 그 활동을 반성해 보는 단계이다. 앞에서 설정된 실천계획을 일상적 삶에서 실천해 보고 이러한 과정에서 경험하게 된 사항들을 함께 공유하도록 한다. 이러한 경험의 공유는 그들이 실천에서 당면한 문제를 공동으로 대처할 수 있게 해주며 또 다른 문제해결에 중요한 함의를 제공한다. 이러한 교수학습단계는 단지 한 차시 수업에서 이루

어지기 어렵다. 따라서 앞의 교수학습단계는 하나의 학습 프로젝트로 구성
하여 실행하는 것이 더 바람직한 것으로 보인다.

3) 문화 분석을 위한 교수학습 아이디어
이제 수업에서 한국사회의 문화 분석을 위한 몇 가지 교수학습 아이디어
들을 살펴보도록 하겠다. 이들은 하나의 독립적인 아이디어들로 수업단계와
무관하게 적용할 수 있다(Van Cleaf, 1991: 332-339 참고).

(1) 다른 사람이 본 우리 문화
우리나라에는 다양한 민족, 인종, 국가 출신의 외국인들이 살고 있다. 이
들의 시각은 그동안 우리가 보지 못하고 외면해온 것을 볼 수 있도록 해줄
수 있다. 각 신문이나 책에 외국인들이 우리 문화에 대하여 제시한 이야기를
수집하여 읽어보자. 그리고 이들의 시각의 적절성을 찾아보고 반론하거나
변호해 보자. 이들의 시각을 하나의 연극이나 개그 또는 노래, 시 등으로
표현해보자. 만약 가능하다면 이들을 초빙하여 이들이 느낀 한국문화에 대
하여 들어보고 질문해보자.

(2) 시사적인 사건
우리 사회에서 편견이나 차별로 인하여 어려움을 겪고 있는 이들의 이야
기나 드라마, 신문기사들을 찾아보고 이것을 함께 읽거나 시청해 보자. 이들
에 대한 차별과 편견이 발생하게 된 역사적, 사회구조적 원인은 무엇인가?,
왜 트랜스젠더로서 하리수는 TV 출현이 가능했었는데 홍석천은 TV출현이
불가능했었을까?, 그러한 문제로 어려움에 처한 또 다른 이는 없는가? 이러
한 문제를 해결하기 위한 방안들은 무엇인지를 토의해 보자.

(3) 아동의 텔레비전 프로그램 분석
토요일이나 일요일 방영되는 전형적인 TV 프로그램이나 광고를 시청한
다. 그 전형적인 TV 프로그램이나 광고에 나타난 남자와 여자의 수, 이들의

역할 그리고 이들의 대사를 분석해 보자. 그곳에 포함되어 있는 이데올로기는 무엇인가? 그 의미를 그대로 수용할 경우 어떠한 문제가 발생할 수 있는가? 광고는 어떻게 소비자를 유혹하는가?, 그리고 그 속에 숨겨진 잘못된 편견은 무엇인가?

### (4) 마인드맵

우리의 일상적 삶과 관련된 아동의 분류도식을 마인드맵을 통하여 살펴보고 토의해 보자. 예를 들어 '흑인과 백인'이라고 종이 가운데 쓰고 5분 동안 떠오르는 것들을 마인드맵으로 작성해 본다. 아동들의 분류도식을 보고 분류도식이 가지고 있는 문제점을 함께 논의해 보자. 흑인과 백인 외에 남자와 여자, 노숙자, 독신녀, 동성애, 가난한 사람, 부자 등의 개념을 마인드맵으로 작성하고 논의해 보자.

### (5) 우리와 우리가 아닌 것: 우리주의

우리는 일상적으로 '우리'라는 말을 자주 사용한다. 그 예를 찾아본다. 그리고 내가 생각하는 우리에는 무엇이 있는지 적어본다. 그리고 반대로 우리 안에 포함시킬 수 없는 것들을 적어본다. 우리라고 묶은 것들의 특징을 적어보고 우리가 아닌 것들의 특징을 적어보자. 우리는 우리가 아닌 것을 차별하고 배제하고 있지 않은지 반성해 본다.

### (6) 나와 친구는 어떻게 다른가?

친구들 간에 생각과 행동방식에 있어서 어떻게 차이가 나는지 알아보는 활동이다. 이로 인하여 사람들 간에 많은 차이가 있음을 인식할 수 있을 것이다. 이를 위해서는 먼저 차이를 비교할 수 있는 기준을 정하는 것이 좋다. 키, 몸무게, 태어난 날, 사는 곳, 혈액형과 같은 물리적 차이와 더불어 중요한 시사적 사건을 두고 어떻게 생각이 다른지를 알아본다. 그 차이를 알아본 후 이를 서로 발표해 보고 그 차이를 인정하고 수용하되 이에 근거하여 차별하거나 배제하지 않도록 한다. 이를 확대하여 나와 다른 문화를 비교할 수도 있다. 예를 들어 청소년 문화와 기성세대 간의 문화 차이를 탐구할 수 있다.

(7) 하위문화 탐구
한국사회에 존재하는 다양한 하위문화들을 조사해 보는 학습 프로젝트이다. 먼저 자신이 탐구해 보고 싶은 하위문화를 정하고 이들에 참여하여 이들의 이야기를 들어보도록 한다. 이들이 중요시 하는 가치는 무엇이며 이들이 사회적으로 겪는 어려움은 무엇인지 알아본다. 대표적으로 노인, 농촌, 청소년, 노동자, 학업중퇴자, 전문직 등의 문화 등을 탐구하여 볼 수 있다.

## 2. 실천 및 적용 사례

1) 수업 자료 소개
아래 제시된 광고 분석은 J대학교 K교수가 상업 광고를 분석, 비평한 사례에 필자가 광고 텍스트에 숨겨진 문화적 의미와 대항 이미지를 부가한 것이다. 본 활동은 중·고등학교 학생 및 대학생에게 적용해 볼 수 있을 것으로 보인다. 그 과정과 가능한 결과를 제시하면 다음과 같다.

2) 수업 계획과 구성
(1) 수업 주제: 광고에 나타난 한국문화의 한 측면 이해하고 저항하기
(2) 수업 목표: 상업광고를 분석하여 한국사회에 만연되어 있는 성차별과 억압의 도식을 이해하고 대항 이미지를 만들 수 있다.
(3) 수업 시간의 개요

| 단계 | 내용적 특징 | 자료 |
|---|---|---|
| 수업 안내 | 동기유발 및 학습문제 제시하기 | 다양한 상업광고 |
| 광고 제시 | 광고 분석방법을 설명하고 분석할 광고 제시하기 | '클로렐라' 광고 |

| 광고<br>텍스트 분석 | 광고에 대하여 표면적, 내면적 분석하기 | 기호학적<br>분석 틀 |
|---|---|---|
| 문화적 의미<br>분석 | 표면적, 내면적 분석을 통하여 드러난 기호들을 규정하고 있는 분류도식 분석하고 문제점 제시하기 | 부르디외의<br>남성지배<br>분류도식 |
| 대항이미지<br>만들기 | 잘못된 분류도식을 변화시킬 수 있는 대항 이미지 만들기 | 사진 '마돈나와<br>어린아이' |

(4) 수업 전개

가. 수업 안내

학생들에게 다양한 상업광고들을 보여주고 이러한 광고들에는 차별과 억압을 재생산할 수 있는 여러 가지 분류도식이 포함되어 있음을 지적한다. 그리고 본 차시에서는 하나의 상업광고에 포함된 분류도식을 분석해 보고 이에 대항할 수 있는 대항 이미지를 만들 것이라고 안내한다.

나. 광고 제시

분석을 위해 선택한 광고는 대상 Wellife의 클로렐라 광고이다. 많은 광고들 중에서 자연과 인간, 상품이라는 세 가지 관련성을 다루고 있는 본 광고를 선택하였다. 인간을 둘러싼 사회와 문화, 자연에 대한 가치가 광고에 어떻게 녹아있는지를 살펴보기 위해서이다. 먼저 화면구성을 제시하면 다음과 같다.

스토리 보드를 살펴보면 아래와 같다.
#1. 조용한 배경음악이 깔리면서 여인과 나무가 옆으로 기울어져 있다.
#2. 같은 배경음악인데 여인과 나무가 점점 똑바로 선다.
#3. 여인과 나무는 바른 자세로 서게 되고, 여인과 나무 사이에 "자연과 나란히"라고 하는 문자가 나타나고, 내레이션(narration)으로 "자연과

나란히"가 말해진다.

#4. 여인의 얼굴의 옆모습-목-어깨 부분이 화면의 왼쪽 반절을 차지하고, 머리칼이 있어야 할 부분에 푸른 잎, 그 잎 위에 있는 물방울들의 모습이 보인다. 마찬가지로 두 대상 사이에는 "자연과 나란히"라고 하는 문자가 보인다.

#5. "대상 클로렐라"라고 하는 상품이 보이고 상품의 표면으로 빛이 물에 반사된 뒤 아른거리는 효과를 나타내고 있다. 아무런 말이 없다.

#6. 여인이 입은 흰옷이 바람에 나풀거린다. 뒤로는 녹색의 숲 배경이 있다.

#7. 녹음이 우거진 숲을 배경으로 하고 있으며, 여인의 모습이 멀리 작게 보인다. 이때 내레이션으로 "대상 웰 라이프가 생각하는 건강입니다." 라고 하는 말이 전해진다. 이에 맞추어 화면의 우측 하단(근접)에 "대상 클로렐라"의 상품이 보이고, 그 옆에는 세로글씨로 "대상이 만든

건강 브랜드-웰 라이프"라고 하는 문구가 쓰여 진다.

#8. JINGLE(광고 등에서 어조가 듣기 좋게 배열된 말)로 "대상 웰 라이프"
라고 리듬감 있는 음성(음향)이 들리고 화면에서 잎 모양이 흔들린다.

다. 광고 텍스트 분석

학생들과 제시된 광고의 텍스트를 분석한다. 먼저 스토리 보드를 바탕으
로 광고 텍스트를 분석해야 한다. 먼저 표면적인 기호들을 분석한 후에 표면
적 기호들이 내포하고 있는 의미들을 파악하는 순으로 접근해간다.

가) 광고의 표면적 이해

스토리 보드를 통해 알 수 있듯이 이 광고에서 나타나는 표면적인 요소
(언어기호/영상기호/음향기호)중 언어기호는 간단하다. "자연과 나란히-대상
웰 라이프가 생각하는 건강입니다,"라는 음성언어와 "대상 클로렐라", "대상
이 만든 건강 브랜드-웰 라이프"라는 문자언어가 전부이다. 영상기호를 살
펴보면 화면에 등장하는 것은 #1.2.3의 여인과 나무, 그리고 배경에 있는 물
과 산, #4에서 여인의 얼굴 라인과 싱그러운 잎, #5의 상품, #6의 푸르른
숲과 여인의 옆모습, #7의 숲 배경과 상품, #8의 기업의 이름 정도이다. 음향
기호로는 느린 템포의 조용한 곡이 계속적으로 흐르는데 곡의 출처는 확인
할 수 없다.

나) 광고의 내재적 이해

앞에서 분석한 표면적 기호들을 바탕으로 내재적 의미를 알아보아야 한
다. 이를 위하여 학생들에게 먼저 바르트의 기호분석방법을 간단히 설명한
다. 그리고 이에 따라 광고를 분석하면 다음과 같다.

다음의 틀에 비추어 보았을 때 기울어진 여인과 기울어진 나무의 1차적
기표는 기울어져 있는 모습 자체이고 1차적 기의는 기울어져 있다는 뜻이
다. 여인과 나무가 기울어져 있는 모습은 2차적 기표로 작용하여 아파하고
있다는 2차적 의미를 갖는다. 보다 자세히 접근해 보자면 오늘날 파괴되어

〈표 3〉 기호, 기표, 기의와의 관계

| <1차적 기표> | <1차적 기의> | ← 1차적 의미 |
|---|---|---|
| <1차적 기호> = <2차적 기표> | <2차적 기의> | ← 2차적 의미 |
| <2차적 기호> | | |

있는 자연현상과 더불어 현대인들의 삶의 모습이 여인의 모습처럼 기울어져 있다는 것을 말하고 있다.

그리고 자연을 상징하는 나무와 인간이 바로 서면서 "자연과 나란히"라고 하는 문구를 삽입함으로써 오늘날의 사회 문화적 코드를 반영시키려고 하고 있다. 오늘날 환경파괴에 대한 관심이 증대되고 있는 현실 그리고 무미건조한 도시의 삶을 벗어나고 싶은 현대인들의 자연을 향한 동경을 담아내고 있다. 인간을 '자연과 나란히' 설정하는 것이 대상 웰 라이프가 생각하는 건강이라고 표현함으로써 건강의 의미를 자연에 빗대고 있다. 광고하고자 하는 상품이 건강식품인 것을 감안한다면, 인간의 건강한 모습을 쾌적한 자연환경의 모습으로 적용하고 있는 것이다. 그래서 #4와 #6에서는 마치 건강하고 자유로운 삶을 만끽하는 이미지를 보여준다.

이 광고에서는 자연을 여성 혹은 모성으로 나타내기도 하는 상징성을 담고 있다. 왜 여성을 등장시켰는가, 더욱이 흰옷을 입은 여성을 등장시키는 것은 여성이 갖고 있는 모성과 자연을 연결시키려는 의도를 확인할 수 있다. 그리고 이 광고에서 빼놓을 수 없는 부분이 색채와 관련된 부분이다. 녹색은 안정감이나 푸르름 즉 건강을 상징할 수 있고 흰색은 순수와 순결을 상징할 수 있다. 색채는 광고를 보고 상품에 대한 이미지가 좋게 형성될 수 있게 하는 하나의 장치인 셈이다.

라. 광고 텍스트에 숨겨진 문화적 의미 분석

광고의 표면적, 내면적 의미를 분석한 이후에는 이러한 기호들에 포함된 문화적 의미를 파악하도록 한다. 이 광고 속에 포함되어 있는 숨겨진 '문화적 의미'는 무엇인가? 이 광고를 통하여 재생산될 수 있는 '삶의 의미'는 무엇인가? 이 광고는 어떠한 분류도식에 근거하고 있는가? 먼저 여인은 자연, 물, 모성과 연결되어 있다. 그리고 모성은 자동적으로 보호와 연결되고 물은 습함, 생명과 연결되고 자연은 개척되지 않음과 연결된다. 이러한 분류도식들을 연결 지어 보면 여성은 자연이고 보호되어야 하며, 개척되어야 하는 수동적 존재라는 의미가 나타날 수 있다.

그런데 이 광고를 바라보는 자는 누구인가? 사실 그/그녀는 보이지 않는다. 그/그녀는 여인일 가능성이 없는 것은 아니지만 화면에 이미 여성이 등장한 것으로 보아 상대적으로 그/그녀는 남성일 가능성이 매우 높다. 남성은 여성의 보호자로 관찰자로 숨겨진 권력자로 이면에 존재한다. 여기서 남성에게는 여성을 보호해야 한다는 의미를 주어진다. 남성은 여성을 순백색으로 즉 티 하나 없이 보호해야 한다. 더구나 그녀는 생명을 잉태한 존재이므로 더구나 그러하다. 물론 이 광고에서 남성이 여성을 보호하기 위해 소비해야하는 것은 대상-웰 라이프이다.

우리가 이러한 광고를 아무런 문제의식 없이 당연한 듯 받아들이는 것은 여성은 자연이고 물이며 모성적 존재이어서 보호되어야 하며(수동적으로) 그리고 남성은 여성을 보호해야 한다는 분류도식을 이미 암묵적으로 받아들이고 있기 때문이다. 그리고 이 광고를 통하여 이러한 분류도식과 의미는 계속적으로 재생산된다.

마. 대항 이미지의 제시

광고에 포함된 문화적 의미를 파악한 이후에는 학생들과 함께 파악된 잘못된 분류도식을 어떻게 하면 흩트려놓을 수 있을지 함께 고민해본다. 아마도 그 방법은 바로 반대되는 분류도식에 근거한 이미지를 제공하는 것일 것이다. 즉 남성은 어리며 여전히 여성의 보호가 필요한 존재라는 이미지 말이다. 그러한 의미에서 조 스펜스와 테리 데네트의 「마돈나와 어린아이」라는 사진을 제시하면 좋을 것이다.

이 사진은 기존 여성들에 대한 다양한 담론들에 도전하고 있다. 이 사진은 젖가슴은 남성들의 성적인 노리개라는 담론, 남성은 강하고 여성들은 남성들의 보호대상이라는 담론, 여성들의 모성은 단지 어린 아이들에게만 적용되는 것이라는 담론 등등에 도전한다. 사진에서 오히려 보호대상은 여성이 아니라 남성이며 그는 여성의 손길을 필요로 하는 어린 아이이다. *장원순

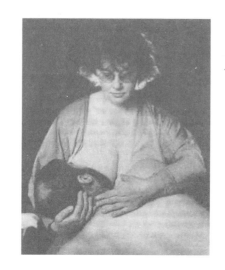

## ▮참고문헌

권순희(2006). "텔레비전 광고 텍스트 분석을 통한 비평적 이해 교육." 『교과교육학 연구』 제10권 2호. 이화여대 교과교육연구소. pp.343-359.

장원순(2006). "우리안의 차별과 배제, 일상적 삶에서의 다문화교육 접근법." 『사회 과교육연구』 제13권 3호. 한국사회교과교육학회. pp.27-46.

Bourdieu, Pierre, Wacquant Loic J. D.(1992). *An Invitation to Reflexive Sociology.* Chicago: The University of Chicago Press.

Grant, Carl A., Christine Sleeter(2007). *Doing Multicultural Education For Achievement and Equality.* New York: Routledge Taylor & Francis Group.

Van Cleaf, David(1991). *Actin in Elementary Social Studies.* Massachusetts: Allyn and Bacon.

**09**

# 법교육: 천사와 악마게임

## 1. 해설

현대 교육은 강의 위주의 교수법을 넘어서 "참여적 경험학습(participated experiential learning)", 혹은 파울로 프레이리의 표현처럼 "대화적 관계(dialogical relationship)"가 강조되고 있다. 천사와 악마게임은 참여식 학습법의 한 형태로서 참여자가 역할게임 등을 통해 민주정치를 이해하고, 행동체험을 통해 학습하는데 목적이 있다. 학습자는 게임 과정을 통해서 준법의식과 바른 토론 문화를 형성할 수 있도록 도와준다. 천사와 악마게임은 기법의 특성상 어린 청소년의 경우 도덕성이나 사회화가 완숙되지 않은 경우에는 게임 이후 참가자가 의견을 교환할 수 있는 예시자료를 통해서 민주시민으로서 갖추어야 할 바른 자세를 설명해주는 것이 중요하다.

## 2. 실천 및 적용 사례

### 1) 교육 목적
찬반토론과 역할게임을 통해 갈등상황을 경험하고 체험하게 한다.
준법의식과 참여의식을 통해 민주시민의 바른 자세와 토론 문화를 형성한다.

## 2) 프로그램 개요
### (1) 시간
- 40분
### (2) 준비물
- 시나리오, 보충자료

## 3) 교육 구성

| 단계 | 주요 활동 | 소요 시간 |
|------|-----------|-----------|
| 도입 | 모둠 편성 및 프로그램 개요 설명 | 5분 |
| 전개 | 상황설명 및 역할 부여 | 5분 |
|      | 게임 진행 및 종결 후 토론 | 20분 |
| 마무리 | 참고자료를 통한 피드백 | 10분 |
|      |           | 총 40분 |

## 4) 진행순서
(1) 전체 참가자를 3인 1조의 모둠으로 묶고 모두 같은 방향을 향해 앉도록 한다.
(2) 프로그램의 개요를 간단히 설명하고, 임의적으로 오른편의 사람은 공명이, 왼편이 부정이를 맡기로 한다.
(3) 진행자는 설정한 토론의 주제상황을 모두에게 설명한다.
(4) 공명이와 부정이의 입장에 대한 정확한 설명을 한다.
- 게임규칙
  가. 공명이와 부정이는 중간의 사람이 자신을 쳐다볼 때에 한해서 이야기를 할 수 있으며, 서로 토론은 할 수 없다. 또한 공명이와 부정이는 중간의 사람에게 질문을 할 수 없다.

나. 게임의 재미를 위해, 꼭 필요한 경우에 한 번 중간의 사람을 움직여 자신을 쳐다보게 할 수 있다. 이 때 중간에 앉아 있는 사람은 30초간 이야기를 들어주어야 한다.

다. 진행자는 중간의 사람에게 모든 선입견과 고정관념을 버려줄 것을 당부한다.

– 상황예시

친한 친구가 운전하는 차에 동승하고 있었는데, 친구가 제한속도 30Km 구간에서 80Km로 주행하다가 사람을 치었다. 사고 당시 목격자는 없었다. 사고 이후 구속되어 있는 친구를 변호사가 당신에게 찾아와 친구가 중대한 처벌을 면하기 위해서는 사고 당시 친구가 제한속도인 30Km 이내로 주행하고 있었다는 당신의 증언이 필요하다고 부탁한다. 당신은 어떻게 할 것인가요?

가. 천사역할: "친구가 어려운 상황이지만 원칙대로 해야지. 아무리 친구가 소중하다해도 원칙을 저 버릴 순 없어!"

나. 악마역할: "목격자도 없는데 어때. 친한 친구가 중형을 받으면 곤란하지. 그 친구와의 우정을 생각해서 당연히 증언해 주어야지!"

(5) 시간이 완료되면 게임을 멈추고, 이야기를 들은 중간사람이 왼쪽 혹은 오른쪽 손을 들어 게임의 승자를 정한다.

(6) 승패가 정해지고 나면, 진행자는 중간사람 역할을 했던 참석자들에게 결정의 이유를 묻고, 자연스럽게 토론으로 이어간다.

(7) 게임을 마친 후에는 교육자들이 체험했던 가치갈등 상황에 대한 feedback을 해 주어야 한다. 특히 초등학생이나 청소년들처럼 아직 도덕성이나 사회화가 완숙되지 않은 경우, 게임 이후 전체 참가자가 의견을 교환할 수 있는 예시자료 준비(통계나 여론조사 결과 등)를 통해서 민주시민으로서 갖추어야할 바른 자세를 설명해주는 것은 중요하다.

5) 참고자료
(1) 같은 상황에 대한 국가별 선택 및 준법실태조사
(2) 국제 투명성·부패지수

❖ 참고자료 1

**같은 상황에 대한 국가별 조사**
동일한 상황을 가지고 "당신은 어떻게 하시겠습니까?"라고 국가별로 조사해 본 결과 캐나다, 미국, 스위스, 독일 국민의 90% 이상, 일본국민의 67%는 원칙을 지키겠다고 답한데 비해서 우리나라 국민의 경우 단지 26%만이 원칙대로 하겠다고 답했다.

**준법실태조사**
한국 형사정책연구원이 2001년에 국민의 준법실태를 조사 분석한 결과에 의하면 응답자의 76%가 분쟁의 중요한 해결수단으로 권력, 돈, 연줄을

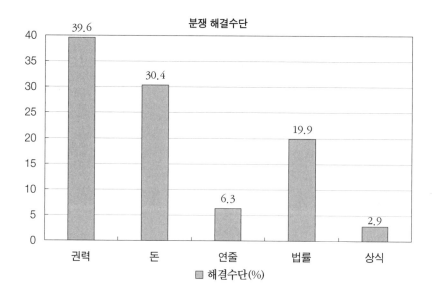

## 같은 상황에 대한 국가별 조사

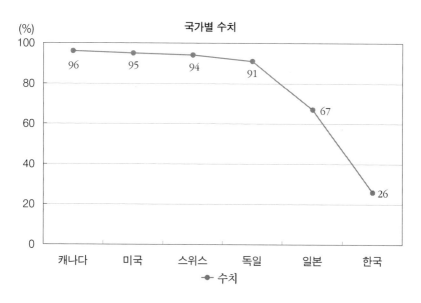

국가별 수치

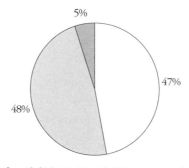

법위반시 돈과 권력이 있는 사람은 처벌받지 않는다

□ 확실히 그렇다(47%) □ 그렇다(48%) ■ 그렇지 않다(5%)

들었다. 또한 95%는 법위반시 돈과 권력이 있는 사람은 처벌받지 않는다고 보았다.

❖ 참고자료 2

**국제 투명성·부패지수**

국제 투명성기구가 세계 각 나라의 투명성·부패지수를 발표한 결과에 따르면, 2002년에 우리나라의 투명성지수(CPI)는 4.0을 기록 OECD국가의 최하위권인 40위로 나타났다. 일반적으로 한 나라의 투명성지수가 1포인트 상승할 때마다 국민소득은 25% 상승하고, 교역은 31% 증가하는 것으로 나타났다.

**2008년 국제 투명성·부패지수(CPI)**

| 국가순위 | 국가명 | CPI점수 |
|---|---|---|
| 1 | 덴마크 | 9.3 |
| 1 | 뉴질랜드 | 9.3 |
| 1 | 스웨덴 | 9.3 |
| 4 | 싱가포르 | 9.0 |
| 14 | 독일 | 7.9 |
| 18 | 일본 | 7.3 |
| 40 | 대한민국 | 5.6 |
| 41 | 오만 | 4.7 |

위의 예시자료들은 결국 우리사회가 법과 원칙에 의해 지배되는 사회이기 보다는 인정, 또는 분쟁의 해결수단으로 돈, 권력이 앞서는 사회임을 보여주고 있다. 이는 공직선거에서도 자질 있는 후보가 공정한 절차를 통해 선출되기보다는 자질 없는 후보가 지역주의, 연고, 학연에 편승하여 대표자로 선출되는 결과를 나타나게 될 것이다.

이러한 후보들은 정치개혁과 민주주의의 발전을 저해함은 물론 정치 대변자로서 국민과 지역의 민의를 수렴하기 어려울 것이다. 또한 국민 1인당

2만 불 소득 시대의 진입, 사회정의와 생존권 수호, 정치개혁을 통한 민주시민사회 형성 그리고 신뢰받는 국제사회의 구성원으로 우리가 당당히 어깨를 나란히 하기 위해서는 부정·부패가 사라지고 법과 원칙이 지배되는 사회가 될 때 진정으로 가능할 것이다. *신두철

▌참고문헌 ─────────────────────────────

신두철·허영식(2007). 『민주시민교육의 정석』. 서울: 도서출판 오름.
지그프리드 프레쉬 외, 신두철 외 역(2007). 『시민교육방법 트레이닝』. 서울: 엠-에드.
허영식·신두철(2007). 『민주시민교육 핸드북』. 서울: 도서출판 오름.

# 10

# 경제교육 학습: 미-중 무역분쟁

## 1. 해설

세계화가 진전되면서 세계화는 사회의 전개과정과 변화에 영향을 미치며 개개인의 생활에도 역시 영향을 미친다. 본 학습에서는 세계화가 진전됨에 따라 각 나라의 이해관계를 학습자가 그 나라의 입장이 되어봄으로써 그 나라를 제대로 이해하는 데 목적이 있다. 특히 국제기구의 역할이라는 관점에서 WTO가 각국의 입장을 중재할 수 있는 방법을 생각해보고 또한 각 나라 간의 무역과정에서 피해를 보거나 부당한 이익을 누리는 나라가 없도록 할 수 있는 해결 방법을 찾아본다.

## 2. 실천 및 적용 사례

1) 교육 대상
대학교 1학년 학생들 한 반(25~30명)

2) 교육 목적
  - 국제무역과 WTO의 역할을 이해할 수 있다.

– 세계화가 진전됨에 따라 뒤얽힌 각 나라의 이해관계를 그 나라의
입장이 되어봄으로써 이해한다.
– 토론을 통해 무역 분쟁과 같은 갈등을 해결할 수 있다.

3) 프로그램 개요
(1) 시간
    – 50분
(2) 준비물
    – 각 나라 이름이 적힌 팻말
    – 조원들이 앉아서 토의할 수 있는 책상과 걸상
    – 개요설명, 그리고 실제 사례와 평가 및 정리를 위한 ppt 자료
    – 중국과 미국의 입장을 요약, 정리한 핸드아웃 자료

4) 교육 구성

| 단계 | 주요 활동 | | 소요 시간 |
|---|---|---|---|
| 도입 | 개요 설명, 학습 동기 유발 | | 5분 |
| 전개 | 각 나라의 입장과 WTO의 역할을 설명 | | 10분 |
| | 조별 공간 배치 및 각 공간별 모이기 | | 5분 |
| | 토의하기 | 집단 내 토론 | 15분 |
| | | 조별 결론 발표 | 5분 |
| 마무리 | 실제 사례를 제시 | | 5분 |
| | 평가 및 정리 | | 5분 |
| | | | 총 50분 |

5) 진행순서
(1) 여유 공간을 활용할 수 있는 강의실에 모인다.
    가. 학생들은 진행자와 ppt 화면을 볼 수 있도록 처음에는 모두 정면

을 보고 앉는다.

나. 진행자는 자리에 앉지 않고, 강의실에서 자료와 수업 기물을 준비
한다.

(2) 진행자가 학생들이 모두 보이는 중앙에 나와 ppt 화면을 통해 수업의
개요를 설명 한다. 수업의 목표와 각 활동이 진행되는 시간(분 단위로
설명), 수업의 총 과정을 간략하게 설명한다.

(3) 조별 활동이므로 3명 씩 조를 나눈다.
• 미국의 입장을 대변하는 1인
• 중국의 입장을 대변하는 1인
• WTO의 역할을 수행(각 나라의 분쟁 해결과 중재)하는 1인으로 구성

(4) 현재 처해 있는 각 나라의 입장을 설명하고 WTO의 역할을 설명한다.
ppt 자료와 핸드아웃을 이용한다.
• 미국: 장난감에서 검출된 납 성분으로 인해 장난감 이외에 다른 제
품도 수입 거부 입장 밝힘.
• 중국: 장난감 하나의 제품에 문제를 중국 제품 전체에 적용하는 것
은 새로운 형태의 보호무역주의에 불과하다. 미국의 리콜 조
치로 인해 중국의 다른 제품 판매까지 피해를 입었다고 주장.
• WTO: 미국과 중국의 무역 분쟁을 중재, 해결 방안 제시.

(5) 설명이 끝나면 조별로 책상을 붙이고 앉는다. 조원들이 배열된 책상위
엔 각각 맡은 입장의 팻말을 놓는다.

(6) 자리가 배치되면, 중국과 무역 분쟁을 해결하기 위한 토론을 진행한
다. WTO가 토론을 진행하고, 발언하고자 하는 나라가 손을 들면
WTO가 지목하여 발언하는 형태로 진행된다. 한 나라의 발언 시간이

팻말 예시 모형 정면

팻말 예시 모형 측면

너무 길어 지지 않도록
WTO가 적당히 제지한다.

(7) 이때 WTO는 각국의 분쟁
을 중재할 수 있는 방법을
생각하고, 또 각 나라 간의
무역 과정에서 피해를 보
거나 부당한 이익을 누리
는 나라가 없도록 할 수
있는 해결 방법을 찾아본다.

예시 사진은 발언하고자 하는
학생이 손을 든 모습

(8) 15분 안에 분쟁의 해결안
을 조별로 도출한다.

예: 미국이 장난감 이외 치약
과 사탕까지 수입 거부하
는 것은 옳지 못하므로, 장
난감만 수입 거부한다. 혹
은 중국이 리콜을 받아들
일 데니 미국은 기술직 시
원을 한다 등.

3명이 친고가 되어 도론하는 모습

(9) 15분간의 조별 토론시간이 끝나면, 진행자는 시간종료를 알리고 몇 개 조를 지목하여 결과를 발표하게 한다.

따로 결론은 내리지 않고, 다양한 학생들의 결론을 듣는 것으로 발표를 끝낸다.

(10) 발표가 끝나면 진행자는 실제로 현재 미-중 무역 분쟁상황을 ppt로 설명한다.

진행자가 결론을 내리는 것이 아니라, 현재 상황을 알려주는 것에 그친다.

(11) 이전 순서가 끝나면, 오늘 수업에서 WTO의 역할과 각 국의 입장 수행에 있어서 힘들었던 점과 느낀 점을 발표하고 싶은 조가 손을 들어 발표한다.

> 뒷장에 관련기사, 추가자료, 수정한 부분 첨부

❖ 참고자료

## 장난감 회사 '마텔'과 미국 '리콜'의 신문기사 중심으로

■ 미국의 입장

올해 2차례에 걸쳐 대대적인 리콜을 실시한 미국의 유명 완구업체 마텔이 중국에서 생산된 납 페인트 성분 함유 완구에 대해 5일 추가 리콜을 발표했다 (2007년 9월 5일).

미국은 중국의 전반적인 제작시스템을 불신하는 분위기.

내년 베이징 올림픽을 앞두고 사탕 등 식품류부터 치약 같은 생활 용품까지 중국 제품에 대한 안전문제 제기를 제기함.

_인터뷰: 데이비드 램튼 / 존스 홉킨스대학 교수

- "중국 정부가(매우 복잡한 하청 관계로 이뤄진) 생산 라인의 안전 기준을 빨리 올리기는 힘들다.

유럽연합도 중국 정부가 위험한 제품을 효율적으로 통제하지 않으면 중국산 불량 제품의 수입을 금지하겠다고 경고.

• 관련기사

美 마텔 추가리콜 수입사 "국내는 안전" _파이낸셜 뉴스
[2007.09.05 22:37]

올해 2차례에 걸쳐 대대적인 리콜을 실시한 미국의 유명 완구업체 마텔이 중국에서 생산된 납 페인트 성분 함유 완구에 대해 5일 추가 리콜을 발표했다.

마텔은 이날 자사 홈페이지를 통해 "바비 애완견 놀이와 가구세트 8종, 피셔 프라이스 제품 3종 등 중국에서 제조된 11개 품목에서 기준치 이상의 납 성분이 발견됨에 따라 자발적 리콜을 실시한다"고 발표했다.

이에 대해 마텔의 국내 수입업체 마텔코리아는 이번에 미국에서 리콜한 장난감은 한국에선 수입대상이 아니기 때문에 추가 리콜은 없다는 입장을 밝혔다.

마텔코리아측은 "세 번째 리콜 대상으로 거론되는 바비인형 액세서리 등은 국내에 수입된 적이 없다"면서 "국내에서 판매되는 마텔 장난감은 안전하며 만약 문제가 될 경우 즉각 거둬들인다는 방침엔 변함이 없다"고 강조했다. _양재혁 기자

문제가 된 장난감 중 일부

■ 중국의 입장

중국 상무부는 중국산 장난감은 대부분 안전하며 일부 물량 때문에 중국제품 전체를 비난하는 것은 새로운 형태의 보호무역주의라며 미국을 비판.

이번 갈등은 안전 문제뿐 아니라 미·중 양국의 불신까지 얽혀있어 중국산 제품의 안전 논란은 끝이 보이지 않고 있음.

• 관련기사

중국産 "99% 문제 없다"
[중국 상무부 2007년 08월 03일]

잇따른 중국산 제품의 품질 안전 문제에 대해 중국당국은 "수출품 중 99% 이상이 아무런 문제가 없다"고 강력히 주장하고 있다.

2일(현지시간) 중국 상무부의 보시라이 장관은 상무부 홈페이지에 "수출품 중 99% 이상이 아무런 문제가 없다"는 글을 올려 중국산 제품에 대한 높은 불신이 혹시나 대외 무역에 악영향을 끼치지는 않을까하는 우려를 내비쳤다고 같은날 파이낸셜타임스가 보도했다.

그러나 이런 주장에도 불구하고 최근 또다시 중국산 제품의 안전문제가 제기되고 있다.

세계적인 장난감 제조업체 마텔(Mattel)의 '세서미 스트리트', '니켈로던', '도라' 만화 캐릭터 장난감에서 납 성분이 들어간 도료가 사용됐다는 것.

제품 전량을 중국이 하청받아 생산하기 때문에 이번 사건으로 '중국산 제품은 믿을 수 없다'는 불신이 정점에 달했다.

독성분이 들어간 애완용 사료, 중금속이 검출된 수산물, 납 성분이 들어간 중국산 장난감 등 잇따른 중국산 제품의 문제는 중국을 안전문제에 대해 더욱 '민감'하게 만들었다.

당국은 중국산 수출품에 대해 전보다 더 철저한 조사를 통해 문제에 이상이 없다는 것을 강조했다. 지난달 중국 당국은 위조 약품 및 품질 안전에 이상이 있는 수출품 문제를 해결키 위해 새로운 조치를 발표했다.

더 이상 중국산 제품 문제가 전 세계 언론의 도마 위에 오르기를 원치 않는 중국은 미국 등 중국산제품 주요 소비국과 제품 안전 감독에 관한 협의를 맺을 계획이다.

이를 통해 중국산 제품에 큰 문제가 없다는 것을 공식적으로 확인하고 밝혀낼 계획이다.

中 검역국 "중국 제품을 신뢰해달라" "불공평하다"
[CNN뉴스 2007년 8월 19일]

중국 국가 품질 감독 검사 검역총국의 리창쟝[李長江] 국장이 19일, 중국 국영 TV 프로그램에서 안전성 문제를 이유로 실시중인 중국 제품의 회수는 정치적 동기에 따르는 불공평한 조치라는 인식이라고 밝혔다. 리 국장은 미리 선택된 국내외의 기업 간부나 기자단에 대해, 당국이 품질 체크에 최선을 다하고 있으며, 미 장난감 대기업인 마텔이 중국 제품의 대규모 지주 회수에 나서고 나서는 특히 노력하고 있다고 강조했다.

<중국 제품을 신뢰해 주었으면 한다. 아이들은 우리 미래이며, 그 건강이나 안전은 매우 중요하다>라고 말했다. 국장은 또, 세계적 규모의 중국 내 완구 제조업에 300만 명이 종사하고 있는 것을 밝혔다. 프로그램에서는 사회자가 플라스틱제 인형의 눈썹으로부터 납이 검출된 것을 설명하며 리 국장이 <손으로 갖고 놀아도 위험성은 없다>라고 단언하는 장면도 나왔다. 국장은 99%의 중국 제품이 안전기준에 합치하고 있다고 말하며 <중국 제품을 나쁜놈[惡者] 취급하거나 중국 제품을 위협이라고 말하는 것은, 신종 보호무역주의다>라고 말했다.

<수정안에 대해>

집단 내 토의와 집단 간 토의에 너무 치중하다 보니 시간이 여유롭지 않았고 그에 따라 대표들 간의 토의가 대부분으로 구성되어 다른 학생들의 참여가 이루어지기 힘들었습니다. 참여식 수업은 모든 학생들의 참여에 큰 의의가 있는 수업이기에 교수님의 지적을 십분 참고하였고, 이에 중점을 두어 수정본을 작성했습니다. 또한, 맡은 역할에 대한 설명이 부족했던 점 역시 수정하였습니다.

| 본래 조별발표 세안 | 수정한 조별발표 세안 | 수정 목적 |
|---|---|---|
| 다수의 인원으로 구성하여 대표선출 | 3명으로 구성하여 3명 모두 각 국의 입장과 WTO의 역할을 맡음 (다수의 조로 구성) | 각 조의 3명 모두 역할을 부여받게 됨으로써 모든 학생이 토론(수업)에 참여 할 수 있다. |
| 각 나라의 입장과 WTO의 역할을 설명 5분 | 각 나라의 입장과 WTO의 역할을 설명 10분 | 본 발표에서 맡은 역할에 대해 잘 이해하지 못하고 질문해 오는 경우가 있었고, 토론에도 지장이 있었다고 하여 5분이라는 시간을 늘렸고, 이를 통해 더 자세한 설명으로 학생들의 이해를 도울 수 있다. |
| 각국의 입장만 요약한 보충자료 | 각국의 입장 요약과 입장과 관련된 기사 첨부한 보충자료 | 전체적인 상황에 대한 파악 없이 각 국의 입장 요약만 읽은 학생들은 수박겉핥기 식의 토론을 진행할 수밖에 없었는데 관련 기사 첨부로 사건의 전말에 대해 이해 할 수 있고, 심도 있는 토론 진행이 가능하다. |

＊ 조지현

**┃참고문헌**

신두철·허영식(2007). 『민주시민교육의 정석』. 서울: 도서출판 오름.
지그프리드 프레쉬 외, 신두철 외 역(2007). 『시민교육방법 트레이닝』. 서울: 엠-에드.
허영식·신두철(2007). 『민주시민교육 핸드북』. 서울: 도서출판 오름.

# 11

# 계기 교육

## 1. 해설

### 1) 계기 교육의 의미

계기 교육에서 계기(契機)란 어떤 일의 원인 또는 전기(轉機)를 의미한다. 계기를 나타내는 영어는 moment이며 이것의 어원은 라틴어 momentum으로서 '움직이다'라는 뜻을 갖고 있다.

계기라는 말은 일반적으로 어떤 것을 움직이고 결정하는 근거라는 의미로 사용된다. 또한 철학 용어로는 어떤 것의 전체에 대한 구성 요소를 뜻하기도 한다. 이 경우, 전체와 그 구성요소로서의 계기의 상호관계를 정적으로 볼 수도 있지만, 그보다 전체를 운동하고 생성·발전하는 것으로 보고, 계기를 그 한 국면이나 한 분지로 생각하는 것이 이 말의 본 뜻이라고 할 수 있다.

이상과 같이 계기의 어원을 기초로 해볼 때 계기 교육은 어떤 사건이나 절기, 기념일 등을 통하여 의미를 생각하고 이를 자신의 삶과 관련지은 후 실생활에 실천해보도록 하는 교육을 말한다.

## 2) 계기 교육의 유형과 시민교육적 의의

계기 교육은 여러 가지 유형으로 구분할 수 있지만, 무엇을 '계기'로 삼는가에 따라 그 내용과 유형이 달라진다. 정치·경제·사회·문화적 현상의 변화와 함께 직면하는 다양한 사건이나 현상을 '계기'로 이루어지는 '부정기적인 계기 교육'이 있을 수 있는 반면, 국가기념일, 절기 등과 같이 특정하게 정해진 날을 중심으로 이루어지는 '정기적인 계기 교육'이 있을 수 있다. 그리고 내용에 따라서도, 국경일 등 국가기념일을 중심으로 한 계기 교육, 24절기를 중심으로 한 계기 교육, 국제기구 등이 마련한 날을 중심으로 한 계기 교육 등으로 구분할 수도 있다.

계기 교육의 유형을 자세히 분석해보면, 정치 공동체의 한 구성원인 시민들의 삶과 밀접한 관련이 있다. 국가기념일의 경우 시민의 자격을 근거지우는 정치 공동체로서 국가가 성립한 것을 기념하는 것이며, 절기의 경우 전통적인 농업사회를 반영하는 것이기는 하나 자연 질서의 변화를 느끼며 인간다운 삶을 영위할 수 있는 계기를 마련해주기도 한다. 한편 국제기구 등이 마련한 날들은 시민으로서 세계 여러 나라의 시민들과 더불어 살아가는 한 구성원으로서 상호 관심을 갖고 책임 있는 역할을 할 수 있는 기회를 주기도 한다. 나아가서는 그때그때 상황에 따라 이루어지는 계기 교육은 시민의 일상생활의 문제와 밀접한 관련을 맺음으로써 시민생활과 더욱 밀접하게 맞닿아 있다.

이렇게 보면, 계기 교육을 통해 이루어지는 교육 내용들은 다중 시민으로서 다중적 지위를 갖는 시민들의 필요에도 부응하는 것으로 볼 수 있다. 시민은 공간적으로 보았을 때, 지방 수준과 국가 수준 그리고 세계 수준으로 개입하고 있으며, 시민으로서의 정체성은 다중적일 수밖에 없고 다중적이어야 한다고 할 수 있기 때문이다(김왕근, 1999: 56). 이렇게 시민들은 동일한 개인이기는 하지만 서로 다른 수준의 시민의 지위가 중층적으로 주어져 있으며, 이들 서로 다른 시민성 간의 관계가 어떻게 되느냐에 따라 시민으로서의 한 개인이 따라야 할 행위의 표준이 좌우된다(김왕근, 1999: 53). 따라서 계기 교육은 다중적 시민성의 요구에 따라서 다양한 교육을 제공할 수 있으며, 사회 구성원들의 삶을 살펴볼 수 있는 계기도 마련함으로써 공동체 구성원을 이해하고 공동체의 삶을 위해 필요한 것을 발견하고 실천하게 할 수도 있다.

## 2. 실천 및 적용 사례

계기 교육을 위한 '계기'는 다양하지만, 여기에서는 우리나라의 국가기념일을 중심으로 계기 교육을 어떻게 실행할 수 있는지 살펴보고자 한다.

### 1) 국가기념일

국가기념일은 법정기념일이라고도 하며, 이것은 1973년 3월에 시행된 '각종기념일등에관한규정(대통령령 6615호)'에 따라 정부가 제정·주관하는 기념일(記念日)을 말한다. 국가기념일은 원래 공휴일이 아니지만, '관공서의 공휴일에 관한 규정(대통령령)'에 의해 일부 기념일이 공휴일이 되었다. 국가기념일로 지정되면 주관부처가 정해지고, 이후 부처 자체적으로 예산을 확보해 기념식과 그에 부수되는 행사를 전국적인 범위로 행할 수 있고 주간이나 월간을 설정하여 부수 행사를 할 수 있다. 기념일의 의식과 부수 행사의 절차·규모와 기타 필요한 사항에 관하여는 그 주관기관의 장이 미리 총무처장관과 협의하여 실시한다.

국가기념일에 관한 사항은 법령이 아닌 규정으로 돼있기 때문에 국무회의 의결 등을 거쳐 대통령이 선언만 하면 된다(http://terms.naver.com?dirId=704&docId=753).

### 2) 우리나라 국가기념일 현황

| 납세자의 날 | 3.3 | 재정경제부 |
|---|---|---|
| 상공의 날 | 3월 셋째 수요일 | 산업자원부 |
| 향토예비군의 날 | 4월 첫째 금요일 | 국방부 |

| 식목일 | 4.5 | 농림부 |
|---|---|---|
| 보건의 날 | 4.7 | 보건복지부 |
| 대한민국임시정부수립기념일 | 4.13 | 국가보훈처 |
| 4.19혁명 기념일 | 4.19 | 국가보훈처 |
| 장애인의 날 | 4.20 | 보건복지부 |
| 과학의 날 | 4.21 | 과학기술부 |
| 정보통신의 날 | 4.22 | 정보통신부 |
| 법의 날 | 4.25 | 법무부 |
| 충무공탄신일 | 4.28 | 문화관광부 |
| 근로자의 날 | 5.1 | 노동부 |
| 어린이 날 | 5.5 | 보건복지부 |
| 어버이 날 | 5.8 | 보건복지부 |
| 스승의 날 | 5.15 | 교육과학기술부 |
| 5.18민주화운동기념일 | 5.18 | 국가보훈처 |
| 부부의 날 | 5.21 | 여성가족부 |
| 성년의 날 | 5월 셋째 월요일 | 국가청소년위원회 |
| 바다의 날 | 5.31 | 해양수산부 |
| 환경의 날 | 6.5 | 환경부 |
| 현충일 | 6.6 | 국가보훈처 |
| 6.10민주항쟁기념일 | 6.10 | 행정자치부 |
| 6.25 사변일 | 6.25 | 국가보훈처 |
| 철도의 날 | 9.18 | 건설교통부 |
| 국군의 날 | 10.1 | 국방부 |
| 노인의 날 | 10.2 | 보건복지부 |
| 세계한인의 날 | 10.5 | 외교통상부 |
| 재향군인의 날 | 10.8 | 국가보훈처 |

| 한글날 | 10.9 | 문화관광부 |
|---|---|---|
| 체육의 날 | 10.15 | 문화관광부 |
| 문화의 날 | 10월 셋째 토요일 | 문화관광부 |
| 경찰의 날 | 10.21 | 행정자치부 |
| 국제연합일 | 10.24 | 외교통상부 |
| 교정의 날 | 10.28 | 법무부 |
| 저축의 날 | 10월 마지막 화요일 | 재정경제부 |
| 학생독립운동 기념일 | 11. 3 | 교육과학기술부 |
| 농업인의 날 | 11.11 | 농림부 |
| 순국선열의 날 | 11.17 | 국가보훈처 |
| 무역의 날 | 11.30 | 산업자원부 |
| 소비자의 날 | 12.3 | 재정경제부 |

* 근거: 각종기념일등에관한규정(대통령령)

❖ 개별법에 의한 기념일
1) 입양의 날: 5.11(보건복지부) ⟹ 입양촉진 및 절차에 관한 특례법
2) 가정의 날: 5.15(여성가족부) ⟹ 건강가정기본법
3) 발명의 날: 5.19(과학기술부) ⟹ 발명진흥법
4) 세계인의 날: 5.20(법무부) ⟹ 재한외국인 처우 기본법
5) 방재의 날: 5.25(소방방재청) ⟹ 재난 및 안전관리기본법
6) 태권도의 날: 9.4(문화관광부) ⟹ 태권도 진흥 및 태권도공원 조성 등에 관한 법률
7) 사회복지의 날: 9.7(보건복지부) ⟹ 사회복지사업법
8) 임산부의 날: 10.10(보건복지부) ⟹ 모자보건법
9) 소방의 날: 11.9(소방방재청) ⟹ 소방기본법
10) 자원봉사자의 날: 12.5(행정자치부) ⟹ 자원봉사활동기본법

### 3) 국가기념일의 결정 원리와 계기 교육의 유의점

#### (1) 국가기념일의 결정 원리와 특징

국가기념일은 다른 나라 사람들과는 다르게 특정한 시간의 흐름을 인식하도록 하는 것이다. 우리나라의 경우, 6월 10일을 민주항쟁 기념일로서 의미 있게 인식하고 있지만, 다른 나라의 경우는 그렇게 인식하고 있지 않다. 이와 같이 국가기념일은 근대적 시간 흐름 속에서 민족국가의 경계선 긋기의 기능을 한다. 즉 시간적인 측면에서 특정 민족 국가를 다른 민족국가와 분리해 주는 것이 '신성한 시간'으로서의 국가기념일이다. 결국 국가기념일은 시간의 차원에서 한 국가를 상징한다(김민환, 2000: 70).

국가기념일은 한 민족국가의 정체성 형성에 큰 영향을 끼친 '열광의 순간'에서 출발한다. 그런데 그것은 말 그대로 순간일 뿐이다. 우리나라가 월드컵의 열광을 느낀 것이 순간인 것과 같다. 이 열광의 시간을 다시 불러내기 위한 것이 바로 '집합기억'이다. 열광의 순간이 아니라 '생활의 시기'에 열광의 순간을 기억하게 해주는 것이 바로 그것이다. 일상생활 속에서 사람들은 자신의 '열광의 시기'에 대한 집합기억을 통해 열광의 시기에 생성된 이상을 공유하고 그것을 갱신하기 위해 다시 모인다(김민환, 2000: 18).

한편, 집합기억을 둘러싼 갈등과 투쟁이 문제가 되기도 한다. 과거에 좋았던 집합기억이 현재에 맞지 않게 될 경우 그 집합기억은 왜곡되거나 다시 재구성되기도 한다. 또한 대립되는 입장에 있는 집단들은 자신들을 정당화하기 위해 과거 일에 대한 기억을 상기시켜 자신들에게 유리하게 이용할 수도 있다. 이러한 것을 '기억의 정치'라 칭할 수 있다(김민환, 2000: 19). 이 기억의 정치를 통해 국가기념일은 기억의 도구일 뿐만 아니라 현재적 관심의 도구로서 억압과 조작, 공식적 망각과 공식적 기억의 기제로 기능한다. 우리나라 국가기념일의 역사를 통해 우리는 공식적으로 기억하기와 공식적으로 망각하기 사이의 역사를 경험할 수 있다(김민환, 2000: 20).

우리나라 국가기념일이 결정되는데 작동했던 기억의 정치의 양상, 목적 등을 시기별도 정리하면 다음과 같다(김민환, 2000: 7).

| 시기 | 1945~1950 | 1950~1987 | | 1987년 이후 |
|---|---|---|---|---|
| 목적 | 나라만들기 | 나라답게 하기 | | 새로운 도전 |
| | | 반공국가의 정체성 | 근대화 | |
| 주체 | 각 정치세력 | 국가 | | 국가와 시민사회 |
| 집합기억 | 독립운동 | 한국전쟁 | | 6월 항쟁 |
| 양상 | 기억을 둘러싼 갈등 | 기억에 대한 독점 | | 기억에 대한 각축 |

(2) 계기 교육의 유의점

국가기념일이 결정되는 과정에서 확인한 것처럼 국가기념일은 모두가 정치 공동체 모두의 환영을 받으며 결정된 것이 아니다. 그것은 때로는 경쟁적으로, 때로는 억압적으로 만들어지기도 하였다. 따라서 지금 국가기념일을 기억하고 기념하면서 계기 교육을 할 경우, 다시 기억의 정치가 작동할 수 있다는 점을 고려하여 진행하여야 한다.

첫째, 정치세력간의 다툼이나 기억에 대한 각축 혹은 국가의 기억독점으로 형성되지 않은 국가기념일의 경우가 있다. 가령, 한글날의 경우, 그것은 우리의 일상과 관련하여 깊은 영향을 미치는 것으로 문화의 창조와 계승 발전이라는 측면에서 다루어질 수 있을 것이다. 다만, 민족주의적 입장에 편향되지 않도록 구성되고 실천되어야 할 것이다.

둘째, 정치세력의 기억을 둘러싼 갈등 과정에서 형성된 국가기념일의 경우가 있다. 가령, 임시정부수립기념일의 경우, 그것은 해방 후 공간에서 우파가 자신들의 정치적 취약성을 보완하는 기제로서 적극 활용했던 것이다. 이 시기 이후 정치적 좌파의 입장을 이어오는 경우 상대적으로 소홀히 하기 쉬운 국가기념일일 수 있다. 따라서 지금 정치세력간의 다툼을 재연하기 위한 계기로 삭용할 가능성을 줄이고, 민족국가 성립에 따른 과제를 이해하고 설득할 수 있도록 실천되어야 할 것이다.

셋째, 기억에 대한 독점과정에서 형성된 국가기념일의 경우가 있다. 가령,

6·25사변일의 경우, 그것은 국가에 의해 한국 전쟁의 기억이 독점되어 이의가 제기될 수 없었으며, 모든 활동의 정당성이 반공활동에 기초하도록 하는데 기여하였다. 이것은 대부분의 나라가 전쟁이 끝난 것을 기념하는 것과크게 대조되는 경우이기도 하다. 따라서 지금 다시 모든 정치적 사회적 활동의 정당성을 반공으로 귀결시키려는 차원에서 기념하는 것을 지양하고 새로운 출발과 관련하여 기념할 수 있도록 하여야 할 것이다.

넷째, 시민사회의 성장에 따라 형성된 국가기념일의 경우가 있다. 가령, 장애인의 날이나 소비자보호의 날 등의 경우, 시민사회의 요구에 따라 사회적 약자의 배려나 소비자의 권리에 대한 인식이 향상됨에 따라 만들어진국가기념일로서 시민사회의 다양한 소수자나 약자의 권리를 인식한 경우라고 할 수 있다. 이것은 사회내의 다양한 구성원들에 대해 관심을 갖고 시민들에게 주어진 권리를 스스로 찾아 누릴 수 있는 계기를 마련해 준다는 데의의가 있다. 따라서 지금 이들 국가기념일을 중심으로 계기 교육을 할 경우에는 기본적으로 사회적 약자나 소수자를 돕고 배려하는 차원을 넘어서서그들의 입장에서 우리가 살고 있는 사회를 바라보고 해결해야 할 과제를찾을 수 있도록 하여야 할 것이다.

(3) 계기 교육의 실제 — 훈화용 자료제작을 중심으로

서울의 한 ○○중학교에서는 계기 교육의 한 방법으로 훈화용 자료를 제작하였다. 이 자료들은 국가기념일의 결정원리에 따른 유의사항을 고려하기위해 노력한 결과들, 즉 기억의 정치를 고려한 자료들이다. 몇 가지 사례를들어보면 다음과 같다.

〈한글날〉

오늘은 한글이 반포된 지 000돌이 되는 한글날이다. 이 날은 세종대왕이 '훈민정음'을 반포한 것을 기념하는 날이다.

한글날은 1926년 조선어연구회(지금의 한글학회)가 일제의 억압에 짓눌려 위

축되어 있던 겨레 얼을 되살리고 북돋우기 위하여 훈민정음 반포의 날을 기념하여 음력 9월 29일을 '가갸날'로 선포하면서 시작되었다. 이듬해인 1927년 조선어연구회 기관지 <한글>창간부터 이날을 '한글날'로 고치고 계속 음력으로 기념하다가, 1932년에는 양력 10월 29일, 1934년에는 정확한 양력 환산을 적용하여 10월 28일로 정정하였다. 1940년 7월 훈민정음 해례본(解例本)이 발견되고 1945년 8월 15일 광복이 되자, 한글학회는 10월 9일을 한글날로 확정하였다. 일 년 뒤인 1946년 한글 반포 500돌을 맞이하여 '한글날'을 공휴일로 정하였으나, 1990년 8월 24일 국무회의에서 한글날을 공휴일에서 제외시키는 '관공서 공휴일에 관한 규정'개정안이 의결, 통과되어 오늘에 이르고 있다

세계에는 약 3,000여개의 음성언어가 있지만 많은 경우 그 언어를 표현하는 문자가 없어서 남의 문자를 빌어서 쓰는 경우가 많다. 우리는 한글이라는 우리 자신의 문자를 가지고 말글살이를 하는 행복한 사람들이다. 이 한글에 대해 많은 사람들은 그 우수성에 칭찬을 아끼지 않는다. 영국의 샘슨 교수(서섹스 대학 인지 컴퓨터학부)는 한글의 전무후무한 독창성에 대하여 말하면서 "한글은 인류의 가장 위대한 지적 성취 가운데 하나임은 이론의 여지가 없다"고 결론지었다. 미국의 다이어몬드 교수(캘리포니아 주립대학의 생리학 교수, 퓰리처상 수상자)는 "한글은 인류가 개발하여 온 문자 중에서 가장 독창적이고 뛰어난 문자"라고 말하였다. 또 유네스코는 훈민정음을 "세계 기록 문화유산"으로 지정하였고, 세종대왕 탄생일을"문맹 퇴치의 날"로 정하였으며, 문맹 퇴치에 뛰어난 공적이 있는 이에게 "세종 상(The Prize of King Sejong)"이라는 문맹 퇴치 상을 주고 있다.

이렇듯 많은 사람들이 한글의 우수성을 칭찬하지만 오히려 우리들은 푸대접을 하는 경향이 있다. 우선 영어나 한자를 사용하는 것이 순수한 우리 한글을 사용하는 것보다 더 익숙한 것이 우리의 말글살이다. 정부기관마저 한자가 주민등록증에 반드시 병용되어야 한다고 주장하거나 영어 조기교육, 영어 공용화 분위기를 만들고 있는 실정이다. 그리고 1946년부터 공휴일로 기념해 온 한글날을 산업생산력이 떨어진다는 이유에서 국경일에서 제외하였다. 다음으로 우리의 말글살이를 살펴보면 우리말의 어법이나 맞춤법에 어긋나는 경우가 많다. 일본어식 어투를 사용하는 것 등이 대표적인 예라 할 수 있다. 최근에는 누리그물(인터넷)등에서 사용하는 통신 언어로 우리 말글살이가 새로운 도전에 직면해 있다.

앞으로 사라질 언어 가운데 한글도 속해 있다는 안타까운 소식이 늘려온다. 그러나 세계의 여러 문자 가운데 한글만이 창제자와 반포된 날짜가 정확히 알려져 있다. 맥콜리 교수(시카고 대학)가 "한글날을 세계 언어학자나 세계 문화 애

호가가 다같이 공휴일이나 축제일로 기념하는 것은 아주 당연하고 타당한 일"이라고 할 정도로 한글은 우수한 우리의 문화이다. 그리고 미국의 앨리배마 주립대 김기항(수학)석좌교수에 의하면, 한글은 수학으로 분석할 수 있는 지구상의 유일한 문자이며, 슈퍼컴퓨터로도 풀기 힘든 암호문을 만드는데 활용할 수 있는 과학적 문자로서 정보화시대에 가장 적합하다고 한다.

※ 우리의 한글을 바르게 사용하기 위해 노력하자.

외국어나 외래어를 무분별하게 사용하는 습관을 버리고 아름다운 우리말 우리글을 가꾸자. 영어 등에 쏟는 노력만큼이라도 한글에 대한 열정과 노력을 기울이자. (한글학회: http://www.hangeul.or.kr참조)

ㅇㅇㅇㅇ년 ㅇㅇ월 ㅇㅇ일

ㅇㅇ중학교

〈6 · 25사변일〉

오늘은 한반도에서 전쟁이 일어난 지 ㅇㅇ년 째 되는 날이다. 휴전 이후 국방부 등이 기념일 행사를 주관해 오다가 1973.3.30 "각종 기념일 등에 관한 규정"에 규정하면서 "6 · 25사변일"로 불리는 기념일이 되었으며 최근에는 국제연합 등에서 "한국 전쟁"이라 하고 있다.

1950년 6월 25일 북한의 남침으로 시작된 한국 전쟁은 남과 북 뿐만 아니라 국제연합군, 중국 등이 참전한 가운데 진퇴를 거듭하며 3년 1개월 동안 계속되었으며 1953년 7월 27일 종전이 아닌 휴전으로 매듭지었다.

한국 전쟁은 20세기 한국 역사에서 가장 비극적이고 결정적인 전환기적 사건이었다. 인명 피해는 사망과 실종, 부상을 포함하여 무려 400~500만에 달했다. 이 중에는 특히 민간인의 피해가 많았다.

남과 북의 사회와 경제도 심하게 파괴되었다. 새로운 민족국가와 사회를 건설하려는 격정과 희망이 분출하던 1945년 해방은 참혹한 파괴와 미래에 대한 암울한 전망이 가득한 상황으로 바뀌었다. 이 후 남북은 서로에 대한 적대의식과 자기 체제의 우월 의식이 연결되어 극단적인 대결과 반목의 시대를 지내왔다.

우리가 해마다 이 날을 기억하는 것은 우선, 전쟁과 분단의 고착화로 희생과 고통을 당한 분들 그리고 지금도 어려움을 겪고 있는 분들을 돌아보기 위한 것이다. 전쟁은 우리 사회에 많은 희생을 낳았다. 그 중에는 군인도 있고 민간인은 더 많았다. 그리고 희생자의 가족들은 많은 인고의 세월을 건뎌야했다. 분단의 고착화와 이념의 대립은 전쟁 그 자체보다도 더욱 힘든 세월을 살아야하는 우리 이웃을 양산하기도 했다. 이 분들의 삶을 돌보는 가운데 우리 자신이 대립과 반목과 한의 세월을 접고 새로운 미래를 만들어가기 위한 다짐과 실천을 해야겠다.

둘째로, 한반도가 이미 전 세계적으로 종결된 냉전적 대립에서 벗어나기 위한 방안을 생각해야겠다. 오늘날 한반도는 휴전협정이 체결된 이래 지속되어온 불안정한 상황에 놓여 있다. 지난 분단 기간 동안 지속된 대립과 충돌 등으로 인해 우리는 직접 피해와 불안 속에서 살아왔다. 이제는 적대적 대치 상태를 종결하고 평화를 정착하기 위한 노력을 해야 할 때다. 우리 사회 구석구석에서 다양하게 평화와 통일을 위한 노력이 계속되고 있다. 이 흐름이 거대한 변화의 물결이 되도록 해야겠다. 평화는 우리에게 단순한 당위적 문구가 아니라 절박한 과제이다.

○○○○년 ○○월 ○○일

○○중학교

### 〈학생독립운동기념일〉

오늘 11월 3일은 ○○주년 학생독립운동기념일이다.

우리 정부는 1953년에 11월 3일을 학생의 날로 제정하여 기념해 왔으나 1973년 군사정권은 이를 폐지하였다. 그 후 1984년 9월에 학생의 날은 다시 부활하였고 2006년 '학생의 날'을 '학생독립운동기념일'로 명칭 변경하였다.

이 날은 1929년 11월 3일 광주에서 일어난 학생들의 항일투쟁운동을 기념하기 위한 것이었다. 1929년 11월 3일은 음력 10월 3일 개천절(開天節)이며, 일본 메이지 천황(明治天皇)의 생일인 메이지절(明治節)이기도 하였다. 이보다 앞서 10월 30일 오후에 광주를 떠난 통학열차가 나주역에 도착했을 때 광주중학 3학년인 후쿠다 슈조 등의 일본인 학생이 광주여고보 3학년인 박기옥 등을 희롱하는 것을 목격한 박기옥의 사촌 동생 박준채 등이 후쿠다를 후려치자 학생들 사이에 편싸움이 벌어졌다.

이 싸움은 11월 1일에도 계속되었으나, 2일 하루는 소강상태를 유지하다가 3일 오전 11시경 광주중학의 일본인 학생과 광주고보의 한국인 학생 간에 또 충돌이 일어났다. 이때 광주고보 학생 중 일부는 일본 학생을 퍼들어 부두한 일본어 신문인 광주일보 본사를 습격하여 그 윤전기에 모래를 끼얹었다. 이리하여 처음에는 개인 간의 감정적 충돌이던 것이 학교와 학교 사이의 충돌로 확대되었고, 나아가 전 호남 일대의 한국인과 일본인 학생 간의 충돌로 발전하였다.

광주의 학생들은 서슴없이 '조선독립만세'를 외쳤으며, 독서회의 지도자들은 학생들의 항일 투쟁을 격려하고 후원하였다. 학교와 경찰서에서는 달래고 탄압하는 양면 정책을 써서 사태를 수습하려 하였으나 실패하였고, 이후 탄압정책을 강화하여 광주고보와 광주농업학교의 학생들을 구속하였다. 그 결과 광주의 신간회지부·청년단체·사회단체 등은 혼연일체가 되어 투쟁의 전국적 확대에 힘썼고, 광주 투쟁을 전국으로 확대하기 위해 활동을 개시하였다.

제2차 광주학생 가두시위 이후인 12월 2일 서울의 경성제대를 비롯한 중요 공·사립학교와 시내 곳곳에 광주학생운동의 전국화를 위해 학생과 민중의 총궐기를 촉구하는 내용의 격문이 살포되었다. 이에 호응하여 서울의 많은 학교가 학생운동에 참여하였으며, 전국 각지로 번져 수많은 학교가 광주 학생운동에 호응하여 궐기하였다. 전국 각지의 거의 모든 학교가 참가한 이 운동에는 194개교의 학교와 5만 4,000여 명의 학생이 참여하였으며, 그 중 580여 명이 퇴학 처분과 함께 최고 5년의 체형을, 2,330여 명이 무기정학 처분을 받았다. 광주학생운동은 1919년 3·1운동 이후, 젊은 학생들을 통하여 항일독립정신이 다시 한 번 분출된 독립운동사상 격렬하고 힘찬 운동이었다.

학생들의 항일 운동은 단순히 일본인 학생의 무례한 행동 때문에 일어난 것은 아니다. 일본의 식민 통치에 대한 분노가 그 사건을 계기로 폭발한 것이다. 광주 학생 충돌이 항일 운동으로서 전국적으로 확대된 것은 어디까지나 민족의 자주독립을 원하는 한국 학생들의 대일 민족항쟁에 따른 것이다. 그것은 비록 그 주체가 학생이었으나 전 민족적 소망이었던 자주독립의 중요한 과제를 안고 있었으므로, 전 민족적 성원과 지지를 받았다.

따라서 학생독립운동기념일은 단순히 광주학생운동만을 기념하자는 것이 아니다. 그것은 올바른 민족의 장래를 위해서 항상 깨어 있으면서 민족을 올바로 이끌었던 젊은 학생들 모두를 기억하고 그러한 젊은 학생들의 자기 희생정신을 길이 계승하기 위한 것이다. 우리 역사에서 민족을 사랑하는 학생들은 어른들이 잘못하는 일에 대해서도 가차 없이 비판하고 그것을 바로잡기 위해서 자기 몸을 희생하는 것을 결코 두려워하지 않았다. 가까운 보기로 이승만의 독재정권에 가장 강력하게 저항했던 것도, 4·19혁명을 주도했던 것도 학생들이었다.

우리들에게 학생독립운동기념일은 바깥으로 보여주는 축제나 이벤트 행사로만 이해해서는 곤란하다. 학생 스스로 인권과 권리의식 그리고 책임의식을 가지는 것이 중요하다. 나아가서는 학생들이 우리 사회와 국가가 당면한 과제를 해결하는 주체임을 인식하는 것이 중요하다. 그리하여 인권이 존중되고 평화가 넘쳐나는 세상을 함께 만들어가야 할 것이다.

○○○○년 ○○월 ○○일

○○중학교

## (4) 계기 교육을 위한 과제

계기 교육이 이루어지는 형태는 대부분 훈화를 중심으로 이루어진다. 앞으로의 계기 교육은 학생들이 흥미를 가지고 참여하도록 유도할 수 있는 다양한 방법이 모색되어야 할 것이다. 가령 6·10민주항쟁기념일의 경우 우선, 이 기념일과 관련한 다양한 영상자료를 시청할 수 있다. 둘째로는, 이 기념일과 관련하여 명동성당 들머리, 성공회 서울 대성당 등 기억할만한 항쟁의 흔적들을 찾아 나설 수도 있으며, 지도에 표시하는 일을 할 수도 있다. 셋째로는 이한열 기념관, 경찰인권보호센터(구 남영동 대공분실) 등의 시설물을 찾아보고 이한열, 박종철 등과 같이 항쟁관련 인물들을 구체적으로 조사함으로써 계기 교육을 체험적으로 실시할 수 있을 것이다. ＊손동빈

---

**▌참고문헌** ─────────────────────────────

김민환(2000). "한국의 국가기념일 성립에 관한 연구." 서울대학교 대학원 석사학위 논문.

김왕근(1999). "세계화와 다중시민성교육의 관계에 관한 연구."『시민교육연구28』. pp.45-68. 한국사회과교육학회.

# 12

# 비판적 사고력 학습

## 1. 해설

### 1) 필요성과 의의

어떻게 사고하는가에 따라 우리는 정확한 정보에 기초하여 올바른 결정을 내릴 수도 있고, 그렇지 않을 수도 있다. 잘못된 사고는 잘못된 정보나 엉터리 주장에 현혹되어 비합리적인 판단과 결정으로 이어질 수 있다. 또 비합리적인 판단과 결정은 잘못된 정책 수립과 집행으로 이어져 사회적으로 엄청난 비용을 초래할 수 있다. 이처럼 잘못된 사고는 다양한 방식으로 우리에게 나쁜 영향을 미칠 수 있다.

잘못된 사고로 인해 고정관념과 근거 없는 두려움에 빠질 수도 있고, 폭넓은 지식을 바탕으로 결정을 내리는 능력마저 감퇴될 수 있으며, 심지어 재정적인 손실까지 초래될 수 있음에도 불구하고 우리는 왜 잘못된 사고를 하게 되는가? 첫째, 누구에게나 잘못된 방식으로 증거를 찾고 판단하는 경향이 있기 때문이다(Kida, 2007: 18). 가령 우리는 우리가 갖고 있던 믿음과 기대를 확인시켜주는 정보만을 중시하고, 이것과 상충된 정보는 무시하거나 유리한 방향으로 재해석하는 경향이 있다. 이렇게 편향된 증거만 받아들이고 편향된 방향으로 해석하는 경향으로 인해 우리는 잘못된 믿음을 가질 수 있다. 둘째, 이러한 경향을 인식하고 극복할 수 있는 비판적 사고력을 제대로 배우지 못하기 때문에 잘못된 사고를 할 수 있다(Kida, 2007: 18).

따라서 우리가 불충분한 증거나 부적절한 증거를 바탕으로 너무 쉽게 무엇인가를 믿어버리거나 결정하는 경향을 극복하기 위해서는 비판적 사고력을 길러야 한다.

그렇다면 비판적 사고란 무엇인가? 비판적 사고란 자신의 주장을 펼치거나 다른 사람의 주장을 받아들이거나 거부할 때 그럴 만한 충분한 이유가 있는지 신중하게 생각하는 것을 말한다. 즉 우리가 가지고 있는 믿음이나 생각이 이치에 맞는지 따지는 것이다. 어떤 주장이 논리적으로 타당한지, 신뢰할 만한 한지, 주장을 뒷받침하는 증명 가능한 증거들이 참 인지 등을 따지는 것이다. 말할 때 아무런 이유 없이 주장을 내세우거나 의견을 표명하는 태도나 정당한 이유 없이 남의 주장을 받아들이거나 거부하는 태도를 물리치는 것이다. 비판이 자신에게 적용될 때는 반성적인 사고가 된다. 자신을 향한 비판적 사고란 스스로 어떤 사고가 진행되고 있는지를 의식하며 사고하는 것이 된다.

비판적인 사고는 학문에 종사하는 사람들, 특히 논리학이나 철학을 전공하는 사람들에게만 요구되는 것이 아니다. 시민들이 힘이 아닌 중지를 모아 중요한 판단을 하고 결정을 내리는 민주주의 사회에서 비판적 사고는 시민들에게도 꼭 요구되는 능력이다. 민주 시민은 자신의 주장과 타인의 주장에서 합리적인 이유를 찾으려고 노력하고 복잡하고 이해하기 힘든 주장도 명확하게 이해하려고 노력하며 자신의 생각이나 믿음에 잘못된 것이 있으면 이를 언제든지 바꾸려는 태도를 가져야 한다. 이러한 노력과 태도에 필요한 것이 비판적 사고력이다. 중요한 쟁점이나 정책에 대해서 매일 신문의 보도, 보도 방송의 뉴스, 교과서, 잡지, 인터넷 등에서 수많은 의견을 듣는다. 그와 같은 의견 중에 어떤 것들은 서로 모순되기도 하고, 일부는 사실을 왜곡한 것도 있다. 이것들 중에서 어떤 것이 사실에 입각하여 참된 주장을 하는지 비판적으로 사고할 수 있어야 사회의 중요한 문제에 대해서 우리 자신의 주장을 제대로 내세울 수 있으며 올바른 여론을 형성하는데 도움을 줄 수 있다. 또한 우리는 방송과 신문 그리고 인터넷에서 수많은 광고를 접하며 살아가고 있다. 그 중에서 도움이 될 만한 정보를 찾고 쓸데없는 내용에 현혹되지 않기 위해서도 비판적으로 사고해야 한다.

2) 교수·학습 전략

그렇다면 비판적 사고를 어떻게 가르칠 수 있는가? 일단 비판적 사고란 '희소성'의 의미를 아는 것처럼 명제적 지식(know-that)이 아니라 자전거를 타는 방법을 아는 것과 같은 일종의 방법적 지식(know-how)이다. 비판적 사고를 기르기 위해서는 비판적 사고에 대해서 가르치는 것이 되지 않도록 유의해야 한다. 이를 위해 비판적 사고력의 요소와 기준의 목록을 지나치게 많이 제시하고 그 목록 하나, 하나를 이해하는 방식으로 접근하는 것은 효과적이지 못하다. 예를 들어 김영정(2004)에 따르면 비판적 사고의 요소로 9가지 요소로 나누고 그에 해당하는 9가지 기준을 다음과 같이 제시하고 있다.

① 목적: 분명함, 중요성, 적절성(달성가능성), 일관성
→ 사고는 그것의 목적이 분명하고 중요하고 현실적이며 일관적일수록 더 훌륭해진다.
② 현안 문제: 분명함, 중요성, 적절성(답변 가능성 포함)
③ 개념: 분명함, 적절성, 폭넓음(중립성 포함), 깊이
→ 사고는 그것을 형성하는 개념이 분명하고 적절하며, 깊이 있고 폭넓은 만큼 그만큼 분명하고 적절하고 깊이 있고 폭넓다.
④ 전제: 분명함, 정당화 가능성, 일관성
→ 사고는 그것이 갖고 있는 전제가 건전한 만큼 그만큼 건전하다.
⑤ 정보: 분명함, 정확성, 적절성, 공정성(수집 및 처리 과정), 일관적으로 적용된 정보, 충분성
→ 사고는 그것이 기반하고 있는 정보가 건전한 만큼 그만큼 건전할 수 있다.
⑥ 결론 및 추론: 추론의 분명함, 추론의 정당화 가능성, 결론의 심오함,

　　결론의 합당성, 일관성
　　→ 사고는 그것이 하고 있는 추론과 그것이 도달하는 결론이 건전한
　　　만큼 그만큼만 건전할 수 있다.
⑦ 관점: 폭넓음, 분명함, 적절함
　　→ 사고는 적절한 관점이 복수로 추구되고, 분명하게 규정되며, 공정
　　　하고 논리적으로 고려되고, 일관적으로 냉철하게 적용될 때 더 훌
　　　륭해진다.
⑧ 함축: 중요성, 적절성, 분명함, 명료성, 완전성
　　→ 사고는 그것이 지니는 함축과 귀결이 중요하고, 적절하고, 분명하
　　　고, 명료하며, 완전할수록 더 훌륭해진다.
⑨ 맥락: 중요성, 적절성, 분명함, 폭넓음, 완전성
　　→ 사고는 그것이 고려하고 있는 맥락이 중요하고, 적절하며, 폭넓고,
　　　완전할수록 더 훌륭해진다.

　이런 식으로 비판적 사고의 요소와 기준을 너무 세부적으로 나누어 제시
하는 것은 자칫 비판적 사고 역시 하나의 지식 목록으로 생각할 수 있으며
너무 복잡하여 이를 제대로 활용하기 어렵다.
　다음과 같이 비판적 사고력의 기술을 제시하고 이를 모범으로 꾸준히 연
습하고 실천해야 한다는 포괄적인 접근 방법도 있다(박정하, 2006: 28).

• 명확하게 듣고 읽는 능력
• 적절한 정보를 찾는 능력
• 논증을 평가하는 능력
• 숨은 전제와 원리를 찾아내는 능력
• 어떤 주장의 결론을 추적할 수 있는 능력
• 사고에서 잘못을 찾아내고 피할 수 있는 능력

비판적 사고란 사과라는 개념을 가르치듯이 무엇에 대해서 가르치는 것

이 아니라 하는 방법을 자기 것으로 익히고 이를 적절히 사용할 수 있도록 도와주는 것이기 때문에 비판적 사고란 어떻게 하는 것인지를 보여주고 이를 적용할 기회와 충분히 연습할 기회를 줄 필요가 있는 것은 사실이다.

그렇다고 하더라도 비판적 사고에 대해서 포괄적으로 접근하는 것은 민주시민을 위한 비판적 사고 함양의 교수 전략으로 효과적이지 못하며 이러한 접근 방식은 논술교육과 철학 등 종합적인 사고를 총체적으로 다루는 교과에 더 타당하다. 그렇다면 민주시민교육에서는 비판적 사고력에 대해서 어떻게 접근해야 하는가?

사실 우리는 비판적 사고를 못한다기보다는 하지 않는 경우가 종종 있다. 우리가 검증해야 할 증거 자체에 의존하기보다는 우리와 비슷한 입장의 사람이 제시하는 증거는 아무 비판 없이 받아들이고, 우리와 상반되는 견해를 가진 사람들이 제시하는 증거는 무조건 거부해 버리는 경향이 있다. 논리적인 사고가 부족해서가 아니라 논리적인 사고를 발휘하지 못하도록 가로 막는 우리의 성향으로 인해 상대방의 말이 맞는 것을 알면서도 이를 받아들이지 못하고 더 강하게 거부하는 경우가 있다. 또한 정치가들이 의도적으로 만든 은유, 감정에 호소하는 방법, 양자택일 식 방법에 따라 지나치게 단순화된 구도 안에 빠져 다양한 대안의 가능성을 인식하지 못 한 채 그 틀 속에서 잘못된 선택을 하는 경우도 있다. 심지어 이성적이고 논리적인 접근보다는 인신공격과 감정에 호소하는 전략을 더 지지하는 경향도 있다. 이러한 경향성으로 중요한 사회적 쟁점에 관해 각종 기관과 매체들에 의해서 제시되는 잘못된 주장과 증거에 현혹되기 쉽고 심지어 그 주장이 잘못된 것인 줄 알면서도 이를 지지하기도 한다.

민주시민교육에서 비판적 사고력에 대한 접근은 바로 이러한 부분을 드러내고 이를 명확히 자각하도록 하는데 초점을 맞추어야 한다. 비판적 사고에 대해서 포괄적으로 접근하는 것보다는 우리의 사고가 잘못된 방향으로 흘러가도록 하는 우리의 경향성을 인식하도록 하는 것이 필요하다. 비판적 사고의 대상으로 우리 자신의 성향에 대해서 반성해 보는 것이 필요하다. 따라서 비판적 사고를 가로막는 우리 안의 걸림돌을 반성하는 교수 학습 전략이 필요하다.

이를 위해 먼저 잘못된 믿음을 형성하게 하고 잘못된 결정을 내리게 만드는 대표적인 성향을 제시하고자 한다. 이러한 성향을 6가지로 범주화하면 다음과 같다(Kida, 2007: 20-29).

① 통계수치보다 이야기를 더 좋아한다.

일화적인 증거에 의존하여 통계 수치와 같은 더 타당한 정보를 무시하기 쉽다. 가령 차를 구입하는 경우 구입하려고 한 차에 관한 소비자 보고서의 통계수치 보다는 그 차를 최근에 구입한 친구의 말에 더 의존한다는 것이다. 만약 차에 대한 친구의 평가가 나쁘다면 아무리 차에 관한 소비자 보고서 기록이 양호하다고 나오더라도 친구 말에 의존하여 구입을 하지 않는 경우가 많다는 것이다.

이 경우 보고서에 실린 통계 자료는 여러 차를 기초로 한 것이지만 친구의 경험은 차 한 대를 기초로 한 것이다. 그럼에도 불구하고 우리는 객관적인 통계수치보다 친구의 현실적인 경험담에 더 의존한다. 이처럼 우리는 결정할 때 개인적인 경험을 참고하는 성향이 있다. 이러한 성향으로 인해 우리는 자기 주변에 있는 사람들의 이야기만 듣고 전체 상황을 판단하고 평가하는 경우가 많다.

② 확인하고 싶어 한다.

우리는 자신의 믿음을 확인시켜주는 증거들에만 집중하는 성향이 있다. 예를 들어 좋아하는 대통령 후보의 호의적인 정보에 대해서 집중하는 반면 그렇지 않은 정보에 대해서는 무시하는 경우가 있다. 이처럼 우리가 증명하려는 생각들을 지지해 주는 예들만 주목할 경우 우리 생각과 반대되는 정보를 놓칠 수 있다. 문제는 우리가 놓치는 정보들이 중요한 정보일 수 있다는 것이다.

③ 삶에서 운과 우연의 일치가 하는 역할을 잘 이해하지 못한다.

웨이드 보그스는 다섯 번이나 타격 왕에 등극하고 평생 평균 타율이 0.363을 기록한 유명한 야구 선수이다. 그는 일종의 미신, 징크스를 가지고 있었는데, 선수 생활 초기부터 닭고기를 먹으면 공을 더 잘 친다는 믿음을 갖고 있었다. 그래서 야구 인생 20년 동안 거의 매일 닭고기를 먹었다고 한다. ≪주라기 공원≫의 저자인 마이클 크라이튼도 새로운 소설을 집필할 때는 점심으로 언제나 똑같은 것을 먹는다고 한다. 시험을 치는 학생들도 이와 같은 미신에 의존하는 경우가 받다. 이러한 행위는 논리적 연관성이 전혀 없는 두 사건을 하나의 사건이 다른 사건에 영향을 미친다고 믿기 때문에 발생하는 것이다. 예를 들어 농구 선수가 중요한 자유투를 던지기 전에 공을 세 번 튀겼는데 그 공이 들어갔다고 하자. 그러면 그는 공을 튀긴 횟수와 골의 성공 사이의 연관성이 있다고 생각한다. 이로 인해 공을 튀기는 습관이 굳어져서 나름의 슈팅 의식과 미신을 갖게 된다.

이러한 사고방식은 불확실성을 극복하기 위한 방법으로 생겨난 것이다. 미신적인 행위를 하면 이 불확실성을 스스로 줄일 수 있다고 생각하기 때문이다. 물론 이러한 행위를 통해서 자신감을 얻고 그것이 실제 영향을 미칠 수 있다. 그러나 문제는 전혀 관련이 없는 것을 연관시키는 사고방식으로 인해 어이없는 선택과 결정을 하는 경우가 있다는 것이다.

④ 세계를 제대로 인식하지 못한다.

우리는 우리의 기대와 욕망으로 인해 우리가 보고 싶어 하는 것과 보리라 기대하는 것만을 주목해서 본다. 이로 인해 현실을 부정확하게 인식할 수 있다. 예를 들어 내가 좋아하는 축구팀의 라이벌 전을 관전할 경우 우리 팀의 반칙보다 상대 팀의 반칙이 더 많이 눈에 들어 올 것이다. 이것은 보고 싶은 것만 보기 때문이다.

⑤ 지나치게 단순화한다.

복잡한 우리 삶의 문제를 해결하기 위해 정보를 수집하고 평가하느라 시간을 다 보내다 보면 분석하느라 정작 결정을 내리지 못하는 경우가 있다. 이 경우 쉽게 떠오르는 정보를 토대로 결정내리기 쉽다. 단순화 전략을 택하면 시간과 노력을 절약하고, 신속하게 결정할 수 있다. 문제는 지나친 단순화로 인해 결정에 중요한 영향력을 미칠 수 있는 정보를 간과할 수 있다는 것이다.

⑥ 잘못된 기억을 갖고 있다.

우리는 과거의 경험들을 뒤죽박죽 섞어서 기억하는 경향이 있다. 이와 같은 잘못된 기억은 삶에 심각한 영향을 미친다. 미군 하사관이었던 티모시 헤니스는 1986년 7월에 세 명을 살해한 혐의로 유죄를 선고 받았다. 살인이 일어났던 시각의 행적을 설명할 알리바이가 완벽했는데도 말이다. 그가 유죄 선고를 받은 이유는 한 증인이 살인이 일어나던 날 새벽 3시 반에 희생자의 집 차도를 걸어 내려오던 사람이 바로 헤니스라고 확인해 주었기 때문이다. 거기다 또 다른 증인은, 범인이 훔친 카드로 희생자의 계좌에서 돈을 인출해 간 시각에 헤니스가 은행의 자동현금인출기를 이용하는 모습을 본 기억이 있다고 말했다. 하지만 구체적으로 헤니스의 유죄를 입증할 만한 증거는 전혀 없었다. 어떤 전문가들은 배심원 앞에서 헤니스를 범죄와 연관 지을 만한 증거가 하나가 없다고 말했다. 그러나 이틀 심의 후 배심원들은 헤니스에게 유죄 판결을 내렸고, 판사는 사형을 구형했다.

그렇다면 증인들은 헤니스를 보았던 것일까? 증인들은 여러 달 동안 텔레비전과 신문에서 증인들이 범인을 본 것 같다고 떠들어대자, 증인들은 자신들의 기억을 재구성하였다. 사실 증인은 다른 때에 은행 자동현금인출기를 이용하다가 헤니스와 비슷하게 생긴 사람을 보았고, 이 기억으로 인해, 범행이 일어난 날 자동현금인출 코너에서 본 사람이 헤니스라고 착각했을 것이다. 그리고 그는 이렇게 재구성된 기억을 경찰들에게 이야기해 주는 과정에서 잘못된 기억을 사실로 받아들이기 시작했을 것이다.

이후 티모시 헤니스는 재심에서 무죄 선고를 받았다. 구체적 증거가 없었기 때문이다. 이처럼 잘못된 기억의 재구성으로 인해 무고한 사람의 목숨을

앗아갈 수 있다. 증인의 잘못된 증언으로 많은 사람들이 감옥에 갈 수 있을지도 모른다. 따라서 우리 기억이 틀릴 수 있다는 점을 인식하는 것이 필요하다.

이처럼 우리의 심리적 경향으로 인한 잘못된 사고는 사회적으로 부정적인 영향을 미칠 수 있다. 이러한 잘못된 사고를 극복하기 위해서 잘못된 사고를 유발할 수 있는 심리적 경향으로 인한 오류를 자각할 필요가 있다. 우리가 얼마나 논리적으로 훈련하느냐 보다 우리가 범하기 쉬운 오류를 인식하는 것이 민주 시민을 위한 비판적 사고 교육에 더 기본적이기 때문이다. 물론 이러한 오류를 인식한다고 해서 우리가 더 나은 결정을 할 수 있는 것은 아니다. 그러나 최소한 우리 자신의 오류 가능성을 인식하는 것만으로도 충분히 비판적인 사고력을 발휘할 수 있다고 볼 수 있다. 자신이 무지하다는 것을 깨닫는 것이 진정한 앎이라고 강조했던 소크라테스처럼 비판적 사고력의 첫걸음은 자신의 오류 가능성을 인식하는 것이다.

## 2. 실천 및 적용 사례

### 1) 대상 학년 및 학습 주제

| 대상 | 고등학교 2·3학년 |
|------|------------------|
| 학습 주제 | 생각의 오류를 통해서 배우는 비판적 사고 |

### 2) 수업 계획 및 구성

#### (1) 학습 목표

1. 생각의 오류를 비판적으로 인식할 수 있다.
2. 일상생활 속에서 생각의 오류로 인한 잘못된 판단을 분별할 수 있다.

## (2) 수업 개요

| 도입 | 동기 유발 및 학습 주제 제시 |
|------|------------------------------|
| 전개 | ① 사례 탐구: 자신의 생각을 뒷받침하는 증거만 찾는 오류<br>② 비판적 사고 전략 소개<br>③ 사례 탐구: 보고 싶은 것만 보는 오류<br>④ 비판적 사고 전략 소개 |
| 정리 | 과제제시: 잘못된 사고의 사례 찾아서 발표 |

## (3) 수업 단계별 활동

## ① 동기 유발

(가) 문제 제기: 활동 1. 다음 사례를 읽고 물음에 답해보자.

점성학이 개인의 인성을 정확히 설명해 준다고 믿는 학생들과 그렇지 않다고 생각하는 학생들을 대상으로 각각 두 종류의 천궁도를 읽어주었다. 하나는 그 사람이 믿을 만하고 연민의 마음이 있으며 사교성이 좋다는 등의 긍정적인 내용을 담고 있었다. 다른 천궁도는 지나치게 예민하고 신뢰성이 떨어진다는 등의 부정적인 특성들을 담고 있었다. 두 그룹의 학생들에게 천궁도가 얼마나 정확 하느냐고 물었다. 천궁도의 내용이 듣기 좋은 것이든, 아니든 점성학을 믿는 학생들은 점성학이 아주 정확하다고 답했다. 반면에 믿지 않는 학생들은 긍정적인 내용을 담은 천궁도는 정확한 반면, 부정적인 내용의 천궁도는 그렇지 않다고 답했다.

_Kida, Thomas, 『생각의 오류』, 열음사, 2007, pp.166-167

1. 처음에 점성학을 믿지 않던 학생들은 긍정적인 내용의 천궁도를 접한 후에 점성학에 대한 믿음이 달라졌을까?
2. 만약 달라졌다면 그 이유는 무엇일까?

(나) 학습 주제 제시: 생각의 오류에 대해서 비판적으로 사고하기

② 전개

(가) 사례 탐구 1. 자신의 생각을 뒷받침하는 증거만 찾는 오류

(가) 1941년 태평양함대 사령관인 킴멜 장군은 일본이 전쟁을 일으킬지도 모른다는 경고를 수차례 받았다. 먼저 같은 해 11월 24일에는 어느 방향에서든 적이 기습 공격을 해올 수도 있다는 보고를 받았다. 그러나 그는 미국이 엄청난 위험에 처해 있다고 생각하지 않았다. 또 보고서에 특별히 하와이가 언급되어 있지도 않았기 때문에 진주만 방어를 위해서 어떤 사전 조처도 취하지 않았다. 그 뿐 아니다. 12월 3일 전 세계 일본대사관에 그들의 '비밀 코드를 거의 모두' 없애버리라는 메시지가 전달되었다는 사실을 미국인 암호해독가가 보고했다. 그러나 그는 '거의 모두'라는 말에만 초점을 맞춰, 일본이 정말로 미국과 전쟁을 벌일 요량이면 그들의 코드를 '전부' 없애버릴 것이라고 생각했다. 또 일본 해군이 진주만 공격을 개시하기 1시간 전에 항만 입구 근처에 그들의 잠수함을 배치시켰는데도, 킴멜은 즉각적인 조처도 취하지 않고 그 잠수함이 일본 잠수함인지 확인되기만 기다렸다. 그 결과 공격이 시작되었을 때 이미 일본 전함 60척이 항구에 정박하고 수십 대의 비행들이 편대로 이륙해 있었다. 결국 태평양 함대는 무참히 참패당했으며, 킴멜 장군은 군법회의에 회부되었다.

(나) 유엔 조사관들도 대량 살상 무기가 존재한다는 증거를 찾지 못했고, 정보원들과 정책자문관들도 이라크가 미국에 즉각적으로 위험을 가할 수 있는 상대가 아니라고 생각했다. 그러나 부시와 체니 부통령은 사담 후세인을 제거하고 싶어 했고, 결국 전쟁을 개시했다. 실제로 미국이 이라크를 침략하고 난 후, 부시가 내세운 증거들은 거의 대부분 사실이 아닌 것으로 밝혀졌다. 2003년 9월 17일 조시 부시 대통령은 "9·11 테러에 이라크의 사담 후세인이 연루된 증거가 없다"고 공식 발표하였다.

_Kida, Thomas(2007), 『생각의 오류』, 열음사, pp.243-244

1. 위 사례가 공통적으로 보여주는 사고의 오류는 무엇인가?
2. 우리 사회에서도 위 사례와 비슷한 경우가 있는지 조사해보자.
3. 우리는 우리의 믿음과 주장에 대해서 상반된 증거를 어떻게 받아들이는가?

## 4. 위 사례와 같은 사고의 오류를 극복하기 위해서 어떻게 해야 할까?

### (나) 비판적 사고 전략 제시: 상반된 증거를 면밀하게 살피기

우리가 믿는 것과 상충되는 주장을 다른 사람이 할 때 반드시 다음 사항을 확인해야 한다.

나와 반대되는 이 주장에는 어떤 타당성이 있을까?
- 이 주장은 조금이라도 진실일까?
- 이 주장에 사실이나 유용한 내용이 전혀 없다는 것을 어떻게 확신할 수 있는가?

우리와 같은 주장을 다른 사람이 할 때 이렇게 자문해보아야 한다.
- 우리가 들은 말 중 근거가 불확실한 것은 없을까?
- 지금까지 사실이라고 주장했던 내용에 중요한 허점은 없을까?
- 이 증거를 그대로 믿어도 되는지 어떻게 확신할까? 전제가 되어야 할 사항은 없을까?

_Hecke, M. L. V.(2007), 『블라인드 스팟』, 서울: 다산초당. pp.258-259

### (다) 사례 탐구 2. 기대하는 것만 보고, 보고 싶은 것만 보는 오류

(가) 짐은 지적이고 재주가 많으며, 부지런하고 마음이 따뜻하다. 또한 단호하고 실제적이며 신중하기까지 하다. 다음 대립 항들 중에서 짐이 갖고 있을 것 같은 특성에 동그라미를 그려보자.
관대한 – 인색한, 불행한 – 행복한, 성마른 – 성격이 좋은, 익살스러운 – 무미건조한
75~95%의 사람들이 '관대한'과 '행복한', '성격이 좋은', '익살스러운'에 동그라미를 친다. 그러나 '마음이 따뜻하며'라는 말을 '차가운'이라는 말로 바꿔놓으면, 약 5~35%의 사람들만 이런 특성들에 동그라미를 그린다. 또 부하들이 지적이라고 생각하는 군 감독관은 부하들이 통솔력도 있고 성격도 더 좋다고 여긴다.

_Kida, Thomas(2007), 『생각의 오류』, 열음사, pp.158-159
(나) 다트마우스와 프린스턴 팀이 유달리 거친 경기를 펼쳤다. 이로 인해 프린스턴 팀의 선수 하나는 코가 부러지고, 다트 마우스 팀의 어느 선수는 다리가 부러

져 들것에 실려 나갔다. 연구자들은 다트마우스와 프린스턴 대학의 학생들에게 어느 팀이 먼저 경기를 거칠게 운영하기 시작했느냐고 물었다. 그러자 프린스턴 대학의 학생들 중에서 다트마우스 대학의 팀이 먼저 거칠게 나왔다고 대답한 학생은 86%나 되었으며, 양팀 모두 문제가 있었다고 답한 학생은 11%에 불과했다. 반면에 다트마우스 학생들 중에서 다트마우스 팀이 먼저 도발했다고 답한 학생은 36%에 지나지 않았으며, 양쪽 다 책임이 있다고 답한 학생은 53%나 되었다.

연구자는 이번엔 다른 학생들에게 이 경기의 필름을 보여주고, 그들이 본 반칙을 기록하게 했다. 그 결과 다트마우스 학생들은 양편에서 비슷한 수의 반칙을 확인한 반면(평균 4.3개와 4.4개), 프린스턴 학생들은 다트마우스 팀에서는 9.8개의 반칙을, 프린스턴 팀에게서는 4.2개의 반칙을 확인했다.

_Kida, Thomas(2007), 『생각의 오류』, 열음사, p.162

1. (가)와 같이 누군가를 매력적이라고 생각하면, 그가 행복하고 성격도 좋으며 일도 더 잘하리라고 보는 이유는 무엇일까?
2. (나)에서 같은 경기를 본 다트마우스대 학생들과 프린스턴대 학생들의 답변이 서로 다른 이유는 무엇일까?
3. 우리 사회에서 유권자들은 자신이 지지하는 후보나 정책에 대해서 부정적으로 보도하는 언론에 대해서 어떻게 생각할까?, 또 그 이유는 무엇일까?
4. 위와 같은 오류를 극복하기 위해서 어떻게 해야 할 지 말해보자.

(라) 비판적 사고 전략: 편향적인 인식으로 인도하는 잘못된 믿음을 극복하는 질문

• 이 믿음이 진실이기를 바라는가?
• 이 사건이 일어나리라고 예상하고 있었는가?
• 이런 바람과 기대가 없다면, 이 일을 다르게 인식할까?

③ 정리

(가) 평가: 오늘 학습을 통해 새롭게 깨닫게 된 점을 정리해서 발표해보자.
(나) 과제제시: 우리 일상생활 속에서 범하는 잘못된 사고방식을 찾아 그
    원인을 분석하고 극복방안을 제시해보자.

＊이상인

## ▌참고문헌

김영정 외(2004).『비판적 사고와 학술적 글쓰기』. 서울대 교수학습개발센터 글쓰기
    교실.
박정하 외(2006).『대학인을 위한 논술: 이론편』. 서울: 세종서적.

Kida, Thomas(2006). *Don't believe everything You think.* 박윤정 옮김(2007).『생각
    의 오류』. 서울: 열음사.

# 13

# 개념 학습

## 1. 해설

### 1) 개념 학습의 필요성과 의의

개념은 현실의 여러 개체에 공통된 특성들의 집합을 분리해 내어, 이 집합들 각각에 이름을 붙인 것이다. 예를 들어 흰둥이, 검둥이, 바둑이, 복슬이 등으로부터 공통된 특성들을 뽑아내 '개'라는 개념을 만들 수 있다. 개념은 인간이 세계를 이해하기 위해 반드시 필요한 수단이다.

우리는 현실에서 다양한 개념들을 바탕으로 생각도 하고 개념들을 사용해 서로 소통한다. 특히 우리를 둘러싼 복잡한 문제들을 이해하고, 서로 원활하게 의사소통하기 위해서 우리 사회에 관한 중요한 개념들을 학습하는 것이 필요하다. 개념은 단순한 정보나 지식이 아닌 세상을 인식하고 그 인식을 바탕으로 생각하며 소통하는 중요한 도구이기 때문이다. 이러한 도구를 학습함으로써 사고하는 법을 배울 수 있고, 훨씬 더 많은 양의 지식과 정보를 이해할 수 있으며, 더 나아가 우리가 살아가는 현실을 명확하게 이해하는 방식도 배울 수 있다. 또한 개념에 대한 이해와 개념을 적절하게 구사하는 능력은 원활한 의사소통을 통해서 현실의 중요한 문제나 쟁점을 파악하고 해결책을 찾는데 중요한 기초가 된다. 따라서 민주 시민으로서 사회 문제를 이해하고 해결하기 위한 기초로서 사회와 관련된 중요한 개념들을 이해하는 방식을 학습할 필요가 있다.

2) 개념 학습의 방법
개념을 가르치고 배우는 것이 단지 정보와 지식을 전달하고 암기하는 차원에 머물러서는 안 된다. 개념 학습이 사고력을 신장하고 복잡한 사회 현상을 이해하며, 개념을 적절하게 구사할 수 있는 능력을 키워줄 수 있는 방향으로 이루어져야 한다.

개념을 교육적으로 의미 있는 효과를 낳을 수 있도록 가르치기 위해서 보통 속성 모형, 원형 모형, 예 모형, 사회적 상황모형과 같은 다양한 개념 학습 모형을 사용할 수 있다. 이처럼 개념 학습 모형을 다양하게 구분할 수 있지만, 크게 보면 개념의 속성을 먼저 제시하고 이에 해당하는 예를 학습하는 방법인 속성 모형과 개념의 전형적인 예나 구체적인 예를 제시하여 개념을 이해하는 방식인 원형(prototype) 모형이나 예 모형으로 구분할 수 있다. 차경수·모경환(2008: 214-218)이 정리한 속성 모형과 원형 모형을 중심으로 학습 단계와 단계별 내용을 살펴보면 다음과 같다.

(1) 속성 모형
개념이 가지고 있는 특징을 중심으로 가르치는 모형을 속성 모형이라고 한다. 보통의 개념은 개체들을 관찰하여 공통점을 찾아내고 공통점들에 이름을 붙임으로써 형성된다. 공통점들의 집합체가 개념의 속성이 된다. 개념의 속성은 개념을 정의를 구성하는 요소들이다. 속성들 중에는 다른 개념과 구분되는 그 개념만이 가지고 있는 속성을 결정적 속성이라고 하고, 그 개념의 특징이지만 다른 개념에서도 발견될 수 있는 특징을 비결정적 속성이라고 한다.

이 모형에서는 먼저 교사가 학생들에게 개념의 특징인 속성을 찾아내거나 이해하도록 한 다음 그 속성에 맞는 예와 예가 아닌 것을 이해하도록 한다. 이때 개념의 속성이 새로운 대상에도 잘 적용되는지를 시험하도록 하

〈표 1〉 속성 모형의 교수 학습 단계

| 단계 | 내용 |
|------|------|
| 문제 제기 | 현실에서 볼 수 있는 다양한 사회 집단의 모습을 보여주고 사회 집단이 무엇인지 질문한다. |
| 속성제시와 정의 | 사회 집단이란 2사람 이상의 구성원이 소속감을 가지고 지속적으로 상호 작용을 하는 모임을 말한다. |
| 결정적 속성과 비결정적 속성 검토 | 제시된 속성과 정의를 바탕으로 결정적인 속성을 찾아보도록 한다. |
| 예와 예가 아닌 것 검토 | ○○초등학교 동창회, 도시 근로자, 야구장의 관중 등을 제시하고 사회 집단에 속하는지 여부를 검토하도록 함 |
| 가설 검증 | 시민단체, 노동조합, 동아리 등의 사례를 제시하여 학생들이 '사회집단'의 예인지 여부를 검증하도록 한다. |
| 개념의 형태, 종류, 관계 등 개념 분석 | 사회적 범주, 사회 조직 등 관련 개념과의 관계를 설명한다. |
| 관련 문제 검토 | 우리가 정의한 사회 집단의 개념이 현실의 여러 다양한 집단들을 파악하고 이해하는데 적절한가? |
| 평가 | 학습 후 달라진 점을 정리해 보도록 한다. |

는 과정을 두는데, 이를 가설 검증이라고 한다. 개념의 속성과 예를 학습한 다음에서는 이 개념과 다른 개념과의 관계 등 개념 분석을 해보는 단계를 둔다. 마지막으로 개념과 관련된 현실적인 상황과 문제를 분석해본다. 이 단계에서는 개념이 구체적인 현실의 문제를 인식하고 파악하는데 어떤 도움을 주는지, 앞서 배운 개념의 정의와 속성이 현실을 파악하고 이해하는데 적절한 것인지에 대해서 생각해본다.

(2) 원형 모형

속성 모형이 제시하는 속성만으로 개념을 명확하게 설명하거나 이해하기 어려운 개념을 설명하기 위해 등장하였다. 원형(Prototype)은 전형적인 틀에 해당하는 것으로 가령 현실에 존재하는 구체적인 개체로서 개와 고양이가 아니라 머리 속에 그려진 전형적인 개의 형상이 이에 해당한다. 개념의 속성들이 모아서 만든 일종의 모형인 셈이다. 사람들은 개가 가진 속성들을 하나하나 점검해서 개인지 아닌지를 구분하는 것이 아니라 머리 속 그려진 개의 전형적인 모습을 바탕으로 개와 개가 아닌 것을 구분한다는 것이다. 원형과 예의 차이는 원형은 현실에 존재하는 구체적인 예가 아니라 일종의 이념형이다. 원형 모형과 예 모형 모두 개념의 예를 가르치는 것인데 원형은 전형적인 이념형을, 예 모형은 구체적인 예를 제시하는 것을 말한다.

원형 모형은 속성들을 나열하고 구분하며 정의하는 식이 아니라 전형적인 예를 제시하여 자연스럽게 개념을 이해할 수 있도록 돕는다.

<표 2> 원형 모형의 교수 학습 단계

| 단계 | 내용 |
|---|---|
| 문제 제기 | 사회 집단에 해당하는 것에는 어떤 것이 있는지 질문한다. |
| 원형 또는 예 제시 | 가족, 동창회 등 전형적인 예를 제시한 다음 다양한 예들을 찾아보게 한다. |
| 예가 아닌 것 제시 | 버스의 승객들, 중산층 등을 제시하면서 사회 집단에 해당하지 않는 것을 찾아보게 한다. |
| 속성 검토 | 사회 집단의 예와 예가 아닌 것을 구분하는 기준이 무엇인지 질문한다. |
| 개념 분석 | 사회적 범주, 사회 조직 등 관련 개념과의 관계를 설명한다. |
| 관련 문제 검토 | 우리가 정의한 사회 집단의 개념이 현실의 여러 다양한 집단들을 파악하고 이해하는데 적절한가? |
| 평가 | 학습 후 달라진 점, 학습 과정에서 문제가 있었던 점 정리해보기 |

(3) 그 밖에 개념 학습을 할 때 유의사항

① 개념의 원형에 가장 적합한 최적의 예를 준비하고, 예가 아닌 것은 예와 비슷하지만 결정적인 차이가 나타나는 것으로 준비한다.
② 결정적인 속성을 찾는 것, 예와 예가 아닌 것 등을 학습할 때는 적절한 질문을 통해 학생들 스스로 결정적인 속성을 찾아내고 예와 예가 아닌 것을 구분하는 기준을 제시할 수 있도록 한다.
③ 학생들이 개념에 대해서 미리 가지고 있는 주관적인 관념과 개념 정의를 비교해보도록 한다.
④ 개념에 관한 명확한 정의가 없거나 다양한 의미가 사용되는 개념일 때는 다양한 개념 정의를 분석하여 개념의 일반적인 정의를 만들어보도록 한다.

## 2. 실천 및 적용 사례

민주시민교육과 관련된 개념들은 '개'나 '고양이'처럼 구체적이고 의미가 명확한 개념들 보다는 '민주주의', '자유', '평등', '문화', '사회화'처럼 추상적이고 포괄적이며 의미가 다양한 개념들이 많다. 이러한 개념들은 속성과 원형의 어느 한 틀에 맞추어 가르치기 어렵다. 따라서 앞서 개념 학습 모형을 실제 수업에 적용할 수 있는 방안을 제시하고자 한다.

1) 수업 대상 학년 및 학습 주제

| |
|---|
| 대상: 고등학교 2, 3학년 |
| 과목: 사회·문화 |
| 학습 주제: 문화의 의미 |
| 관련 단원: IV. 문화 창조 |

## 2) 수업 계획 및 구성

### (1) 학습 목표

1. 문화의 의미를 이해하고 설명할 수 있다.
2. 문화와 비슷한 개념들을 구분하고 그 차이점을 설명할 수 있다.
3. 문화의 의미 속에 담긴 문화를 바라보는 관점을 파악할 수 있다.

### (2) 수업 개요

| 단계 | 활동 내용 |
|---|---|
| 문제 제기 | 다양한 의미로 사용되는 문화가 무엇인지 질문한다. |
| 문화의 다양한 의미 검토 | 문화의 다양한 의미를 분류해보고 다양한 의미를 파악한다. |
| 문화의 정의 제시 | 다양한 의미를 검토하여 가장 설명력이 높은 정의를 찾아본다. |
| 결정적 속성과 비결정적 속성 검토 | 문화의 속성을 제시하여 속성을 검토해본다. |
| 예와 예가 아닌 것 검토 | 문화의 예와 예가 아닌 것을 구분하는 기준이 무엇인지 질문한다. |
| 가설검증 | 다양한 예를 제시하여 앞서 정의한 문화 개념의 일반화 가능성을 검증한다. |
| 개념 분석 | 문화와 대조되는 개념과 유사한 개념 간의 차이점을 비교 분석해본다. |
| 관련 문제 검토 | 문화를 생활양식으로 정의하는 것과 정신적으로 고차원적인 활동과 그 산물로 정의하는 것이 갖는 현실적인 함의는 무엇인가? |
| 평가 | 형성평가 질문 제시 |

(3) 수업 단계별 활동

(가) 문제 제기

우리는 일상생활에서 문화라는 말을 자주 듣는다. "문화 상품권", "문화체육관광부", "대중문화", "음식 문화", "화장실 문화", "문화인", "한국문화", "전통문화", "정치문화", "문화예술회관", "농경문화" 등 문화가 다양하게 사용되고 있다. 이들은 서로 비슷하지만 조금씩 의미가 다르게 사용되고 있다.

현실에서 사용되는 문화의 다양한 의미가 무엇인지 살펴보고 이 중에서 문화를 정확하게 이해하는데 적합한 문화의 개념이 무엇인지 탐구해보자.

(나) 문화의 다양한 용례 관찰 및 다양한 의미 파악하기

• 활동 1. 다음 각 문장에서 사용되는 문화의 의미를 보기에서 찾아 적어 봅시다.

1. 세계화 시대에는 다문화 이해 교육이 강조되어야 한다.
2. 상대방에게 욕설하는 것은 문화인에게 어울리지 않아.
3. 신문의 문화면을 보면 볼만한 연극, 영화, 연주회를 찾아볼 수 있어.
4. 근대이전까지 중국은 서양보다 앞선 고도로 발달된 문화를 가지고 있었다.
5. 창덕궁, 수원화성, 석굴암·불국사, 해인사장경판전, 종묘 등은 세계적인 문화재이다.

| 보기 | | |
|---|---|---|
| 1. 교양 | 2. 예술 | 3. 문명 |
| 4. 전통의 유산의 집합 | 5. 생활양식 | |

• 활동 2. 다음 문화와 관련된 용어들을 5가지로 활동의 1보기의 기준으로 분류해서 적어 봅시다.

> <음식 문화>, <화장실 문화>, <결혼 문화>, <장례문화>, <농경문화>,
> <문화생활>, <문화국가>, <문화계>, <고대 그리스 문화>, <문화 상품권>,
> <고대 이집트 문화>, <신라문화유산>, <최첨단과학기술문화>

| 정의 | 의미 | 문화의 다양한 용례 |
|---|---|---|
| 교양 | "지적, 정신적, 그리고 미적 발달 수준" | 문화 국가 |
| 예술 | | |
| 생활양식 | | |
| 문명 | | |
| 전통유산 | | |

(다) 문화의 다양한 의미와 원형 검토 및 문화에 대한 정의 제시

• 활동 3. 문화의 다양한 의미와 이에 해당하는 전형적인 예를 연결해본다.

• **활동 4. 다양한 의미와 제시된 예를 검토하여 문화의 의미를 가장 잘 설명할 수 있는 개념이 무엇인지 토론해보자.**

1. "예술"만을 문화라고 한다면 _____.
2. "전통유산"만을 문화라고 한다면 _____.
3. "교양"만을 문화라고 한다면 _____.
4. "문명"을 문화라고 한다면 _____.
5. "생활양식"을 문화라고 한다면 _____.

→ 이 중에서 문화를 가장 잘 설명할 수 있는 개념은 무엇일까?

• **정의 제시: 문화를 포괄적으로 개념 정의하는 이유가 무엇일까?**

> 1. 문화는 한 사회의 인간 집단이 오랜 세월을 두고 자연과 싸우면서 자연을 변화시켜온 물질적·정신적 과정의 산물이다.
>
> _김창남(2002), 『대중문화의 이해』, 한울
>
> 2. 문화란 지식, 신앙, 예술, 도덕, 법, 관습 및 사회의 성원인 인간에 의해 습득된 능력이나 관습을 포함하는 총체적인 복합체이다.
>
> _타일러(E. Tylor)
>
> 3. 문화는 사회와 사회구성원들의 특유한 정신적·물질적·지적·감성적 특징의 총체로 간주되어야 하며 문화는 예술 및 문학 뿐 아니라 생활양식, 함께 사는 방식, 가치체계, 전통과 신념을 포함한다는 것을 재확인하고…
>
> _유네스코, "문화의 다양성 선언"

(라) 결정적 속성과 비결정적 속성 검토

• **활동 5. 문화를 생활양식으로 개념화할 경우 문화의 속성은 무엇인가?**

| 속성 | 의미 | 결정적, 비결정적 속성구분 |
|------|------|------|
| 창조성 | | |
| 공유성 | | |

| 학습성 | | |
|---|---|---|
| 축적성 | | |
| 전체성 | | |
| 변동성 | | |

(마) 예와 예가 아닌 것 검토

• **활동 6.** 다음 중 문화에 해당하는 것과 해당하지 않는 것을 구분하고 그 기준이 무엇인지 쓰시오.

> 파마머리, 얼굴 화장, 곱슬머리, 피부색, 식사하는 방식, 식욕, 공부, 재채기, 하품, 다른 사람과 악수, 포옹, 불안할 때 다리 떠는 것, 아침 조깅

(바) 가설 검증

• **활동 7.** 다음 중 문화에 해당하는 것은?

달걀꾸러미

스리랑카의 장대낚시

첫눈을 즐기는 관광객

동물학대를 반대하는 시위

패션쇼

## (사) 개념 분석

• **활동 8.** 문화와 대비되는 개념은 무엇일까?

• **활동 9.** 문명과 문화의 차이점은?

> 문화와 가장 많이 혼동 되어 사용되는 것 중의 하나가 "문명"이다. "문명"은 원래 19세기 유럽 열강들이 아시아와 아프리카 사회의 "야만"과 대비시키기 위해서 사용한 개념이었다. 유럽인들은 인류의 모든 문화를 같은 표준에 따라 평가할 수 있다고 보고 자신들의 문화를 가장 발달된 문명으로 평가하였다. 이러한 관점을 바탕으로 유럽인들은 미개와 야만의 어둠에 잠들어 있는 나라를 개화시켜 자신들의 문명화된 세계로 인도한다는 명분을 내세워 아시아와 아프리카를 식민 지배하기 시작하였다. 이처럼 문명은 정신적, 물질적으로 발전된 서구 문화를 의미하는 것으로 사용되었다.
> 그러나 식민 지배의 약탈과 폭력, 두 차례에 걸친 세계 대전의 살육은 오히려 "문명의 야만성"을 보여주었다. 또한 많은 문화 인류학자들이 원시부족의 문화를 연구한 결과가 알려지기 시작하면서 이들의 문화에 대한 편견과 오해가 줄어들게 되었다. 원시 부족은 문화도 없는 미개인이 아니며, 이들의 문화는 서구의 문화와 다를 뿐이지 열등하지 않다는 사실이 드러나면서 발달된 서구 문화를 뜻하는 문명은 그 빛을 잃게 되었다.

## (아) 관련 문제 검토

• **활동 10.** 다음 글을 읽고 문화의 개념 변화가 가지는 현실적인 함의는 무엇인지 생각해보자.

> 과거에 사람들은 종교, 예술, 철학, 과학, 정치학 등의 고차원적인 인간 정신 활동의 표현을 '문화'라고 생각하였다. 이러한 이해는 '문화 민족(고도로 발달된 문명)'과 '원시 민족'을 구별하는 가운데 두드러지게 표현되었다.
> 문화를 보는 이러한 관점은 상당히 오래 전에 포기되고 이제 각 사람과 각 민족의 삶의 표현을 문화로 보게 되었다. 동물과 달리 인간은 자연 속에 그저 생존하는 것이 아니라 끊임없이 자연을 바꾸고 있다. 땅을 갈든, 우주 실험실을 만들든, 손을 씻든, 혹은 철학 체계를 구상하든간에 인간은 동물과 다른 방식으로 살고 있다.

인간은 자연환경에 끊임없이 개입하고 있고, 이것이 다름 아니라 문화이다. 그러므로 '미개인(자연 상태의 인간)'은 조재하지 않는다. 삶과 죽음과 성애에 관한 의식(儀式)과 체험, 식량 생산 방식과 식탁 예법, 농경과 사냥, 그릇, 도구, 의복의 제작, 주택 장식과 화장 등 인간의 여러 활동이 문화에 속한다. 예술, 종교, 과학과 마찬가지로 이러한 일상의 활동이 모두 문화이다.

_C.A. 반 퍼슨, 강영안 옮김(1994), 『급변하는 흐름 속의 문화』, 서울: 서광사, pp.20-21

• 활동 11. 문화의 개념을 생활양식으로 규정할 경우 "문화는 진화하며 문화의 발달 수준에 따라 우열을 가릴 수 있다"는 입장에 대해서 어떻게 비판할 수 있을까?

(자) 평가

• 형성평가

1. 문화와 대비되는 개념은 무엇인가?

2. 문화와 문화가 아닌 것을 구분하는 결정적인 속성은 무엇인가?

3. 문화의 의미를 폭넓게 개념 규정함으로써 문화를 바라보는 우리의 관점이 어떻게 달라질 수 있을까?

＊이상인

▮참고문헌

차경수·모경환(2008). 『사회과교육』. 서울: 동문사.

# 14

# 협동 학습

## 1. 해설

### 1) 협동 학습의 등장 배경

협동 학습은 기존의 성적 경쟁 위주의 교육이 너무 지나치게 소모적이었다는 문제의식에서 출발한다. 교육의 장에서의 경쟁이 개인과 국가의 발전에 기여하기 보다는 시간과 에너지만 낭비하고 생산적인 결과를 가져 오지 못한다는 점에서 그 대안으로 협동 학습이 탐색되고 있다. 경쟁 학습의 대안으로 처음에는 개별 학습이 제안되었다(박상준, 2005: 226). 개별 학습은 아동이 자기 수준에 맞게 학습하고 자신의 잠재능력을 계발할 수 있는 기회를 제공하였다. 하지만 개별 학습에서 학생은 다른 학생과 상호 작용하지 않고 혼자 공부하기 때문에, 사회성, 협동정신, 도덕적 책임감이 결여되기 쉽고 자신만의 생각과 편견에 사로잡힐 가능성이 높았다. 그래서 협동 학습이 이런 경쟁, 개별 학습의 대안으로 떠오른 것이다. 협동 학습은 공동의 학습을 통하여 인지, 정서, 사회성의 측면에서의 시너지 학습효과를 추구한다. 보통 협동 학습은 사회성 발달, 협동심 함양, 의사소통 능력의 개발 등 정서적 측면에서만 효과가 있다고 여겨지는데 지적 성취에 있어서도 탁월하다는 것이 경험적, 실증적 연구에서 밝혀지고 있다.

2) 협동 학습의 종류

협동 학습의 모형은 다양한데, 정문성은 역사적으로 70년대 초에 시작된 네 곳의 주요한 협동 학습 연구 중심지에서 개발된 일곱 개 협동 학습 모형으로 분류한다(정문성, 2006: 50-51). 첫째, 존스 홉킨스 대학에서 Slavin, Madden, Devries 등에 의하여 개발된 STL(Student Team Learning) 프로그램으로서 학생 팀성취 보상법(STAD: Student Teams Achievement Divisions), 팀보조 개별 학습(TAI: Team Assisted Individualization Math), 토너먼트 게임식 팀 학습(TGT: Teams Games Tournament), 읽기와 글짓기 통합학습 모형(CIRC: Cooperative Integrated Reading and Composition) 등의 네 가지 협동 학습 모형, 둘째로, 미네소타 대학에서 Johnson 등에 의해서 만들어진 함께 학습하기(LT: Learning together) 모형, 셋째로 산타크루즈 캘리포니아 대학의 Aronson이 만든 과제분담 학습 모형(Jigsaw), 그리고 넷째로 이스라엘 텔아비브 대학의 Sharan과 Lazarowitz 등이 만든 집단 탐구법(GI: Group Investigation) 모형이 그것이다.

이에 대하여 나중에 제시된 Kagan의 자율적 협동 학습(Co-op co-op) 모형을 포함하여 중요 모형을 살펴보면 다음과 같다(박성익, 2007: 193-198).

(1) 학생 팀성취 보상법(STAD)

존스 홉킨스 대학교의 Slavin 등이 개발한 것으로서 기본 기능의 습득이나 지식의 이해를 촉진시키기 위하여 고안된 것이다. 이것은 STL(Student Team Learning) 프로그램의 주요한 요소인 "집단 보상, 개별적 책무성, 성취결과의 균등 배분"이라는 협동 전략을 택하고 있으며, 팀은 4~5명으로 구성된다. 협동 학습의 전개 절차는 다음과 같다. ①모든 학생들은 각자 형성평가를 받는다. ②형성평가 점수는 각 학생의 과거 점수와 비교하여 향상점수가 산출되게 되고, 개인별 향상 점수는 협동팀의 총점수로 환산된다. ③개인별 향상 점수를 팀점수로 합산한다. ④향상점수와 팀점수를 공고하고, 정한 규칙에 따라 집단보상을 한다. 이때는 최고 득점자와 팀점수가 가장 높은 집단에게 보상을 준다. ⑤학기말 성적은 기본적으로 개인의 득점수를 부여

하나 때로는 향상점수와 팀점수를 포함시키기도 한다.

### (2) 토너먼트 게임식 팀 학습(TGT)

이것은 기본적 기능의 습득과 이해력, 적응력의 신장에 초점을 둔다. 학습의 전개절차는 STAD와 유사하나, 다른 점은 개인별 형성평가 대신에 각 팀에서 사전 성취도가 비슷한 수준의 학생들이 토너먼트 게임식 팀 학습을 하는 것이다. 토너먼트 게임식 팀 학습을 하기 전에 교사의 수업을 먼저 듣고 그리고 팀의 구성원 간에 서로 가르쳐주는 협력학습을 수행한다.

### (3) 팀보조 개별 학습(TAI)

이 협동 학습 모형은 산수과 개별 학습 프로그램에 적용하고자 개발된 것이다. 학생들은 사전검사를 받고난 후 그 결과에 따라서 4~5명의 능력수준이 다른 학생들로 협동 학습 집단을 구성하게 되며, 집단 내에서 학생들은 개인별로 능력수준에 부합되는 학습과제를 수행한다. 구성원들이 각자 학습하는 동안 교사는 매일 15~20분간의 개별지도도 병행한다. 팀은 매주 1회씩 학습한 단원에 대하여 평가점수를 받게 되고 성취 목표를 달성한 팀은 우수한 팀으로서 보상을 받는다.

### (4) 과제분담 학습 모형(Jigsaw)

이 모형은 학업 성취뿐 아니라 인종간·문화간의 교우관계 형성과 같은 정의적 특성의 형성에도 관심을 두고 있다. 집단 구성은 5~6명의 이질 집단으로 구성되고, 하나의 학습 단원을 집단 구성원의 수에 맞게 나눈 후에 학습자들에게 한 부분씩 할당한다. 한 학급은 여러 개의 직소(Jigsaw)집단으로 구성되며, 각 집단에서 같은 부분을 담당한 학생들끼리 따로 모여 전문가 집단을 형성한 후, 분담된 내용을 토의하고 학습한 후에 제각기 소속된 집단으로 되돌아가서 학습한 내용을 집단 구성원에게 가르친다. 단원의 학습을 마치고 나면, 학생들은 퀴즈를 보고 개인별로 성적을 받게 된다. 그러므로 이 모형에서는 과제 해결력의 상호의존성은 높으나 보상의 상호의존성은 낮은 편이다. 이를 보완한 모형이 직소(Jigsaw) II이다. 여기에서는 학생들이 개인별 형성평가를 받으면 STAD에서처럼 향상 점수와 팀점수를 산출하게 되고, 그 결과에 따라 보상을 받는다.

## (5) 자율적 협동 학습(Co-op co-op) 모형

이 모형은 학생들로 하여금 자신이 학습과제를 선택하도록 하고, 자신과 동료들의 평가에 참여하도록 허용하는 모형이다. 이 모형은 기본적으로 고차적 인지과정의 학습을 위해 개발되었으나 기본 기능의 학습에도 적용이 가능하다. 팀이 형성되면 각 팀은 주제를 선정하고 이것을 하위 부분으로 나누어 팀 구성원들이 그들의 흥미에 따라 분담을 한 후 개별적으로 이것에 대한 정보를 수집한다. 최종적으로 팀의 보고서를 전체학급에 제시하는데 마지막 단계에서 세 가지 수준의 평가가 이루어진다. 즉, 팀 동료에 의한 팀 기여도 평가, 교사에 의한 소주제 학습 기여도 평가, 그리고 전체 학급 동료들에 의한 팀 보고서 평가가 이루어진다.

## (6) 집단 탐구법(GI) 모형

이 모형은 집단 프로젝트 수행을 통해서 고차적 인지기능의 습득에 관심을 둔다. 학생들은 2~6명의 팀으로 구성되며, 학습과제는 집단 구성원들이 공동으로 협의하여 선정하게 되며, 선정된 학습과제와 관련된 하위주제들을 학생들의 흥미에 따라 선정하고 개인별로 하위주제를 하나씩 맡아서 해결한다.

## (7) 함께 학습하기(LT) 모형

이 모형은 미네소타 대학교에서 개발되었다. 집단구성은 능력 수준이 다른 6~10명으로 편성하고, 과제는 집단별로 부여하고 평가 및 보상도 집단 단위로 하게 된다. 물론 시험은 개별적으로 시행하나 성적은 소속된 집단의 평균점수를 받게 되므로 자기 집단내 다른 학생들의 성취정도가 개인의 성적에 영향을 미친다. 또 집단 평균 이외에 집단내 모든 구성원들이 정해진 수준 이상에 도달했을 때, 각 집단 구성원들에게 보너스 점수를 주기도 한다.

3) 협동 학습의 효과와 정당화

이렇게 다양하게 분류되는 협동 학습도 크게는 성적 등의 보상을 제공하는 유형, 보상을 제공하지 않더라도 내적 동기가 협동 학습 구조 자체에서 유발된다고 보는 유형 등으로 대별된다(정문성, 2006: 58-61). 이런 모형이 인지적 효과가 크다는 것에 대한 이론적 근거는 첫째, 동기론으로서 목표 구조와 보상에 초점을 두고 협동 학습의 효과를 설명한다. 협동적 목표 구조에서는 동료가 성공해야 자신도 성공할 수 있으므로 모두에게 이익이 되는 결과를 얻으려고 노력하면서 긍정적인 상호 의존성을 가지게 된다.

둘째, 사회적 응집이론으로서 동료를 도와주는 이유는 아동들이 기본적으로 타인을 고려하는 태도를 갖고 있고 더불어 타인의 성공을 진정으로 원하기 때문이라고 주장한다. 그러므로 여기에서는 협동 학습의 사전 활동으로써 모둠 형성 활동, 모둠 과정 활동, 모둠 과정에 대한 평가활동을 매우 강조한다. 그리고 동기론이 중시하는 모둠 보상 체제나 개별적 책무성의 보장에 대해 낮게 평가하거나 거부하기까지 한다. Sharan과 Lazarowitz 등이 만든 집단 탐구법(GI) 모형, Aronson이 만든 과제분담 학습 모형(Jigsaw) 등이 사회적 응집이론에 기초하고 있다.

셋째, 인지론으로서 목표에 관계없이 학생들이 모둠 활동으로 상호 작용을 하는 그 자체가 인지적 효과를 얻는다는 주장이다. 인지론은 크게 인지 발달론(cognitive development theory)과 인지 정교화론(cognitive elaboration theory)으로 나누어볼 수 있다. 인지 발달론적 관점에서는 협동 학습을 통하여 학습 내용에 대한 토론, 인지적 갈등의 생성, 부적합한 합리화에 대한 거부, 높은 수준의 개념 이해 등이 가능하게 됨으로써 지적 발달 효과가 나타난다고 본다. 한편 인지 정교화론은 새로운 정보를 암기하거나 이미 가지고 있는 정보와 관련시켜서 그 정보 자료를 인지적으로 재조직하거나 정교화할 때 학습효과가 가장 크다고 주장한다. 이 이론에서는 협동 학습에서 발생하는 동료 간의 교수활동이 협동 학습의 인지적 효과를 높여주는데 핵심적 역할을 한다고 본다.

넷째, 연습 이론으로서 협동 학습이 다른 학습구조에 비해 학습내용을 연습·숙달할 수 있는 기회를 많이 주기 때문에 학습효과가 높다고 주장한다.

위에서 살펴본 네 가지 이론 중에 동기론은 보상적 협동 학습에, 사회적 응집이론은 보상을 강조하지 않는 협동 학습에 대하여 인지적 효과의 정당화를 제공한다. 그리고 인지론과 연습 이론은 협동 학습 구조가 경쟁 학습 구조에 비해 효과적인 학습을 가능하게 하는 이유에 대한 설명이론으로 볼 수 있다. 이외에도 협동 학습은 집단 내에서는 협동하면서 집단 간의 경쟁을 강조하는 유형과 집단 내 협동뿐 아니라 집단 간 협동도 강조하는 유형으로도 나눠볼 수 있다고 한다(박성익, 2007: 192). 전자에 해당하는 것에는 Student Team Learning(STL) 프로그램으로서 학생 팀성취 보상법(STAD), 팀 보조 개별 학습(TAI), 토너먼트 게임식 팀 학습(TGT), 읽기와 글짓기 통합학습 모형(CIRC), Slavin의 과제분담 학습(Jigsaw)II 등이 있다. 후자에 해당하는 것으로는 Aronson의 과제분담 학습(Jigsaw) 모형, Sharan과 Lazarowitz 등이 만든 집단 탐구법(GI) 모형, 미네소타 대학에서 Johnson 등에 의해서 만들어진 함께 학습하기(LT) 모형, Kagan의 자율적 협동 학습(Co-op co-op) 모형 등이 있다.

협동 학습의 정의적 효과도 뛰어난데 이런 효과가 나타나는 과정을 추측해본 <그림 1>은 이를 잘 설명해 준다. 학생들은 긍정적 상호 작용과 상호 의존성을 통하여 이런 집단 과정에 적극 참여하고 긍정적 태도를 형성하게 된다는 것이다.

협동 학습 모형이 시민교육의 실천에 기여하는 측면은 다음의 몇 가지로 정리해 볼 수 있다. 첫째, 시민교육은 미래의 시민인 학생들로 하여금 다수 결과 소수 의견 존중의 자세를 가지도록 하여야 하는데 기존의 강의식 수업으로는 한계가 있다. 둘째, 학생들은 활발한 의사 교환과 신중한 집단 사고(deliberative thinking)를 통하여 민주주의 발전에 필요한 생활 양식을 내면화 할 수 있다. 셋째, 시민교육은 학생들이 참여에 대한 효능감과 자신감을 가지도록 할 필요가 있는데 협동 학습은 여기에 아주 적합하다. 넷째, 시민교육은 현재보다는 미래에 보다 중점을 두므로 기존 지식의 전달보다는 새로운 지식과 태도를 만들어낼 수 있는 기능이나 가치관의 함양에 역점을

〈그림 1〉 학습구조에 따른 수용과 거절의 과정

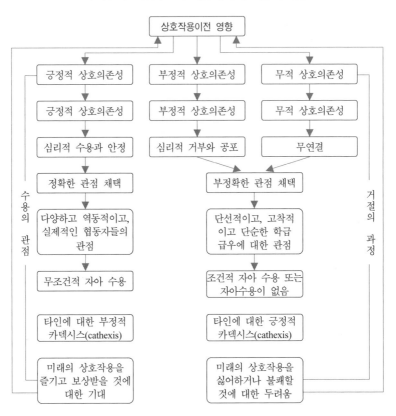

자료: D. W. Johnson, R. T. Johnson, E. J. Houlbee., & F. Roy. 1984, *Circles of Learning*, Association for supervision and Curriculum Development, p.19

(정문성, 2006: 66 재인용)

두게 된다. 협동 학습은 이러한 훈련의 장을 제공해 주는 데 적합하다.

## 2. 실천 및 적용 사례

### 1) 수업 계획과 구성

(1) 수업 주제: 각국의 정치 문화와 선거

위에서 살펴보았듯이 협동 학습은 협동활동에 대한 보상 여부 그리고 소집단간의 경쟁을 유발시키느냐 여부에 따라 다양한 유형으로 분류할 수 있다. 이 중 수업에 적용하기 가장 무난한 모형은 내적인 동기 부여 외에는 협동활동에 대한 특별한 보상을 부여하지 않고 소집단 내에서의 협동뿐 아니라 집단 간에도 협동활동을 강조하는 유형이다. 처음에 협동 학습의 필요성 및 기대 효과에 대한 적절한 동기 부여만 하면 되기 때문이다. 그래서 여기에서는 이런 유형으로 집단 탐구법의 구체적 적용 과정을 살펴 보기로 한다.

(2) 수업 목표
첫째, 학생들은 각국의 정치 문화에 대하여 이해할 수 있다.
둘째, 학생들은 각국의 선거에 대하여 자료를 수집할 수 있다.
셋째, 학생들은 각국의 고유한 정치 문화와 선거의 상관성을 이해할 수 있다.

(3) 수업 시간의 개요

| 단계 | 개요 | 비고 |
|---|---|---|
| 1. 안내, 모둠 구성 및 협동 기능 훈련 | 이질적인 모둠 구성 및 협동 기능 훈련 | 협동 학습에 대한 적절한 동기부여 및 기능훈련 중요 |
| 2. 모둠별 탐구 주제 선정 | 자율적으로 모둠별 탐구 주제 선정 | 학습 진도와 관련하여 다양한 주제를 제시하여 고르도록 함 |
| 3. 모둠 내 하위주제 분담 및 탐구 | 흥미에 따라 구성원들의 하위주제 분담 | 하위주제에 대하여 교사가 자료를 제공하는 것도 하나의 방법임 |

| 4. 모둠 내 발표와<br>토론 및 탐구<br>보고서 작성 | 모둠 내에서 하위주제에<br>대한 발표, 토론을 통하여<br>모둠별 주제에 대한 탐구.<br>마지막으로 종합적인 탐구<br>보고서 작성 | 교사는 모둠을 돌아다니며<br>상담, 조언을 해 줄 수 있음 |
|---|---|---|
| 5. 모둠 탐구<br>보고서 발표 및<br>평가 | 전체 학급을 대상으로<br>보고서 발표 및 토론<br>그리고 이에 대한 평가 | 발표가 끝난 후 전체 과정에<br>대하여 되돌아보는 자체 평가<br>의 시간을 가져보는 것도 좋음 |

(4) 수업 전개

①수업 단계 1: 안내, 모둠 구성 및 협동 기능 훈련

협동 학습은 기존의 수업이 강의식 수업 및 개별 경쟁 학습이 지배적이었기 때문에 학생들에게 생소하게 여겨질 수 있다. 그러므로 처음 도입 단계에서 적절한 동기화를 위한 안내를 잘 해주어야 한다. 안내 단계에서 얼마나 학생들의 이해를 촉진하고 유인 동기를 제공하느냐가 앞으로의 수업의 질을 결정하게 되므로 그만큼 중요성이 크다. 안내 단계에서는 협동 학습이 집단 뿐 아니라 개인에게 인지적, 정의적 효과가 크다는 것을 설득력 있게 제시해 주어야 한다.

그러나 협동 수업에 필요한 기능은 아직 본격적으로 준비된 것이 아니므로 이를 준비하는 과정이 반드시 필요하다. 물론, 상황에 따라 학생들이 이전에 협동 학습에 익숙한 경험이 있다고 한다면 이런 기능훈련은 생략해도 무방할 것이다.

협동 기능 훈련은 우선 모둠 구성으로부터 출발해야 한다. 성적 등 학급 구성원의 다양한 성향을 고려하여 모둠별 성원을 고르게 배정하여야 한다. 보통 학급 규모를 고려하여 3~5명의 모둠이 7~8개 조로 구성되는 것이 바람직하다고 본다. 일단 모둠이 구성되면 모둠 활동에 필요한 의사소통 기능, 협동심, 역할 분담 및 수행 능력 등을 함양하는 다양한 프로그램을 실행할 수 있다.

여기서 사회적 기능 등 협동 학습 기능을 강조하고 훈련시켜야 하는 이유를 분명히 할 필요가 있다. 협동 학습에서 기능을 강조하는 이유는 협동 학습의 효과가 모둠 내에서 모둠 사이의 활발한 사회적 상호 작용의 경험에서 나오기 때문이다. 마치 축구팀 선수들의 팀웍이 승부를 결정짓는 것과 마찬가지로 모둠의 팀웍이 모둠의 성공 여부를 결정짓는다(정문성, 2006: 96).

이런 협동 학습 기능의 훈련 방법으로는 다음과 같은 것들이 있다(정문성, 2006: 100-110). 첫째, 언어 전달 게임이 있다. 언어 전달 릴레이 게임을 통해서 언어를 정확히 듣고 설명하는 등의 기능을 연습할 수 있다. 둘째, 이와 유사한 것으로 지시대로 그리기, 그림 조각 맞추기 게임, 사각형 맞춤놀이 등이 있다. 셋째, 돌아가며 발표하기인데, 여러 가지 주제나 질문을 주면 학생들이 돌아가면 발표하는 형식이다. 가벼운 주제나 질문을 통해서 학생들은 자신의 의견을 정리하고 순서를 기다려서 발표하는 기능 등을 연습할 수 있다.

협동 학습 기능에 대한 훈련이 어느 정도 이루어지면 모둠 구성에 들어간다. 모둠은 학생들의 다양성을 고려하여 모둠별로 골고루 배치하여야 한다. 그리고 모둠별로 친해지기 위해서 예를 들어, 서로의 이름을 소개하고 외우게 한다든지 등의 방법을 쓰는 것도 좋다. 이렇게 모둠이 구성되고 친근감을 통한 협동의지를 가지게 되면 본격적인 모둠별 협동 학습에 들어가게 된다.

②수업 단계 2: 모둠별 탐구 주제 선정

모둠이 구성되고 협동 학습을 할 준비가 끝나면 본격적으로 모둠별 탐구 주제의 선정에 들어간다. 여기서의 주제는 정치 단원의 '각국의 정치 문화와 선거'이므로 이에 대하여 각 모둠별 주제 분담을 해보면 다음과 같다(교사가 주제를 주고 각 모둠이 자율적으로 선택하도록 한다).

| 모둠 | 주제 |
|------|------|
| 1 | 미국 정치 문화와 선거 |
| 2 | 일본 정치 문화와 선거 |
| 3 | 프랑스 정치 문화와 선거 |
| 4 | 중국 정치 문화와 선거 |
| 5 | 영국 정치 문화와 선거 |
| 6 | 독일 정치 문화와 선거 |
| 7 | 남아프리카공화국 정치 문화와 선거 |
| 8 | 브라질 정치 문화와 선거 |

③수업 단계 3: 모둠내 하위주제 분담 및 탐구

모둠별 주제가 정해지면 각 모둠에서는 모둠원들 간에 하위 주제에 대한 탐구조사의 역할 분담을 한다. 협동 학습이라는 것이 모둠원 간의 긴밀한 협조와 상호 작용이 필요한 것이므로 모둠원간의 협의를 통하여 적절한 하위주제를 분류하고 이를 분담하여야 한다. 1 모둠의 경우의 역할 분담을 예시해보면 다음과 같다.

| 모둠 | 주제 | 하위 주제 |
|------|------|-----------|
| 1모둠 | 미국 정치 문화와 선거 | 미국의 국회의원 선거 |
| | | 미국의 대통령 선거 |
| | | 미국 동부 주들의 선거 문화 |
| | | 미국의 서·남부 주들의 선거 문화 |
| | | 미국의 연방 제도와 민주주의 선거 |

각 모둠은 이렇게 하위주제 역할 분담을 통하여 탐구 자료의 수집과 탐구를 진행하도록 한다. 이 때 어떻게 탐구를 진행하느냐는 학교 및 교실의 환경에 따라 융통성 있게 적용하여야 할 것이다. 학교 도서관 시설이나 사회과 교과 교실의 여건이 좋은 학교는 수업 시간을 이용하여 책, 인터넷 자료 등 각종 자료를 즉석에서 이용할 수 있을 것이다. 이런 여건이 열악한 학교는 수업 시간에는 역할 분담만 하고 방과후에 지역 도서관 등의 자료를 조사하여 정리해 오는 방법이 있을 수 있다.

④수업 단계 4: 모둠내 발표와 토론 및 탐구 보고서 작성

일단 모둠원들이 하위주제에 대한 자료를 수집하고 탐구를 진행한 상태에서 4단계에서는 모둠원들끼리 자료를 공유하고 공동의 탐구를 진행하여야 한다. 모둠 전체 주제와 관련하여 하위 주제와의 관련성, 하위 주제 상호 간의 관련성 등을 발표 및 토론을 통하여 협동 연구하여야 한다. 충분한 토론과 탐구를 통하여 모둠별 탐구 주제에 대한 탐구가 어느 정도 이루어지면 모둠원들의 협조하에 탐구 보고서 작성이 이루어진다. 탐구 보고서는 특별한 형식은 필요 없지만 학생들이 생소하게 여길 수 있으므로 교사가 서식을 만들어 학생들에게 배포할 수도 있다. 학생들은 이것을 이용할 수도 있고 이를 참고하여 보다 창의적인 탐구 보고서를 작성할 수도 있다.

⑤수업 단계 5: 모둠 탐구 보고서 발표 및 평가

이 단계에는 학생들이 전체 학생들 앞에서 자기 모둠의 탐구 보고서를 발표하게 된다. 발표의 전 과정에는 모둠원들이 역할 분담을 통하여 능동적으로 참여할 수 있고 학습 동기를 북돋우는 계기가 될 것이다. 학생들은 발표 준비 과정과 본격 발표를 통하여 해당 주제에 대한 반복적인 연습 효과를 봄으로써 학업 성취에도 상당한 혜택을 볼 수 있다. 전체 학생들은 다른 모둠들의 발표를 경청할 뿐 아니라 적절한 질문, 토론 등에 참여함으로써 기존의 수동적 학습 방법들에 비해 적극적 참여 효과와 학습 동기를 유발할 수 있다.

모둠별 탐구 보고서 발표와 토론이 끝나면 교사는 학습 주세에 대한 정리, 그동안의 진행 과정에 대한 반성 및 평가를 해주어야 한다. 그런데 교사가 일방적으로 어떤 내용을 구체적으로 정리해주면 학생들은 그것만을 정답이라 생각하여 다음 번 협동 학습부터는 적극적으로 참여하지 않는 경향을 초래할 수 있다. 그러므로 교사는 학습 주제에 대하여 일반적인 이야기만 해주고, 모둠별 학습이나 전체 발표 및 토론 과정에서 나온 내용을 토대로 정리를 해주어야 한다. 그러면 내용의 신선함도 있고, 학생들 입장에서는 자신들이 탐구 발표한 내용을 교사가 언급, 정리해 주고 있다는 성취감도 느낄 수 있어서 좋을 것이다. 끝으로 교사는 반드시 협동 학습 진행의 전 과정에 대하여 학생들로 하여금 반성해 보고 평가해 보도록 요구할 필요가 있다. 이러한 반성과 평가의 과정을 통하여 학생들은 그동안의 협동 학습에 대하여 생각해 보고 다음 번 협동 학습에 대한 시사점을 얻을 수 있을 것이다.

## 3. 수업에 대한 분석 및 평가

이상으로 협동 학습의 등장 배경과 협동 학습 유형 그리고 실제 적용 과정에 대하여 살펴보았다. 실제 적용 사례에 있어서는 협동 학습에 무난한 유형으로 집단 탐구법의 구체적 적용 과정을 살펴보았다. 협동 학습을 통하여 학생들은 과거의 경쟁 학습, 개별 학습에 비해 인지적, 정의적 학습에 있어서 더 많은 성취를 얻게 될 것이다. 이는 실증적 연구 사례들이 증명하는 사실이다.

이외에도 협동 학습은 학습 성취에 대하여 성적 등으로 개인별, 집단별 보상을 함으로써 학생들이 좀 더 적극적으로 참여하도록 유도해볼 수 있다. 학생들은 보상을 추구하는 과정에서 자신의 능력 발휘뿐 아니라 모둠 구성원의 잠재력도 키워줄 수 있다는 점에서 모두가 혜택을 받는 시너지 효과를 볼 수 있다. 그러나 구체적 보상을 제공하는 협동 학습은 학교, 학년, 학급의 구체적 상황을 면밀히 감안하여 계획을 세워야 한다는 점에서 특별한 주의가 필요하다. ＊노찬옥

■참고문헌

박상준(2005). 『사회과 교육의 이론과 실제』. 서울: 교육과학사.
박성익(2007). 『교수-학습 방법의 이론과 실제(II)』. 서울: 교육과학사.
정문성(2006). 『협동 학습의 이해와 실천』. 서울: 교육과학사.
정문성·구정화·설규주·박영석·이동원·김학희(2008). 『사회과 교수 학습법』. 서울: 교육과학사.

# 15 —————————————————

# 역할놀이

## 1. 해설

유희인간(homo ludens)의 관점에서 바라볼 때, 놀이는 생애 동안에 이루어지는 사람의 행위와 활동의 원초적인 형태이다. 그중에서도 역할놀이는 모든 연령층에서 적용할 수 있는 가장 간단한 형태에 속한다. 그것은 인간행동의 기본형태에 대응하는 것이며, 상호작용주의적인 접근방안에 기초하고 있다. 역할놀이를 실행하기 위해서는 예를 들면 말을 주고받는다거나 규율에 따른 행동을 한다든지 하면서 약간의 형식화를 지향하면 된다. 놀이의 진행은 특히 놀이에 참가한 사람들의 행동과 반응(반작용)을 통하여 전개되며, 그 출발점은 어떤 문제상황과의 만남에 놓여 있다.

역할놀이의 일차적인 근거는 여러 가지 기능으로 분화된 세계에서 사람들이 점점 더 많은 역할을 수행하지 않으면 안 된다는 사실에서 찾게 된다. 인간은 자기 자신에게서 거리를 유지하고 대안이 되는 생각과 관념을 갖게 되면서 비로소 그때그때의 역할을 의식적으로 떠맡을 수 있다. 다시 말하면, 역할놀이에서는 직접적인 동일시나 단순한 길들이기 혹은 훈련이 아니라 비평적인 연습이 중요한 것이다. 이렇게 역할을 교환하는 과정을 거치면서 어떤 역할을 상대화시킬 수 있는 것이다. 어떤 역할을 수행하는 사람은 이런 방식으로 다른 상대방의 역할을 알고 익힐 수 있다. 여기서 목표로 삼아야 할 점은 어떤 역할을 다른 관점이나 각도에서 바라볼 수 있다는 것을 보여주고, 그에 따라 행위나 행동을 하도록 하는 데 놓여 있다.

결국 여러 가지 서로 다른 상황이나 행위의 맥락에서 필요한 능력을 갖추도록 하는 일이 중요하다. 학교수업에서 학생들이 각자 어떤 역할을 떠맡게 될 경우 그들의 동기를 비평적으로 판단하도록 하기 위해서는 관찰을 하는 집단을 따로 구성할 필요가 있다. 그리고 역할놀이의 장면을 캠코더 따위로 녹음 및 촬영을 하고, 성찰단계를 수행하기 전에 이것을 다시 틀어보는 일도 권장할 만하다.

역할놀이는 사회적 의사결정을 연습하고 훈련하는 데 도움을 준다. 학습자들은 갈등과 그 해결가능성을 경험하고, 의사소통능력, 타협하려는 자세, 관용과 같은 일정한 행동방식을 연습하고 그때그때 필요한 능력과 자질을 습득할 것으로 기대한다. 학습자들의 나이에 따라 놀이상황과 역할을 고정시킨 유인물을 배부할 수도 있고, 아니면 그들 자신이 대화내용을 담은 텍스트를 직접 작성하도록 할 수도 있다. 일부 학습자들이 놀이를 수행하는 동안, 나중에 전개될 분석 및 평가 시간을 위하여 예를 들면 두 명의 다른 참여자가 진행과정에 대한 조서(프로토콜)를 작성하고, 그 밖의 다른 사람들은 역할수행자들이 어떻게 그들의 역할을 적절하게 수행하고 있는가를 관찰할 수 있다(Mickel, 1996: 51-52).

역할놀이에서 학습자는 마치 배우처럼 어떤 주어진 상황을 묘사하기 위하여 거기에 적합한 역할을 떠맡게 된다. 학습자가 떠맡은 역할을 생동감 있게 수행하려면, 그 상황과 관련된 사람들과 사건 안으로 들어가 그들의 생각과 감정, 그리고 몸짓을 나타내도록 해야 한다. 그 상황을 연기하면서 학습자는 경험을 묘사하거나 더 나아가서 지금까지와는 다른 어떤 새로운 행동방식을 시험적으로 나타낼 수 있다. 갈등사례에서는 문제해결책을 강구하고, 의사결정을 내리는 일이 중요하다.

역할놀이는 허구상황에서 현실과 비슷한 상황을 연출하는 것이다. 그것은 갈등과 아직 해결되지 않은, 즉 열려 있는 문제에 목표를 두고, 특히 놀이수행 내에서 이루어지는 의사결정과정 및 해결탐색과정에 관심을 두고 있다. 따라서 그것은 의사결정훈련으로서, 그리고 아동과 청소년을 성인세계로 사회화시키는 데 있어서 중요한 구성요소로서 적용된다. 역할놀이는 조망할 수 있는(또는 둘러볼 수 있는) 집단 상호작용의 경과나 진행을 나타내는 모형이다.

역할놀이는 학교에서 사회학적인 측면(사회적 학습), 인식 그리고 특히 경험획득과 관련된 측면에 적용된다(집단경험, 낙인찍기 경험, 배척경험 등). 그러나 그것은 특히 모의활동을 수행하는 가운데서 행위와 행동의 표현을 시험해 볼 수 있는 가능성을 지니고 있다.

역할놀이를 실행하기 위한 전제조건은 첫째, 학생들이 역할거리의 능력을 갖추고 있어야 한다. 즉, 이미 취득한 규범을 다시 문제로 삼을 수 있는 능력이 참가자들에게 현존해야 한다. 그러니까 학생들은 이미 주어진 역할기대에서 벗어나야 한다. 둘째로 공감(또는 감정이입)을 할 수 있는 가능성이 주어져야 한다. 이것은 타인의 시각 또는 관점 속으로 들어갈 수 있는(즉, 역할을 취득할 수 있는) 인지적 및 정서적·정의적 능력을 가리킨다. 셋째로 이른바 모호성에 대한 관용이 있어야 한다. 이것은 서로 모순되는 역할기대들을 해석적으로 참아낼 수 있는 능력을 갖추고 있다는 것을 요구한다. 즉 놀이참가자들은 역할 간의 갈등 및 역할 내의 갈등을 견디어 낼 수 있어야 한다.

역할놀이의 방법적 절차는 다음과 같이 두 가지 방안으로 제시할 수 있다(Shaftel/Shaftel, 1973: 57-64; Viereck, 1995: 567; Helbig 편, 1998: 79).

1) 제1안

(1) 동기부여국면
①문제와의 대면
②역할놀이 할 사람 찾기
③장면구성 계획

④관람자들이 참여관찰자 역할을 떠맡기

(2) 실행국면(활동국면)
⑤역할놀이의 실시

(3) 성찰국면
⑥토의 및 평가
⑦그 이상의 (추가적인) 놀이(역할수정, 놀이끝내기, 그 이상의 단계 제안,
　새로운 대안 탐색)
⑧그 이상의 토의
⑨경험교환 및 일반화(전이)

2) 제2안

(1) 준비
• 연기행동을 소개하고, 상황을 기술한다.
• 역할을 분담한다.
• 무대의 배경과 필요한 장치를 정한다.
• 연기에 직접 참여하지 않은 나머지 학생들은 관찰할 과제를 정한다.

(2) 실행
상황과 장면을 연기한다. 여기서 중요한 점은 예를 들면 소리신호를 통해
서 연기의 시작과 끝을 분명히 해야 한다는 것이다.

(3) 정리(혹은 평가)
• 즉흥적인 소감과 질문을 돌아가면서 말한다.
• 놀이의 진행과정에 대하여 대화를 나눈다.
• 관찰과제의 결과를 발표하면서 의견을 교환한다.

수업상황에 따라서 역할놀이는 다음과 같이 서로 다른 구조를 취할 수 있다.

- 열린 구조를 가진 역할놀이: 주어진 상황에서 학습자 자신의 경험에 따라서 구성하고 표현할 수 있는 역할을 떠맡는다.
- 닫힌 구조를 가진 역할놀이: 문제상황도 정해져 있고, 학습자가 떠맡아야 할 역할도 일정하다. 따라서 미리 정해진 구조를 갖고 있는 역할놀이를 할 경우에는 준비가 더 필요하다고 볼 수 있다.

## 2. 실천 및 적용 사례

### 1) 수업 설계 및 실행

#### (1) 역할놀이 준비
①역할놀이를 보고 환경문제의 심각성을 느끼고, 그 원인과 해결방법에 대해 각 조별로 토론 후 마찬가지로 역할놀이를 통해 문제해결책에 스스로 접근하도록 유도하였다.
②역할놀이를 보게 될 학생들에게 학습할 내용을 안내하였다(관찰, 감정이입, 현재상황 판단, 원인과 해결방안 찾기).
③상황과 역할들을 제시하였다(기자, 물고기, 북극곰, 코끼리, 철새, 공장주인, 환경운동가).
④일곱 명의 학생들에게 역할을 배정해 주었다(자발적인 참여 유도).

#### (2) 실연
교사는 청중으로 앉아 있는 학생들에게 연기를 하는 학생들이 대사를 머뭇거리거나 실수를 하더라도 놀리지 말 것을 당부하면서 앞에 나온 학생들이 최대한 편안한 분위기에서 할 수 있도록 사전에 분위기를 조성했다. 역할놀이에 참여하지 않는 학생들을 대상으로 모둠별로 과제를 나누어 주었다. 대본을 외울 수 있는 형편이 안 되었으므로 각자 대본을 들고 연기했다. 하

역할명찰

환경운동가, 코끼리

기자, 물고기

역할놀이 전경

지만 대본 전체를 충분히 읽어보고 숙지했다. 역할놀이를 보는 학생들은 집중도가 아주 높았다. 연기하는 학생들의 역할에 대한 감정이입이 잘 되었다.

(3) 즉흥적 소감발표 및 질문

역할놀이가 끝난 후 교사는 앞에 나온 학생들에게 칭찬을 해주고 자리에 들어가게 한 다음 역할극의 줄거리를 정리해 주면서 약간 산만해진 교실분위기를 환기시켰다. 그런 다음 몇 명의 학생들에게 보고난 후의 느낌을 발표시켰다. 대체적으로 비슷한 대답이 나왔는데, 우선 재미있었다. 흥미로웠다는 의견과 함께 신문이나 다른 영상매체를 통해 환경문제를 볼 때와는 다르게 적극적으로 해결책을 고민하고 탐구하게 되었다는 의견도 있었다. 또, 학생에게 자신이 만약 물고기라면 기분이 어땠을 것 같고 인간에게 무엇을

| 민주시민교육 핸드북 II: 방법론

부탁하고 싶은지 질문하였다. 그에 대한 답으로는 "아주 답답하고 괴로웠을
것이다. 인간들이 물을 아껴 쓰고 오염물질을 강물이나 바다에 흘려보내지
말아달라고 부탁할 것이다."가 나왔다.

### 2) 관찰과제 조별 발표

#### (1) 관찰과제
역할놀이 속 상황을 분석하고, 그 원인과 해결방안을 탐색해 본다. 그 후
해결방안을 중심으로 모둠별로 작은 역할놀이를 꾸며보도록 한다(온난화 2
모둠, 수질오염 2모둠, 사막화 1모둠).

#### (2) 소집단별 상황극

| 모둠 | 1조 | 2조 | 3조 |
|------|-----|-----|-----|
| 주제 | 수질오염 | 지구온난화 | 사막화 |
| 형식 | 금연캠페인 노래 개사 | 역할극 | 역할극 |
| 상황 | 율동과 함께 노래 부르기 | 친구와 시내가기 | 집을 찾아가는 코끼리 |
| 내용 | 비료사용 줄이기<br>유조선 안전<br>물 절약 | 택시를 타기보다는<br>자전거를 이용하거나<br>걷는다. | (발표수업 역할극<br>캐릭터의 뒷이야기)<br>긍정적인 미래상황 제시 |

| 모둠 | 5조 | 6조 | |
|------|-----|-----|-----|
| 주제 | 수질오염 | 지구온난화 | |
| 형식 | 역할극 | 역할극 | ※3조는 발표수업 |
| 상황 | 머리를 감는 모녀 | 북극의 에스키모인과<br>학생들 | 진행(교사 및 보조교사<br>역할 수행) |
| 내용 | 샴푸사용을 줄이고 비누<br>로 머리를 감는다. 린스<br>대신에 식초를 사용한다. | 화석연료 줄이기 | |

## __ 1조, 수질오염

* 원인: 공장폐수, 생활폐수, 축산폐수, 기름유출, 화학비료 사용
* 현재상황: 기형어류, 종의 멸종·변화, 식수·지하수 부족으로 인한 전쟁 발생, 기하학적 수질 개선비
* 해결방안: 정화장치 강화, 물 아껴 쓰기, 기름 닦아서 설거지하기, 이중 유조선 만들기, 천연비료 사용

## __ 2조, 지구온난화

* 원인: 화석연료, 자동차, 스프레이, 프레온가스, 이산화탄소
* 현재상황: 멀리 날아야 하는 철새, 이산가족이 된 북극곰
* 해결방안: 프레온가스 줄이기, 자전거타기, 대중교통 이용하기, 물건 아 껴 쓰기

## _ 3조, 사막화

* 원인: 무분별한 산림벌채, 산성비로 인한 식생 파괴, 토양 산성화
* 현재상황: 사막이 넓어지고 물이 없어짐
* 해결방안: 나무심기, 대중교통 이용, 자동차 연료 줄이기, 환경 부담금,
  사막화 방지협약

## _ 4조, 수질오염

* 원인: 기름유출, 공장폐수, 생활하수, 농·축산 오수
* 현재상황: 어류폐사, 기형 물고기, 해양 황폐화, 양식업 피해
* 해결방안: 폐수 정화시설 확충, 수질오염 관련 제재 법률 강화, 생활 속
  실천, 수자원 보호 캠페인

• 4조 역할놀이 대본(수질오염)
  엄마: 맑음아, 엄마 머리 감는데 샴푸가 다 떨어졌네. 가서 샴푸 좀 사올래?
  맑음: 네, 엄마 (샴푸를 사온다.)

맑음: 엄마, 여기 샴푸요.

엄마: 그래, 고맙다. (샴푸를 많이 짜서 머리를 감는다.)

맑음: 엄마, 샴푸를 너무 많이 쓰시는 것 같아요. 거품이 많이 나네요. 어제 수업 시간에 배웠는데, 그렇게 샴푸를 많이 사용하면 물이 오염이 되서 물고기가 살 수가 없대요.

엄마: 그래? 그러니? 엄마가 몰랐네. 그러면 어떻게 하면 좋을까?

맑음: 엄마, 제가 그 방법을 알아요. 샴푸 대신 비누로 머리를 감고 린스 대신에 식초를 쓰면 된대요.

엄마: 그런 방법이 있었구나. 우리 맑음이 기특하네? 앞으로는 그렇게 하도록 하자.

맑음: 네, 엄마.

현실적으로는 샴푸 대신 비누를 사용하는 경우가 거의 없다는 의견이 제기되고, 유럽에서는 샴푸의 효능을 가지고 있는 비누가 있다는 지식을 공유하기도 했다. 그리고 비누나 식초를 사용하기가 곤란하다면 합성세제의 양을 적게 하는 것도 좋은 방법이라는 의견이 나왔다.

## _ 5조, 지구온난화

* 원인: 냉장고와 스프레이 등에서 나오는 이산화탄소와 프레온가스
* 현재상황: 지구의 온도가 높아짐, 해수면 상승(섬들이 사라짐), 생태계의 변화(철새의 이동)
* 해결방안: 이산화탄소 배출 규제 강화, 친환경 운송수단(하이브리드, 전기자동차)

### 3) 종합비평

학습자 모두가 역할놀이에 참여해 보게 하여 자연환경의 실태를 몸으로 체험해 기억이 오래 남을 것으로 기대된다. 또한 사회과목의 기본목표인 민주시민을 양성하기 위해서 필요한 상호간의 토론이 이루어짐으로써 학생들이 함께 의논하고 그리고 연기하는 과정에서 민주시민의식을 배울 수 있게 하였다.

수질오염의 원인에 대해서는 학생들이 알기 쉽지만, 지구온난화와 사막화의 원인에 대해서는 어린 아동들이 알기 어려우므로 교사는 역할놀이 속에 나와 있는 문제의 원인들을 잘 관찰하여 발견하도록 역할놀이 전에 지도해 주었으면 더 좋았을 것이다.

조별 발표가 끝난 후 학생들이 발표한 것을 모아서 따로 표로 정리하면 복습의 효과가 있다. 또한 빠진 내용은 교사가 더 첨가하여 정리함으로써 일목요연하고 학생들은 완성도가 높은 학습을 할 수 있었을 것이다.

끝으로 수업을 마무리 하면서 이날 알게 된 문제해결방안을 실생활 속에서도 지켜나갈 것을 권유하는 데 그치지 않고, 다음 수업 시간에 실천한 사례들을 발표시킨다고 말하고 자율숙제로 내어주었으면 어땠을까 하는 아쉬움이 남는다.

이번 역할놀이 수업은 자리에 앉아 단순히 지식습득에만 머물러 있던 수업방식의 틀을 벗어난 데 가장 큰 의의가 있었다. 날이 갈수록 심해져가는 환경문제를 학생들이 역할놀이로 직접 자연생물의 입장이 되어 문제의 심각성을 간접 체험해 보는 시간을 가지게 하였다. 역할놀이의 소품이나 의상에 투자하는 시간은 아끼더라도 교사가 역할을 맡을 학생들을 미리 뽑아놓고 대본을 한주 정도 미리 제공하여 대본을 외워서 연기를 하면 더 좋을 것 같다는 생각이 들었다. 왜냐하면 대본을 외우고 함께 맞춰 보는 과정에서 환경문제의 원인에 대해 조사하고 알게 되니 그 자체로 공부가 되기 때문이다. 또한, 극중 역할 속으로 더욱 감정이입을 원활하게 할 수 있어 큰 학습효과를 얻을 수 있다. 무엇보다 교사는 전문배우가 아닌 학생들이 편안하게 역할놀이를 할 수 있도록 지속적으로 격려하고 작은 실수는 덮어줌으로써 연기의 질보다 극의 대사전달에 초점을 맞추도록 해야 한다. 역할놀이 후에는 지금까지 조별 관찰과제 결과 나온 원인·현재상황·해결방안 등을 학생들이 보기 쉽게 잘 정리하여 표로 제시하면 좋겠고, 부족한 내용은 교사가 전문지식을 활용해 보충하여 완성한다. 마지막으로 학생들이 제시한 해결방안의 실천을 생활 속 과제로 제시하면서 수업을 마친다면 역할놀이를 연계한 좋은 사회수업이 될 수 있을 것이다. *허영식

**참고문헌**

Helbig, L.(1998)(Hrsg.). *TatSache Politik.* Bd. 3. Frankfurt/M.: Diesterweg.

Mickel, W.(1996). *MethodenLeitfaden durch die politische Bildung.* Schwalbach/Ts.: Wochenschau.

Shaftel, F./Shaftel, G.(1973). *Rollenspiel als soziales Entscheidungstraining.* Muenchen: Ernst Reinhardt.

Viereck, H.(1995). "Handlungsorientierung im Gemeinschaftskundeunterricht." In *GEP,* 9, 559-567.

# 16 _____

# 국민참여재판 시뮬레이션 학습

## 1. 해설

### 1) 시뮬레이션 학습의 뜻

시민들의 사회적 삶은 정치, 경제, 사회, 문화 영역 등을 포함할 뿐만 아니라 각 행위들도 지적, 정의적 영역 등을 모두 아우르기 때문에 단순화하기가 매우 어렵다. 시민들의 사회적 삶을 보다 향상시키고 시민적 자질을 높이기 위한 시민교육은 무엇을 어떻게 조직화하여 가르쳐야 하는지 선택하기가 매우 어렵다. 사회과학적 지식을 가르친다고 해도 그것은 복잡한 삶의 일부를 특정한 시각에서 개념화한 것이 대부분이어서 삶의 구체적 현실에서 적용하는데 많은 어려움을 겪는다.

시민교육에서는 이러한 한계를 인식하면서도 더욱 현실에 맞는 실제적인 교육을 하기 위해 노력하는 가운데 가급적 시민들의 삶을 미리 학습하도록 하는 방법을 개발해왔다. 그 가운데 한 가지가 시뮬레이션 학습이다. 시뮬레이션은 인공적으로 만들어 실험하기에 좋게 만든 모델을 만들고 그것을 실제로 해보는 일련의 과정이다(서재천, 1998: 195). 이것은 학습자에게 직접 경험을 통한 학습 활동이 불가능할 때 실생활과 유사한 활동으로 고안된 경험을 통한 간접경험이라 할 수 있다. 즉, 이것은 어떤 현상을 실제적으로 실행할 수 없거나 곤란한 경우 그것을 유사한 모델로 만들어 현실적으로 비슷하게 재연해 보면서 각종 평가 데이터를 구하는 기법으로, 모의실험이라고도 한다. 교육에 시뮬레이션을 도입하면 학생들이 선택을 잘못해서 초래하게 될 위험을 우려하지 않고도 중요한 사건들을 실제 상황처럼 다룰 수 있다.

시뮬레이션 학습은 가상적인 실제 상황의 역할 수행에 필요한 개념과 기술의 이해, 비판적 사고력과 의사결정능력, 정치·경제 체제에 대한 인식 등에 도움이 되는 목표 지향적인 학습이다.

2) 용어 정리

〈표 1〉 시뮬레이션, 게임 등의 의미(연수진, 2008: 19)

| 학습유형 | 내용 |
| --- | --- |
| 게임 | 개인이나 팀이 서로 약속된 규칙, 제한된 시간, 점수체계에 따라 서로 경쟁하는 상황으로 참여자가 흥미롭고 즐겁게 참여하여 비교적 오랜 시간동안 고도로 동기화 되어 있다. |
| 시뮬레이션 | 의사결정이나 갈등 해결 상황에서 작용하는 원리의 상호작용이나 조작 기능을 가르치도록 설계되어있다. 실생활과 유사한 체험을 통해서 학습하도록 한다. 역동적 체제의 상호작용적 성격을 띠고 있다. 의사결정이나 갈등 해결 상황에서 작용하는 원리의 상호작용이나 조작기능을 가르치도록 설계되었다.<br>실생활과 유사한 체험을 통해서 학습하도록 한다. 역동적 체제의 상호작용적 성격을 띠고 있다. |
| 시뮬레이션 게임 | 게임과 시뮬레이션 학습을 통해 동시에 고려하고 있다. |
| 역할놀이 | 엄격한 규칙보다는 역할자의 입장에서 그 사람을 대변하고 심정을 이해하는 것을 중요하게 여긴다. 역할놀이의 참여자는 어떤 유형에 제약을 받지 않은 새 조건을 생성하고 결정을 내리고 상황을 만들어 내거나 구성할 수 있다. |
| 컴퓨터 시뮬레이션 | 컴퓨터를 사용한 모의 학습이다. |

시뮬레이션과 관련하여 게임, 시뮬레이션 게임, 역할놀이, 컴퓨터 시뮬레이션과 같은 용어들이 서로 혼용되어 사용되기도 한다. 따라서 이들을 구분하여 정리하면 <표 1>과 같다.

### 3) 시뮬레이션을 만드는 단계

시뮬레이션을 만드는 단계는 정해져 있는 것이 없다. 여기에서는 다음과 같이 여덟 단계로 제시하고자 한다(서재천, 1998: 201-205).

첫째 단계는 어떤 사회 현상을 소재로 할 것인가를 결정하는 일이다. 첫 번째 단계는 다양한 사회현상 중 어떤 현상을 가지고 시뮬레이션화 할 것인지를 결정하는 일이다. 여기에서는 '도시 달동네의 열악한 주거 환경'과 같은 사회문제, '은행', '법원' 등과 같은 사회제도, '범죄 조직의 구조와 기능', '입법·사법·행정부의 견제와 균형', '가격에 수요와 공급이 미치는 영향' 등을 고려할 수 있다.

둘째 단계는 해당 사회 현상 중에서 어떤 요소를 가져올 것인가 즉, 시뮬레이션에 어떤 사회 어떤 요소를 포함시킬 것인가 하는 것을 결정하는 일이다. 현실 사회는 매우 복잡하다. 그러므로 어떤 사회현상을 구성하고 있는 모든 요소를 다 가져올 수는 없다. 이러한 의미에서 시뮬레이션은 단순화한 것이어야 한다. 이때 어떤 요소를 어느 수준까지 반영하여야 할지를 결정하여야 한다. 이것은 현실을 단순화 한다는 의미뿐만 아니라, 시뮬레이션에서 강조해야할 개념이 무엇인가 하는 것을 밝히는 것이다.

셋째 단계는 게임의 어떤 요소를 우연적 요소로 하고 어떤 요소를 학생들의 실력·기능의 정도에 따른 것으로 할 것인가를 결정하는 일이다. 사회 현실은 꼭 개인의 결정이나 의지에 의해서만 이루어지는 것은 아니다. 어떤 것은 우연에 의하여 결정 된다. 예를 들면, 한 개인이 어떤 가정에 태어나는가, 어떤 나라에 태어나는가 하는 것은 그 개인에 있어서는 우연적인 것이며 주어진 것이다. 물론 현실의 많은 부분은 개인의 결정에 의하여 이루어진다, 어떤 직업을 선택할 것인가 아니면 어떤 사람과 결혼할 것인가 하는 것은 개인에 의하여 결정된다, 그러므로 시뮬레이션으로 만들 때에도 어떤 부분을 우연적인 요소로 하고 어떤 부분을 개인의 결정 요소로 할 것인지를 정해야 한다.

넷째 단계는 시뮬레이션에 참가하는 학생들이 추구해야 할 목표를 결정하는 일이다. 이 단계는 학생들의 입장에서 시뮬레이션의 목적이 무엇인지를 밝히는 것이다. 역할극이나 사회극 등 비슷한 다른 수업 방법과 비교했을 때, 시뮬레이션 학습의 가장 큰 특징은 목표가 뚜렷하다는 점이다. '주식 투자 놀이'를 한다고 하면 주식을 잘 사고팔아 돈을 버는 것이 그 목표가 될 것이며 학생들은 이 목표 달성을 위해 여러 가지 요소를 고려하면서 주식을 사고 팔 것이다. 그러므로 시뮬레이션에서는 목표와 목표를 달성하기 위한 규칙이 중요한 요소가 되며 시뮬레이션을 만드는 사람은 이것을 분명히 해야 한다. 단, 이 단계는 시뮬레이션이 게임의 형태일 경우에 해당되는 사항이다.

다섯째 단계는 시뮬레이션의 형식을 정하는 일이다. 여기에서 형식이란 시뮬레이션에 필요한 자료를 만들고 규칙을 만드는 것을 말한다. 이 단계는 다음 단계인 몇 명이 참여할 것인가 그리고 얼마만큼 오래 할 것인가와 밀접하게 관련된다. 이 단계부터는 시뮬레이션에 내용을 짜가는 본격적인 단계라고 할 수 있겠다. 예를 들어, '보안관, 경찰, 마약' 이라는 시뮬레이션의 경우 지방 경찰인 보안관과 연방경찰 사이에 갈등을 이해시키기 위한 것이다. 여기에서 사회현실상의 규칙은 양 수사기관의 관할권에 의한 것이다. 즉 보안관과 국가 경찰이 수사할 수 있는 범위와 그 권한이 이 시뮬레이션에 중요한 규칙이 된다. 또 피의자를 다룰 때 그 인권과 범죄를 수사해야할 필요성과의 관계도 중요한 규칙이 된다. 그런데 사회현실상의 규칙에는 명시적이고 공식적인 사회규칙도 있지만 사회적 관습, 풍습, 집단의 풍토 등 암묵적이고 비공식 적인 것도 있으므로 이들도 잘 반영될 수 있을 때 더욱 효과적인 학습을 할 수 있을 것이다.

여섯째 단계는, 동시에 몇 명이 참가할 것인가를 결정하는 것이다. 시뮬레이션에 참가할 인원 수는 한 명씩 참가하는 경우도 있을 것이며, 여럿(2~6명)이 참가하는 경우도 있을 것이며, 전 학급이 동시에 참가하는 경우도 있을 수 있을 것이다. 일반적으로 시뮬레이션은 수명으로 구성된 집단단위로 행하여진다. 이 집단이 교실 앞으로 나와 시범적으로 시뮬레이션을 하는 경우도 있을 것이며, 학급전체가 각 소집단으로 나뉘어 같은 시뮬레이션을 하는 경우도 있을 것이다. 시뮬레이션 프로그램을 만드는 사람은 이와 같은 인원수를 정해야 한다.

일곱째 단계는 얼마나 오랫동안 시뮬레이션을 할 것인지를 결정하는 일이다.

여덟째 단계는 시뮬레이션을 해본 뒤에 그것으로부터 무엇을 배웠는가를 생각하는 일이다.

## 2. 실천 및 적용 사례

시뮬레이션 학습은 다양한 분야에서 여러 가지 주제를 가지고 할 수 있다. 지리교육, 역사교육, 경제 교육 등 다양한 교육을 위해 활용할 수 있다.

여기에서는 최근 우리나라에서 도입되어 실시되고 있는 국민참여재판을 시뮬레이션 학습으로 구성하여 제시하고자 한다.

### 1) 국민참여재판의 시민교육적 의의

국민참여재판은 일반 시민이 배심원 또는 예비배심원으로서 참여하는 형사재판이다. 특히 배심원으로 선정된 시민은 피고인의 유무죄에 관하여 평결을 내리고, 유죄 평결이 내려진 피고인에게 선고할 적정한 형벌을 토의하는 등 재판에 참여하는 것이다. 이러한 배심은 구체적으로 시민의 삶에 어떤 영향을 끼칠까? 이와 관련하여 토크빌은 배심의 의의를 다음의 네 가지로 본다(박홍규, 2008: 177-180).

첫째, 재판의 존중이다. "배심, 특히 민사배심은 모든 시민의 정신에 재판관 정신의 습성을 전달하는 데 도움이 된다. 이 습성이야말로 민중을 자유롭게 만들기 위한 최선의 준비다. 배심은 모든 계급에게 재판 결과의 존중과 권리 관념을 보급시킨다. 이 두 가지가 없으면 자립심은 파괴적 감정에 불과하다(토크빌1, 2002: 364)."

둘째, '평등의 실천'이다. "각자는 이웃을 재판함에 의해, 이어서 자신도 재판될 수 있음을 알게 된다. 이는 제한적인 형사보다 누구나 제소를 당할 수 있는 민사의 경우 특히 그러하다(토크빌1, 2002: 365)."

셋째, 이기주의의 극복이다. "배심제는 각자에게 자기 행동에 대한 책임 앞에서 물러서지 않도록 가르친다. 이는 용기 있는 태도로서 그것이 없으면 정치적 덕성은 있을 수 없다. 배심제는 시민에게 사법관의 일을 하게 만든다. 이는 모든 사람에게 사회에 대한 의무를 자각시키고, 정치에 참가하는 것이라고 의식시킨다. 이는 자기 일 이외에 관여하게 만들어 '사회의 녹'과 같은 개인의 이기주의와 싸우게 한다(토크빌1, 2002: 365)." 여기에서 말하는 이기주의란 "자기 자신에 대한 열정적이고 과도한 애착"으로서 "인간으로 하여금 모든 문제를 자기 자신과 관련시키게 하고 자기 자신을 이 세상의 무엇보다도 좋아하게 하는 것이다(토크빌2, 2002: 667)."

넷째, 민중 계몽, 즉 민중의 판단력을 형성하고 민중이 당연히 가져야 할 지식을 증가시키는 것에 믿을 수 없을 정도로 공헌한다. 그런 점에서 배심제는 자유의 체험 학습을 하게 하는 '상시 공개의 무료 공립학교'이다. 거기서 배심원은 자신의 권리를 배우고, 상층계급의 가장 학식이 높고 인격이 훌륭한 사람들과 매일 접촉하여 법을 실천적인 방법으로 배운다. 변호사의 노력, 판사의 의견, 당사자의 열정도 법을 스스로 이해할 수 있게 만든다(토크빌2, 2002: 365).

## 2) 국민참여재판 시뮬레이션

국민참여재판자체가 시민교육적 의의를 갖는 제도이기는 하지만 20세 이하의 경우에는 이러한 제도에 직접 참여할 기회를 갖지 못한다. 그리고 국민참여제도가 처음 실시됨으로써 배심으로서 어떻게 참여하고 참여했을 때 구체적으로 어떻게 그 역할을 다할 수 있을지를 학습할 기회를 가지지 못했다. 따라서 일반 시민이든, 20세 이하의 경우든 국민참여재판 시뮬레이션을 통해 이것을 간접적으로나마 학습하는 것은 제도의 충실한 운용뿐만 아니라 시민의식 향상을 위한 교육에도 크게 기여할 수 있을 것이다.

(1) 사전 준비 단계
- 재판 및 이와 관련된 용어를 충분히 이해한다.
- 국민참여재판은 형사재판과 관련되었음을 이해한다.
- 국민참여재판과 관련한 자료와 비디오를 통해 이해한다.
- 국민참여재판의 절차를 이해한다.
- 국민참여재판에 참여하는 사람들의 역할을 충분히 이해한다.
- 국민참여재판에서 다룰 사건을 정하고 이와 관련하여 시나리오를 작성
  한다.
- 국민참여재판과 관련한 각자의 역할을 정한다.
- 국민참여재판 배치도를 참고하여 재판정을 마련한다.

(2) 모의재판 단계
재판장이 호명하고 소송관계인의 출석을 확인한다.
↓
배심원과 예비배심원은 선서한다.

> 배심원 선서
> "저희 배심원 일동은 사실을 정당하게 판단하고 법과 증거에
> 의해 진실한 평결을 내릴 것을 엄숙히 선서합니다."

↓

재판장은 배심원과 예비배심원에게
사전에 알고 있어야 할 것을 최초 설명한다.

↓

재판장은 피고인에게 진술거부권이 있음을 알려준다.

↓

검사는 사건과 관련하여 최초로 진술한다.

↓

피고인은 사건과 관련하여 최초로 진술한다.

↓

재판장은 쟁점을 정리하거나 검사,
변호인이 자신의 주장 및 입증계획을 진술한다.

↓

검사와 피고인이 제출한 증거를 조사한다.

↓

피고인을 신문한다.

↓

검사가 의견을 진술한다.

↓

피고인과 변호인은 최종의견을 진술한다.

↓

재판장은 배심원에게 최종 설명을 한다.

↓

배심원들은 평의 평결한다.

↓

양형에 관한 토의를 진행한다.

↓

판결하고 선고한다.

(3) 마무리

모의재판의 수행과 결과에 대해 토론하고 평가하는 소감문을 작성한다.

• 참고자료

대법원(http://help.scourt.go.kr/minwon/min_9/min_9_3/index.html 참조)을 방문
하면 국민참여재판에 관한 자세한 정보를 얻을 수 있다. *손동빈

**참고문헌** ────────────────────────────────

박홍규(2008).『누가 아렌트와 토크빌을 읽었다 하는가』. 서울: 글항아리.

서재천(1998). "사회과 시뮬레이션 학습에 관한 일 고찰."『사회과 교육 31호』, pp.
193-211.

연수진(2008). "초등사회과 금융소비자 교육을 위한 시뮬레이션 판게임의 적용." 부
산교육대교육대학원 석사논문.

토크빌, 임효선 역(2002).『미국의 민주주의1, 2』. 서울: 한길사.

# 17

# 정보통신기술 활용 학습

## 1. 해설

### 1) 정보통신기술(ICT) 활용 학습

오늘날 컴퓨터와 통신 기술의 발달로 상징화 되는 정보화는 교육의 모습을 바꾸어 놓고 있다. 컴퓨터는 점점 고성능화 되고 있고 이것이 인터넷으로 대표되는 통신 기술과 접목되면서 시간과 공간을 초월하여 학습이 가능한 환경을 창출하고 있다. 그래서 방송 통신 기술을 활용한 방송통신대학에서 온라인상으로 전세계 어디에서나 접속하여 학습이 가능한 가상 대학 등으로 확대 발전되고 있다.

정보통신기술은 수업 현장에도 다양하게 적용되면서 수업의 모습을 바꾸고 있다. 인터넷을 활용한 탐구 발표 수업, 게시판을 통한 과제의 부여와 각종 자료 제공, 교사 학생의 이메일 상담, 수업 시간에 멀티미디어를 활용한 다양한 프리젠테이션 등 이루 열거하기 어려울 정도이다.

정보통신기술(ICT)이라는 용어를 교육에서 처음으로 사용한 것은 영국의 QCA(Qualifications and Curriculum Authority)가 직업과 일상 생활에서의 유용한 학습을 위해 기존의 IT 대신 ICT(Information and Communication Technology)라는 개념을 제안하면서부터라고 한다(이성은 등, 2006: 292).

이 때의 ICT란 컴퓨터 기반의 하드웨어 및 소프트웨어와 관련된 도구의 범위와 기법을 의미하며, 상세히 말해서 통신, 인터넷 등의 정보 자원, 로봇과 화상회의, 디지털 TV와 연관된 공학 등과 관련이 있다.

이와 관련하여 해리스(Harris)는 ICT를 활용하는 수백 개의 학습 활동들을 분석하여 다음과 같이 총 18개의 유형으로 분류하고 있는데(이성은 등, 2006, 301-302) ICT 활용교육을 개념화하는데 도움이 된다.

| 유형 | 활동 구조 | 설명 |
|---|---|---|
| 상호 교환 유형 | 개별교류 | 일대 일로 교사 또는 학생에 의해 선정된 교과 중심의 주제에 관하여 교실 밖의 다른 사람들과 커뮤니케이션 하는 것이다. |
| | 지구촌 교실 | 다른 지역에 있는 학생들과 교사들이 일정한 기간 동안에 모둠을 형성하여 교과와 관련된 주제를 학습하는 것이다. |
| | 통신망 교사 | 학생들이 이메일, 비디오 컨퍼런싱, 채팅 등을 통해서 전문가 또는 유명인과 교류하는 것이다. |
| | 통신망 도우미 | 학생들이 특정 주제를 심층적으로 연구하기 위하여 상당 기간 동안에 전문가와 교류하는 것이다. |
| | 질문과 답 | 학생들이 특정 주제를 학습하는 동안 질문이 생기면 짧은 기간 동안에 전문가와 교류하는 것이다. |
| | 대역 활동 | 자신을 역사적 인물과 같이 특정인의 입장이 되어 서로의 의견을 교류하는 것이다. |
| 정보 수집과 분석 | 정보 교환 | 다른 지역에 있는 학생들과 교사들이 특정 주제에 관해 정보를 수집하고, 공유하고, 비교하고, 논의하는 것이다. |
| | 데이터베이스 구축 | 학생들과 교사들이 수집한 정보를 다른 사람들이 사용할 수도 있고 첨가하거나 삭제할 수 있는 데이터베이스로 조직하는 것이다. |
| | 전자 출판 | 학생들은 상호 협동을 통해서 웹페이지나 워드 문서의 형태로 전자 문서를 만드는 것이다. |
| 문제 해결 | 전자 견학 | 학생들이 경제적 이유 또는 지리적 이유로 견학이 가능하지 않은 장소에 가상적으로 방문할 수 있는 것이다. |

| | | |
|---|---|---|
| | 자료 분석 | 다른 지역에 있는 학생들이 특정 주제에 관한 자료를 수집한 다음에 분석하기 위해 조합하는 것이다. |
| | 정보검색 | 학생들이 교과에 관련된 특정 질문에 답하도록 요구하면, 이에 대한 대답들이 다른 학생들이 볼 수 있도록 게시되어 진다. |
| | 동료 피드백 활동 | 학생들은 다른 지역에 있는 학습자들이 수행한 작업이나 아이디어들에 대하여 자신의 생각을 표현하도록 격려 받는다. |
| 문제 해결 | 병렬적 문제 해결 | 다른 지역의 학생들끼리 유사한 문제를 해결하고 그런 후 다양한 문제해결 방법들을 서로 비교하고 논의한다. |
| | 연결해서 만들기 | 다른 지역의 학생들이 공동으로 이야기, 시, 노래, 그림 등의 것들을 연결해서 만드는 것이다. |
| | 동시적 문제 해결 | 서로 다른 지역에서 학생들이 동시에 활동에 참여하는 것이다. 때로는 다른 지역의 학생들과 상호 협력하기도 한다. |
| | 시뮬레이션 | 학생들은 가상의 실제적인 문제기반 상황에 참여하는 것이다. 때로는 다른 지역의 학생들과 상호 협력하기도 한다. |
| | 실제적 프로젝트 | 학생들은 실제적인 문제를 고려해서 다른 지역의 학습자들과 협력하여 조치를 취하는 것이다. |

한편, 정보통신기술(ICT) 활용 학습에 대하여 정인성은 컴퓨터 보조 학습과 컴퓨터 매개 통신으로 분류하여 정보통신기술(ICT)의 활용을 살펴보고 있다(정인성, 1999: 180-206). 이렇게 분류하는 것이 정보통신기술(ICT) 활용 학습을 좀 더 분명히 이미지화 하는데 도움될 수도 있다. 이에 대하여 간단히 살펴보도록 하자.

정보통신기술 활용 학습은 컴퓨터 보조 학습(CAL: Computer-Assisted Learning)과 컴퓨터 매개 통신(CMC: Computer Mediated Communication) 학습으로 나눌 수 있다. 우선, 컴퓨터 보조 학습이란 컴퓨터를 통한 교육의 한 형태로 컴퓨터를 이용하여 학습내용을 전달하면서 컴퓨터를 직접 교수-학습 상황의 수업 매체로 활용하여 학습자에게 필요한 지식, 정보, 기술, 태도 등을 가르치는 형태이다. 이를 잘 활용하면 학생들의 예·복습은 물론 학습의 개인차를 보완해 주고 흥미를 북돋아주는 학습이 될 수 있을 것이다. 물론 적절한 소프트웨어의 개발 등 보완해야 할 점도 많으므로 모든 수업 장면에 적용하려 해서는 안 될 것이다.

컴퓨터 보조 학습은 내용의 제시 형태 및 학습자와 컴퓨터 간의 관계 특성에 따라 대개 다섯 가지의 형태로 구분할 수 있다(정인성, 185-188). 개인교수형, 반복 연습형, 시뮬레이션, 교수 게임형, 시험형이 그것이다. 이 중 시뮬레이션형은 현실의 어떤 측면을 모방하거나 축소시켜 가르침으로써 학습의 동기와 효과를 높일 수 있다. 시뮬레이션은 단순화되고 체계화된 모의 현실상황에서 학습자에게 컴퓨터와의 상호작용을 통해 문제를 해결하는 과정에 참여하도록 해준다.

특히 오늘날에는 사이버 대학의 강의 등 온라인으로 제공되는 강의의 경우에 컴퓨터 보조 학습이 광범위하게 응용될 수 있을 것이다. 컴퓨터 보조 학습 프로그램을 통하여 학습자들은 개별화된 학습이 가능하게 되고, 자칫 지루해지기 쉬운 과정을 흥미롭고 역동적인 학습과정으로 경험하게 된다. 학습자들은 이런 프로그램을 통하여 기존의 강의식 동영상의 단조로움에서 벗어나면서 학습 능률을 올릴 수 있다.

다음으로, 컴퓨터 매개 통신(CMC: Computer Mediated Communication) 학습은 인터넷 등의 컴퓨터 네트워크를 활용하는 학습이다. 인터넷 환경을 통하여 학생들은 다양한 자료를 접할 수 있고 이를 통하여 깊이 있는 사고가 가능해진다. 멀티미디어를 이용한 수업, 이메일을 통한 교사-학생 또는 학생-학생 간의 일대일 대화, 게시판을 이용한 다양한 대화와 논의 등 잘 활용하기만 하면 학습의 효과를 높이고 흥미를 유발할 수 있는 기술적 가능성이 열리고 있다.

컴퓨터 매개통신과 관련하여 각 지역의 교육청 등을 중심으로 학습 지원에 적극 활용하는 사례가 늘고 있다. 예를 들어, 서울시 교육청에서는 꿀맛닷컴 사이버 가정 학습(http://www.kkulmat.com)을 운영하며 국어, 영어, 수학 등의 교과 학습과 논술 강의 및 첨삭 지도 등을 제공하고 있다. 경기도교육청도 사이버 가정학습 다높이(http://danopy.kerinet.re.kr)를 운영하고 있다. 교육청 이외에도 다양한 교육 기관과 시민단체 등에서 사이버 학습 및 연수에 많은 지원을 하고 있어서 그야말로 '정보의 바다'에서 우리가 구하기만 하면 유용한 지원수단을 얻을 수 있을 것으로 보인다.

### 2) 정보통신기술(ICT) 활용 학습과 시민교육

시민교육도 이런 정보통신기술(ICT)을 활용할 줄 알아야 하고 이미 다양하게 적용하는 단계에 접어들고 있다. 미래의 훌륭한 시민 양성을 목표로 하는 시민교육의 특성상 현재의 생활 속에서 구체적으로 체험하기는 어려움이 있다. 정보통신기술(ICT)은 이러한 어려움을 해결하는데 많은 도움을 줄 수 있다. 바람직한 미래 시민의 모습으로 선진국의 사례라든지 우리 사회의 다양한 시민단체의 실천 사례, 시민들의 적극적인 참여 모습 등을 다양한 실제 자료로 제시해 줌으로써 현장 체험과 똑같은 효과를 볼 수 있다. 정보통신기술(ICT)은 이렇게 시민교육 현장에서 요구되는 다양하고 생생한 자료들을 곧바로 제공해 줄 기술적 기반을 제공한다.

우선, 시민교육에 있어서 컴퓨터 보조 학습의 중요성은 아무리 강조해도 지나침이 없다. 시민교육은 미래의 바람직한 시민 육성을 목표로 하기 때문에 선진국의 시민이나 이상적인 시민상을 모델로 할 수밖에 없다. 그런 상황에서 자칫 비현실적인 어색함을 가질 수 있는데 이를 시뮬레이션이나 게임의 형태 또는 시각적인 자료를 통하여 극복해볼 수 있다. 다만 아래에서 설명하게 될 인터넷 등의 영향으로 교실에서의 필요성은 줄어들었지만 가상대학과 같은 온라인 교육에서는 학습자의 학습 동기 부여와 지속적인 관심을 끌기 위한 프로그램으로서 중요성이 부각될 것으로 보인다.

다음으로, 컴퓨터 매개 통신과 관련하여서도 시민교육에서는 중요성을 인식하고 적극 활용하고 있다. 예컨대, 중앙선거관리위원회 선거연수원에서는 민주시민교육 웹진(http://www.civilzine.or.kr)을 운영하며 민주시민 의식 함양과 민주주의 확산을 캐치프레이즈로 내걸고 있다. 성공회 대학교에서도 사이버 NGO 자료관(http://www.demos.or.kr)을 운영하며 시민단체에 대한 다양한 자료를 제공하고 있다. 이외에도 시민사회단체 연대회의(http://www.

civilnet.net), 한국 YMCA 전국연맹(http://www.ymcakorea.org) 등 시민단체
나 신문사 등에서 시민교육을 다양하게 지원하고 있다. 그러므로 시민교육
을 실천함에 있어서 다양한 인터넷 사이트들을 활용하여 자료를 얻는 것은
물론이고 필요한 인적, 물적 네트워크를 구축할 수 있어야 한다.

그러나 인터넷 등 컴퓨터 매개통신을 수업에 활용함에 있어서 유의할 점
을 들어보면 다음과 같다. 첫째, 교실의 인터넷 환경을 고려하여 수업을 진
행하여야 한다. 학생들 각자가 컴퓨터를 활용할 수 있는 교실과 교사의 노트
북 하나로 검색할 수밖에 없는 교실환경은 분명 수업 방식이 다를 수밖에
없다. 둘째, 인터넷은 시, 공간을 초월할 수 있고 우리의 눈, 귀의 확장 도구
가 되므로 기존 수업 시간의 틀에 얽매일 필요가 없다. 그야말로 학생들과의
긴밀한 협조하에 수업이 진행되어야 하고 수업의 사전, 사후 관리가 중요하
다. 셋째, 인터넷이 '정보의 바다'의 성격을 가지지만 진리의 기준에서 쓰레
기와 보석을 구분할 줄 아는 능력을 학생들에게 키워줄 필요가 있다. 일반적
으로 그 분야의 전문 지식이 있고 경험이 많은 교사가 진리에 도달하는 길
안내를 맡고서 옥석을 구분하는 능력을 학생들에게 길러주어야 한다. 이와
관련하여 인터넷상에서 접할 수 있는 다양한 단체와 개인들의 자료나 주장
을 객관적으로 평가할 수 있는 안목을 키우는 것이 시민교육에서 절실히
요구된다. 이는 하루아침에 이루어지는 것이 아니고 사회 현상에 대한 계속
적인 관찰과 숙고를 통해 성취되는 것이다.

## 2. 실천 및 적용 사례

### 1) 수업 계획과 구성

(1) 수업 주제: 적극적으로 참여하는 시민
(2) 수업 목표
첫째, 민주 정치에 관심을 가지고 적극 참여하려는 의지를 갖게 된다.
둘째, 인터넷을 활용하여 민주 정치에 대한 다양한 정보를 검색 및 조사

할 수 있는 능력을 함양한다.

셋째, 민주 정치에 대하여 현실적으로 깊이 있게 사고할 수 있고 필요시 적극적으로 참여할 수 있는 능력을 기른다.

(3) 수업 개요

| 단계 | 개요 | 비고 |
|---|---|---|
| 1. 안내 | 주제 설명 및 정보통신기술의 이용요령 교육 | 주제 관련 ICT 소양 및 활용교육 |
| 2. 모둠 구성 및 주제 선정 | 모둠을 구성하여 적절한 주제 선정 | 교사가 예시하는 주제에서 모둠별 주제를 선정할 수도 있음 |
| 3. 모둠별 탐구 | 소주제별 분담 조사 및 탐구 보고서 작성 | 교사가 소주제 예시표를 줄 수 있음. 모둠내 토론 및 정리 |
| 4. 탐구 보고서 발표 및 토론 | 모둠별 발표 | 역할 분담을 통하여 발표 및 전체 토론 |
| 5. 정리 및 반성 | 교사, 학생의 평가 | |

(4) 수업 전개

① 수업 단계 1: 안내

이 단계에서는 정보통신기술(ICT) 활용 교육에 대한 적절한 안내가 있어야 하겠다. 정보통신기술(ICT) 교육은 일반적으로 소양 교육과 활용 교육으로의 두 가지 면에서 운영되고 있다(차경수, 모경환, 2008: 455). 소양 교육은 정보통신기술 그 자체를 가르치는 것으로 정보의 검색, 처리, 분석, 생성 등과 관련된 도구적 활용법을 배우는 것이다. 이에 비해 활용 교육은 이런 정보통신기술에 대한 기본적인 소양을 바탕으로 학습 및 일상생활의 문제 해결에 정보통신기술을 적극적으로 활용할 수 있도록 하는 교육이다. ICT소양 교육을 위해서 각급 학교에서는 ICT 소양 교육 사수를 확보하도록 하고 있으며, ICT 활용 교육을 위해서는 모든 교과 수업 시간의 10~20%를 ICT를 활용한 수업으로 진행하도록 규정하고 있다. 그러므로 안내 단계에서는 앞으로 수업 시간에 자주 사용할 ICT의 기본 활용법이라든지 이를 응용하여 어떤 활용이 가능한지를 학생들에게 널리 알려주는 것이 필요할 것이다.

ICT 활용과 관련하여 교실 환경이 나날이 첨단 통신 기기로 바뀌어가고 있다. 교과 교실이나 컴퓨터실을 활용한 수업의 경우에는 말할 나위도 없겠지만, 일반 교실의 경우에도 초고속 통신망이 접속 가능해지고 있으며, 교사들도 점차 노트북을 휴대하게 되는데 이런 상황에서는 학생들이 교사 노트북을 활용할 수도 있을 것이다. 탐구를 하다가 필요시에는 언제든 노트북 및 교실의 다양한 ICT 기기를 활용하여 수업에 도움을 받을 수 있다.

② 수업 단계 2: 모둠 구성 및 주제 선정

이 단계에서는 적절하게 모둠을 구성하고, 각 모둠에서 주제를 선정하게 된다. 주제 선정의 과정은 교육 과정에 따라 교사가 주제를 부여할 수도 있고 학생들이 자율적으로 주제를 선정할 수도 있다. '적극적으로 참여하는 시민' 단원에서는 교사가 해당되는 다양한 주제를 열거해주고 각 모둠들이 자발적으로 선택하게 하는 것도 하나의 방법일 수 있다. 모둠별 주제를 예시해보면 다음과 같다.

| 모둠 | 주제 |
|---|---|
| 1 | 경제 정의 실천 시민 연합 |
| 2 | 환경 운동 |
| 3 | 에너지, 자원 절약 운동 |
| 4 | 정치적 참여 |
| 5 | 사회 복지 제도와 참여 |
| 6 | 자원 봉사 |
| 7 | 전지구적 연대 |
| 8 | 세금과 참여 |

③ 수업 단계 3: 모둠별 탐구

모둠별 주제가 정해지면 각 모둠에서는 탐구 주제에 대한 탐구에 들어가게 된다. 이때에도 모둠원 간의 역할분담을 하여 하위 주제로 나누어 맡을 것인지, 전체적으로 각자의 취향에 따라서 조사할 것인지는 모둠원들 간의 합의에 따르게 될 것이다.

다만, 현재의 교실 여건이 모둠원들의 자유로운 ICT 활용이 가능한 경우가 아니므로 몇 시간의 여유를 가지고 교실 내외에서 탐구가 가능하도록 하여야 한다. 어느 정도 조사가 이루어지면 모둠별 토론 및 정리를 통하여 전체 학생들에게 발표할 수 있는 보고서를 작성하도록 한다.

④ 수업 단계 4: 탐구 보고서 발표 및 토론

이 단계에는 학생들이 전체 학생들 앞에서 자기 모둠의 탐구 보고서를 발표하게 된다. 발표의 전 과정에는 모둠원들이 역할 분담을 통하여 능동적으로 참여할 수 있고 학습 동기를 북돋우는 계기가 될 것이다. 학생들은 발표 준비 과정과 본격 발표를 통하여 해당 주제에 대한 반복적인 연습 효과를 봄으로써 학업 성취에도 상당한 혜택을 볼 수 있다. 전체 학생들은 다른 모둠들의 발표를 경청할 뿐 아니라 적절한 질문, 토론 등에 참여함으로써 기존의 수동적 학습 방법들에 비해 적극적 참여 효과와 학습 동기를 유발할 수 있다.

학생들은 탐구 보고서 발표와 토론을 통하여 적극적으로 참여하는 시민의 다양한 유형을 접하면서 '바람직한 미래의 시민상'에 대한 나름의 견해를 형성하게 된다. 또한 학생들은 모둠별 탐구와 토론을 통하여 다양한 역할 모델을 접하면서 자신의 관점을 형성해갈 뿐 아니라, 때로는 환경 보호 운동과 같이 생활 주변에서 쉽게 실천할 수 있는 활동에 적극 참여해 봄으로써 미약한 힘이나마 세계의 변화에 기여할 수 있다는 자신감을 가지게 될 것이다.

⑤ 수업 단계 5: 정리 및 반성

모둠별 탐구 보고서 발표와 토론이 끝나면 교사는 학습 주제에 대한 정리,

그동안의 진행 과정에 대한 반성 및 평가를 해주어야 한다. 그런데 교사가 일방적으로 어떤 내용을 구체적으로 정리해주면 학생들은 그것만을 정답이라 생각하여 다음 번 학습부터는 적극적으로 참여하지 않는 경향을 초래할 수 있다. 그러므로 교사는 학습 주제에 대하여 일반적인 이야기만 해주고, 모둠별 학습이나 전체 발표 및 토론 과정에서 나온 내용을 토대로 정리를 해주어야 한다. 그러면 내용의 신선함도 있고, 학생들 입장에서는 자신들이 탐구 발표한 내용을 교사가 언급, 정리해 주고 있다는 성취감도 느낄 수 있어서 좋을 것이다. 끝으로 교사는 반드시 학습 진행 과정 전반에 대하여 학생들이 반성해 보고 평가하도록 요구해야 한다. 그래야 학생들은 그동안의 학습에 대하여 생각해 보고 다음 번 학습에 대한 시사점을 얻을 수 있을 것이다.

## 3. 수업에 대한 분석 및 평가

정보통신기술 활용 학습은 앞에서 살펴보았듯이 컴퓨터 보조 학습과 인터넷 등 컴퓨터 매개 통신을 활용한 학습으로 나눠볼 수 있다. 오늘날 인터넷의 보급으로 후자의 영향력이 커서 이를 수업에 적용할 경우를 예상하여 구체적으로 살펴보았다. 잘만 활용하면 교실 안에서도 전 세계와 소통 및 교류할 수 있는 기회로 삼을 수 있을 것이다.

다만 정보통신기술의 활용과 관련하여 낙관론 및 비관론이 팽팽히 맞서고 있다는 사실을 유의할 필요가 있다. 낙관론은 정보통신기술이 수업 혁신에 커다란 기여를 할 것으로 보고 있다. 그러나 비관론은 집중 투자에 비하여 효율성이 떨어진다고 보고 이를 활용하는 인간 변수의 중요성을 강조하며 정보통신기술에의 의존성이 심화될 것을 우려하고 있다. 그러므로 기술적 여건에 못지않게 교사, 학생이 능동적으로 이를 활용할 수 있는 준비 자세를 갖추어야 하겠다. ＊노찬옥

## ▌참고문헌

신임희·이칭찬(2006).『신교육방법 및 교육공학』. 서울: 동문사.
이성은·오은순·성기옥(2006).『초중등 교실을 위한 새교수법』. 서울: 교육과학사.
정문성·구정화·설규주·박영석·이동원·김학희(2008).『사회과 교수 학습법』. 서울: 교육과학사.
정인성(1999).『원격 교육의 이해』. 서울: 교육과학사.
차경수·모경환(2008).『사회과 교육』. 서울: 동문사.

# 18

# 포토 스탠팅: 선거란 무엇인가?

## 1. 해설

포토 스탠딩(Photo Standing)은 소그룹 토론을 통하여 상호간의 의견 교환 및 합의과정을 도출하기 위한 참여식 학습법의 일환이다. 먼저 학습자들은 조별로 선택한 사진 자료에 대하여 브레인스토밍을 통해서 주제에 대하여 생각나는 문제들을 모두 수집한다. 특히 참여식학습법이 지향하는 바와 같이 지적인 욕구나 호기심과 새로운 기술의 습득은 개인적인 학습보다는 집단적 학습형태, 교육생의 능동적인 참여 속에서 훨씬 쉽게 또는 더 효과적일 수 있다는데 기인하고 있다. 즉 학습주체인 피교육자가 스스로 깨닫고 그것을 실생활 속에서 실천할 수 있도록 도와주어야 하는 것이다.

## 2. 실천 및 적용 사례

1) 교육 목적
• 선거의 개념, 기능과 선거제도를 파악하고 한국 선거문화의 문제점을 진단한다.
• 소그룹 토론을 통하여 상호간의 의견 교환 및 합의과정 도출한다.

## 2) 프로그램 개요
### (1) 시간
- 60분
### (2) 준비물
- 광고사진, 참고자료

## 3) 교육 구성

| 단계 | 주요 활동 | 소요 시간 |
|------|-----------|-----------|
| 도입 | 모둠 편성 및 개요 설명 | 10분 |
| 전개 | 화보선정 및 그룹토의 | 20분 |
|      | 그룹별 발표 및 정리 | 15분 |
| 마무리 | 게임 종결 및 토론 | 15분 |
|      |           | 총 60분 |

## 4) 진행순서
(1) 전체 참석자를 4~6인의 모둠으로 구성한다.

(2) 진행자는 화보 중 하나를 선택하여 참가자에게 제시하고, 화보를 보고 '선거나 정치'와 연관되어 생각나는 것이 있는지를 물어본다.

(3) 준비한 화보를 책상 위나 바닥에 펼쳐놓고 각 그룹별 하나의 화보를 선택하여 광고물의 사진이나 문구를 통해서 선거나 정치의 개념, 의미, 기능 등에 대해서 설명을 붙여보라고 한다. 유의할 점은 그룹의 전체가 같이 앞으로 나와 화보를 선택하게 하여야 한다. 이를 통해 그룹의 일체성 및 적극적인 참여로 다양한 생각들이 나올 수 있기 때문이다.

(4) 그룹토론을 시작하고 일정시간이 지나면 각 그룹의 대표가 선택한 화보를 가지고 나와서 선거나 정치란 무엇인가에 대해 설명하도록 한다. 이 때 발표자의 설명이 너무 장황해지지 않도록 발표시간을 2~3분 정

도로 적절하게 조절해야 한다.

(5) 전체의 발표가 끝난 후에는 논의되었던 내용을 전체적으로 요약 한 후 준비한 예시자료를 통해 선거나 정치의 의미, 기능을 살펴본다.

5) 참고자료

(1) 독일의 국회의원 선거제도, 선거의 개념과 기능

❖ 참고자료 1

### 독일의 국회의원 선거제도

| | 임기 | 선거권 | 피선거권 | 의석수 | 선거구제 | 투표방식 | 의석배분방식 |
|---|---|---|---|---|---|---|---|
| 한국 | 4년 (단원제) | 만 20세 | 만 25세 | 총 의석수: 273석 • 지역구: 227석 • 비례대표: 46석 | 소선구제 | 1인 1표 | 비교다수 대표제 |
| 독일 | 4년 (하원) | 만 18세 | 만 18세 | 총 의석수: 603(2003년) • 지역구: 299석 • 비례대표: 299석 (초과의석 5석) | 소선구제 | 1인 2표 | 비교다수 대표제 |
| | 없음(상원) | – | – | 60인 | – | 임명제 | 주에 할당된 의석 |

위에 제시한 자료는 어린이와 청소년들에게 우리나라 국회의원 선거제도에 대한 이해를 높이기 위해 독일의 선거제도를 임기, 선거권, 피선거권, 선거구수, 선거구, 투표방식, 의석배분방식으로 비교한 자료이다.

**선거의 개념과 기능**

1. 선거의 개념
   - 대의제 민주주의에서 국민 정책결정 참여행위
   - 정치적 통합의 중요한 방식
   - 보통·평등·직접·비밀 선거
2. 선거의 기능
   - 정치적 충원기능: 정책결정자 선출
   - 시민에 의한 정치적 통제기능
   - 정부권력의 정당화 기능
   - 정치적 통합의 상징적 기능

위의 자료는 선거의 개념과 기능을 정리한 것이다. 본인의 경험으로는 위에 제시한 대부분의 내용들은 참가자들이 화보를 통해 설명하는 과정 속에서 자연스럽게 도출되었다.

진행자는 상황에 따라 후술하는 선거제도 OX퀴즈에 해답으로, 위의 자료들을 활용하는 것도 적절하다고 생각한다. *신두철

▍참고문헌 ──────────────────────────

신두철·허영식(2007). 『민주시민교육의 정석』. 서울: 도서출판 오름.
지그프리드 프레뉘 외, 신두철 외 역(2007). 『시민교육방법 트레이닝』. 서울: 엠-에드.
허영식·신두철(2007). 『민주시민교육 핸드북』. 서울: 도서출판 오름.

# 19

# 듣기연습기법

## 1. 해설

사람의 행동은 어떤 것을 듣는다고 해서 갑자기 쉽게 바뀌지 않는다. 왜 냐하면, 행동은 사고와 신념에 의해 지배되는 경향이 있기 때문이다. 따라서 적극적인 대화방식이 몸에 배어 있는 사람이 하루아침에 다른 사람의 말에 귀를 기울이기란 쉽지 않다. 시민교육은 참여적 학습방법을 통하여 최소한 의 개인적 경험을 통해 가치가 변하고, 사고가 바뀌고, 태도가 바뀌고, 나중 에는 행동으로 나타날 수 있도록 하는데 주안점을 두어야 한다. 직접적인 참여교육은 참가자의 수와 공간의 제약을 많이 받는다는 단점이 있지만 오 히려 실질적인 이해를 돕고 교육의 효과를 극대화 할 수 있다는 점에서는 참가자 개개인에게 더욱 많은 도움을 준다고 볼 수 있다.

대화는 상대가 가진 생각을 알게 되고 그것을 통해 새로운 인식을 갖게 되는 상호작용이다. 우리는 대화라는 표현을 하지만 일상적인 회화의 수준 에 머무는 경우가 많고 쟁점을 가진 문제의 경우 대화가 아니라 논쟁으로 끝나는 경우가 또한 비일비재하다. 참가자들이 이야기하는 좋은 대화의 공 통점은 일반적으로 자신이 인정받고, 잘 듣는 것, 공감대를 형성하는 대화이 다. 늘 내가 요구하는 것은 내 스스로 그렇게 시작할 필요가 있다는 것을 다시 한번 확인하는 것이 좋다.

## 2. 실천사례

❖ 내가 말할 때

1) 교육 목적
• 적극적으로 듣는 자세가 상대를 존중하는 것임을 체험한다.
• 자유토론을 위한 듣는 자세를 익힌다.

2) 프로그램 개요
가. 시간
  － 20분 내외
나. 준비물
  － 없음

3) 교육 구성

| 단계 | 주요 활동 | 소요 시간 |
|------|-----------|-----------|
| 도입 | 원으로 세운 후 과제 제시 | 5분 |
| 전개 | 제1과제 및 행동 | 5분 |
|      | 제2과제 및 행동 | 5분 |
| 마무리 | 평가 및 정리 | 5분 |
|      |           | 총 20분 |

4) 진행순서
가. 참가자들을 두 줄의 원으로 세운다. (짝수로 짝이 맞아야 한다)
나. 안에 있는 원과 밖에 있는 원의 참가자들을 따로 모아 각각의 과제를

준다. 원 안의 원 참가자들에게는 "이번 주말에 내가 할 일"에 대해 이야기하게 한다. 바깥 원 참가자들에게는 "상대가 무슨 말을 하더라도 듣지 않고 딴청을 하라"는 과제를 준다.

다. 참가자들이 준 과제대로 5분 동안 행동하게 한다.

라. 역할을 바꾸어 바깥 원 참가자들에게는 "미국의 이라크 침공에 대한 찬성 또는 반대 의견을 정해 이야기하기" 과제를 준다. 그리고 안의 원 참가자들에게는 "상대가 무슨 말을 하더라도 무조건 반대하는 말, 행동을 하라"는 과제를 준다.

마. 전체적으로 이 활동을 하면서 느낀 점을 공유한다. 상대가 자신의 이야기를 듣지 않을 때의 느낌을 공유하는 것은 평소의 자신의 듣기 습관을 되돌아보는데 큰 도움이 된다. 적극적으로 듣는 것은 오해를 줄이고, 상대에게 신뢰를 주는 행동이므로 갈등을 예방할 수 있는 가장 좋은 방법임을 확인시킨다.

❖ 귓속말 전달

1) 교육 목적
• 말이 전달되는 과정에서 얼마나 왜곡되는지 체험하게 하여, 적극적으로 듣는 것의 중요성을 이해한다.

2) 프로그램 개요
가. 시간
 − 20분 내외
나. 준비물
 − 전달할 내용

## 3) 교육 구성

| 단계 | 주요 활동 | 소요 시간 |
|---|---|---|
| 도입 | 개요 설명, 학습 동기 유발 | 5분 |
| 전개 | 모둠을 나누고, 쪽지를 나눠줌<br>귓속말 전달을 한 후, 원래의 내용과 비교 | 10분 |
| 마무리 | 토론, 확인 및 정리 | 5분 |
| | | 총 20분 |

## 4) 진행순서

가. 참가자들을 5명 정도의 모둠으로 나누고 각 모둠을 일렬로 서게 한다.

나. 각 열의 맨 앞에 선 사람에게 지문이 적힌 쪽지를 주고 외우게 한다.

다. 쪽지를 다시 거둔다.

라. 진행자가 '시작' 소리를 하면 참가자들이 다른 사람들이 듣지 못하도록 귓속말로 바로 뒷사람에게 내용을 전달하도록 한다.

마. 뒷사람은 그 뒷사람으로 계속 전달한다.

바. 마지막 전달받은 사람은 나와서 칠판에 들은 내용을 쓰게 한다.

사. 각 모둠마다 어떤 차이가 있는지 보고 원래의 내용과 비교한다.

아. 지문과 의미가 달라졌다면 왜 그런지 전체 토론한다.

자. 첫 사람이 이해한 지문을 이야기해보게 한다.

차. 원래의 의미는 어떤 의미인지 진행자가 이야기해준다.

　– 참고사항: 지문은 짧은 대화체 문장으로 할 수도 있고 맥락이 있는 이야기로 정할 수 있다. 긴 이야기로 할 때에는 외우는 것이 아니라 그 본래의 의미가 제대로 전달되었는지를 확인한다.

　　지문을 만들거나 또는 고를 때는 맥락이 있는 것이 좋다. 즉, 그 문장만으로도 의미가 통하지만 앞뒤 맥락을 모르고 그 문장만을 이해할 경우 의미가 달라지는 지문이 교육에 더욱 효과적이다. 다시 말해서, 말을 여러 번 전달하면서 얼마나 말이 달라지는가를 이해하는 것도 중요한 경험이지만, 전체를 모르고 일부분만을 이해했을 때 얼마나 의미가 달라지고 오해할 수 있는지를 알 수 있다.

## 5) 참고자료
가. 지문 1, 2
나. 읽기자료

❖ 참고자료 1

〈지문 1〉
  애들아, 너희들 화장실에 조심해서 다녀라.
  지민이가 조심하지 않고 가다가 넘어져서 바지를 다 버렸어.
  아이들이 오줌 쌌다고 놀리니 그만 말도 못하고 울고 있잖아.

_『선생님, 나 집에 갈래요』(윤태규, 보리출판사 2002에서 인용)

이 이야기의 맥락은 초등학교 1학년 학생인 지민이가 오줌을 싸서 아이들이 놀리니까 그 놀림을 막기 위해 오줌싼 것이 아니라 넘어져서 옷을 버린 것이라는 것을 아이들에게 간접적으로 전달하는 선생님의 이야기이다.

〈지문 2〉
  그렇게 직업관이 확실하면 너는 굳이 대학을 갈 필요가 없네.
  빵 만드는 것도 기술이니까 이론보다 실습이 더 중요한 거잖아.
  괜히 점수에 맞춰서 네가 하고 싶은 일과 상관없는 대학 공부하느라 시간 낭비하느니 일찌감치 네 전문분야에 주력하는 게 더 좋을 것 같아.

_『딸들에게 희망을』(오숙희, 석필, 1996)

❖ 참고자료 2

1. 다른 사람의 이야기를 듣는 5가지 수준
   1) 상대의 말을 무시하는 경우-전혀 듣지 않는다.
   2) 맞장구를 치면서 듣는 체한다("응, 그래. 그렇지. 맞아")
   3) 선택적 청취: 대화에서 어떤 특정한 부분만 듣는다.
   4) 신중한 경청: 상대가 하는 이야기에 주의를 기울이고 그 말에 총력
      을 집중하여 듣는다.
   5) 공감적 경청: 이해하려는 의도를 가지고 경청한다. 먼저 상대방을
      이해한다. 즉 진정한 이해를 추구하는 것이다.

2. 커뮤니케이션 중 10%만이 말하는 내용에 의해 전달된다. 30%는 우리
   가 내는 소리에 의해, 60%는 신체언어를 통해 전달된다.
      공감적 경청은 귀로 말을 들을 뿐 아니라 동시에 더욱 중요한 눈과
   가슴으로 듣는다. 이때 우리는 그 말이 갖는 느낌과 의미를 경청한다.
   나아가 행동도 경청한다.

3. 네 가지 자서전적 반응
   1) 판단하다 – 동의하느냐 또는 동의하지 않느냐
   2) 탐사하다 – 우리 자신이 가진 준거 틀에 입각하여 질문하는 것
   3) 자신의 경험에 따라 조언하는 것
   4) 해석하다 – 자기 자신의 동기와 행동에 근거하여 사람들의 동기와
      행동을 유추하고 설명하려고 한다.
      _『성공하는 사람들의 일곱 가지 습관』(Stephen R. Corvey, 김영사, 1994)

4. 적극적 청취(Active listening)
   1) 적극적 듣기는 존중을 표현하는 최상의 방법이다.
   2) 화자는 상대방이 지금 자신의 이야기에 관심을 갖고 주의 깊게 듣고

있다는 믿음을 갖게 된다.

## 5. 청취의 장애물

- 비교하기
- 마음 읽기
- 예행연습
- 걸러듣기
- 판단하기
- 공상하기
- 확인하기
- 충고하기
- 언쟁하기
- 자기만 옳다고 주장하기
- 주제 이탈하기
- 비위 맞추기

＊신두철

---

**▌참고문헌**

신두철·허영식(2007). 『민주시민교육의 정석』. 서울: 도서출판 오름.

지그프리드 프레쉬 외, 신두철 외 역(2007). 『시민교육방법 트레이닝』. 서울: 엠-에드.

허영식·신두철(2007). 『민주시민교육 핸드북』. 서울: 도서출판 오름.

—————————————————————— **20**

# 판도라의 상자,
# 최근 이슈에 대한 나의 의견 갖기: 대통령 선거

## 1. 해설

　판도라의 상자(Pandora's Box)는 참여식 학습법의 한 방법으로서 학습자에게 최근 사회적 이슈에 대한 관심을 유발하고 타인의 의견을 경청하는 자세를 통해서 토론 자세를 배우게 하는데 목적이 있다. 참여식 학습법은 새로운 정치교육방법 또는 민주시민교육 방법으로서 비판적 판단과 독창력을 융합한 창조적 사고의 한 형태이다. 특히 성인과 청소년 등을 대상으로 하는 민주시민교육 과정에서 적용할 수 있는 다양한 교육 방법들을 지칭하는 용어로 "교수자 중심이 아닌 참가자 중심의 교수방법이며 시각적인 매체를 적극적으로 활용하여 세미나를 진행하는 교수 기법의 한 형태"이다.

## 2. 실천 및 적용 사례

### 1) 수업 지도안

| 수업 주제 | 이슈에 대한 의견 갖기 | 수업대상 | 대학생 1, 2학년 | 수업 시간 | 60분 |
|---|---|---|---|---|---|

| 수업 목표 | • 판도라 상자를 매개로 하여 최근 이슈에 대한 관심을 유발하고, 참가자는 궁극적으로 이에 대한 자기만의 의견을 가질 수 있다.<br>• 타인의 의견에 경청하는 규칙을 통해 참가자 전원이 골고루 발언권을 갖고 난상토론으로 흐르지 않게 한다. |
|---|---|
| 수업방식 | 최근 이슈에 대해 메모와 답 글의 형식으로<br>다른 사람과 의견을 나누어 본다. |
| 준비물 | • 모둠 수만큼의 뚜껑이 없는 상자 (상자는 약 25*25*20cm 정도의 크기로, 모둠 이름을 써서 구별할 수 있게 한다.)<br>• 최근 이슈와 관련지을 수 있고, 정치적 의견을 드러내는 단어를 적은 카드들 (낱말 카드에는 다양한 의견, 의미를 나타내는 단어를 쓰며 (30~40)*(모둠 수)만큼 준비한다.)<br>• 낱말 카드와 동일한 크기의 빈종이 (옵션 카드)<br>• 모둠 수만큼의 색종이 묶음, 풀, 반 전지 크기의 종이<br>• 참가자 수만큼의 A4 1/2 크기의 종이(흰색이나 옅은 색)<br>• 최근 이슈 관련 단신이나 다양한 기사 제목들<br>• 최근 이슈에 대한 정보를 제공할 자료(5분 분량의 문서 또는 동영상 자료) |

| 단계 | 주요 활동 | 소요시간 |
|---|---|---|
| 도입 | 개요 설명, 학습 동기 유발 | 5분 |
| 전개 | 최근 이슈에 대한 단신이나 기사 제목 읽기 | 10분 |
| | 모둠별 이유 발표하기 | 10분 |
| | 문서나 동영상으로 최근 이슈에 대한 정보 확인 | 5분 |
| | 각자 생각이나 궁금증은 A4 1/2 종이에 적어 상자에 담기 | 5분 |
| | 상자를 옆 모둠과 교환하고 한 종이 당 한 사람씩 코멘트 적기 | 5분 |
| | 상자를 본래대로 돌려받은 후 답 글 확인하기 | 10분 |
| 마무리 | 평가 및 정리 | 5분 |
| 참고자료 | • 대통령 선거와 관련된 여러 기사 제목<br>• 대통령 선거를 다룬 여러 기사와 사설<br>• 대통령 선거와 관련된 여러 낱말 카드 | |

2) 진행순서

(1) 전체 참석자를 6~8인의 모둠으로 구성한다.

책상을 모두 붙여서 큰 종이를 펼칠 수 있게 자리를 만든다.

(2) 진행자는 모든 조에 미리 준비해둔, 단어 카드와 풀, 반 전지가 담긴 판도라 상자를 나누어 준다.

(3) 진행자가 '판도라 상자 게임'의 목적과 진행방식에 대해 간단히 소개 한다.

(4) 진행자가 '오늘의 주제'를 말한다.

(5) 모든 참가자는 최근 이슈에 대한 단신이나, 다양한 종류의 기사 제목 을 읽는 시간을 갖는다. (PPT 화면)

(6) 모든 조원은 큰 종이를 책상에 펼쳐 놓고 상자를 열고 낱말 카드를 꺼내어 펼쳐 놓는다.

(7) 진행자는 옵션 카드에 대해 설명한다. 모든 조원은 그 이슈에 대한 자기의 생각을 표현할 수 있는 낱말 카드나 느낌을 드러낼 수 있는 색종이를, 총 2개를 고른다.

(낱말 + 낱말, 또는 낱말 + 색종이, 또는 색종이 + 색종이)

(8) 진행자는 참가자에게 카드 붙이는 방법과 발언권에 관한 규칙을 설명한다.

〈발언 규칙〉
모든 조원들은 순서대로 자신이 선택한 카드를 붙인다.
이때 왜 그 카드를 선택했는지 조원들에게 이야기해줄 수 있는 발언권이 있다.
카드를 붙이는 사람 이외에 다른 조원들은 모두 발표자의 이야기를 경청해야 한다.

(9) 순서대로 한 명씩 자신이 고른 카드를 큰 종이에 붙인다.

(10) 모든 조원들이 카드를 붙이고 나면 자유 토론을 한다.

(11) 진행자는 토론을 정리하고 다른 조가 볼 수 있도록 각 조가 큰 종이 글 들어 보이게 한다.

(12) 모둠 대표가 자기 모둠의 의견(혹은 자신의 의견)을 발표한다.

(13) 진행자는 최근 이슈에 대해 사실적인 정보를 줄 수 있는 문서자료를

나누어 주거나 동영상 자료를 재생하여 참가사 전원이 사실관계에 대한 정보를 얻을 수 있게 한다.

(14) 진행자는 모든 참가자에게 A4 1/2장을 나누어 준다.

(15) 모든 참가자는 종이에 이슈에 대한 자신의 의견이나 궁금증을 2문장으로 적어본다.

(16) 각 모둠은 비어있는 판도라 상자 안에 의견이 적힌 종이를 상자에 다시 담는다.

(17) 각 모둠은 옆 모둠으로 상자를 건네주어 결과적으로 모든 모둠은 다른 모둠의 판도라 상자를 갖게 된다.

(18) 각 모둠구성원들은 새로 받은 상자에서 한 장씩 종이를 꺼내어 그것을 읽은 후 자신의 생각을 답 글로 적는다(1~2문장). 다 쓴 종이는 다시 상자에 담아 원래 조에게 되돌려 준다.

(19) 구성원들은 자신의 글을 꺼내서 쓰인 답 글을 읽고 자신의 생각을 정리해 본다.

(따로 발표는 하지 않으며 구성원 간의 간략한 토의는 가능하다.)

| 주제 예시 | 12월 19일에 있을 제17대 대통령 선거에 대해 자신만의 견해를 갖고, 이를 다른 이들에게 표현해 보자. |
|---|---|

3) 참고자료

❖ 참고자료 1

대통령 선거에 대한 다양한 기사 제목들 — 생각의 단초

참가자들이 다양한 기사 제목을 훑어보며 대통령 선거를 떠올릴 수 있게 한다. 기사 제목을 다양하게 하기 위해 후보 관련 기사, 유권자 관련 기사, 전반적인 선거 관련 기사 등에서 제목을 찾아본다. 이때 내용은 제한이 없으나 한 쪽 의견으로 지나치게 편향되지 않게 한다. 기사 제목 대신 단신을 통해 참가자들의 주의를 상기할 수도 있다. 진행자는 단신을 보여줄 때에도

편향된 내용만을 보여주지 않도록 주의한다.

- 로드 맵 없는 공약 난무
- 정책 실종 17대 대선, 지방은 없다
- 이보다 저질인 선거운동이 있겠나.
- "정권교체 열망세력 나한테 총결집"
- 투표의향·판단기준 "투표 꼭 할 것" 79%
- 후보 부인들 '내조경쟁'
- 가족애·국밥집 할머니 … 대선후보 광고전쟁 "감성을 훔쳐라"
- "서민 표 잡자" … 후보들 가난 마케팅
- 선거운동 시작부터 불붙은 광고戰
- 대선후보 말 뒤집으면 '약점'이 보인다.
- 총 학생회장 지지논란 '일파만파'
- '대선뇌관 BBK 수사발표 초읽기'내용 촉각
- "인터넷 통한 흑색선전 비상상황"
- "목소리 힘 빼시고 …" 말투까지 조언

❖ 참고자료 2

대통령 선거를 다루고 있는 기사나 사설

≪경향신문 2007-11-27≫
선거 … 투표율 낮아질수록 심각한 문제

대통령 선거가 한 달도 채 남지 않았다. 선거는 대표자를 선출하고 그에게 정당성을 부여할 뿐만 아니라 주권자인 국민 스스로가 자신의 주권을 확인하는 절차다. 다만 화초 한 뿌리도 물을 주는 사람의 따뜻한 사랑 없이 싱그러운 꽃을 피울 수 없듯, 선거 역시 국민들의 관심과 참여를 한 몸에 받아야만 진정한 민주주의의 수단으로 존재할 수 있다는 사실에 주목할 필요가 있다.

그나마 대통령 선거는 국민의 관심이 높은 편이지만, 문제는 국회의원 선거나 지방선거다. 국회의원 총선거의 경우 그래프가 보여주듯 1948년 첫 선거를 꼭짓점으로 지속적 하락추세를 면치 못하고 있다. 대통령 탄핵 열풍이 몰아쳤던 2004년 제17대 총선에서 다소의 반전을 보였지만, 내년 제18대 총선에서도 치고 올라갈 것인지에 대해선 의문이 든다.

지방 동시 선거의 투표율도 선거가 부활된 95년 68.4%에서 2002년과 2006년엔 50%에도 미치지 못하는 투표율을 기록했고, 재선거나 보궐선거 쪽은 사정이 더욱 심각해 40%대 진입도 버거운 실정이다. 연령대별 투표율 격차도 갈수록 커지고 있다. 젊은 층의 투표율 하락이 우려를 넘어 최악의 상황으로 가고 있는데, 만 19세가 처음으로 선거권을 갖게 되었던 2005년 10·26 재선거의 경우 19세나 20대의 투표율이 60대 이상의 3분의 1 수준인 셈이다. 돈이 엄청 많은 부르주아에게만 선거권이 주어진 상황에서 중산층과 노동자의 선거권 확대를 요구했던 영국의 차티스트 운동이나 여성들의 참정권 운동, 대통령 직선제를 요구하며 목숨 걸고 싸웠던 87년 민주항쟁 등의 사례를 생각해보자. 현재 젊은 층의 투표율이 낮은 건 어쩌면 가만히 앉아서 얻은 권리이기 때문은 아닌가 하는 냉소적인 생각이 드는 것도 무리가 아니다.

투표율이 지나치게 낮아지면 여러 문제가 발생한다. 우선 대표자의 정당성에 타격이 온다. 가령 30%의 투표율에 30%의 지지율을 얻어 당선된 삼식이는 사실 전체 유권자의 10% 지지도 얻지 못한 셈이 되고 만다. 이런 현상이 지속된다고 가정할 때 거대한 조직을 갖추고 있는 세력이 유리할 수 있기에 정치인들은 부정한 돈을 풀어서라도 조직을 확대하고 표를 사들이려 할 수 있다. 또한 지역주의의 조장이나 연고·학연을 내세우는 것도 좋은 무기가 될 수 있을 것이다. 그리고 분명히 투표율이 높은 노인들을 공략할 방법을 찾는 편이 유리할 거다. 반대로 젊은이들의 투표율이 낮아질 경우

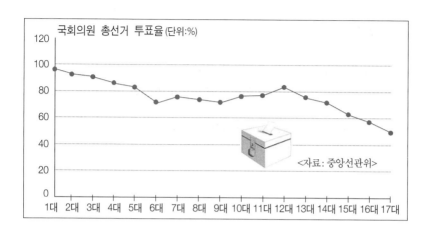

정치인들은 젊은이를 위한 고민을 덜 하게 된다는 얘기가 성립된다. 사회 자체도 보수화 경향을 탈피하기 어렵게 될 것이다. 이 정도만 해도 낮아지는 투표율이 왜 문제가 되는지 느낄 수 있을 것이다.

프랑스 여성참정권운동의 거목 '구즈'는 "여성도 단두대에 오르는데, 선거권을 갖지 못하는 것은 불합리하다"고 주장하다 정말 단두대에 올라야 했다. 그의 외침을 가슴에 새겨보자.

❖ 참고자료 3

### 대통령 선거와 관련된 낱말 카드 예시

| 성향 | 낱말 예시 |
|---|---|
| 대통령 후보, 정당, 공약 관련 단어 | 정당성, 개혁, 보수, 진보, 대북관, 정권교체, 경제회복, 부정부패, 청렴, 헌신, 경력, 노력, 불분명한, 명확한, 지적인, 비판적인, 타협하는, 일자리 창출 |
| 선거운동, 유권자 관련 단어 | 자원봉사단, 팬클럽, 비판적 지지, 유권자, 무관심, 메니페스토, 주체적인, 자발적인, 수동적인, 혐오 |
| 기타 | 12월 19일, 선거관리위원회, 선거비용, 세금, 정책, 유세, 선거운동, 철새, 민주주의, 복잡한, 세심한, 철저한, 책임감 |

＊신두철

# ▌참고문헌

신두철·허영식(2007). 『민주시민교육의 정석』. 서울: 도서출판 오름.

지그프리드 프레쉬 외, 신두철 외 역(2007). 『시민교육방법 트레이닝』. 서울: 엠-
에드.

허영식·신두철(2007). 『민주시민교육 핸드북』. 서울: 도서출판 오름.

**21**

# 피라미드 토론법(Pyramid Debate)*

## 1. 해설

피라미드 토론법은 참여식 학습법의 한 형태이다. 피라미드 토론은 학습자가 서로 다른 다양한 의견에 대해서 자신의 입장을 상대방에게 주장하고 설득하며 합의를 이루어가는 참여자 중심의 토론 방법이다.

참여식 학습법은 참여자가 직접 현장에서 학습하고 토론·발표하는 과정과 역할게임 등을 통해 민주정치를 이해하고 행동체험을 통해 학습한다는 측면에서 일종의 '구안학습법(project method)'이라고 할 수 있다.

참여식 학습법은 정보전달의 방법과 학습방법에 따른 이해도와 학습효과에서 큰 차이를 보이는 점에 근거한다. 전달방법에서 시청각 매체의 활용효과와 학습방법에 따른 기억의 효과는 다르게 나타난다. 즉 말로만 가르치면 3시간 후 70%를 기억하고, 3일 후에는 10%, 보여주기만 할 때는 3시간 후 72%를 기억하며 3일 후에는 20%, 하지만 말을 하면서 보여 줄때는 3시간 후 85%를 기억하며 3일 후에는 60%를 기억한다.

---

* 송창석, 『새로운 민주시민교육 방법』, p.154.

## 2. 실천 및 적용 사례

### 1) 교육 목적
- 우리나라 선거의 문제점과 개선방안을 생각하고, 유권자로서의 역할과 바른 참여 방안을 모색한다.
- 자신의 의견을 상대방에게 이해·설득하는 훈련과 합의를 통해 최적의 대안을 모색한다.

### 2) 프로그램 개요
가. 시간
  - 80분 내외
나. 준비물
  - 색종이, 매직펜, 전지, 풀, 투명 테이프, 화이트보드와 핀 또는 자석
다. 피라미드 토론은 엄밀히 이야기하면 역피라미드 토론이라고 할 수 있다. 아래의 그림과 같이 먼저 1:1로 상대방과 토론, 토의과정을 거쳐서 합의를 이룬 후에 2:2로 확장시켜 나아가는 방법이다.

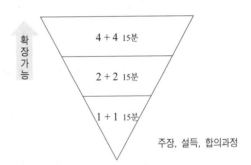

### 3) 교육 구성

| 단계 | 주요 활동 | 소요 시간 |
|---|---|---|
| 도입 | 개요 설명, 학습 동기 유발 | 5분 |

| | | |
|---|---|---|
| 전개 | 21C 공무원의 자질에 대해 카드에 적기 | 5분 |
| | 옆 사람과 짝을 이루고, 카드 줄여 가기 | 10분 |
| | 사람의 수를 확장시키며, 카드 줄여 가기 | 35분 |
| | 최종 2개 모둠의 조별 논의와 토론 | 20분 |
| 마무리 | 정리하기 | 5분 |
| | | 총 80분 |

## 4) 진행순서

가. 먼저 개인적으로 예를 들어 "21세기 리더가 갖추어야 할 자질이 무엇
이 있겠는가? 라는 질문에 대해 각자 5가지를 카드에 적게 한다. 적는
내용은 하나의 단어(명사)나 짧은 문장으로도 표현할 수 있을 것이다.
또는 행동원칙이나 명제 등을 확정하는데 이용할 수도 있다.

나. 각자 기록한 5가지 21세기 리더의 자질을 가지고, 옆에 앉은 사람과
1:1로 짝을 이루게 되면 10장이 카드가 될 것이다.

다. 이 중에는 물론 같은 내용도 있을 것이고 같은 내용이라도 표현을
달리한 것이 있을 것이다. 따라서 상대방과 토론과 토의를 통해 이들
10장의 카드를 5장으로 줄이는 작업을 시행하게 하는 것이다. 이런
과정을 통해 자기의 생각을 상대방에게 표현하고 양보와 관철을 위해
설득과 대화를 경험하게 하는 것이다.

라. 이런 과정을 거쳐 2+2, 4+4, 8+8과 같이 확장시켜 가며, 압축하는 카
드의 개수를 토론 주제에 따라 적절히 조정하여 준다.

마. 최종적으로 전체 참가자가 2개 모둠으로 나눠 질 때까지 토론을 한
후 최종적으로 정리한다.

바. 2개 팀의 내용을 놓고 전체가 모인 자리에서 최종적으로 합의를 거쳐
내용을 확정하기 위하여 각 조별로 모여 5~10분간에 걸쳐 포스터를
제작하고 이를 모두가 모인자리에서 소개하도록 한다.

5) 응용주제
- 우리학교 임원선거의 문제점과 개선방안
- 예비유권자 선거교실: 제17대 국회의원 선거문제점과 개선방안
- 21세기 교사의 자질과 역할
- 21세기 선관위 직원이 가져야 할 자세와 역할
- 시민운동가에게 필요한 능력과 역할

＊신두철

## ▮참고문헌

신두철·허영식(2007). 『민주시민교육의 정석』. 서울: 도서출판 오름.
지그프리드 프레쉬 외, 신두철 외 역(2007). 『시민교육방법 트레이닝』. 서울: 엠-에드.
허영식·신두철(2007). 『민주시민교육 핸드북』. 서울: 도서출판 오름.

## 22

# 터부토론*

## 1. 해설

터부토론은 일종의 토론방법과 역할게임을 접목한 참여식 학습방법이다. 기존의 토론방법과는 달리 찬성과 반대측으로 나누어 토론을 통해 쟁점사안에 대한 이해와 의견을 보다 명확히 하게 된다. 무엇보다 토론을 함에 있어 사용금기 언어인 터부언어를 가려 사용하는 커뮤니케이션 능력을 향상시킬 수 있다. 터부토론은 심판관과 배심원, 찬성과 반대 발언자, 보조자 방청객 등의 역할을 나누어 진행하는 토론방법으로, 역할게임, 의사결정게임, 의사소통게임 성격을 내포하고 있다.

터부토론에서 사회자, 마더레이터의 역할은 중요시되는데 "사회를 보다"에 해당하는 '마더레이트(moderate)', 라틴어의 '모데라리(moderari)'에서 유래하는데, 이 단어는 원래 '분수를 지키다', '절제하다', '삼가다', '조절하다', '중개하다' 등의 뜻을 갖고 있다. 어떤 집단을 이끌면서 '삼가서' 혹은 '알맞게' 행동하는 사람은 그 집단을 가르치려고 하는 것이 아니라, 그들이 문제를 해결하는데 뒷받침을 하고, 질문을 제기하며, 도움말과 자극을 주는 것이

---

* 송창석, 『새로운 민주시민교육 방법』, p.144.

다. 따라서 사회자의 활용방법(moderation)은 지도자가 아니라 참여자에 지
향을 둔 것이다.

## 2. 실천 및 적용 사례

### 1) 교육 목적
• 쟁점사안에 대한 이해와 의견을 보다 명확히 하는 연습을 한다.
• 의사소통의 방법을 익히고 역할게임을 통해 정치상황을 체험하게 한다.

### 2) 프로그램 개요
(1) 시간
   –40분 내외
(2) 준비물
   – 찬반쟁점에 대한 자료(신문, 잡지, 논문 등)
   – 발언시간을 알리는 종

### 3) 교육 구성

| 단계 | 주요 활동 | 소요 시간 |
|---|---|---|
| 도입 | 토론주제 선정, 설명 자료 배부 | 5분 |
| 전개 | 터부단어 선정 및 게임 규칙 토의 | 5분 |
| | 게임 진행 | 20분 |
| | 배심원 평결 | 5분 |
| 마무리 | 정리하기 | 5분 |
| | | 총 40분 |

### 4) 진행순서
(1) 아래 그림과 같이 좌석을 배치한 후, 심판관과 배석, 찬성과 반대 발언

자 각 2명, 그리고 발언할 논거와 자료를 제공해 주는 보조자, 배심원
단, 그리고 방청객 등의 역할을 배정한다. 경우에 따라서는 참고인과
증인을 설정할 수도 있다.

(2) 중앙에서 게임을 진행하는 판사역할은 일반적으로 게임을 운영할 수
있는 사람이 맡고, 배석 심판은 토론이 규칙에 따라 진행되는지의 여
부와 발언시간 체크, 그리고 금기단어를 얼마나 사용하는지를 체크하
는 역할을 한다.

(3) 이와 같은 역할을 배분하는 방법은 제비뽑기로 참여자들의 역할을 선
정하는 것이 좋다.

　가. 발언자격은 찬/반 2인으로 한정, 뒤 4명은 작전 지원팀

　나. 배심원들은 게임규칙을 제정

　다. 발언시간, 총 시간, 대표교체 가능 여부 등 상황에 맞게 변형가능

　라. 방청객이 제3자적 입장에서 의견을 발표하는 것도 가능(예: 러브
　　호텔 건축허가 취소)

(4) 먼저 참석자들에게 주제에 대한 개괄적인 찬반양론의 논거에 대해 객
관적으로 설명을 하고, 궁금한 점에 대해 질문을 받는다. 필요하다면
상황이 자세히 소개된 신문기사나 책을 나누어주고 학습하게 한다.

(5) 터부토론의 규칙과 터부단어를 전체가 함께 결정하거나 배심원단에
일임을 할 수도 있다. 토론의 규칙 또한 모두가 함께 결정할 수도 있
고 때에 따라서는 배심원들이 정할 수도 있다.

　가. 터부단어 선정: 러브호텔, 교육, 현행법, 재산권

　나. 게임규칙 토의: 작전시간, 1회 발언시간 1분, 최종변론 3분, 2회
　　작전타임, 대표교체 가능, 배심원 판결, 방청객 피드백 등

(6) 찬성측과 반대측은 질문이나 변론을 교환하고, 발언자격은 맨 앞에
앉은 두 명만 할 수 있으며, 선수교체는 2번 가능하다. 그리고 마지막
으로 일정한 시간동안 배심원에게 최후변론을 한다.

(7) 정해진 규칙에 따라 토론시간이 다 경과한 후에는 배심원들이 토론의
승자를 가린다.

(8) 토론이 끝나면 참석자들은 자신들의 역할에 대해 스스로 평가를 내린
다. 만약 교육의 인원이 많아서 방청석에도 사람들이 있었다면 이들의
의견을 듣는다. 방청객과 각 역할을 수행한 사람들 간의 느낌과 평가
를 주고받으며 마무리 피드백(feedback)을 한다. *신두철

## ▌참고문헌

신두철·허영식(2007).『민주시민교육의 정석』. 서울: 도서출판 오름.
지그프리드 프레쉬 외, 신두철 외 역(2007).『시민교육방법 트레이닝』. 서울: 엠-
에드.
허영식·신두철(2007).『민주시민교육 핸드북』. 서울: 도서출판 오름.

# 23

# 찬반토론

## 1. 해설

### 1) 찬반토론의 역사와 개념

서구 사회에서 토론은 멀리 고대 아테네의 민주주의로 거슬러 올라간다. 민주주의하에서 모든 정치적 법적 결정은 시민들의 참여를 통해 이루어졌다. 이러한 정치적 참여에서 중요한 것은 의제 설정과 동의를 구하는 과정이었다. 그것은 자신의 주장을 타인에게 효과적으로 설득하는 기술과 반대하는 주장을 효과적으로 방어하는 기술이 필요하였다. 민회나 법정에서 토론은 마치 경기장에서 승리를 위해 싸우는 운동경기와 마찬가지였다. 다만, 언어를 가지고 승리를 판가름 내는 것만이 차이가 있었다. 승리를 위해 언변을 효과적으로 사용하는 기술을 '수사학'이라 불렀고, 당시 수사학을 가르쳤던 정치교사들을 '소피스트'라 불렀다.

토론 문화와 수사학의 중요성은 로마에서도 계속되어 "문화의 여왕"으로 자리매김하였다. 그러나 토론 문화는 중세의 긴 시간 속에서 쇠퇴기를 거쳐 근대 이후 영국에서 다시금 그 중요성이 부각되었다. 개인의 자유가 최고의 가치로 여겨진 자유주의 탄생과 발전은 출판과 언론의 자유를 중요시하였고, 정치적 의사소통에서 자유로운 정치적인 토론과 연설 문화가 발달하게 되었다. 토론과 연설 문화는 자연스럽게 학교 교육에도 녹아들었다. 영국과 미국에서는 13세 이상의 학생들이 정규 수업 외에 토론클럽에 가입할 수 있다. 학교에서의 토론은 교사가 지도하고 학생들은 창조성, 공격능력, 관용과 유머를 연습하게 된다. 또한, 연설을 체계적으로 하는 방법, 접근방법, 수사학적인 요약방법 그리고 반대 주장에 대해 약점을 빨리 알아차릴 수 있는 능력도 훈련받는다.

한국 사회에서 토론 문화는 서구 사회와 비교했을 때 아직 초보적 수준에 머물러 있다. 국민이 가진 민주주의와 시민성에 대한 인식이 깊지 못한 것도 이유가 되겠지만, 더 근본적인 이유는 학교 교육이 민주성과 시민성을 양성하기 위한 교과 방법론 부족 그리고 더 좋은 상급학교의 진학이 교육의 목적이 되어버린 현실과 무관하지 않을 것이다. 또한, 수업 방법에서 교사와 학생 간의 일방적 의사소통으로 학생들의 자발적이고 주체적인 수업 참여가 불가능한 것도 이유이다.

학생들로 하여금 자발적으로 자신의 정치적 입장을 확립시키고, 논리적으로 다른 사람들을 설득하고 반대 주장에 대한 합리적 반론을 펼 수 있는 능력은 민주시민교육의 중요한 바탕을 이룬다. 그렇다면, 민주시민교육 방법으로서 찬반토론은 무엇인가?

한스-베르너(Hans-Werner)와 마르쿠스(Markus)에 따르면 찬반토론은 양자택일을 하도록 표현된 정치적 문제에 관련되거나 결정해야 할 질문에 기초를 두고, 그 문제들이 두 명의 찬반 대변인, 여러 명으로 구성된 전문가, 한 명의 진행자에 의해 연출되며, 이에 극단적인 대립이 드러나고, 국민, 학생, 시청자들의 의견과 판단력 형성에 기여하는 논쟁적인 공론이다.

이를 통해 학생들은 판단력을 형성하는데 도움이 된다. 학생들은 제기된 문제에 대하여 다양한 입장을 분명히 찾아내는 법을 배우지만 무엇보다도 이러한 입장을 이해할 수 있게 증명하고 비교하면서 이 입장들을 대조시키는 것을 배운다. 이외에도 상대방의 대화를 경청하고 그 진술을 정확하게 다시 정리하고 해석하며 반대의견을 형성하거나 지지하는 주장을 찾는 능력을 습득하게 된다.

## 2) 방법론적 가치와 문제정향

찬반토론은 민주시민교육에서 정치적 판단력을 형성시키는 것을 목적으로 하지만 방법론에 있어서는 독립적이다. 그러나 그러한 방법론이 어떤 가치를 가지는지 학자마다 다른 의견을 가지고 있다. 클라우센(Claussen)은 찬반토론이 정치적인 주제의 제시와 습득의 형태로 이해하고 있으며, 믹킬(Mickel)과 기섹케(Giesecke)는 단지 대화 형태나 커뮤니케이션 기법으로 이해하고 있다. 그러나 페터 메씽(Peter Massing)은 좀 더 새로운 시각에서 찬반토론을 이해하고 있다.

찬반토론은 고도로 형식화된, 엄격한 규칙을 지향하는, 정치수업을 위한 방법으로 무엇보다도 이성적인 정치적 판단력에 기여해야 한다. 그 기초는 앵글로색슨족의 토론클럽의 전통적인 토론의 고전적인 형태이다. 그렇지만 특별한 장치와 진행 형태는 텔레비전으로부터 받아들였다. 토론은 수업대화나 수업토의와는 구별된다. 수업대화는 질문에 대한 답변, 상황의 문제화, 주제에 대한 성찰적인 고려에 관한 것이다. 수업대화에서는 대상에 대한 신뢰가 먼저 생성되어야 한다. 이에 반해 토의는 신뢰성을 이미 전제로 하는데, 이는 그 중심에 논쟁이 있기 때문이다. 토의는 일반적으로 공개적이며 시간상으로 제한되어 있지 않아야 한다. 이에 반해 토론은 시간적으로 제한되며 공식적이며 방법적으로 첨예화된 토의로서 여겨질 수 있다.

토론에서는 다양한 입장이 분명하게 밝혀지며, 상대적으로 의견을 표명, 대변하고 증명하며, 이를 비교하면서 대비시키고 표결로써 형식적인 결정을 유도해낸다. 토론에서는 분명한 목적이 있다. 이는 양자택일의 제의나 입장에 다수를 획득하는 것이다. 그래서 이 방법이 정치적 학습을 위한 특별한 방법으로도 특히 적합하다고 할 수 있다. 토론에서는 '좀 더 나은' 주장이 결정적이어야 하지만 또한 수단으로서 도움이 되는 전략적인 사고와 책략적인 고려도 합법적인 수단이다(Massing, 1998: 443).

이러한 메씽의 입장은 전통적 수사학 교육을 민주시민교육 혹은 정치 교육에 접목시킨 것으로 볼 수 있다. 여기에서 주목할 것은 찬반토론은 여러 상반된 주장들이 어떤 합의점을 찾고자 논의하는 토의와 구별한다는 점이다. 토론은 토의와는 다르게 결과적으로 어떤 하나의 편이 다른 편을 이기기 위한 전략적 전술적 고려도 합법적 수단으로 이해하고 있으며, 토론의 최종 결론에서 다수를 획득함으로써 승리가 결정됨을 강조하고 있다.

청소년들에게 이와 같은 기본적인 요구는 찬반토론을 특별히 어려운 수업으로 느끼게끔 할 수도 있다. 이 방법은 학생들로 하여금 어떤 입장을 가지도록 강요한다. 논쟁의 여지가 있는 문제는 두 개의 대안, 즉 찬성과 반대가 포함된다. 먼저 학생들이 작은 모둠으로 하나의 입장에 대해 준비하도록 국한하면서 그들에게 익숙지 않은 관점을 받아들인다. 그들은 논쟁에 필요한 자료와 그들의 입장을 지지할 수 있는 사항과 비판할 사항들을 철저하게 준비한다. 학생들은 자료 수집과 연구 과정에서 이미 상대방의 입장과 맞서 있다.

## 2. 실천 및 적용 사례

### 1) 주제 설정

찬반토론을 계획하는데서 가장 중요한 요소는 주제의 설정이다. 어떤 주제가 토론에 참가하는 학생들에게 추상적이거나 의미를 부여할 수 없다면 그러한 주제를 가지고 토론하는 것은 자기 문제로 인식되지 않는다. 교사는 의미 있으며, 구체적으로 표현되고 학생들에게 피부에 닿는 문제를 주제로 선택해야 한다. 학생들에게 토론되어야 할 주제가 '진지하게 받아들여야만' 인신공격이나 말장난을 피할 수 있다. 주제는 현실에서 제기되는 가치문제, 정치적 이해 또는 정치 문화에 대한 것, 예를 들면 새만금 사업과 같은 간척 사업에 대한 문제나 미국 쇠고기 수입과 같은 문제, 징집거부에 대한 문제 등이 될 수 있을 것이다. 또는 두발 자율화의 문제 등과 같은 자신들에게 현실적으로 드러나는 문제 등도 주제로 삼을 수 있다. 질문은 '예'와 '아니오'로 분명하게 대답 되고 증명될 수 있어야 한다. 수업에 참여하는 교사는 학생들에게 어떤 선택이 어떤 결과를 강요하는지 문제의 심각성과 절박성 그리고 합리적 선택의 중요성이 드러나도록 문제를 제시하고 구상해야 한다.

## 2) 출연자의 확정

찬반토론의 학습방법에서의 두 번째 단계는 출연자를 정하는 것이다. 이미 텔레비전이나 라디오 방송에서 많은 토론 프로그램이 방영하고 있다. 교사는 하나의 방송을 선택하여 학생들에게 보여주고 벤치마킹을 한다면 쉽게 출연자를 확정할 수 있을 것이다.

### (1) 찬성과 반대 대변자의 선정

교사는 우선 두 개의 모둠을 만들고 각각의 모둠에서 찬성과 반대를 대변할 대변자를 선택한다. 대변자의 역할은 가장 어려운 역할이다. 이 역할은, 성취력이 강한 학습자들이 맡아서 각 모둠에서 신중하게 준비해야만, 토론이 잘 진행될 수 있다.

### (2) 토론의 진행자

진행자는 표결을 관장하며, 규칙과 시간을 지키도록 주의를 환기시킨다. 진행자는 찬성과 반대를 하는 대변자들의 내용에 대해서는 중립성을 유지하면서 토론이 완만하게 진행될 수 있도록 그 과정에 책임을 져야 한다.

### (3) 청중

다수를 이루는 청중의 역할은 단순히 수동적인 정보의 수신자가 아니라 구체적인 관찰자와 판단자의 역할을 맡는다. 청중은 토론이 끝난 후 표결을 통해 찬반논증의 질과 설득력, 그리고 토론의 결론을 이끌어 낸다.

## 3) 공간의 구성

공간의 구성은 텔레비전 토론 프로그램과 유사한 연출을 한다. 진행자는 중심에 있어야 하며 찬성과 반대의 대변자들은 서로 마주 보고 앉도록 좌석을 배치한다.

〈표 1〉 찬반 토론을 위한 좌석 배치도의 예

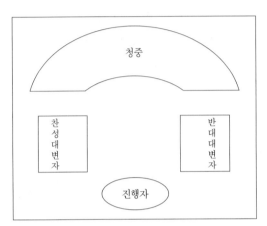

## 4) 찬반토론 절차

찬반토론의 진행은 엄격한 시간 통제와 대화의 규칙에 따라 진행한다. 그리고 무엇보다도 중요한 것은 출연자들이 주장하는 찬성과 반대가 입장이 다른 학생들뿐만 아니라 청중에게도 명확하게 제시되어야 한다는 점이다. 진행자는 문제를 밝히고 대변자를 소개하며 대화규칙과 경과에 대해 설명하고 시간을 엄수하도록 주의한다. 먼저 청중들이 찬성과 반대에 대해 표결을 한 다음 대변자가 각각 변론을 발표한다. 몇 번의 토론 과정을 거치면서, 자신들의 주장에 대한 변호와 다른 입장의 주장에 대한 반론을 진행해간다. 평가와 검토 단계 이전에 청중이 다시 표결을 한다. 이러한 찬반토론의 진행 과정을 간단히 도식화하면 다음과 같다.

진행자 발언: 토론주제에 대한 설명
대화 규칙 및 발언 시간에 대한 안내 (4분)
↓
찬성자와 반대자의 지지 발언 (각 1분 이내)
↓
청중의 첫 표결 (5분)
↓

찬성 대변자의 변론 (1분)
↓
반대 대변자의 변론 (1분)
↓
찬성과 반대자의 보충 주장과 반론 (10분)
↓
찬성 대변자의 마지막 변론 (1분)
↓
반대 대변자의 마지막 변론 (1분)
↓
청중의 표결 (5분)

5) 토론평가회

평가회에서는 토론을 마치고 토론에 대한 평가와 부족한 면을 비판적으로 언급한다. 평가는 크게 3단계로 이루어질 수 있는데 우선 찬성과 반대의 대변자들의 주장에 대해서, 다음으로는 질문과 반박이 적절하게 이루어졌는가에 대해 마지막 정리단계로 찬반토론 이전과 이후의 자신의 의견이 어떻게 변화 발전했는가 자신의 생각을 발표한다. 이것을 아래와 같은 표로 정리

〈표 2〉 토론평가회를 위한 평가기준표

| 단계 | 평가기준 |
|---|---|
| 주장세우기 | 1. 내용의 구조가 짜임새 있는가?<br>2. 주장이 구체적인가?<br>3. 발표태도는 좋은가?<br>4. 알맞은 논증으로 자신의 주장을 펼쳤는가? |
| 질문 및 반박하기 | 1. 상대방의 주장을 정확하게 이해하고 있는가?<br>2. 논점을 잘 정리하고 질문하였는가?<br>3. 비판의 근거는 타당한가? |
| 정리단계 | 1. 토론 이전보다 나은 점이 있는가?<br>2. 찬성과 반대의 논점을 명확하게 이해하고 정리하였는가?<br>3. 두 결과에 대해 자신의 대안은 무엇인지 생각했는가? |

할 수 있다. *이한규

**▎참고문헌** ────────────────────────────────

배한동(2006).『민주시민교육론』. 대구: 경북대학교 출판부.
선거연수원(2008).『참여자 중심의 민주시민교육 방법』. 서울.
지그프리드 프레쉬 외, 신두철 외 역(2007).『시민교육방법 트레이닝』. 서울: 엠-
　　에드.
허영식(1997).『민주시민교육의 방법』. 서울: 학문사.

**24**

# 토론문화 형성 학습

## 1. 해설

본 기법은 쟁점 사안에 대해서 학습자 자신의 생각을 보다 명확히 하는 연습을 통해서 자신과 다른 의견을 이해하며 토론을 통한 의사소통의 중요성을 인식하는데 목적이 있다.

토론 학습은 첫째, 특정 주제에 대해 찬성과 반대의 의견을 가진 학습자들의 상반된 구두 발표를 바탕으로 해서 달성하고자 하는 학습 성과를 학습자 스스로 발견하여 알게 한다. 둘째, 토론 학습은 외부에서 지식을 강제로 주입하는 것이 아니라, 학습자 개개인의 특성과 경험, 그리고 그들의 사고 작용을 최대로 활용하여 학습자가 자발적으로 일정한 학습 성과에 도달하도록 한다. 셋째, 토론 학습은 개념 학습과 학습 자료에 대한 효과적인 이해, 나아가 논거와 자료를 평가하는 능력 등의 비판적 사고력 향상에 기여한다. 넷째, 토론 학습은 구두 표현에 의존하는 집단 사고의 과정으로서 원래 학습자 자신만으로는 해결할 수 없는 문제를 서로 의견 교환을 통해 해결함으로써, 자유롭게 자신의 의견을 말하고 타인의 의견을 수용하며 협력하는 가운데 탐구 정신과 협동정신을 기르게 된다. 다섯째, 토론 학습은 학습자들에게 반성적 사고의 기회를 부여하고 학습자 자신의 지식과 경험을 재구성하도록 촉진하며 의사소통 능력을 증진하게 한다.

## 2. 실천 및 적용 사례

### 1) 수업 지도안

| 수업 주제 | 바른 토론 문화란 무엇인가 | 수업대상 | 고등학생 | 수업 시간 | 50분 |
|---|---|---|---|---|---|
| 수업 목표 | • 의사소통의 중요성을 안다.<br>• 쟁점사안에 대한 이해와 자신의 생각을 보다 명확히 하는 연습을 한다.<br>• 자신과 다른 의견을 이해하며, 비판할 수 있는 능력을 키운다.<br>• 토론을 통해 의사소통 방법을 익히고, 바른 토론의 자세를 배운다. | | | | |
| 수업방식 | 1. 옳지 못한 토론 예시 제시<br>　– 동영상을 보고 원활하지 못한 토론의 원인 알아보기<br>　– 토론 규칙의 필요성 깨닫기<br>2. 토론 규칙 설명<br>　– 원활한 의사소통을 위해 필요한 자세 알아보기<br>　– 올바른 토론문화 형성을 위한 기본자세 배우기<br>3. 토론 역할 분담<br>　– 각각의 역할(찬성, 반대, 배심원, 심판)을 잘 숙지하고 최선을 다해 임하기<br>4. 토론 주제 제시<br>　– 고등학교 학생의 눈높이에 맞추어 쉽게 접근할 수 있는 일상적인 주제 선정하기<br>　– 토론 주제를 상황극으로 제시하여 흥미와 이해력 높이기<br>5. 토론 진행<br>　– 토론의 진행부터 과정, 평가 모두 학생들이 직접 이끌어 나가기<br>　– 선생님이 제시한 토론의 규칙 지키며 참여하기 | | | | |
| 수업방식 | 6. 토론 진행과 배심원 판정 및 평가<br>　– 배운 내용 직접 실천<br>　– 평가 및 피드백 필요 | | | | |
| 준비물 | • 동영상 자료(EBS TV토론, MBC 9시뉴스 대만생방송토론 보도)<br>• 찬반쟁점에 대한 자료(ppt 자료)<br>• 역할(찬성, 반대, 배심원, 심판)을 표시하는 푯말<br>• 토론자의 명찰<br>• 토론 평가서 | | | | |

| 준비물 | • 경고카드(엘로카드, 레드카드)<br>• 토론 승리 팀 판정 카드 | |
|---|---|---|
| 단계 | 주요 활동 | 소요시간 |
| 도입 | 옳지 못한 토론 예시 제시(동영상 관람) | 10분 |
| 전개 | 토론 역할 분담 및 방법 설명 | 5분 |
| | 토론 규칙 설명 | 5분 |
| | 토론 주제 제시 | 5분 |
| | 토론 진행 | 15분 |
| 마무리 | 배심원 판정 및 평가 발표 | 5분 |
| | 결과 정리 및 피드백 | 5분 |
| 참고자료 | EBS TV토론, MBC 9시뉴스 대만생방송토론 보도<br>• http://video.naver.com/2007071301301482273<br>• http://qtv.freechal.com/Viewer/QTVViewer.asp?qtvid=57615&srchcp=N&q=<br>토론%20 | |

2) 진행순서
- 1번 교사, 2번 교사가 전체 수업 진행한다.
- 보조 교사가 교구 준비를 맡는다.

(1) 자리 배정(수업 시작 전 준비단계)
• 보조 교사는 프레젠테이션으로 자리배치도를 준비한다.
• 제비뽑기나 다양한 방식으로 모둠 원 각각의 역할을 정한다.
  예) "혈액형이 _형인 학생 손 들어주세요. (손 든 학생의 수를 살피며) 손을 든 학생들은 교실 앞으로 나와 주세요. (전체 8명인 경우)1번 자리에 2명, 2번 자리에 1명, 3번 자리에 2명, 4번 자리에 3명 이상 나눠서 화면대로 앉아주세요."

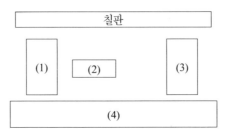

\* 1번 자리와 3번 자리는 서로 마주 볼 수 있도록 한다.


(2) 도입(동영상 시청-10분)

- 보조 교사는 동영상 자료를 준비한다.
- "자, 이제 수업을 시작하겠습니다. 여러분은 경인고등학교 1학년 학생들입니다.

  이 수업에서는 바른 토론의 자세를 배우기 위해, 정해진 토론 규칙에 따라 여러분이 직접 토론을 해보는 시간을 가질 것입니다. 이제 동영상 두 편을 잠깐 보도록 하겠습니다."
- EBS TV 토론, MBC 9시 뉴스에서 보도한 대만 생방송 토론 동영상을 시청하도록 한다.
  - http://video.naver.com/2007071301301482273
  - http://qtv.freechal.com/Viewer/QTVViewer.asp?qtvid=57615&rchcp N&q=토론%20
- 동영상을 시청하면서 올바르지 못한 토론의 예를 학생들에게 제시한다. 또한 학생들로 하여금 바른 토론을 위한 규칙의 필요성을 깨달을 수 있도록 한다.
- 동영상 시청 후(학생들의 대답을 유도하고 발표한다.)

  "동영상을 보고 무엇을 느꼈어요?

  첫 번째 동영상은 여자 토론자가 남자 토론자에게 굉장히 인신공격적인 발언으로 토론의 분위기를 해친 경우였어요. 그리고 두 번째 동영상은 상대방의 발언을 존중하지 않아 폭력까지 일어난 바르지 못한 토론 모습이에요.

이렇게 방송을 통한 공식적인 토론에 각 계의 저명인사 토론자로서 참여했음에도 불구하고, 이런 불미스럽고 바르지 못한 토론이 이루어졌어요. 이것은 아직 우리 사회에 의식 있고 올바른 토론 문화가 정착되지 않았음을 말해줍니다.

토론을 할 때에도 예의를 지켜야 좋은 의견을 교환하고 그 참다운 의미가 있겠죠. 그래서 이번 시간에는 여러분들이 직접 토론을 진행하면서 토론 규칙을 지키고 습득할 수 있는 활동을 하겠습니다."라고 말하며 자연스럽게 도입에서 전개단계로 진행한다.

(3) 토론 역할 분담 및 토론 방법 설명(5분)
• 토론 역할 분담
"이제 여러분에게 각각의 역할을 줄게요. (팻말을 놓아주면서) 오른쪽 앞에 2명은 토론주제에 대해 찬성하는 팀이고, 왼쪽 앞에 2명은 반대하는 팀입니다. 그리고 이 가운데 학생은 심판이자 이 토론의 진행자입니다. 그리고 나머지 뒤에 앉아 있는 분들은 배심원으로서 아주 중요한 역할을 맡을 거예요. 우리가 할 토론은 승패를 가르는 방식으로 할 것이니 모두 즐겁게 참여해 주었으면 좋겠어요."
• 보조교사는 배심원들에게 판정카드와 평가지, 찬성 팀과 반대 팀에게 명찰을 나눠 준다.
심판에게는 경고카드를 주고, 시계(또는 스톱워치)를 준비하도록 한다.
• "지금 보조 선생님이 나눠주는 걸 받고, 찬성 팀과 반대 팀은 각자 명찰에 이름을 쓰고 가슴에 달아주세요. 그리고 배심원들은 판정카드를 한 장 받고, 평가지는 4장을 받아서 각각의 토론자들의 이름을 쓰세요. 평가지 옆에 붙어있는 분홍색 종이는 찬성 팀, 파란색은 반대 팀을 표시한 것입니다."
• 모두 준비가 된 후 각각의 역할을 설명한다.

"이제 토론에서 찬성 팀과 반대 팀이 서로 경쟁을 할 텐데, 승패의 기준은 다음에 제가 제시하는 토론의 규칙을 얼마나 잘 지키는 가입니다.

배심원들은 평가지에 각각 토론자에 대해 평가 항목에 따라 채점합니다. 심판 중 한 명은 발언시간을 재서 1분이 넘어가면 '그만'을 외쳐주시고 토론을 진행해주세요. 그리고 토론 중에 찬성 팀, 반대 팀이 규칙을 지키지 않을 때 경고카드를 들어주세요. 심판의 경고 또한 배심원들이 평가에 넣으시면 됩니다. 토론이 끝난 다음, 평가에 따라 승리한 팀을 결정할 것입니다.

친한 친구라고해서 절대 봐주는 건 안돼요. 알겠죠?"

(4) 토론 규칙 설명(5분)

- 보조 교사는 토론 규칙을 설명하는 ppt 자료를 제시한다.
- 토론 규칙을 설명한다.

"자, 그럼 앞 화면을 봐 주세요. 이것은 선생님이 만든 올바른 토론을 하기 위한 규칙이에요.

이 규칙은 이번 시간에 여러분이 하게 될 토론에서 반드시 지켜야할 약속입니다.

자 그럼 , 본격적인 토론에 앞서 토론할 때 지켜야할 규칙에 대해서 알아볼까요?"

- 화면에 있는 토론 규칙 모두를 학생들이 충분히 인지할 수 있도록 설명한다.

시간이 부족하다면 밑줄 친 규칙을 주로 읽도록 한다. (규칙의 중요성을 상기시킨다.)

"특히, 마지막 ⑧번 규칙은 많은 사람들이 은연중에 하는 행동입니다. 이러한 행동은 주장의 신빙성을 떨어뜨리고, 설득력을 잃기 때문에 주의해야 합니다.

이 규칙을 꼭 지켜야 토론이 원활하게 진행 될 수 있겠죠? 그리고

## 토론 규칙

① 발언은 이름, 주장, 근거 순으로 반드시 지킨다.
② 반드시 긍정 쪽이 먼저 주장과 이유와 논증을 펴면, 부정하는 쪽이 이어 발언한다.
③ 상대방의 발언의 주장의 허점을 찾아 반박하는 것이 좋다.
④ 발언 시간은 한 사람당 1분을 넘지 않는다.
⑤ 다른 사람이 발언할 때 집중하여 듣고, 딴 짓하지 않는다.
⑥ 발언 시 다음과 같은 말은 하지 않는다.: 지연어 (예) 음…, 어 ~ ,뭐지?, 저… 등등, 인터넷 채팅용어, 비속어, 줄임말 등 (예) 안습, 여친, 남친 등등
⑦ 발언 시 눈은 배심원을 향하고, 한쪽에만 시선을 고정하지 않는다.
⑧ 발언할 때 몸에 손을 대지 않는다.

④~⑧번을 어길 시에는 심판이 경고 카드(옐로카드), 두 번 어길 시에는 경고 카드(레드카드)를 제시하고, 그 사람의 발언 기회를 박탈한다.

게임의 규칙이기도 하니까 꼭 지켜주길 바랍니다."

(5) 토론 주제 및 자료 제시(5분)
  – 주제: 고등학생의 이성교제
  – 보조교사 토론 주제를 파워포인트 자료로 제시한다.

한나는 경인고등학교 1학년생입니다. 최근 한나의 어머니에게는 고민이 생겼습니다.
한나의 중간고사 성적이 떨어지고 핸드폰 요금이 올라가더니, 주말에도 가족과 함께하기보다는 외출이 잦아졌습니다. 그런 모습에 걱정이 되어 한나에게 물어봤더니, 얼마 전부터 남자 친구와 교제하기 시작했다고 털어놓았습니다.
한나의 어머니는 한나의 이성교제를 허락해야 하는지, 아니면 반대해야하는지 고민하게 되었습니다. 여러분이 한나 어머니라면 어떻게 하시겠습니까?

• 학생들이 토론 주제를 충분히 이해할 수 있도록 한다.
  "그럼, 토론 주제를 살펴볼게요. 여러분 중에 현재 이성친구가 있

는 학생 손들어 보세요. 그럼, (한 명을 지목하여) 학생이 앞 화면에 있는 상황극의 주인공이라 생각하고 읽어보겠어요?

이 상황에 대해 많은 의견이 있을 겁니다. 이 주제에 대해 토론하기 전에, 2분의 시간을 주겠어요. 주어진 시간동안 찬성 팀, 반대 팀은 의견을 정리하고, 발언순서를 정해주세요.

배심원들은 평가지의 항목을 잘 읽고, 나머지 비어있는 빈 칸에 자신이 생각하는 올바른 토론 규칙, 평가기준을 만들어주시기 바랍니다."

- 학생들에게 2분의 시간을 준다.
- 2분의 시간 동안 교사는 심판석의 학생 토론 진행 요령을 설명한다.

(6) 토론 진행(15분)

- 2분 후

   "토론을 시작하겠습니다. 토론을 진행해 주세요."

① 찬성 팀부터 발언하도록 한다.
② 심판은 사회자가 되어 토론을 이끌어 나간다.
③ 심판은 발언 시간인 1분의 시작과 끝을 알린다.
④ 발언 중 토론 규칙을 어길 경우, 심판은 준비한 노란 카드를 제시하여 경고한다.
⑤ 토론 규칙을 두 번 어길 경우에는 빨간 카드를 제시하여 발언 기회를 주지 않도록 한다.
⑥ 배심원은 주어진 평가지의 항목에 따라 토론자의 점수를 매긴다.

(7) 배심원 판정 및 평가 발표 및 피드백(10분)

- 토론이 끝난 후 배심원의 판정

   "모두 수고하셨습니다. 이제 배심원 여러분은 평가 점수를 계산해서 승리한 팀을 정해 주세요.

   그럼, 하나 둘 셋 하면 그 팀의 카드를 들어주세요. 하나 둘 셋!"

- 보조 교사는 각각의 카드 개수를 세어 승리한 팀을 판정한다.
- 학생들에게 각각 토론하면서 배운 점이나 느낀 점을 발표하도록 한다.

"찬성/반대 팀이 이겼네요. 그럼 왜 그런 판단을 내렸는지 배심원 중 한 분에게 물어보도록 하겠습니다. 토론 규칙 마지막에 뭐라고 쓰셨나요? (학생 발표)

그렇다면 토론이 어땠는지 총평이나 자신이 느꼈던 점을 발표해 주세요. (학생 발표)

그럼 이 토론에서 승리한 찬성/반대 팀의 소감을 듣도록 하겠습니다. 또 이번 토론을 통해 느꼈던 점을 대표 한 명이 일어나서 말씀해 주시기 바랍니다. (학생 발표)"

• 이를 바탕으로 토론자들과 배심원들의 토론 실력을 더 향상할 수 있도록 유도한다.

(8) 결과 정리

• 토론 전반에 대한 평가와 함께 수업을 마무리한다.

"여러분이 각자 맡은 역할에 최선을 다해주어서 정말 재밌는 수업 이 될 수 있었습니다. 그리고 대체적으로 토론 규칙을 잘 지켜서 멋 진 토론이 된 것 같네요.

앞에서도 말씀 드렸듯이, 이 수업에서 중요했던 점은 쟁점에 대한 토론 결과보다는, 토론 과정에서 앞서 제시한 토론 규칙을 잘 지킴으 로써 상대방을 존중하고, 자신의 의견을 정확하고 논리적으로 펼치 는 태도를 익히는 것입니다.

평가지는 제가 걷어서 토론자에게 나눠주겠습니다. 토론자들은 평 가지를 보면서 이번 시간에 자신이 참여한 태도를 반성하도록 해요. 그럼, 수업을 마치겠습니다."

• 보조 교사가 평가지를 걷어서 토론자 각각에게 나눠준다.

＊신두철

**▌참고문헌** ───────────────────────────

신두철·허영식(2007). 『민주시민교육의 정석』. 서울: 도서출판 오름.

지그프리드 프레쉬 외, 신두철 외 역(2007). 『시민교육방법 트레이닝』. 서울: 엠-
　　에드.

허영식·신두철(2007). 『민주시민교육 핸드북』. 서울: 도서출판 오름.

# 25

# 가치명료화 학습

## 1. 해설

'가치명료화' 라는 용어는 두 가지 의미로 사용된다. 첫째는 보통명사로서 사실들과 가치들 간의 혼동으로부터 가치를 명료하게 분석한다는 의미이다. 둘째는 고유명사로서 사용되는 것으로 래쓰(L. Rath), 하민(M. Harmin), 사이몬(S. Simon)이 그들의 저서 『value and teaching』에서 제시한 의사결정 모형의 한 가지로서 가치명료화를 말한다. 후자는 가치교육 방법으로서 가장 널리 알려진 모형의 하나이며 본 글에서 취급하는 가치명료화 학습을 말한다.

가치명료화 모형의 첫 번째 특징은 가치주입에 대한 명백한 반대를 선언하고 있다. 다시 말해서, 가치는 결코 주입(注入)으로부터 나올 수 없다는 점이다. 왜냐하면 오늘날 명백하게 합의된 도덕원리나 가치는 존재하지 않기 때문이다. 그러므로 특정 가치나 덕목을 학생들에게 가르쳐서는 안 되며 그 대신 '가치화(valuing) 과정'을 가르쳐야 한다는 것이 이들의 주장이다.

가치주입이란 암묵적으로 가치의 절대주의를 전제하는 것으로서 외부에서 결정된 가치나 신념을 학생에게 집어넣는 것, 곧 교화(教化, indoctrination)를 가리킨다. 교화는 어원적으로 '가르치다'라는 뜻의 라틴어 'docere'

와 '가르침'이라는 뜻을 가진 'doctrina'의 본래 의미에서 벗어나, 오늘날 진리가 아닌 허위를 가르치는 것이나 진리를 가르치되 그것이 진리임을 뒷받침하는 근거를 제시하지 않고 무비판적 맹목적으로 수용하게끔 하는 것이라는 부정적인 의미로 사용되고 있다. 가치주입은 합의되지 않은 성인들의 가치를 강요하며, 비판적 사고를 저해하며, 개인의 자율성을 인정하지 않는 방법이라는 것이 이들의 주장이다. 독일의 시민교육에서 중요한 토대를 이룬 1976년의 '보이텔스바흐 합의(Beutelsbacher Konsens)'도 교화란 학생의 자율성을 해치는 것으로서 민주주의 원칙에 어긋난다는 점을 지적하고 있다.

그런데, 사회유지를 위해서는 민주사회의 기본가치를 교화해야 한다는 견해가 제기된다. 피터즈(R. Peters)나 교화를 강하게 반대하는 콜버그(L. Kohlberg) 같은 학자들도 이런 측면에서 개인의 존엄, 자유, 평등, 타인에 대한 배려와 같은 기본가치들의 교화 불가피성을 인정하고 있다(Peters, 1988: 351).

그러나 여기에도 조건은 있다. 교화는 민주사회의 기본가치에만 한정된다는 점이다. 그리고 미성숙 아동이 자율적으로 사고할 수 있도록 도와준다는 차원에서만 정당화될 수 있다. 그러므로 우리가 비판하려고 하는 교화는 사회의 기본가치가 아닌 교사 개인의 가치를 학생들에게 주입하려고 하는 경우와 학생의 자율성과 합리성을 저해하는 방법으로 가치를 주입하는 경우에 한정된다고 볼 수 있다.

가치명료화 모형의 두 번째 특징은 가치를 개인적인 것으로 본다. 이 모형은 개인 문제와 사회 문제(issues) 등 모든 가치문제를 개인적인 것으로 본다. 곧 가치화 과정은 개별적 과정이므로 집단적 합의를 통해서 가치가 형성된다고 보지 않는다. 실제로 래쓰는 가치란 개인적인 경험의 산물이라고 주장한다. 우리 사회에서 모든 사람이 각기 나름의 관점과 가치를 가질 수 있다는 것은 당연하다. 왜냐하면 가치는 개인적인 것이기 때문이다(Rath, 1994: 54). 이들이 '가치는 개인적인 것'이라고 주장하는 이유는 가치를 자유롭게 받아들여야 그 가치가 그 사람의 생활 속에서 실제로 영향력을 행사할 수 있다고 보기 때문이다. 따라서 래쓰의 모형은 인간의 사고를 토대로 자기 문제를 자기 스스로 결정하겠다는 자율성 강조의 모형이다.

가치명료화 모형의 세 번째 특징은 명료화(clarification)라는 분석 작업을 최초로 가치탐구 교육에 도입한 점이다. 사실과 가치가 서로 뒤엉킨 문제 상황에서 명료화 작업을 통해서 애매모호한 용어의 정의를 명확히 하고, 사실과 가치를 구분하고, 가치와 이에 대립하는 또 다른 가치를 구분하고, 가치판단(의사결정)과 실천을 구별하는 작업을 통해서 합리적 의사결정을 추구한다는 것이 이 모형의 우수한 점이다. 곧 용어-사실-가치-실천의 구분을 명확히 하고 나아가서는 가치판단과 이의 실천의 일관성을 집요하게 추구한다는 점이 장점이다.

이러한 명료화 작업을 숙달시키기 위한 여러 방법론들이 있지만 그 중에서 명료화 응답을 사용하는 대화 전략, 가치지(value sheet)를 활용한 쓰기 전략, 토론 전략, 결과 인식 확대 전략 등이 대표적인 방법론이다.

명료화 응답을 활용하는 대화 전략은 학생이 표현한 발언과 행동에 대해 학생 스스로 더 깊이 생각할 수 있도록 유도하는 것이다. 곧 교사의 질문이 학생의 사고를 자극하는 것이다. 학생들의 마음에 의문을 불러 일으켜서 그들의 생활들, 행동들, 생각들을 검토해 보도록 부드럽게 자극하는 데 그 목적이 있다. 이 방법은 개인의 의사결정권을 존중하는 것이며 보통 한 번에 한 학생을 대상으로 실시된다.

가치지 쓰기 전략은 주로 가치지 활용을 통해서 이루어진다. 자극을 주는 지문과 일련의 질문으로 구성된 가치지를 통해 진행된다. 학생들은 문제 상황과 관련하여 자신의 관점과 선택을 써보고 이에 따른 행동을 하도록 요구받는다. 명료화 응답이 한 개인을 대상으로 진행된다면 가치지는 전체 학생 혹은 토론을 염두에 두고 진행된다. 명료화 응답이 특정 학생의 특정한 표현을 다룬다면 가치지는 대다수 학생들에게 중요한 아이디어를 취급한다. 문학작품의 한 부분, 사건기사, 영화, 만화, 텔레비전 쇼 등등이 지문으로 제시될 수 있다. 쓰기 전략이 필요한 이유는 사람들은 때론 조용하면서도 힘든 사고를 거침으로써 좋은 의사결정에 이를 수 있기 때문이다.

토론 전략은 자신의 가치를 다른 사람들에게 알리는 기회이며 서로의 가치가 다르다는 것을 확인하면서 관용과 경청의 태도를 배우는 전략이다. 대집단 토론에서는 몇몇 말하기 좋아하는 학생들이 토론을 독점하지 않도록 세밀한 준비 계획이 요구된다. 풍요롭고 반성적인 토론이 되기 위해서는 첫째로 흥미를 유발시킬 수 있는 주제를 잘 선택한다. 둘째로 발언하기 전에 생각하도록 학생들을 격려한다. 셋째로 학생들 모두가 골고루 토론에 참여하도록 토론을 구조화한다. 예를 들면 학생들을 소집단으로 나눠 토론하도록 한다. 넷째로 학생들이 토론에서 뭔가의 배움을 도출하도록 도와야 한다.

결과인식 확대 전략이란 학생들이 그들의 행위로부터 야기되는 결과를 보다 넓게 멀리 바라보고 주의 깊게 생각하도록 자극하려는 것이다. 이 전략은 우리가 미래의 결과를 예상해 봄으로써 우리는 더욱 지성적으로 우리의 의사결정과 행동을 취할 수 있을 것이라는 가정 아래 성립된다.

이러한 전략들의 숙달 위에서 그들은 의사결정을 위한 가치명료화 7단계를 소개한다. 7단계 과정은 가치자체의 본질보다는 '가치화의 과정' 곧 '어떻게 해서 가치가 형성되는가?' 하는 과정에 더 많은 관심을 기울이고 있다 (Rath, 1994: 45-8).

❖ 선택(choosing)
① 자유로운 선택: 가치가 개인에 의해 정말로 '가치'가 되려면 자유롭게 선택되어야 한다.
② 여러 대안으로부터 선택: 대안이 둘 이상 있어야 선택은 비로소 가치가 될 수 있다.
③ 숙고 후 선택: 각 대안들의 결과에 대해 사려 깊게 검토한 후 선택한다. 충동적이거나 생각이 없는 선택은 가치가 아니다.
❖ 존중(prizing)
④ 선택의 존중: 자기의 선택에 대해 만족한다. 우리가 어떤 것을 가치라고 할 때, 그것은 긍정적인 의미를 가진다. 우리는 그것을 자랑스럽게 여긴다. 소중하게 여긴다. 존경한다. 사랑스럽게 여긴다. 행복해 한다.
⑤ 선택의 확인: 자기의 선택이 정당하다는 것을 근거를 들어 타인에게 분명하고도 자신있게 말한다. 각자는 그의 가치를 기꺼이 공개할 수

있다. 필요할 때는 그의 가치를 방어할 수 있다.

❖ 실천(acting)

⑥ 선택에 따른 실천: 선택은 행동으로 옮겨져야 한다. 가치가 실제의 삶의 방향을 제시하지 못한다면 그것은 사실상 가치일 수 없다.

⑦ 실천의 반복과 일관성: 자신의 행동을 반복 실천함으로써 삶의 방식으로서 일관성을 가진다. 가치란 지속성을 가지는 것이다. 삶의 유형을 형성한다. 가치가 행동으로 단 한번만 옮겨진 이후 반복되지 않는다면 그것은 가치라 할 수 없다.

이처럼, 어떤 것을 가치라고 명명하기 위해서는 위의 7단계 과정을 거쳐야 비로소 가치라고 말할 수 있다는 것이 그들의 주장이다. 다시 말하지만 가치를 명료화한다는 것은 어떤 문제 상황 속에 포함된 용어의 불확실성을 제거하고, 사실과 가치를 명확하게 구분하고, 모호한 가치를 뚜렷하게 밝힘으로써, 서로 갈등을 일으키는 가치들을 확연히 드러내어 문제 상황을 해결하기 위한 사고를 더욱 정밀하게 할 수 있다는 것을 뜻한다.

그러나 가치를 개인적인 것으로 간주하는 이 모형은 상대주의라는 문제점을 내포하고 있다. 왜냐하면 이 모형에서 명료화의 대상으로 삼는 것은 개인적 가치이지 사회적 도덕적 가치는 결코 아니기 때문이다. 이 모형에서 관심을 갖는 것은 옳고·그름에 대한 판단이 아니라 좋고·싫음에 대한 판단이라고 지적하는 것은 그래서 적절하다(Hersh, 1989: 19).

래쓰와 그의 동료들은 가치명료화 모형이 윤리적 상대주의임을 인정하면서 오늘날 이 세상에는 하나의 진정한 종교, 하나의 진정한 도덕성, 하나의 진정한 정치제도 등은 존재하지 않는다고 반박한다(Rath, 1994: 머리말). 이 모형의 상대주의에 대해 콜버그도 다음과 같이 비판한다.

가치명료화는 가치에 있어서 유일한 정답은 없다는 원칙을 함축하고 있다. 만일, 이 프로그램이 체계적으로 진행된다면 학생들 스스로가 도덕에는 옳은 답이 없다는 것을 믿는 상대주의자들이 될 것이다. 예를 들어 컨닝을 하다가 들킨 학생은 교사의 가치와는 다를지 모르지만 그 자신의 가치위계에 의하면 컨닝을 하는 것이 옳은 일이기 때문에 자신은 잘못한 일이 없다고 주장할 수 있다(Fraenkel, 1994: 72 재인용).

실제로 래쓰는 시험을 볼 때 정직할 것인가? 아니면, 부정직할 것인가? 에 대한 문제 상황에 대해 어떤 설득력 있는 답변을 제시하지 못하고 있다. 왜냐하면 시험에서의 정직과 부정직 문제는 사회적 도덕적 가치임에도 불구하고 그들은 이를 개인적 가치로 취급하려 함에 따라 생기는 당연한 귀결이기 때문이다. 가치명료화 모형의 상대주의 문제점을 극복하기 위해 우리는 대략 세 가지 대안을 고려할 수 있다.

첫째는 이 모형에 대한 적절한 수정 보완작업을 취하는 경우이며, 둘째는 가치의 보편성을 추구하기 위한 가치분석 모형의 제시이며, 셋째는 건전한 상식에 호소하는 의사결정 정당화 방법을 생각해 볼 수 있다.

첫 번째로 우리는 키센바움이 제안한 수정된 가치명료화 모형을 제시할 수 있다. 키센바움은 이 모형의 7단계 과정을 다음과 같이 보완해서 제시한다(Kirschenbaum, 1973: 105-6).

❖ 느낌(feeling)
① 각 개인의 내적 경험에 대해 마음을 열기
② 각 개인의 내적 경험을 이해하고 받아들이기
❖ 사고(thinking)
① 비판적으로 사고하기
② 논리적으로 사고하기
③ 창조적으로 사고하기
❖ 의사소통(communicating)
① 명확한 메세지를 보내기
② 감정이입을 통해 다른 사람의 의견을 경청하고 질문하기
③ 갈등을 해결하기
❖ 선택(choosing)
① 대안들로부터 예상되는 결과의 장·단점을 고려하기

② 자유롭게 선택하기
❖ 실천(acting)
① 반복적으로, 일관성 있게 실천하기
② 능숙하게 행위하기

　키센바움의 수정 보완된 가치명료화 모형의 특징은 '느낌'이라는 감정의 단계와 '의사소통'이라는 단계가 들어가 있다는 점이다. 래쓰의 가치명료화 모형에서 감정의 역할은 자신의 의사결정에 대해 만족해하고 자부심을 갖고 타인에게 확인시키는 차원의 감정이다. 그러나 키센바움의 수정 보완된 모형에서 감정의 역할은 자신의 감정과 상상력을 바탕으로 타인들과 의사소통을 함으로써 타인의 감정을 충분히 고려한다는 점을 내세운다. 곧 나를 위한 느낌·감정이 아니라 남을 위한 느낌·감정이다.
　다시 말하자면 느낌과 의사소통 단계의 보완을 통해서 그는 가치명료화 모형이 지니는 차가움과 상대주의의 약점을 극복하여 보편주의를 추구하려고 하였다. 이것은 교화의 절대주의에 대한 반발로서 제시된 가치명료화 모형의 상대주의를 다시금 극복하려 한 시도로 볼 수 있다.
　두 번째의 가치분석 모형(ㄴ.가치분석 모형 학습)에는 여러 가지 모형이 있으나 쿰즈(J. Coombs)의 가치분석 모형이 가장 적절하다. 왜냐하면 그의 모형은 메트카프(L. Metcalf)가 책임 감수한 미국사회과교육협회(NCSS)의 1971년도판 공식문서에 소개된 모형으로서 미국사회과교육협회의 인정을 받은 모형이기 때문이다. 이 모형은 가치분석 작업을 철저히 진행시킨 의사결정 모형이다. 쿰즈의 가치분석 모형은 새로운 반증 사례 검사, 포섭(subsumption) 검사, 역할교환 검사, 보편화 결과 검사와 같은 점검을 통해서 보편주의를 추구하려 한다.
　세 번째의 상식에 호소하는 정당화 방법이란 필자의 주장으로서 자신이 내린 의사결정이 건전한 상식에 부합된다는 것을 의사소통을 통해 확인함으로써 정당화하는 방법을 말한다. 우리말 사전을 보면 상식(常識)이란 '일반인이 보통으로 가지고 있거나 또는 가지고 있어야 할 보통의 지식이나 판단력'

을 말한다. 옥스퍼드 사전에서 상식(common sense)이란 인간의 자연적 지성, 건전한 실천적인 감각, 공동체에 따른 감각, 느낌, 혹은 판단, 제일 진리들을 아는 능력(faculty of primary truths) 등으로 정의되어 있다. 그리고 정당화 (justification)란 자신의 의사결정이 옳다는 것 혹은 적절하다는 것을 만인에게 주장하는 것이다. 그러므로 상식에 의한 정당화란 의사결정의 근거를 상식에 둔다는 것 혹은 의사결정이 상식수준에서 용납된다는 것을 말한다. 이러한 작업은 의사소통을 통해 확인할 수밖에 없다. 이를 고려하여 7단계 가치명료화 모형을 5단계 가치명료화 모형으로 재구성한다면 다음과 같다.

① 문제 확인 단계
- 무엇이 문제인가?를 명확히 하는 단계이다.
- 상황에 관련된 용어 및 개념을 명확히 한다.
- 문제 상황에 포함된 사실과 가치를 구별한다.
② 여러 대안을 자유롭게 생각하는 단계
③ 각 대안의 예상 결과를 분석하는 단계
- 결과를 장·단점으로 나누어 예상한다.
④ 의사소통 단계
- 타인과의 대화, 특히 자기와 반대되는 견해를 경청함으로써 상식적인 견해를 확인한다.
- 자기 입장을 수정·조정할 수 있다.
⑤ 최종 대안 선택 및 이의 정당화 단계
- 최종 대안을 선택하면서 이러한 판단이 상식적으로도 용납될 수 있다는 것을 제시한다.

## 2. 실천 및 적용 사례

가치명료화 모형을 통한 의사결정을 능숙하게 하기 위한 준비 작업이자 방법론으로서 몇 가지 전략에 대한 실천 및 적용 사례를 소개하고자 한다.

## 1) 대화 전략

교사: 우리나라 정치현상에 대해 관심이 있어?
학생: 많은 편이죠.
교사: 대학수학능력시험에서 사회탐구 과목을 몇 가지 선택했지?
학생: 4과목이요.
교사: 정치 과목은 당연히 들어갔겠지?
학생: 아닌데요.
교사: 그래? 바빠서 … 다음에 또 이야기하자.
　　(정치에 관심이 많다면서 정치과목에 대해 공부하지 않는 것은 납득하기 어렵다. 자신의 말과 실천이 일관성을 갖도록 스스로 생각해 보게 지도한다.)

## 2) 쓰기 전략

### (1) 개념분석과 관련한 쓰기 전략

① 다음 물음에 대해 자신의 생각을 간결하게 적어 보세요.

　21세기 디지털 사회에서 무엇보다 강조되는 것은 창의성이다. 흔히 사람들은 창의적 사고나 자기만의 개성은 튀는 옷차림이나 머리모양 등으로 표출된다고들 말한다. 그러나 여기서 우리가 바로 잡고 넘어가야할 점이 있다. 곧 창의적 사고와 옷차림은 아무런 관계가 없다는 점이다. 양복을 입으면 머리가 굳어지고 칼로 북북 찢은 청바지를 입는다고 아이디어가 잘 떠오르는 것은 아니다. 튄다는 것은 남과 다르다는 것이다. 만약 튀는 복장이 창의성을 촉발시킨다면 아프리카 오지에서 양복을 입고 있거나 명동 한 복판에서 나뭇가지 속옷을 입기만 하면 아이디어가 팍팍 떠올라야 하는데 천만의 말씀이다. 창의성의 촉발은 내부에서 일어난다. 돌출행동과 튀는 외모로 한 몫을 하겠나는 것은 '창의성을 외양적 요소에서 찾는 우를 범하는 것'이다. 코뚜레를 하거나 신체의 일부에 장식품을 거는 피어싱(piercing), 도발적인 색채를 새겨 넣는 문신 등은 창의성과는 아무런 관계가 없다. 창의성이란 격렬히 소용돌이치는 내부적 아이디어임을 다시 한 번 자각해야 하겠다.

_출처: 신문선, 『히딩크 리더십』, p.218

1. 창의성에 대한 저자의 관점에 찬성 혹은 반대하는지를 밝히고 그 근거를 쓰시오.
2. 창의성에 대한 자신의 정의(定義, definition)를 간략히 적으시오.
3. 창의성을 증진시키기 위한 방법을 제시하시오. 필요하면 예를 들 수 있습니다.

② 학생 답안 예시

1.
- 저자의 관점에 찬성하는 견해: 튀는 복장이나 피어싱, 문신 등은 외향적으로 남과 다르게 꾸미고 싶은 욕구이지 창의성은 아니다.
- 저자의 관점에 반대하는 견해: 내부의 아이디어가 창의성이 될 수 있지만 외향적인 요소도 창의성을 발휘하는 데 도움을 줄 수 있다.

2.
- 창의성이란 진지한 내면적 고찰을 통해 얻을 수 있는 기발하고 독특한 아이디어로서 기존의 고정관념과 편견을 극복할 수 있는 획기적인 것이다.
- 자신의 '모든 앎' 즉 지식을 종합한 뒤 거기서 파생되어 나오는 기묘한 상상이다.
- 어떤 것을 새롭게 바라보려고 노력하고 새로운 시도를 하는 과정에서 나타나는 것이다.

3.
- 틀에 박힌 사고에서 벗어나야 한다. 이를 위해서는 일상의 당연한 것들에도 의문을 제기할 수 있어야 한다.
- 남들과는 다른 시각으로 사물을 관찰하는 습관이 필요하다.

• 감성을 길러야 한다. 감성을 기르기 위해서는 시를 써보는 것이 좋다. 이것은 남과 다른 안목을 기를 수 있고, 언어의 조탁을 거치면서 응용 능력까지 증진시켜 창의성 증진에 좋다.

• 타인의 생각이나 의견을 존중해 주는 습관을 가져야 한다. 자기의 생각이 남으로부터 존중받지 못할 경우 자신의 생각에 대해 자신감을 잃어버리고 남들 생각에 자신을 맞출 뿐이다.

(2) 미담(美談) 분석과 관련한 쓰기 전략

① 어려운 환자 위해 1억원 기부한 '아귀찜 할머니' 이야기

"나도 아파 보니⋯ 가난한 환자 마음 알겠어."

"이기 내 돈잉교. 죽기 전에 본래 자리에 갖다 놓을라 카는 긴데⋯"라고 말하면서 평생 모은 재산 1억 원을 서울 ○○병원에 전달한 할머니는 '어려운 일 하셨다'는 말에 전화기 너머로 손사래를 쳤다. 경남 진해시 이동의 아귀찜(속칭 아구찜) 전문식당 '할매 아구찜' 주인 ○○○(67세)씨는 31일 "오랫동안 투병 생활을 하면서 환자들의 고통을 알게 됐다."며 "불쌍한 환자들을 돕기 위한 마음 뿐"이라고 말했다.

그는 어릴 적 비행기 조종사처럼 특이한 직업을 갖는 게 꿈이었다. 그러나 어머니를 일찍 여의고 남동생 셋을 둔 그에겐 그림의 떡이었다. 초등학교도 다닐 수 없는 상황에서 돈을 벌어야겠다고 결심했다. 공장도 회사도 없던 시절, 남의 집에 들어가 식모살이를 했다. 그때 나이 스물 넷. 한 푼 두 푼 악착같이 모았다. 그러나 3년 뒤 결혼을 하면서 식모살이도 더 이상 할 수 없게 되자 길거리 행상으로 나섰다. 그러다 친구의 소개로 동네 쇠기름 공장에 취직 했다. 남자들이나 하는 일이었다.

1989년 공장에서 불의의 사고를 당했다. 추락으로 척추와 어깨를 다쳤다. 수술 후에도 5년 동안이나 병원을 드나들어야 했다. 4년 동안 결근 한번 않던 공장을 그만 두는 수밖에 없었다. 겨울 옷 한 벌, 여름 옷 한 벌로 지낼 만큼 검소한 생활을 한 탓에 그간 모은 돈도 좀 있는 터, 아귀찜 식당을 차렸다.

15년 동안 한 우물만 파면서 꽤 유명해졌다. 명절이면 음식을 싸 들고 사회복지시설을 찾았다. 남을 위해 할 수 있는 좀 더 큰일을 찾던 그는 가난한 환자들이 떠올랐다. 때 마침 서울 ○○병원의 무료진료 활동 소식을 접하자 주저 없

이 재산을 내놓았다. 최근 심근경색으로 수술을 받는 등 건강이 좋지 않다는 김씨는 "이슬 피할 집하고 손님만 있으면 된다."며 밝게 웃었다.

_출처: 한국일보, 2007.5.31.

1. ○○○씨가 남을 돕게 된 직접적인 동기(마음)는 무엇인가?
2. ○○○씨는 자신의 재산을 어떻게 보고 있는가 곧 소유권에 대한 관점 은 무엇인가?
3. 현재 내가 남을 도울 수 있는 방법에는 무엇이 있는지 쓰시오?

② 학생 답안 예시
1. 오랫동안 투병생활을 하면서 환자들의 고통을 알게 됐기 때문이다.
2. 재산을 소유의 개념보다는 베풀 수 있는 힘으로 보고 있다. 우리가 남 에게 뭔가를 베풀려면 자신의 소유가 있어야 하는데 ○○○씨에게도 마 찬가지인 것 같다.
3. 아직 학생이고 남을 도와줄 수 있을 만한 힘은 크지 않다. 그러므로 내가 할일은 돈이나 물질적인 것보다 사소한 것들 곧 몸으로 실천할 수 있는 것들을 실천해야 할 것 같다. 봉사활동 같은 것들 말이다. 또한 사회에 나가서 남을 도울 수 있는 힘을 기르기 위해 준비를 하는 방법 이 있을 것이다.

(3) 말과 실천의 일관성과 관련한 쓰기 전략

〈설문지〉

다음 내용을 읽고 솔직히 대답해 주세요. 여러분의 생활 태도를 알고자 합니다. 성적과 아무런 상관이 없습니다.

1. 나는 환경보전에 ① 관심이 많은 편이다. ② 보통이다. ③ 관심이 적은 편이다.

2. 나는 규칙을 ① 잘 지키는 편이다. ② 보통이다. ③ 안 지키는 편이다.
3. 나는 ① 정직한 편이다. ② 보통이다. ③ 정직하지 않은 편이다.

(1) 시험시간 중에 감독 선생님이 오랫동안 교실을 비우면, 나는
　　① 컨닝을 할 수 있다. ② 상황을 봐서 결정한다. ③ 컨닝을 하지 않겠다.
(2) 횡단보도를 건널 때, 나는 신호를
　　① 잘 지키는 편이다. ② 보통이다. ③ 자주 안 지키는 편이다.
(3) 휴지나 쓰레기를 버릴 때, 나는
　　① 아무데나 버린다. ② 편하게 행동한다. ③ 휴지통에 버린다.
(4) 청소시간에 나는
　　① 매번 착실히 청소한다. ② 가끔 청소한다. ③ 주로 논다.
(5) 가게에서 물건을 구입한 뒤 거스름돈이 많을 때, 나는
　　① 주인에게 돌려준다. ② 닥쳐봐야 알겠다. ③ 그냥 가진다.
(6) 가게에서 받은 비닐봉지나 신문에 끼여 있는 광고지를 볼 때, 나는
　　① 재활용한다. ② 별 생각이 없다. ③ 쓰레기통에 버린다.
(7) 학교에서 명찰을, 나는
　　① 잘 단다. ② 가끔 단다. ③ 잘 안 단다.
(8) 내가 실제 맞은 성적보다 시험 성적이 턱없이 좋게 나올 때, 나는
　　① 선생님께 이야기한다. ② 잘 모르겠다. ③ 그냥 놔둔다.
(9) 일회용품을 가급적 사용하지 않으려고, 나는
　　① 노력한다. ② 별 생각이 없다. ③ 편리하게 잘 사용한다.
(10) "정직이 최선의 정책이다." 라는 말에 대해, 나는
　　① 그렇다고 인정한다. ② 가끔 거짓말을 한다. ③ 정직하면 손해 본다.
(11) 학교에서 주번근무를 할 때, 나는
　　① 일찍 등교한다. ② 평소처럼 등교한다. ③ 주번학생임을 자주 잊는다.
(12) 식당에서 식사를 할 때, 나는
　　① 남긴 음식이 거의 없다. ② 때에 따라 다르다. ③ 자주 음식을 남긴다.

(위 내용은 환경보전, 정직, 준법의식이라는 가치들에 대한 문항들을 임의로 섞어 배열한 뒤 자기 자신에 대한 평가와 자신의 실제 행동간 차이를 살펴보는 문항들이다. 이를 통해서 자신의 말과 실천의 일관성을 갖도록 지도할 필요가 있다.)

## 3) 토론 전략

① 저자의 '깨진 유리창' 법칙에 동의하는지 반대하는지를 밝히고, 그 이
유를 설득력 있게 주장하시오.

'깨진 유리창의 법칙'이라는 것을 아는가? 여기 이 법칙을 증명하는 재미있는
실험이 있다.

1969년 스탠포드 대학의 심리학자 필립 짐바르도 교수에 의해 실행된 매우
흥미 있는 실험이 그것이다. 우선 치안이 비교적 허술한 골목을 고르고, 거기에
보존 상태가 동일한 두 대의 자동차를 보닛을 열어놓은 채로 1주일간 방치해
두었다. 다만 그 중 한대는 보닛만 열어놓고, 다른 한 대는 고의적으로 창문을
조금 깬 상태로 놓았다.

약간의 차이만이 있었을 뿐인데, 1주일 후, 두 자동차에는 확연한 차이가 나
타났다. 보닛만 열어둔 자동차는 1주일간 특별히 그 어떤 변화도 일어나지 않았
다. 하지만 보닛을 열어 놓고 차의 유리창을 깬 상태로 놓아둔 자동차는 그 상태
로 방치된 지 겨우 10분 만에 배터리가 없어지고 연이어 타이어도 전부 없어졌
다. 그리고 계속해서 낙서나 투기, 파괴가 일어났고 1주일 후에는 완전히 고철
상태가 될 정도로 파손되고 말았던 것이다. 단지 유리창을 조금 파손시켜 놓은
것뿐인데도, 그것이 없던 상태와 비교해서 약탈이 생기거나, 파괴될 가능성이
매우 높아진 것이다. 게다가 투기나 약탈, 파괴 활동은 단기간에 급격히 상승하
게 된다는 것을 알 수 있었다.

이러한 '깨진 유리창의 법칙'은 나중에 세계 유수의 범죄 도시 뉴욕시의 치안
대책에도 사용되었다. 1980년대 뉴욕시에서는 연간 60만 건 이상의 중범죄 사건
이 일어났다. 당시 여행객들 사이에서 "뉴욕 지하철은 절대 타지 말라."는 말이
공공연하게 나돌 정도로 뉴욕시의 치안은 형편이 없었다. 미국의 라토가스 대학
의 겔링 교수는 깨진 유리창 법칙에 근거해서 뉴욕시의 지하철 흉악 범죄를 줄
이기 위한 대책으로 낙서를 철저하게 지우는 것을 제안했다. 낙서가 방치되어
있는 상태는 창문이 깨져있는 자동차와 같은 상태라고 생각했기 때문이다.

당시 교통국의 데빗 간 국장은 겔링 교수의 제안을 받아들여서 치안 회복을
목표로 지하철 치안 붕괴의 상징이라고도 할 수 있는 낙서를 철저하게 청소하는
방침을 내세웠다. 범죄를 줄이기 위해 낙서를 지운다는 놀랄만한 제안에 대해서
교통국의 직원들은 우선 범죄 단속부터 해야 한다고 반발했다. 물론 당연한 반
응이다. 대부분의 사람들은 낙서도 문제지만, 우선은 그런 작은 문제보다는 큰

문제인 흉악한 중범죄 사건을 어떻게든 빨리 단속해야 한다고 생각할 것이다. 그러나 간 국장은 낙서를 지우는 것을 철저하게 행하는 방침을 단행했다. 지하철의 차량 기지에 교통국의 직원이 투입되어 무려 6,000대에 달하는 차량의 낙서를 지우는, 그야말로 터무니없는 작업이 수행되었던 것이다. 낙서가 얼마나 많았던지, 지하철 낙서 지우기 프로젝트를 개시한 지 5년이나 지난, 1998년 드디어 모든 낙서 지우기가 완료되었다.

낙서 지우기를 하고 나서 뉴욕시의 지하철 치안은 어떻게 되었을까? 믿기 어렵겠지만, 그때까지 계속해서 증가하던 지하철에서의 흉악 범죄 발생률이 낙서 지우기를 시행하고 나서부터 완만하게 되었고, 2년 후부터는 중 범죄 건수가 감소하기 시작하였으며, 94년에는 절반 가까이 감소했다고 한다. 결과적으로 뉴욕의 지하철 중 범죄 사건은 놀랍게도 75%나 급감했던 것이다.

그 후 1994년 뉴욕 시장에 취임한 루돌프 줄리아니 시장은 지하철에서 성과를 올린 범죄 억제 대책을 뉴욕시 경찰에 도입했다. 낙서를 지우고, 보행자의 신호 무시나 빈 캔을 아무데나 버리기 등 경범죄의 단속을 철저하게 계속한 것이다. 그 결과, 범죄 발생 건수가 급격히 감소했고, 마침내 범죄 도시의 오명을 불식시키는 데 성공했다.

지하철의 낙서를 지우는 것이 그 주변 범죄율을 감소시킨 것처럼 한 가지가 변하면 그 주변까지 변화가 퍼져나갑니다. 당신의 주변을 깨끗하게 청소해 보세요. 당신에게 좋은 일이 일어날지도 모릅니다.

　　　　　　　　　　　　　　　　—출처: 마쓰다 미쓰히로, 『청소력』, pp.29-35

② 저자의 주장에 동의

환경이란 매우 중요하다. 환경은 인간의 행동에 많은 영향을 끼치기 때문이다. 사람들은 깨끗하고 청결한 곳에 가면 왠지 조심해야 할 것 같고 더럽히면 안 된다는 생각을 갖는다. 반대로 더럽고 불결한 곳에 가면 어떤 행동을 해도 상관없을 것 같다는 생각을 한다. 이와 같이 환경은 사람의 마음가짐과 생각을 바꾸는 힘을 가졌다.

③ 저자의 주장에 반대

작은 범죄는 줄어들 수 있겠지만 큰 범죄는 줄어들지 않기 때문이다. 소매치기나 오물투기 같은 경범죄가 아닌 살인·강도·방화 등 중범죄는 낙서를 지우고 주변을 깨끗하게 청소했다고 해서 줄어들지는 않는다.

### 4) 의사결정 사례

#### (1) 문제 상황: 아빠와 친해지기

① 학생 답안 사례 1

❖ 선택
① 자유로운 선택: 자유롭게 선택하였다.
② 여러 대안으로부터 선택: 아빠에게 안마하고 천 원씩 받기. 아빠의 금
   연을 도와 주기. 한 달에 한 번씩 여행하기. 배드민턴 같은 운동을 하기.
③ 숙고 후 선택: 각 대안의 결과를 예상해볼 때 '배드민턴 같은 운동을
   하기'가 가장 좋다.
❖ 존중
④ 선택의 존중: 자기의 선택에 대해 만족한다.
⑤ 선택의 확인: 아주 좋은 방법이라고 확신한다. 친구들도 좋다고 했다.
❖ 실천
⑥선택에 따른 실천: 오늘부터 하겠다.
⑦실천의 반복과 일관성: 매주 한 번은 하겠다.

#### (2) 문제 상황: 성적 올리기

② 학생 답안 사례 2

❖ 선택
① 자유로운 선택: 자유롭게 선택하였다.
② 여러 대안으로부터 선택: 잠을 줄여 공부한다. 학원을 다닌다. 집에서

열심히 한다.

③ 숙고 후 선택: 각 대안의 결과를 예상해본다. 잠을 줄이면 수업 시간에 졸린다. 학원을 다니면 돈이 든다. 집에서는 능률이 안 오른다. 학원을 다니면 돈이 들지만 미래를 위한 투자라고 생각하고 학원 다니기를 선택한다.

❖ 존중

④ 선택의 존중: 자기의 선택에 대해 만족한다.

⑤ 선택의 확인: 부모님도 허락하셨다.

❖ 실천

⑥ 선택에 따른 실천: 학원에 등록을 하겠다.

⑦ 실천의 반복과 일관성: 매일 매일 다니며 열심히 공부하겠다.

＊강영호

**｜참고문헌**

Fraenkel, J. R.(1977). *How to teach About Value: An Analytic Approach.* Englewood Cliffs: Prentice-Hall; 송용의 역(1994).『가치탐구 수업을 어떻게 할 것인가?』. 서울: 교육과학사.

Hersh, R. H. et al.(1980). *Models of Moral Education.* N.Y: Longman Inc.; 이석호 외 역(1989).『도덕·가치교육의 교수모형』. 서울: 교육과학사.

Kirschenbaum, H., and S. B. Simon(1973). *Readings in Values Clarification.* Minneapolis: Winston Press Inc.

Peters, R. S.(1970). *Ethics and Education.* Allen & Unwin Ltd. / 이홍우 역(1988).『윤리학과 교육』. 서울: 교육과학사.

Rath, L. E., M. Harmin, S. B. Simon(1978). *Values and Teaching: Working with*

*Values in the Classroom*, 2nd ed. Charles E. Merrill Publishing Company; 정선심·조성민 역(1994).『가치를 어떻게 가르칠 것인가』. 서울: 철학과 현실사.

—— **26**

# 가치분석 학습

## 1. 해설

가치분석(value analysis) 모형은 가치명료화 모형과 비슷하나 가치명료화 모형보다 더 지적인 관심을 시종일관 견지한다. 가치분석 모형은 학생들이 두 가지 이상의 가치들이 대립하는 갈등상황, 가치선택의 결과, 가치선택의 이유 등을 논리적으로 분석하고 결정하는 것을 강조한다. 이런 사고과정은 합리적 사고 또는 추론과 관련되어 있는 것으로서 기본적으로 인지적 과정이다(박상준, 2005: 198).

가치분석 모형은 의사결정 과정에서 겪는 가치에 대한 분석 및 추론과정이기 때문에 흔히 가치분석 모형을 의사결정 모형과 같은 범주에서 소개하기도 한다(↳ 의사결정 학습). 개인 차원의 의사결정 모형으로서 프랑켈(J. Fraenkel)의 가치분석 전략, 엥글(S. Engle)과 오코아(A. Ochoa)의 의사결정 모형, 뱅크스(B. Banks)의 가치분석 모형이 대표적이며, 집단 차원의 의사결정 모형으로서는 마시알라스(B. Massialas)와 허스트(J. Hurst)의 의사결정 모형이 있다. 이 중에서 널리 알려진 뱅크스의 가치분석 모형을 최근 우리나라 중·고교에서 논란이 되고 있는 '두발문제'와 관련해서 알아보면 다음과 같다(Banks, 1987: 441-5).

① 가치문제를 정의하고 인식하기
무엇이 문제인가? 혹은 왜 사람들이 서로 갈등하고 있는가? 라는 문제를
확인한다. 곧 두발 때문에 야기되는 학생과 교사 간 갈등을 확인한다.
② 가치관련 행동을 서술하기
두발 자율화를 주장하며 학생들이 운동장에 모여 집회를 연다든지 혹은
학교 홈페이지나 인터넷사이트에 두발문제를 제기한 행위를 말한다.
③ 서술된 행동에 의해 예시되는 가치를 명명하기
학생들이 '신체 표현의 자유' 혹은 '학생 인권 존중'을 주장한다면 교사들
은 '면학분위기 조성' 혹은 '생활 지도상 유익'이나 '물 자원 절약'이란
가치를 주장할 수 있다.
④ 서술된 행동에 포함된 대립가치를 확인하기
양측 주장이나 행동에 포함된 가치들 간 갈등을 비교하는 것으로서 '신체
표현의 자유'와 '면학분위기 조성' 혹은 '자유'와 '평등'으로 확인할 수
있다.
⑤ 분석된 가치의 원천(source)에 대해 가설 세우기
분석된 가치를 주장하는 관습, 연유, 이유나 근거 등을 추론한다. 학생들
은 멋있게 보이고 싶은 욕구가 있기 때문이라든지 혹은 두발과 공부와는
직접 관련이 없기 때문이라고 주장할 수 있다. 반면, 교사들은 공부하는
학생이 왜 두발상태에 집착하는지 알 수 없다고 생각하거나 일부 불량
학생들의 분별없는 처사로 간주할 수 있다.
⑥ 대안적 가치에 이름 붙이기
대립된 양측 주장을 어느 정도 충족시킬 제3의 대안을 고안해보는 것이
다. 양측 대표가 합의해서 합리적인 두발기준을 정할 수 있다. "염색은
허락하지 않으며, 학생 신분에 적합하고 남에게 혐오감을 주지 않는 단정
한 두발 상태"로 정할 수 있다.
⑦ 분석된 가치들의 결과에 대해 가설 세우기
각 안들의 예상되는 결과를 추론할 수 있다. 현재의 두발기준을 강행할
경우에 나타나는 학생들의 반발, 학생들의 주장만 받아들일 경우에 나타

날 수 있는 학교분위기의 혼란, 제3의 대안이 시행될 때 나타날 수 있는 문제점 곧 '학생 신분에 적합하며 단정한 두발 상태'에 대한 해석상 차이 등을 고려할 수 있다.

⑧ 가치 선호를 선언하기

고려중인 각 대안들 중에서 한 가지를 최종안으로 선택한다. 제3의 대안을 최종안으로 선택한다.

⑨ 가치선택의 이유(reason), 원천, 결과를 진술하기

제3의 대안을 최종안으로 선택하였다면, 최종안이 선택된 이유, 곧 정당화의 근거는 대다수 학생들의 건전한 상식과 판단력에 대한 신뢰이다. 판단력이란, 칸트(I. Kant)의 주장대로, 추상적 보편적 규정을 구체적 맥락에 맞추어 내리는 판정을 말하는 것이다. 곧 분위기나 맥락에 따라 단정한 두발과 단정하지 못한 두발을 학생 스스로 분별할 수 있다고 본다.

이처럼 뱅크스의 가치분석 모형은 상당히 세밀하지만 우리가 본격적으로 논의하고자 하는 모형은 쿰즈(J. Coombs)와 뮤스(M. Meux)의 가치분석 모형이다. 왜냐하면 이 모형은 메트카프(L. Metcalf)가 책임 감수한 미국사회과교육협회(NCSS)의 1971년도판 공식문서에 소개된 것으로서 미국사회과교육협회의 인정을 받은 모형이며 가치 명제의 분석 작업을 철저히 진행시킨 가장 대표적인 가치분석 모형이다.

쿰즈와 뮤스 모형의 특징을 보다 잘 이해하기 위해서는 이의 이론적 배경이 되는 헤어(R. Hare)의 입장을 간단히 살펴볼 필요가 있다. 이 모형의 이론적 배경으로 헤어의 윤리이론을 지목한 까닭은 언어철학 혹은 분석철학이라는 이름 아래 진행된 언어나 명제에 대한 엄격한 반성과 분석이 헤어의 이론에서 정점을 이루었으며, 그의 가치분석 방법과 의도가 쿰즈 모형과 거의 일치하기 때문이다(Metcalf, ed., 1992: 37).

곧 가치명제에도 사실적인 부분이 있다는 헤어의 주장은 사실과 가치, 가치와 가치 간 갈등을 분석하려는 가치분석 모형의 의도와 일치한다. 예를 들어 "이 연필은 좋다."라는 가치명제는 "이 연필은 잘 써진다, 이 연필은

심이 잘 부러지지 않는다, 이 연필은 잘 깎인다."와 같이 상당부분은 사실로 환원될 수 있다는 점을 그는 지적한다. 따라서 사실로 환원될 수 없는 부분이 가치 고유의 영역이 된다.

헤어에 의하면, 명제는 서술적인(descriptive) 명제와 규정적인(prescriptive) 명제로 나뉘며, 규정적인 명제는 명령문과 가치판단의 특성을 결정한다. 그리고 가치판단은 도덕판단과 비도덕판단으로 구별된다. 따라서 도덕판단은 규정적 명제의 일종이다. '규정적'이란 행동을 변화시키는 힘이며 명령적 요소를 가진다. 예를 들어 "나는 무엇을 해야 하는가?"라는 실천적 물음에 대해 서술문은 결코 대답을 줄 수 없다. "이렇게 해라."라는 명령적 대답만이 적절하다고 헤어는 주장한다.

아울러 내가 "너는 A상황에서 B를 해서는 안 된다."고 말한다면 이것은 A와 같은 상황에서 B와 같은 행위를 누구나 해서는 안 된다는 일반원리에 나를 제약하는 것이라고 그는 본다. 그렇다면 도덕판단은 규정적 요소와 보편적 요소를 모두 가진다. 그러므로 헤어에게 당위는 규정성(prescriptivity)과 보편가능성(universalizability)을 의미한다. 그리고 도덕판단의 의미에는 방금 언급한 규정성과 보편가능성 외에 도덕적 사유를 제약하는 요인으로서 세 가지가 더 있다고 헤어는 주장한다. 곧 관련된 사실에 관한 지식, 역지사지(易地思之)하는 상상력, 인간의 성향이나 관심이다(Hare, 1990: 94).

첫째로 사실에 관한 지식은 엄연한 현실이므로 당연히 도덕적 추론에서 주어진 전제가 된다. 둘째로 상상력이란 같은 상황 아래서 같은 문제에 당면한 모든 사람들이 그렇게 행동해도 좋다는 것을 상상하는 것이다. 셋째로 성향 또는 관심이란 인간이 지닌 보편적 경향성으로서 이를 테면, 굶기를 원하지 않는 것 등을 말한다. 이 세 가지 제약이 규정성과 보편가능성의 토대가 된다.

가치판단은 사실뿐만 아니라 의사결정자의 가치원리(가치관)가 개입됨으로써 구성된다. 그의 추론방법은 포퍼(K. Popper)의 가설-연역적 방법과 유사하다. 과학자는 자신이 세운 가설을 구체적인 사실에 적용하여 그 가설의 오류 여부를 테스트한다. 이 경우에 더욱 타당한 가설이 나타날 때까지는 그 가설에 의해 잠정적으로 유효한 판단을 내린다. 마찬가지로 의사결정자는 자신의 가치원리를 구체적 사실에 적용함으로써 삼단논법에 따라 잠정적으로 타당한 가치판단을 내린다. 이를 도식화하면 다음과 같다(Taylor, 1985: 267).

> 대전제: 결코 도둑질을 하지 말라(가치원리).
> 소전제: X는 도둑질이다(사실).
> 결론: 그러므로 X를 하지 말라(가치판단).

삼단논법에서 결론이 타당하기 위해서는 전제가 반드시 타당해야 한다. 곧 결론으로서 가치판단이 정당화되기 위해서는 전제의 타당성이 증명되어야 한다. 그런데 소전제는 사실 기술이므로 검증이 가능하나 대전제는 그 자체가 가치원리이고 명령문이므로 이것의 타당성 증명이 문제가 된다. 그에 의하면, 가치원리의 정당화는 보다 상위의 가치원리에 의해 정당화될 수밖에 없다. 그런데 이러한 과정을 아무리 거슬러 올라가도 결국 또 하나의 정당화가 요구되는 새로운 기본적 가치원리가 남게 된다. 그 자체가 가치판단인 이 가치원리는 어떻게 정당화될 것인가?

헤어는 이러한 근원적인 최고 가치원리의 정당화는 인지적 방법이나 합의나 자명(自明)한 진리라는 직관(直觀)에 의해서는 불가능하고 오직, 개인의 결단에 의해서만 확립된다고 본다. 곧 그에게서 도덕의 본질 혹은 궁극적 타당성의 근거는 결단이다. 이때의 개인 결단은 자의적 결단이 아니라 모든 사정을 충분히 고려한 결단, 이성적 근거에 따른 결단, 심사숙고의 결단이다(김태길, 1988: 287).

이상과 같은 헤어의 이론적 배경을 토대로 성립된 쿰즈의 가치분석 모형 6단계를 살펴보면 다음과 같다 (Metcalf, ed., 1992: 21-107).

① 가치문제 확인과 명료화하기(identifying and clarifying the value question)
문제 상황 속에 들어 있는 애매모호한 용어의 의미를 명확히 밝힌다. 예

를 들어, "약물 사용이 옳은가?" 라는 질문에서 약물의 의미가 명확하지
않다. 모든 약물인지, 환각제인지, 술과 담배는 포함되는지 등등.

② 사실 수집하기(assembling facts)

모든 가치판단은 어떤 사실적 근거에 기초를 두고 있다. 따라서 가능한
한 광범위하게 사실을 수집한다. 그 문제 상황에 대해서 긍정적 평가를
지지하는지 부정적 평가를 지지하는지에 따라 사실들을 분류할 수 있다.
예를 들면, 두발 자율화를 찬성하는 측의 사실과 반대하는 측의 사실을
분류하여 수집할 수 있다.

③ 사실의 참을 평가하기(assessing factual assertions)

수집한 사실들이 참인지 거짓인지 경험적으로 확인해야 한다.

④ 사실과의 관련성을 명료화하기(clarifying the relevance of facts)

수집한 사실이 문제 상황과 직접 관련을 맺고 있는지를 확인한다. 예를
들면, 어떤 판사가 대법관이 되기에 도덕적으로 적합한지를 결정하려 한
다고 가정해 보자. 우리는 그 판사가 주재했던 여러 건의 재판이 절차상
의 사소한 실수로 취소되었던 사실을 고려할 수 있다. 이러한 사실은 그
판사의 능력을 파악하는 데는 필요할 수 있지만 도덕적 차원에서 그를
평가하기에는 관련성이 부족하다고 볼 수 있다.

⑤ 잠정적인 가치판단을 내리기(arriving at a tentative value decision)

앞의 네 과제의 결론적 단계로서 잠정적인 가치판단을 내린다.

⑥ 가치판단에 함축된 가치원리를 검사하기(testing principle acceptability)

자신이 내린 가치판단 속에 함축된 가치원리를 좀 더 포괄적인 상황 속에
서 검토한다. 여기에는 네 가지가 있다.

첫째, 반증 사례 검사(new cases test)

새로운 반증 사례를 제시하여 가치원리를 검사한다. 예를 들면,

학생: 일하지 않고 돈을 버는 최저소득 보장제는 나쁩니다.

교사: 부모로부터 상속을 받는 것도 나쁘겠군. 이처럼 반증 사례를 제시함
　　　으로써 "일하지 않고 돈 버는 것은 나쁘다."는 학생의 가치원리를

검사한다.

둘째, 포섭 검사(subsumption test)
자신의 가치판단 속에 함축된 가치원리가 보다 일반적인 가치원리에 포함되는지를 확인한다. 예를 들면, "정서적으로 성숙되지 못했고, 공공문제에 대해 잘 모르는 미성년자에게 투표권을 주는 것은 현명하지 못하다."라는 가치원리는 "합리적인 결정을 할 수 없는 사람에게 투표권을 허용하는 것은 현명하지 못하다."는 일반적인 가치원리에 포섭되므로 합리적이라고 볼 수 있다.

셋째, 역할 교환 검사(role exchange test)
평가되고 있는 행동에 의해 가장 많이 영향을 받는 사람이나 집단을 알아내어, 그러한 사람들과 똑같은 상황 속에다 자신을 갖다 놓는 상상을 한다. 예를 들면,
학생: 대학생은 징병이 면제되어야 합니다.
교사: 만약 네가 가난해서 대학 진학을 못했다면? 이라는 경우와 같다.

넷째, 보편적 결과 검사(universal consequences test)
모든 사람이 문제의 행동을 취했을 때의 결과에 대해 생각해 보게 한다. 예를 들면,
학생: 내가 찬성하지 않는 일에 정부가 돈을 쓰려고 할 때, 소득세를 안 내도 좋다.
교사: 모든 사람이 너처럼 행동하면 정부는 어떻게 운영되나? 이라는 경우와 같다.

이처럼 가치분석 모형은 문제 상황과 관련된 사실 정보나 지식을 가급적 널리 정확히 파악하고, 자신의 가치판단에 함축된 가치원리의 가치검사 특히 역할 교환 검사와 보편적 결과 검사를 통해 가치판단의 보편성을 추구한

다. 이로써 이 모형은 가치주입의 절대주의는 물론이고 가치명료화 모형의 상대주의를 극복하려고 한다.

가치분석 모형을 통해 학생들이 합리적 의사결정(가치판단)을 하도록 지도하기 위해서는 첫째로 사실의 진실 여부 확인, 사실과 가치의 구분, 대립된 가치들의 갈등에 대한 가치분석이 숙달되도록 학생들을 지도해야 한다. 둘째는 학생들이 스스로 내린 가치판단이 보편적으로 수용될 수 있는지 여부를 검사하기 위해 반증 사례 검사, 포섭 검사, 역할 교환 검사, 보편적 결과 검사들을 실시하도록 제안한다. 셋째는 가치원리 검사들도 궁극적으로는 평가자 개인의 상상력과 판단에 의존할 수밖에 없기 때문에 보편적 지지를 받기 어려울 수 있다. 따라서 토론이나 논쟁이라는 의사소통을 통해 각 개인은 자기와 반대되는 가치와 견해를 고려하고 사회규범에 대해서도 주목함으로써 보편적 의사결정을 내릴 수 있다.

다음은 학생들이 내린 가치판단과 이의 보편성을 확인하는 가치검사를 소개한 내용이다. 보다 더 보편적 가치판단을 내리기 위해서는 가치분석 모형을 활용한 토론식 수업을 하는 것이 바람직할 것이다. 예를 들어, 사형제를 찬성하는 학생들을 한 모둠으로 삼고, 사형제를 반대하는 학생들을 다른 한 모둠으로 삼고, 배심원으로 또 다른 한 모둠을 삼아 논쟁을 실시한다. 논쟁이 끝나면 배심원 모둠의 판정을 확인한다. 배심원에 속하는 학생 중에서 사회자와 서기를 임명하여 논쟁을 진행시키되 서기는 주요 내용을 요약하여 칠판에 기록하도록 하면 좋다.

## 2. 실천 및 적용 사례

### 1) 사형제도

(1) 사형제도를 반대하는 입장의 사례: 1995년 4월 19일 오클라호마시(市) 로빈슨가 5번지의 9층짜리 연방청사가 강력한 폭발음과 함께 순식간에 무너졌다. 이 사건으로 168명이 숨지고 500여 명이 부상했다. 현장

에서 살아남은 사람들도 약물중독 등 후유증을 겪고 있으며, 이를 견디다 못해 지금까지 6명이 자살했다. 범인 맥베이는 2년 전인 1993년 같은 날 텍사스 웨이코에서 연방수사국이 종교집단 다윗파를 진압하는 과정에서 신자 등 86명이 집단자살한 데 대한 보복으로 이 폭발테러를 했다고 주장했다. 그는 전과가 없고 걸프전에 나가 훈장을 받기도 했으며 세례를 받은 가톨릭 신자다. 맥베이에겐 1997년 6월 14일 사형이 결정됐고, 사건 발생 6년 만에 형이 집행됐다.

1963년 유괴 살인범을 교수형에 처한 이후 미국 연방정부 차원의 사형집행은 이번이 처음이다. 맥베이의 사형이 집행된 뒤 프랑스, 독일, 스웨덴 등 유럽 국가들은 '암살자에 대한 암살'이라며 미국 정부를 맹렬히 비난했다.

_출처: AP연합, 2001.6.1

(2) 사형제도를 찬성하는 입장의 사례: 2차 대전 당시 가스실로 유대인들을 보내 홀로코스트를 자행했던 핵심인물 중 한 사람인 나치 친위대 중령 아이히만(K. Eichmann)은 아르헨티나에서 체포되어 이스라엘 예루살렘에서 재판을 받게 되었다. 재판의 전 과정을 방청한 아렌트(H. Arendt)가 저술한 보고서 책자 『예루살렘에서의 아이히만』에서 그녀는 아이히만의 사형이 정당하다고 주장한다.

그 이유로 그녀는 "이 지구를 유대인 및 수많은 다른 민족 사람들과 함께 공유하기를 원하지 않는 정책을 피고가 지지하고 수행한 것과 마찬가지로, 어느 누구도, 즉 인류구성원 가운데 어느 누구도 피고와 이 지구를 공유하기를 바란다고 기대할 수 없다는 것을 우리는 발견하게 됩니다. 이것이 바로 당신이 교수형에 처해져야 하는 이유, 유일한 이유입니다."라고 밝힌다. 나아가서 그녀는 판결문의 한 구절을 인용하면서 아이히만의 처벌을 지지한다. 그녀는 "피해자의 명예와 권위를 보호하기 위해 가해자에 대한 처벌이 필요하다."고 주장했다.

_출처: Arendt, 김선욱 역, 『예루살렘의 아이히만』, p.390

(3) 사형제도와 관련된 읽기자료: 사형은 살인이나 일정 정도 이상의 상해를 가한 범죄자의 생명을 박탈하여 사회에서 영원히 격리시키는 형벌로서 생명형 또는 극형이라고도 한다. 현재 많은 나라에서 폐지되어 무기징역 또는 종신형으로 대체되었다. 세계적으로 이를 폐지하는 국가가 늘고 있으며, 사형 폐지론이 불거진 계기는 인권에 대한 인식의 전환과 민주화라고 말할 수 있다.

사형의 기원은 인류의 역사 초기로까지 거슬러 올라간다. 가장 오래된 실정법인 기원전 18세기의 함무라비 법전은 '눈에는 눈, 이에는 이'라는 동해보복(同害報復) 사상에 입각한 형벌을 제시하였고, 사형이 부과되는 범죄 30여 개가 규정되어 있었다. 사형은 역사상 가장 오래된 형벌이다. 일례로 구약성경에서 알 수 있는 당시 율법은 대부분 사형으로 범죄를 응징하고 있다. 우리나라 고조선 8조법에도 "사람을 살해한 자는 죽음으로 갚는다."는 조항이 있어 사형이 집행됐음을 알 수 있다. 영국에서는 1500년부터 1550년까지 7만 명 이상이 사형으로 목숨을 잃었다. 화형이나 시체 훼손 등 현재보다 잔인한 형벌을 실시하였다.

18세기 서구 계몽주의 사상이 인간 존엄을 강조하면서 사형은 점차 줄어들기 시작했다. 근대 형법학의 아버지라고 불리는 이탈리아의 베카리아는 그의 저서 『범죄와 형벌』에서 최초로 사형제 폐지를 주장했고 그 후 서구 사회에서 치열한 논쟁을 거치게 된다. 인간은 오류 있는 존재이므로 사형을 내릴 만큼 충분한 확실성이 결코 보장될 수 없다. 사형은 "국민에 대한 국가의 전쟁이요, 법을 빙자한 살인"이라는 게 그의 신념이었다. 이러한 믿음은 서구에서 점차적으로 확산되기에 이르렀다.

사형의 역사가 이토록 오래되었으나 사형 폐지가 세계적으로 이목을 끌게 된 것은 최근의 일이다. 1961년 국제엠네스티가 출범하였고 1977년 12월 국제사면위원회가 사형에 무조건 반대한다는 '스톡홀름 선언'을 발표하면서 처음으로 16개국이 이 사안에 서명하게 된다. 30

여 년이 지난 지금 120여 개국이 사형제 완전 폐지 혹은 법률상 실질적으로 폐지한 국가가 되었다.

대한민국은 사형제도를 채택하고 있으며, 집행 방법으로는 일반 형법은 교수형을, 군(軍) 형법은 총살형을 채택하고 있다. 범죄자의 나이가 만 18세 미만이면 사형은 선고되지 않고 15년의 유기징역에 처한다. 다만 1997년 12월 30일에 23명에게 사형이 집행된 이래 더 이상 사형 집행이 이루어지지 않고 있다. 2007년 6월 15일 ○○시 부녀자 납치 살해사건의 범인 2명이 사형 확정 판결을 받아 대한민국의 사형대기 기결수가 모두 66명까지 증가하였으나 2007년 12월 31일 6명이 무기징역으로 감형되어 현재는 모두 60명이다.

2007년 10월 10일 세계 사형폐지의 날을 맞아 한국의 일부 단체들이 '사형폐지 국가 선포식'을 가졌으며, 12월 30일에 10년 동안 사형을 집행하지 않게 됨으로써 국제엠네스티의 규정에 의하여 '실질적 사형 폐지국'이 되었다. 천주교와 대한 성공회 등 기독교계 일부와 국제엠네스티 한국지부에서도 사형 제도를 폐지할 것을 요청하고 있다. 기독교계 중 사형 폐지를 주장하는 천주교, 대한 성공회 등에서는 인간이 다른 인간의 생명을 함부로 빼앗을 수 없다는 점과 흉악한 범죄를 저지른 사형수라 할지라도 회개할 기회를 주어야 한다는 점을 근거로 들고 있으며, 예수도 십자가형으로 죽은 사형수라는 점을 주장한다.

국제엠네스티 한국지부에서도 사형 집행 과정에서의 사형수에 대한 인권침해를 지적하면서 반대하고 있다. 대한민국에서는 심신 장애인이나 임산부의 경우 회복 또는 출산 후에 사형을 집행하도록 규정되어 있다.

_출처: Naver 위키백과사전, 2008.10.28

① 사형제도를 찬성하는 사람들의 찬성이유는 무엇인가?
② 사형제도를 반대하는 사람들의 반대이유는 무엇인가?

③ 사형제도 찬성론이 함축하고 있는 가치는 무엇인가?
④ 사형제도 반대론이 함축하고 있는 가치는 무엇인가?
⑤ 사형제도에 대한 현실적 대안으로 고려할 수 있는 것을 제안한다면?
⑥ 사형제도의 찬성자 혹은 반대자에게 부과하는 보편성 검사? (반증 사례 검사, 포섭 검사, 역할 교환 검사, 보편적 결과 검사)

(4) 학생 작성 답안 예시

① 범죄를 예방한다. 사회악의 근원을 영구히 제거해 사회를 방어한다. 생명은 소중하나 흉악범에겐 적용될 수 없다. 흉악범은 피해자의 인권을 존중하지 않았으므로 범죄자의 인권을 존중할 필요가 없다.
② 사형도 일종의 살인이다. 아무리 흉악범이라도 국가가 인간의 생명을 빼앗을 권리는 없다. 범죄자가 자신의 범죄를 깨달을 때까지 교도소에 넣는다. 사형제가 악용될 수 있다.
③ 피해자의 생명존중, 다수의 안전과 보호, 질서유지.
④ 범죄자의 인권보호.
⑤ 정치범이나 양심범의 경우에는 사형제를 폐지하지만 흉악범의 경우에는 사형제를 존속시킨다. 사형선고를 섣불리 내지 말고 자세히 조사해서 내린다.
⑥ 보편성 검사

❖ 반증 사례 검사
• 사형제도 찬성자의 경우: 억울하게 사형당한 사람의 생명을 누가 보상할 것인가?
• 사형제도 반대자의 경우: 히틀러가 2차 대전 후 몰래 살아 있다 체포되었을 때 사형을 안 시켜도 되는가? 혹은 ○○같은 흉악범을 사형시키지 않고 살려야 하는가?

❖ 포섭 검사

• 사형제도 찬성자의 경우: 억울하게 누명을 쓰고 사형을 당하면 이것
도 정의(正義)에 부합되는가? 혹은 큰 죄를 저질렀다고 사형을 시켜야
만 정의(正義)의 실현인가? 다른 처벌은 없는가? 피해자가 죽었다고
해서 살인자를 사형시키는 것만이 평등(平等) 원리에 부합된다고 볼
수 있는가?

• 사형제도 반대자의 경우: 작은 잘못을 저지르면 작은 처벌을 받고 큰
잘못을 저지르면 큰 처벌을 받는 것이 정의(正義) 아닌가? 살인죄와
같은 큰 죄를 저질렀다면 당연히 사형과 같은 큰 처벌을 받아야 하는
것이 정의(正義)아닌가? 살인자를 살리는 것은 피해자가 죽은 것과 비
교할 때 평등(平等) 원리에 어긋나는 것이 아닌가? (사형제도가 보다
큰 정의나 평등이라는 가치원리에 포함되는지 검사한다.)

❖ 역할 교환 검사

• 사형제도 찬성자의 경우: 네가 한 순간 충동으로 죄를 지었거나 혹은
억울하게 살인누명을 쓰고 사형된다면 사형제 존속을 주장하겠는가?

• 사형제도 반대자의 경우: 네가 살인자에 의해 죽었다면 혹은 네가 가
장 사랑하는 사람이 살인자에 의해 죽었다면 사형제 폐지가 정당하냐?

❖ 보편적 결과 검사

• 사형제도 찬성자의 경우: 인간의 오류가능성을 고려할 때, 사형제도
가 본격적으로 시행된다면 억울하게 죽는 사람이 발생하지 않을까?

• 사형제도 반대자의 경우: 인간의 사악한 면을 고려할 때, 어떤 흉악범
이라도 사형을 당하지 않는다면 난폭한 범죄들이 더욱 많이 발생하지
않을까?

(5) 토론수업

- 찬성 주장: 범죄 억제 효과가 있다(사형이 사람들에게 공포심을 유발함). 사형제를 폐지하면 중죄인들에 대한 교도소 유지비용이 많이 들어간다. 죄수의 탈옥 가능성이 있다. 도덕적 가치에 위배된다. 곧 국민의 도덕정서에 어긋난다. 잘못은 법으로 엄격하게 규제해야 한다.
- 반대 주장: 인권 보호 측면에서 범죄자이지만 생명을 존중해야 한다. 사형제도가 피해자의 복수 수단이 될 수 있다. 사형이 일종의 살인 수단이 될 수 있다. 잘못된 재판으로 억울한 사람이 나올 수 있다. 충동으로 살인을 저지르는 경우가 많으므로 범죄 예방 효과가 없다.
- 배심원의 판단: 사형제도의 존속과 폐지 의견이 각각 반반씩 존재하였다.

2) 양심적 병역 거부

(1) 문제 사례: 양심적 병역거부와 군대 폐지를 주장해온 ○○○(22세) 씨가 1일 건군 60주년 국군의 날 시가행진 대열에 뛰어 들어 알몸 퍼포먼스를 하다가 체포됐다. ○○○ 씨는 오후 4시23분께 서울 강남구 삼성동 현대백화점 앞 테헤란로 중앙분리대 가로수 사이에 숨어 있다가, 전차 행렬이 지나가자 알몸으로 뛰어나왔다. 소총 모양의 과자로 전차에 총격을 가하는 퍼포먼스를 한 ○○○ 씨는 과자총을 그 자리에서 먹어치운 뒤 "군대를 폐지하고 가난한 나라를 도우면 굶고 있는 아이들을 살릴 수 있다."고 주장했다. 이 소동으로 전차 행진이 30초간 중단됐으며 ○○○ 씨는 현장에서 연행됐다. 현장에 있던 시민들은 깜짝 놀라며 '미친 것 아니냐'며 소리를 질렀고, 전차 행진이 재개되자 함성과 박수를 보냈다.

　　○○○ 씨는 서울 강남경찰서로 연행돼 조사를 받았다. 경찰은 "행사 5시간 전부터 가로수 사이에 숨어 있는 바람에 사전에 막지 못했

다."며 "당시 도로에 차가 다니지 않았기 때문에 도로교통법이나 집시법 위반이 아닌 과다노출에 따른 경범죄 위반으로 처벌될 것"이라고 밝혔다.

_출처: 한국일보, 2008.10.2

(2) 병역 의무 이행 사례: "군대 맛을 봐야 떳떳한 한국인이죠."

　미영주권 포기하고 군(軍)자원입대한 ○○○ 이병. 길만 있다면 군대에 보내지 않고 가지 않으려는 게 요즘 일부 계층의 세태다. 충북의 육군 ○○사단 화목부대 ○○○(22세) 이병은 그런 점에서 분명히 '이단자'다. 하루 일과를 끝내고 취침할 때면 "그래 오길 잘 했어. 떳떳하잖아."라고 혼잣말로 되뇌곤 하는 ○○○ 이병. 그도 한때 군 입대 여부를 놓고 고민한 적이 있었다.

　1996년 초 서울에서 고교를 졸업한 ○○○ 이병은 운송업을 하는 아버지를 따라 미국 버지니아주로 이민해 메릴랜드대 경영학과에 다녔다. 부모가 투자 이민을 갔기 때문에 곧바로 영주권도 취득했다. 그러나 고국이 그리워 다음해 봄 귀국해 해외 영주권자들을 대상으로 치르는 특례 입학시험을 통해 ○○대 건설도시공학과에 입학했다. 군 입대 문제가 다가왔다. '군대에 갈까, 가지 말까.' 그는 당시 35세까지 영주권을 유지하면 그 힘들다는 군대에 가지 않아도 된다는 주위의 말에 솔깃했다. 미국 영주권자라도 외국인 회사 등에 취업할 수 있고 군대에 가지 않을 경우 2년 이상이나 일찍 사회에 진출할 수도 있기 때문이다.

　하지만 그는 지난해 2월 "군복을 입고 땀 한번 흘려보자."며 미국 대사관을 찾아가 영주권을 포기한 뒤 곧바로 병무청에 입영지원서를 냈다. 어머니(49세)는 "왜 편한 쪽을 택하지 않고…" 라며 걱정했다. "얼마 전 유가를 나가서 '왜 굳이 힘든 군대에 자원하려 하니'라며 당시 군 입대를 만류했던 주변 사람들을 만났어요. 모두들 '건강해졌구나'라며 좋아했어요. 특히 어머니는 더욱 대견스러워 하셨구요."

○○대 경제학과 졸업반으로 ○○회사 입사를 기다리고 있는 ○○○ 이병의 형 ○○○(26세) 씨도 1997년 12월 영주권을 포기한 뒤 공군에 입대해 군복무를 마쳤다.

_출처: 동아일보, 2000.12.8

(3) 병역 의무 기피 사례: "괌 언론, 한국인 원정출산 실태 고발"

미국 시민권을 얻기 위한 원정출산이 어제 오늘의 일은 아니지만 미국 자치령 괌의 현지 언론이 괌을 찾는 한국인 원정출산족의 실태를 고발하는 기사를 최근 잇달아 보도해 씁쓸한 뒷맛을 남기고 있다. 괌의 일간지 '퍼시픽 데일리 뉴스'는 29일 인터넷 판 기사에서 웹사이트 2곳이 한국의 임신부를 상대로 괌에 와서 아이를 낳아 미국 시민권을 취득하는 서비스를 광고하고 있다고 보도했다.

괌 메모리얼 병원의 산부인과 전문의인 토머스 시에 박사는 이 신문과 인터뷰에서 여행업계 관계자들이 지난 여름 한국 임신부의 출산을 위한 계약을 맺자고 접근해왔으나 거절했다고 말했다. 4년 전에도 같은 제의가 있었다는 것이다.

그는 관광객들이 의학적으로 도움이 필요할 때 당연히 의료서비스를 제공하겠지만 "그러한 목적으로 특별히 계약을 맺지 않는다."라고 강조했다. 시에 박사는 "미국 시민권 취득이 훌륭한 기회를 제공한다는 점은 알지만 적절한 방법을 통해 그것을 얻어야 한다."라고 지적했다. 그는 연방 이민당국에 문의한 결과 그들도 한국인의 원정출산 문제를 알고 있으며 조사가 진행 중이라고 밝혔다고 전했다.

신문은 원정출산 알선업체가 운영하는 '아메리칸 베이비'와 '괌 베이비'라는 웹사이트를 소개하면서 이 사이트에는 괌 메모리얼 병원과 사구아나마구 병원 같이 원정출산을 위해 괌에서 이용할 수 있는 시설들의 사진이 실려 있다고 전했다. '아메리칸 베이비'라는 사이트는 ▲한국서 태아 검진 ▲괌 메모리얼 병원서 출산 ▲출산 1주일 내 여권과 사회보장 번호 수령 ▲2~3주 내 한국 귀국 등 임신부를 위한

4단계 원정출산 과정을 소개하고 있다. 두 웹사이트는 모두 괌 본사와 한국 지사 전화번호를 게재하고 있었지만 전화가 연결되지는 않았다고 신문은 전했다.

이 신문은 30일 자 기사에서는 원정출산 웹사이트 두 곳 중 1곳이 잠시 운영을 중단했다는 소식을 전했고, 31일에는 괌 이외에 사이판에서도 미국 시민권을 얻기 위한 원정출산을 알선하는 '베이비 사이판'이라는 웹사이트가 있다고 소개했다.

_출처: 연합뉴스, 2008.11.1

(4) 양심적 병역거부 인정 사례: "사회지도층 대부분 대체복무제 찬성"

우리나라 사회지도층 85%가 종교적 또는 양심적인 이유의 대체복무제 도입에 동의하는 것으로 나타났다. 서울대 사회과학연구원이 지난 1일부터 3주간 국회의원(51명), 변호사(30명), 교수(99명), 기자(109명), 종교인(263명) 등 554명을 대상으로 설문조사해 2008년 10월 28일 발표한 '대체복무제에 대한 사회지도층 의식조사' 보고서에 따르면 응답자의 85.5%가 '현 제도는 개선돼야 한다.'는 반응을 보였다고 28일 발표했다.

'유엔권고를 받아들여야 한다.'와 '(제도 도입이) 한국 인권 향상에 큰 역할을 할 것이다.'는 항목에 각각 87.5%, 85.5%가 찬성했으며 '도입은 시기상조'라는 의견은 19.8%에 그쳤다. 하지만 실제로 대체복무제를 도입한다면 '많은 이들이 대체복무제를 택할 것(63%)'이라거나 '장병들의 사기를 저하한다(40.2%)'는 우려도 적지 않았다. 적합한 대체복무 기간과 관련해서는 '현역복무의 1.5배인 36개월 이내'라는 답이 44.9%로 가장 많았고, '현역복무의 2배'가 26.3%, '현역복무와 동일'이 17.9%, '현역복무의 2배 이상'이 10.9%로 그 뒤를 이었다.

대체복무 허용 사유도는 '종교적 신념을 포함한 반전평화주의 신념'이라는 응답이 74.8%로 많았고, '일반적 종교적 신념'과 '특정 교파에 한정한 종교적 신념'이 각각 14%, 11.2%였다.

278 | 민주시민교육 핸드북 II: 방법론

_출처: 비즈플레이스(Biz Place), 2008.10.28

① 양심적 병역거부자란 누구를 말하는가? 병역기피자와 비교해서 알아
   보자.
② 양심적 병역거부자 개념에서 '양심'의 뜻을 나름대로 정의한다면?
③ 양심적 병역거부를 인정할 경우, 첫째, 예상되는 현상은 무엇인가? 둘
   째, 양심적 병역의무를 대체할 구체적 대안은 무엇인가?
④ 양심적 병역거부를 찬성하는 입장과 반대하는 입장이 각각 근거로 삼
   고 있는 헌법 규정은 헌법 19조 "모든 국민은 양심의 자유를 가진다."
   와 헌법 39조 1항 "모든 국민은 법률이 정하는 바에 의하여 국방의
   의무를 진다."이다. 이는 양심의 자유와 국방의 의무라는 가치 간 갈등
   이라고 볼 수 있다. 당신은 현 우리 상황에서 어느 가치가 더 중요하다
   고 생각합니까. 그 이유를 설득력 있게 논리적으로 서술하시오.

(5) 학생 작성 답안 예시

① 병역기피가 사적 이익을 위해 병역을 꺼리고 피하는 것이라면, 양심적
   병역거부는 전쟁이나 군(軍) 업무가 개인의 종교적 신념에 위배된다고
   믿는 입장에서 병역을 거부하는 것을 말한다.

② 양심이란 선악을 판단하는 선의지이다. 사람을 올바른 방향으로 나아
   가게 해주는 지표이자 비도덕적인 행동을 못하게 하는 자신에 대한
   엄격한 선생님이다. 오랜 기간 믿고 실천해왔던 종교적 교리나 윤리적
   마음가짐이다. 다른 사람들도 인정하고 모두가 동감할 수 있으며 자신
   의 이익만을 챙기려하지 않는 것이다.

   • 교사의 참고자료: 양심의 사전적 의미는 자기 행위에 대해 옳고 그름을 판단
     하고, 바른 말과 행동을 하려는 마음을 말한다. 이의 법률적 의미로 세 가지

를 생각할 수 있다. 첫째는 주관적 양심인데 이는 자신의 신념이나 판단을 말하는 것으로서 그것이 자신의 마음 내부에 머물러 있을 때 절대적으로 보호를 받는다. 둘째는 자신의 양심을 외부적으로 표명하도록 강제 당하지 않을 자유, 곧 양심을 지킬 자유를 말한다. 셋째는 양심을 대외적으로 실현시키고자 할 때에 적용되는 것으로서 타인의 권리나 도덕법칙이나 헌법 37조 2항에 제시된 국가 안전보장, 질서유지, 공공복리 증진의 경우처럼 실정법에 따라 제한을 받을 수 있다.

③ • 병역을 기피하려는 자들이 양심적 병역거부자인 것처럼 위장하려 한다. 병역 의무제도의 존립자체가 흔들릴 수 있다. 국가가 위험한 상태에 놓일 수 있다. 뇌물을 이용한 부정행위가 발생할 수 있다.
 • 대체복무 제도를 생각할 수 있다. 이는 강하고 힘든 봉사가 되어야 한다. 공익을 위해 힘들고 어려운 일을 도맡아서 병역 대신 실천하는 것이다. 혹은 과거 미국의 평화봉사단처럼 살기 어려운 나라에 가서 그 곳 주민들을 도와주는 활동을 하는 것이다. 기간은 국제사면위원회의 권고사항을 받아들여 현역병의 1.5배 정도가 무난하나 2배 정도도 고려할 수 있다.

④ * 병역의 의무가 더 중요하다.
 • 한 나라에 태어나서 살아가는 동안의 일부분인 1~2년 동안 병역의 의무를 이행하는 것은 현재까지 국민을 보호해준 국가에 대한 예의로 생각해서라도 병역의 의무를 따라야 한다.
 • 자유란 것도 사회적으로 중요한 시점에서 최소한의 제약을 포함하는 것이다. 우리나라가 아직 휴전이란 전쟁 상황인 것을 고려하면 병역의 의무는 정당한 제약이다. 전쟁이 끝나고 적대국이 없다면 괜찮지만 현재 상황에서 병역거부는 시기상조이다.

 * 양심의 자유가 더 중요하다.
 • 양심의 자유와 병역의 의무, 지금 상황에서 어느 것이 더 가치 있고 덜 가치 있다고 따질 수 없다. 칸트는 사람의 선한 행동은 양심의 명령에 따라 의무적으로 행할 때 그 행동이 가치 있다고 말했다. 따라서 양심적으로 병역거부를 하는 사람을 믿어주고 대체복무를 부과하면 된다. 새가 두 날개가 있어야 날 수 있듯이 양심과 병역의무가 적절히 조화되어야 이 갈등을 해결할 수

있다.
• 병역의 의무도 중요하지만 양심의 자유도 중요하다. 첨단 과학기술의 발달
로 최신식 무기를 잘 활용한다면 병력을 줄일 수 있다. 더욱이 매년 400여명
정도의 여호와 증인 신도들이 양심에 따라 병역을 거부하여 교도소에 수감
되고 있다. 이러한 비효율과 비윤리성을 해결하기 위해서는 양심적 병역거
부를 인정해야 한다. *강영호

## ▌참고문헌

김태길(1988). 『윤리학』. 서울: 박영사.
박상준(2005). 『사회과교육의 이론과 실제』. 서울: 교육과학사.

Banks, J. A.(1977). *Teaching Strategies for the Social Studies: inquiry, valuing, and decision-making.* second edition. Adison-Wesley Publishing Co.; 최병모 외 공역(1987). 『사회과교육과 교재연구』. 서울: 교육과학사.
_____(1999). *Teaching Strategies for the Social Studies: decision-making and citizen action.* fifth edition. Adison-Wesley Longman, Inc.
Hare, R. M.(1990). "A moral argument." *Freedom and Reason.* Oxford: Clarendon Press.
Metcalf, L. E., ed.(1971). *Values Education: Rationale, Strategies, and Procedures.* NCSS.; 정선심·조성민 역(1992). 『가치교육』. 서울: 철학과 현실사.
Taylor, P. W.(1975). *Principles of Ethics.* Dickenson Publishing Company Inc.; 김영진 역(1985). 『윤리학의 기본원리』. 서울: 서광사.

# —— 27

# 의사결정 학습

## 1. 해설

### 1) 필요성과 의의

주머니에 있는 잔돈을 가지고 '빵을 사먹어야 할지, 아니면 기부 저금통에 넣어야 할지?'를 비롯해 이번 선거에서 누구에게 표를 던져야 할 것인지 등 우리는 스스로 결정해야 할 문제에 둘러싸여 있다. 이처럼 현대 사회에서 개인적으로, 사회적으로 결정해야 할 문제들이 많다. 이러한 문제들에 대해서 어떻게 의사결정을 내리는가에 따라 자신의 삶의 질뿐만 아니라 자신이 속한 사회의 질도 달라질 수 있다. 특히 민주주의 사회에서 시민들의 의사결정은 매우 중요하다. 민주주의의 질이 시민들의 의사결정 질에 달려있기 때문이다. 시민들이 어떻게 의사결정을 내리느냐에 따라 민주주의가 원활하게 작동할 수 있고, 그렇지 않을 수도 있으며, 더 나아가 민주적인 절차가 우리 삶을 더 풍요롭게 할 수도 그렇지 않을 수도 있기 때문이다. 따라서 민주주의에서 시민들의 의사결정능력을 키우는 것은 시민교육의 매우 중요한 과제 중 하나이다.

의사결정 학습은 고차적인 사고력과 함께 합당한 가치 판단능력을 향상시킬 수 있다. 의사결정은 진공상태에서, 마음가는대로 아무렇게 하는 것이 아니며 의지와 결단력만으로 충분한 것도 아니다. 의사결정을 내리기 위해서는 문제와 관련된 사실과 정보를 알아야 하고, 이를 바탕으로 합리적으로 추론하는 능력과 함께 합당한 가치판단 능력까지도 필요하다. 의사결정은 종합적인 사고와 가치판단의 총체이다. 따라서 의사결정능력을 향상시키는 것은 합리적인 사고력과 가치판단능력도 향상시킬 수 있다.

다음으로 의사결정능력은 키우는 과정에서 중요한 문제들을 파악하고 이해할 수 있는 안목을 기를 수 있다. 다양한 문제들에 관해서 합리적으로 판단하여 의사결정을 내리는 과정을 연습하는 과정에서 우리를 둘러싼 중요한 사회적인 쟁점과 이슈들에 대해서 명확하게 이해할 수 있다.

더 나아가 의사결정 학습은 자신이 내린 결정을 신뢰할 수 있는 자신감과 함께 자율성을 키우는데도 도움을 줄 수 있다. 자신의 삶과 관련된 중요한 문제를 누군가에게 맡기는 사람은 잠시 편할지 모르겠지만 수동적인 존재로 자신을 신뢰하지 못하는 가운데 살아갈 수밖에 없다. 그러나 의사결정능력을 향상시키는 과정을 체험함으로써 자신감을 가지고 자신의 삶과 관련된 문제, 중요한 사회 문제에 대해서 자율적으로 판단할 수 있는 능력을 기르는데도 도움이 된다.

### 2) 의사결정 학습

시민교육과 관련하여 일반적으로 사용되고 있는 의사결정 모형은 사회과학 탐구과정과 가치탐구과정의 두 과정을 포함하고 있다. 의사결정을 하기 위해서 먼저 사실에 관한 정확한 인식이 필요하기 때문에 이를 위해 사회과학 탐구과정을 둔다. 다른 한편으로 의사결정은 가치판단이 개입되기 때문에 가치와 관련된 문제를 해결하기 위해 가치탐구과정을 둔다. 뱅크스(Banks), 울레버와 스코트(Woolever & Scott)가 제시한 의사결정의 모형에 따르면 대체로 의사결정 모형의 단계는 다음과 같이 요약할 수 있다(차경수, 2008: 186).

## 〈표 1〉 의사결정 학습 단계 및 내용

| 단계 | 내용 |
|---|---|
| 문제 제기 | 문제를 명확히 하는 단계이다. 예를 들어 두발 자율화에 관한 문제라면, 이 문제가 제기된 배경, 핵심적인 쟁점, 이 문제에 관한 서로 다른 입장들을 확인하는 과정이다. |
| 사실과 가치문제의 확인 | 여러 가지 쟁점이 있고 이 쟁점에 관한 서로 다른 의견들을 예상할 수 있다. 이 단계에서는 여러 가지 쟁점을 사실에 관련된 문제, 가치와 관련된 문제로 구분한다. 예를 들어 두발 자율화에 관해서 두발 자율화가 학생들의 탈선에 미치는 영향이 사실에 관한 문제라면, 학생의 인권보호와 공동체 질서 유지 중에 무엇이 더 중요한가 하는 것은 가치에 관한 문제이다. 이 단계에서는 사실과 가치의 문제로 구분하는 것이 매우 중요하다. |
| 사회 탐구에 의한 지식 획득 | 사실에 관한 문제는 사회과학 탐구를 통해서 해결한다. 이 과정에서는 관련되는 정보와 지식을 수집하여 객관적인 자료에 근거하여 결론을 내리는 것이 중요하다. 이 과정에서 사회과학 관련 개념과 일반화, 이론 등을 활용할 수 있다. |
| 가치탐구에 의한 가치분석 | 가치에 관한 문제는 가치분석을 통해서 해결한다. 가치분석 시 자신이 선택할 가치의 논리적 정당화가 필요하다. 이 과정에서는 자신이 선택한 가치가 논리적으로 정당화할 수 있는지가 중요하다. 가치를 임의적으로 선택하는 것이 아니라 타당한 이유를 가지고 선택한 것임을 보이는 것이 중요한다. |
| 대안 탐색과 결과 예측 | 이상의 절차를 통해 의사결정의 문제와 관련된 여러 가지 대안을 제시할 수 있다. 제시된 대안들이 가져올 결과를 예측하여 장단점을 비교한다. |
| 선택 및 결론 | 최선의 대안을 선택한다. |
| 행동 | 선택한 대안을 실천한다. |

〈그림 1〉 의사결정 수업 모형

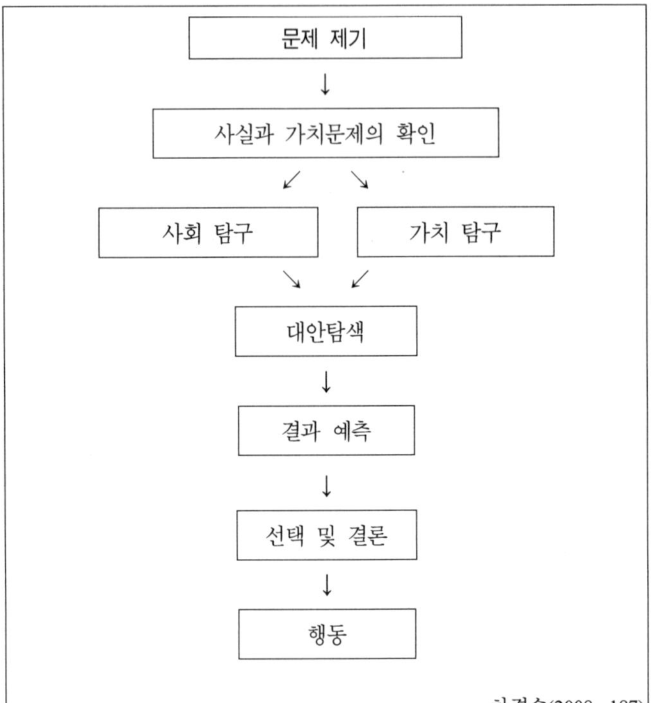

```
            ┌─────────────────┐
            │    문제 제기     │
            └─────────────────┘
                     ↓
         ┌───────────────────────┐
         │  사실과 가치문제의 확인  │
         └───────────────────────┘
             ↙             ↘
   ┌─────────────┐    ┌─────────────┐
   │   사회 탐구   │    │   가치 탐구   │
   └─────────────┘    └─────────────┘
             ↘             ↙
            ┌─────────────────┐
            │    대안탐색      │
            └─────────────────┘
                     ↓
            ┌─────────────────┐
            │    결과 예측     │
            └─────────────────┘
                     ↓
            ┌─────────────────┐
            │   선택 및 결론   │
            └─────────────────┘
                     ↓
            ┌─────────────────┐
            │      행동        │
            └─────────────────┘
```

차경수(2008: 187)

## 2. 실천 및 적용 사례

의사결정 모형에서 핵심은 합리적으로 판단하여 의사결정을 내리는 것이 중요한다는 것이다. 즉 선택의 이유가 합리적으로 납득 가능한 것이어야 한다. 합리적으로 납득 가능하다는 것은 사실과 관련해서는 정확한 자료에 근거한 참인 사실에 바탕을 두어야 하며, 가치와 관련해서는 적어도 자신의 입장에서 정당화가 가능해야 한다. 따라서 의사결정 모형의 단계를 정확하게 적용하기보다는 합리적으로 의사결정 한다는 것이 어떤 것인지, 합리적으로 의사결정을 하기 위한 절차가 어떤 것인지를 다양한 사례를 통해서

의사결정을 해 볼 수 있는 기회를 제공하는 방식으로 수업 설계를 제시하고자 한다.

## 1) 수업 대상 학년 및 주제

| |
|---|
| 대상: 고등학교 1학년 |
| 과목: 사회 |
| 학습 주제: 합리적 의사결정 |
| 관련 단원: V. 시민 사회의 발전과 민주 시민 3. 사회적 쟁점과 합리적 의사결정 |

## 2) 수업 계획 및 구성

### (1) 학습 목표

1. 합리적인 의사결정 능력을 함양한다.
2. 합리적인 의사결정 절차를 익힌다.

### (2) 수업 개요

| 단계 | | 내용 |
|---|---|---|
| 도입 | | 합리적 의사결정 방법 |
| 전개<br>(사례<br>탐구1) | 문제 제기 | 냉장고 선택의 문제 |
| | 사실과<br>가치의 구분 | 사실문제인가, 가치문제인가? |
| | 사회탐구 | 매몰비용 개념과 비용 분석을 사용하여 사회탐구 |
| | 대안 탐색<br>및 결과예측 | 꽈 대인의 결과에 대한 예측 해보기 |
| | 선택 및<br>결론 | 선택해보기 |

| 전개<br>(사례<br>탐구1) | 반성 평가 | 장래의 의사결정을 할 때 과거에 한 의사결정의 영향을 받아서는 안 된다. 과거의 투자에 얽매여 손해 볼 줄 알면서도 계속 그 방향으로 나아간다면 손실이 더욱 커질 수 있다. 합리적인 의사결정은 언제나 현 시점에서 장래를 내다보고 하는 것이다. |
|---|---|---|
| 전개<br>(사례<br>탐구2) | 문제 제기 | 주운 Mp3를 어떻게 할 것인가? |
| | 사실문제와 가치문제의 구분 | 관련된 문제를 사실문제와 가치문제로 구분 |
| | 사회탐구 | Mp3는 버려진 것인가?, 아니면 잃어버린 것인가? |
| | 가치탐구 | 관련된 가치는 무엇인가? |
| | 대안 탐색 및 결과예측 | 각 대안별 결과 예측 |
| | 선택 및 결론 | 최종 선택 및 정당화 |
| 정리 | 과제제시 | 자신이 직면한 문제나 사회적인 문제에 대해서 오늘 배운 의사결정 절차를 적용해서 의사결정을 내려보자. |

(3) 수업 단계별 활동

① 도입: 학습 주제 제시: 합리적으로 의사 결정하는 방법에 대해서 알아보자.

② 전개 1

(가) 문제 제기 – 다음은 음식점을 운영하고 있는 김 씨가 직면한 문제이다.

1호점을 개점한 지도 벌써 삼 년이 되어 간다. 개점할 당시에는 돈도 없고 그저 싸다는 이유만으로 냉장고를 골랐다. 그러나 눈부신 기술 혁신으로 삼 년 전과 똑같은 가격으로 막대한 절전 효과가 있는 신형 냉장고를 구입할 수 있게 되었다. 그래서 현재 사용하고 있는 ○○전기 냉장고의 신형을 구입하는 계약을 체결하고,

> 총 500만 원 중 계약금으로 100만 원을 지급하였다. 그러나 얼마 뒤 다른 가전회사
> 인 △△으로부터 구입하기로 한 신제품과 동일한 성능을 가진 냉장고를 350만 원
> 에 팔겠다는 제안을 받았다. △△ 냉장고를 사려면 ○○ 전기에 지급한 계약금 100
> 을 포기해야 한다. 어떻게 하면 좋을까?

1. 김 씨가 의사 결정해야 할 문제는 무엇인가?

(나) 사실문제와 가치문제 확인
• 활동 1. 김 씨가 직면한 문제는 사실문제인가, 가치문제인가?

(다) 사회탐구
• 활동 2. 김 씨가 직면한 문제를 해결하기 위해서 어떻게 해야 할까?

ⓐ 개념 정의: 합리적인 선택이란?
   → 최소비용으로 최대효과를 얻는 것
ⓑ 비용 계산: 각 냉장고 구입비용 계산

| 구분 | 가격 | 계약금 | 앞으로 지급해야 할 금액 | 지출총액 |
|------|------|--------|----------------------|---------|
| ○○ 전기 | 500만 원 | 100만 원 | | |
| △△ 전기 | 350만 원 | | | |

   → 관련 사회과학 개념 제시: 매몰비용(Sunk Cost)
     과거에 지출한 투자액 중 그 이후의 의사결정에 따라 회수할 수
     없게 된 부분을 말한다. 매몰비용은 이미 사용된 비용이기 때문에
     장래의 판단에 전혀 영향을 미치지 않는다.
   → 위 비용계산에서 매몰비용에 해당하는 것은?
ⓒ 비용 분석 결과:
   → 어떤 냉장고의 구입비용이 더 적은가?

(라) 대안 탐색 및 결과 예측

• 활동 3.

| 대안 | 결과 예측 |
|---|---|
| ○○ 전기 | |
| △△ 전기 | |

(마) 선택 및 결론: 계약금 100만 원을 포기할 것인가?, 말 것인가?

• 활동 4.

| 최종선택 | |
|---|---|

(바) 반성 및 평가

• 활동 5. 위 사례에 관한 의사결정을 통해서 배운 점은 무엇인가?

| |
|---|
| |

③ 전개 2

(가) 문제 제기

1. 여러분이 만약 위와 같은 상황에서 있다면 어떤 결정을 내리겠는가?

최근에 당신은 MP3를 사기 위해 돈을 모을까 생각하고 있었다. 그러던 어느 날 당신이 제일 먼저 학교에 도착하였다. 당신이 특별실을 지나 교실로 향해 발걸음을 옮기던 순간 특별실에서 "최신형 MP3 플레이어"를 발견하였다. MP3를 켜보니 잘 작동할 뿐만 아니라 최근 인기 있는 곡도 담겨 있었다. 주위를 둘러본 순간 교실에는 당신밖에 없었고 당신이 이 MP3 플레이어를 챙길지 여부를 어느 누구도 알지 못한다.

(나) 사실문제와 가치문제 확인

1. 이 MP3는 누군가 고의로 버린 것일까?, 잃어버린 것일까?
2. MP3를 내가 가져야 할까, 그냥 내버려 두어야 할까?, 아니면 주인을 찾아 주어야 할까?

• 활동 1. 위 문제를 사실문제와 가치문제로 구분해보자.

(다) 사회탐구
• 활동 2. 다음 문제를 탐구해보자.

ⓐ 문제 제기: 고의로 버린 것일까, 잃어버린 것일까?
ⓑ 관련 사실 탐구: 다음 사실로부터 어떤 것을 추론할 수 있을까?

- 최신형이다.
- 잘 작동하고 있다.
- 최근 인기 가요가 담겨 있다.

ⓒ 결론:

(라) 가치탐구
• 활동 3. 다음 문제를 탐구해보자.

ⓐ 문제 제기: MP3를 가져도 되는가?, 그냥 방치해두어야 하는가, 아니면 주인을 찾아 돌려주려고 해야 하는가?, 어느 것이 옳은가?
ⓑ 관련 가치 탐구
    → 소유권: MP3는 누구의 것인가?, 내 것이 아닌 물건을 가지는 것은 잃어버린 사람의 권리를 침해하는 것이 아닌가?
    → 징직: MP3를 가지는 것은 남의 것을 내 것으로 속이는 것은 아닌가!
    → 그 밖에 관련된 가치는?
ⓒ 어떤 가치에 따라 행동해야 하는가?

→ 여러분이 선택한 가장 우선적인 가치는 무엇이며, 그 가치에 따라
어떻게 할 것인가?

(마) 대안 탐색 및 결과 예측
• 활동 4. 탐구를 바탕으로 대안 탐색하고 결과를 예측해 보자.

| 대안 | 결과 예측 |
|------|-----------|
|      |           |
|      |           |
|      |           |

(바) 선택 및 결론
• 활동 5. 최종 선택과 그 이유를 적어보자.

| 선택 | |
|------|--|
| 근거 | |

(사) 반성 및 평가
• 활동 6. 의사결정절차를 여러분이 겪는 현실 문제에도 적용할 수 있을까?

④ 정리

과제제시: 다음 시간까지 여러분이 의사결정을 내려야 하는 문제에 대해서
오늘 배운 의사결정 방법을 적용해보고 그 결과를 발표해 봅시다. *이상인

**▌참고문헌** ————————————————————————————————————

차경수·모경환(2008). 『사회과교육』. 서울: 동문사.

# 28

# 세계시민성 함양 방법

## 1. 해설

### 1) 세계화와 시민교육

오늘날의 세계는 교통과 통신기술의 발달로 빈번한 교류가 이루어지면서 점점 가까워지고 있다. 지구촌이란 말이 실감나는 현실이 전개되고 있는 것이다. 세계의 이런 빈번한 상호교류 현상을 오늘날 세계화라는 용어로 대체로 표현하는 것 같다. 세계화는 우리들의 사회생활을 급격하게 바꾸어놓고 있다. 우선 우리들은 필리핀 바나나와 중국산 갈치를 먹으면서 중국제 옷을 입고 미국제 컴퓨터를 사용하게 되었다. 그리고 여행을 통하여 이전에 책으로만 접할 수 있었던 인도, 러시아, 이슬람 문화를 직접 체험한 사람들이 많아지게 되었다. 또한 사람들은 보다 나은 일자리나 배움을 찾아서 일본, 미국, 중국 등으로 이주를 하게 되고 우리 주변에서는 동남아시아 출신의 노동자들을 보는 것이 흔한 경험이 되고 있다. 또한 다국적 기업의 국내진출이나 우리 기업의 외국진출로 기업의 국적은 그렇게 중요한 문제가 아니다. 이렇게 세계화는 우리의 생활을 근본적으로 변화시키고 있어서 이런 세계의 상호의존성이 없어진다면 엄청난 혼란을 겪게 될 것이다.

세계화로 인한 급격한 사회변동 때문에 시민교육을 목표로 하는 사회과

교육은 심각한 도전에 직면해 있다. 사회과 교육은 변화된 현실에 적절하게 대응할 필요가 있는데, 기존의 국민국가적 시민개념에 기초해서는 오늘날과 같이 국경을 넘나드는 사람, 물자, 정보의 문제를 제대로 다룰 수가 없기 때문이다. 그러므로 이런 사회변동에 대응하는 새로운 시민교육적 틀이 절실히 요청되고 있다. 특히 날로 좁아지는 상호의존적인 세계에서 인류공존을 위해서는 국가의 경계를 초월한 세계시민적 협력이 필요하고 이에 부응하는 시민교육이 절실히 요구되고 있다.

세계화는 정치, 경제, 사회문화 부문에 있어서 다양한 양상으로 전개되고 있고 학자에 따라서 이를 바라보는 관점도 천차만별이다. 그러나 경제 부문에 있어서만은 자본주의라는 단일 경제의 틀로 수렴하고 있다는데에 모두가 동의하고 있는 듯했다. 하지만 경제의 세계화도 90년대 후반 아시아의 외환위기 이후, 경제적 개방은 실천하되 각국의 실정에 맞는 경제모델을 정립하려는 시도에 의하여 다양성이 추구되고 있는 실정이다. 최근에 멕시코 칸쿤에서 열린 WTO 경제각료 회의에서 농산물, 지적 재산권 등의 개방협상에 쉽게 합의하지 못하는 모습들도 이런 다양성의 반영이라 할 것이다. 하지만 대체적으로 세계화에 대해 전망해 볼 때, 단기적으로는 각국의 다양한 문화와 전통이 어우러지면서 갈등과 다양성이 혼재하겠지만, 장기적으로는 상호공유점이 늘어나면서 세계사회, 세계문화라는 공통의 틀이 나타날 것으로 보이고 실제로 그런 추세로 가고 있다.

세계화 추세 속에서, 오늘날의 세계는 특히 사회문화 분야에 있어서 다양한 문화와 가치가 병존하고 때로는 갈등하기도 하는 다원주의 사회의 특성이 심화되어가고 있다. 물론 장기적으로는 문화 간 상호 작용과 지평융합을 통하여 세계문화 또는 지구문화가 형성되어 가겠지만 최소한 중장기적으로는 이질적인 문화요소들이 공존, 갈등하는 다원성이 심화될 것이다. 그러나 이런 다원주의 추세 속에서도 환경, 인권 등의 분야에서 세계적 상호협력의 필요성은 절실히 요구되고 있다. 범죄, 환경파괴 등이 세계화되는 오늘날의 위험사회에서 더더욱 인류전체의 공존을 위한 세계시민적 실천이 중요 관심사가 아닐 수 없다. 다만 어떻게 다원성을 최대한 존중하면서 실천을 이루어낼 수 있느냐가 과제로 제기된다.

### 2) 세계화 시대의 세계시민 교육 접근법

세계시민 교육의 접근 방식은 관점에 따라 여러 가지로 분류할 수 있다. 그러나 여러 분류 방식들을 참고하여 볼 때 다음과 같이 크게 세 가지로 구분해볼 수 있다(권오정, 김영석, 343-345; 차경수, 모경환, 440-441; 노찬옥). 즉, 국제 이해 교육, 지구사회 교육(global education), 다원주의 사회의 세계시민 교육으로 분류해볼 수 있는데 자세히 살펴보기로 한다.

### (1) 국제 이해 교육(Education for International Understanding)

이것은 국제연합 산하 기구인 유네스코(UNESCO: United Nations Educational, Scientific and Cultural Organization)의 제창에 의하여 이루어져 온 세계시민 교육이다. 2차 세계 대전이 끝나고 탄생한 유네스코는 국가 간의 정치적 노력만으로는 진정한 세계평화가 실현되기 어렵고 각국 국민들의 상호 이해가 중요하다고 보았다. 각 국민 간의 문화교류에 의한 인류의 지적, 정신적 연대의 확립이 세계 평화의 필수 조건이라 보았던 것이다.

그러나 국제 이해 교육은 오늘날의 치열한 국가 경쟁을 무시하고 지나치게 낭만주의적으로 접근하고 있다는 비판을 받는다. 인간의 마음 속에 평화를 심어야 전쟁을 막을 수 있으므로 국가 간 상호 이해를 증진하는 교육이 필요하다는 유네스코의 이상은 누구도 반대할 수 없는 명분을 가지고 있다. 그러나 현실의 국제관계는 자국의 이익을 최우선으로 추구하기 때문에 각국 정부는 실제 교육 정책에서 국제 이해 교육을 뒷전으로 밀어놓는 경향이 있다.

우리나라도 '세계화'에 대응하여 '경쟁력을 갖춘 선진 일류 국가'로 도약하기 위하여 '국가 경쟁력' 제고를 위한 교육에 역점을 두어 왔다. 국민들이 국제사회의 보편적 사고와 행동방식을 습득하도록 함으로써 국제적으로 인정받을 수 있는 질적 수준으로 끌어올리는 것이 목표이다.

세계 각국이 추구하는 국제 교육의 이런 목적에 비추어볼 때 유네스코가 제창하는 '국제 이해 교육'이 각국의 외면을 받는 이유를 알 수 있다. 오늘날 국가의 주권이 많이 약화되고 있다고는 하지만 여전히 막강한 영향력을 행사하고 있다. 이런 상황에서 국제 이해 교육은 교과 위주의 학교 교육에 뿌리를 내리지 못하고 있는 실정이다. 기껏해야 주로 특별활동이나 교과외 시간을 이용하여 주한 외국인 자원인사를 초빙하여 타문화 이해 교육을 하거나 학교 바깥에서의 교육에 머물고 있는 정도이다.

또한 국제 이해 교육은 기존 국민국가적 틀 내에서 타문화를 이해하려고 하다 보니 자문화 중심주의적 한계를 벗어나지 못하게 된다. 타문화를 있는 그대로 이해하려하기보다는 우리문화의 잣대로 평가를 하게 되고 경쟁력의 관점에서 타문화의 우열을 가리려 하게 된다. 여기에서 타문화의 진정한 이해를 위해서는 국민국가적 틀을 넘어서는 관점이 요구되는 것이다.

(2) 지구사회 교육(Global Education)

이것은 국제 이해 교육의 단점을 극복하고 전 지구적 상호작용 시스템의 관점에서 체계적으로 접근하는 입장이다. 국제 이해 교육은 평화, 인권 등의 세계적인 가치를 추구하다 보니 자국의 정체성을 부정하고 문화 상대주의를 용인한다는 오해를 받기도 하였다. 반면, 지구사회 교육은 전 지구적 상호작용 시스템의 관점에서 자국의 적응을 모색하고 있다.

유네스코의 국제 이해 교육과 흐름을 달리 하면서도 오늘날 국제 교육에 막강한 영향력을 행사하고 있는 것이 지구사회 교육이다. 미국에서 시작되어 미국 국제 교육의 주류적 흐름을 형성하고 있으며, 캐나다와 영국 등 영어권 국가에서도 정도의 차이는 있지만 미국의 영향을 받아 국제 교육의 주요한 형태로 확립되어 있다. 뿐만 아니라 오스트레일리아, 스웨덴 등에서도 80년대 중반 이후 이런 흐름이 확산되고 있고 유럽과 북미의 대표들이 지구사회 교육 국제 네트워크(International Network on Global Education: INGE)를 통하여 상호 정보교환과 합동 프로젝트 등을 추진하고 있다. 이런 경향을 고려해 볼 때 지구사회 교육은 오늘날 서구 선진국들에 광범위하게 영향을 끼치고 있음을 알 수 있다.

그러나 지구사회 교육, 특히 미국의 그것은 대체적으로 경쟁력 함양 관점에 치우친 것으로 평가된다. 기본적으로 국제화와 세계화에 대한 자국 국민의 대처 능력을 함양하여 자국의 이익을 증진하는 데에 기본적 목표를 두는 국익지향적 접근이라는 평가가 유력한 것이다.

물론 지구사회 교육이 이런 단일한 관점에서만 국제 교육에 접근하는 것은 아니다. 국가 경쟁력 강화보다는 학생들에게 다른 문화, 국가, 사회, 그리고 가치에 대한 이해를 증진시키고 궁극적으로는 세계시민으로 평화롭게 살게끔 환경, 정책, 그리고 문화들을 비교론적 시각에서 학습하는 것으로 보는 입장도 있다. 미국 지구사회 교육 협회(The American Forum for Global Education)가 대표적으로 이런 입장을 취한다.

그러나 이는 주로 대학의 학자들이나 개혁주의적 교사들이 취하는 입장이며 오늘날 영향력을 확대해가고 있지만 지배적 입장은 아니다. 오히려 경쟁력 함양과 국익 추구를 위한 지구사회 교육이 상당수의 학교 행정가, 기업가, 학부모 등에게 호감을 주고 있는 현실이다. 이런 현실에 비추어볼 때 지구사회 교육의 특성을 한마디로 규정짓기는 어렵고 실천 주체의 관심에 따라 다양한 편차가 존재한다고 보면 된다.

또한 지구사회 교육은 미국, 캐나다 영국 등의 나라별 편차도 크게 나타나는 편이다(Pike, 2000: 64-67). 캐나다에서는 개혁 지향적 접근이 지지되고 있어서 인류의 상호 이해와 협력을 통한 전 지구적 문제해결에 초점이 맞추어져 있고 상당히 실천적이다. 영국의 경우는 캐나다와 대체로 비슷하나 학생들이 토론과 수업에 적극적으로 참여하도록 수업방법에 특히 강조점을 둔다는 점에서 차이점을 보인다. 영국에서도 1980년대 후반 대처 집권 이후에는 미국의 영향이 강하게 작용하는 경향을 보이나 여전히 과거 전통과의 상호영향 속에 있다. 이렇게 지구사회 교육은 다양성을 특성으로 하고 대중교육적인 실천을 통하여 일반시민들에게 광범위한 영향력을 행사하는 것이 장점이다. 국가별 다양한 실천과 그에 따른 풍부한 경험은 세계시민 교육모델을 정립하는데 중요한 시사점을 제공할 것이다.

그러나 지구사회 교육, 특히 미국의 주류를 이루는 흐름은 다음의 몇 가지 점에서 비판을 받는다. 첫째, 지구사회 교육은 자국의 경쟁력 함양을 통한 실리추구의 관점에 서 있다는 비판을 면키 어렵다. 세계 체제에 있어서 미국이 미래에 담당할 경제적·정치적 역할이 지구사회 교육의 주요 동기화를 제공하고 있는 것이다. 지구사회 교육은 미국 청소년들에게 다른 나라에 대하여 폭넓게 인식할 수 있는 능력을 키워줌으로써 미국이 미래 세계 체제에서도 정치적·경제적 중심국가 역할을 담당할 수 있게 한다는 점에서 정당화된다.

둘째, 지구사회 교육은 문화 간 차이보다는 유사점과 보편성에 주목하면서 결과적으로 미국적 자유주의를 무비판적으로 전달하는 경향이 있다. 미국 지구사회 교육자들은 조화와 유사성을 강조하고 보편적인 현상에 초점을 맞춘다. 즉 지구사회 교육은 다양한 문화 현상에도 불구하고 문화의 보편성을 발견할 수 있음을 부각시키려고 하며 이런 현상으로 공통의 인간수요와 욕망, 예술 요리 패션 문학 종교 등의 문화 제도들에 초점을 맞춘다. 이렇게 보편성과 유사성을 강조하고 이에 초점을 맞춤으로써 결과적으로 차이보다는 보편성이 중요함을 은연중 암시한다. 차이는 사소한 것으로 축소 해석되고 보편성이 확대 강조되는 경향을 어렵지 않게 발견할 수 있다. 그리하여 문화 간의 차이나 세계의 급박한 현안문제들 즉 세계의 경제적 불평등, 빈곤 문제, 인종 문제 등에 대한 비판적 분석은 의식적이건 무의식적이건 회피하려고 한다. 이렇게 보편성을 강조하는 입장에서의 차이는 차별의 근거로 작용할 소지를 안고 있다. 미국 자유주의 문화와 다른 차이는 다양성이라는 측면뿐 아니라 후진적이고 2등 시민적인 문화의 측면으로 여겨질 가능성이 크다.

셋째, 지구사회 교육은 정체성 갈등문제에 제대로 대처하지 못한다는 점에서 좀 더 치밀한 이론화가 뒷받침되어야 한다. 국익지향적 접근과 세계적 보편성이 혼재함으로 인하여 이론 내부적으로 혼란이 오고 다양한 이데올로기적 갈등도 불러일으키게 된다. 지구사회 교육에 대한 비판은 좌, 우파의 양진영으로부터 제기된다. 좌파는 지구사회 교육이 자본주의의 문제점에 눈감고 비논쟁적 주제만 다루고 있다고 비판한다. 우파는 지구사회 교육이 미국을 다른 나라와 동등한 도덕적 위치에 놓음으로써 애국심 함양에 부정적 영향을 끼치며 미국에 대한 왜곡되고 부정적인 이미지를 학생들에게 주입한다고 비난한다. 이는 지구사회 교육이 앞서 정체성 갈등문제를 심각하게 생각하지 않았거나 이에 대한 해결책을 모색할 수 없는 단순한 입장을 가진데 큰 원인이 있다.

국가 시민성과 세계 시민성 간의 정체성 갈등문제는 쉽게 해결될 수 없는 복잡한 문제이다. 그러나 지구사회 교육은 세계 시민성을 추구하는 것이 결국은 미국의 국가 시민성에 이익이 되는 것이라는 단순한 해결방식을 추구한다. 지구사회에 대한 이해와 국가 이익은 모순 관계가 아니고 국제사회에 필요한 관점과 능력을 함양함으로써 결과적으로 미국의 국가이익을 증진시킨다고 보는 것이다. 이런 입장은 또한 지구사회 교육이 미국적 자유주의를 세계 시민적 보편성과 동일시하고 있음을 암시하고 있다. 즉 세계 시민적 보편성은 미국적 자유주의 시민성에 바탕하고 있으므로 문제되거나 갈등을 일으킬 소지가 없다고 보는 것이다. 그러나 이런 입장이 정체성 갈등문제를 해결하지 못했음은 좌, 우 양진영으로부터의 비판이 잘 말해 주고 있다.

### (3) 다원주의 사회의 세계시민 교육

오늘날 세계의 다원주의 사회적 성격을 반영하는 세계시민 교육의 흐름이 나타나고 있다. 이 유형에 속하는 것으로 타문화 이해교육, 다문화 교육 등을 들 수 있는데 다양한 논의를 통하여 방향을 모색하는 단계라 할 수 있다. 그러므로 특별히 모형이 될 만한 이론틀이 정립된 것은 아니나 아래에서는 그동안의 논의를 정리하여 하나의 방향을 제시해 보도록 하겠다. 이것은 기존의 국제 이해 교육이나 지구사회 교육의 단점을 보완하면서 다원화를 포용하는 것이 될 것이다.

## 3) 다원주의 사회와 세계시민 교육

### (1) 자유주의와 근본적 다원주의

세계시민에 대한 기존 논의는 대체로 자유주의적 관점에 입각하여 이루어져 왔다. 서구적 자유주의에 기반해서 세계시민은 개인의 자유와 권리의 확대를 추구하여야 한다는 것이다. 그리하여 구체적으로는 인권이 제대로 보장되지 못하는 비서구 국가들에게 변화를 요구하고 이를 실현해 내는 것이 세계시민의 과제로 여겨졌다. 기존 세계시민 교육은 이런 자유주의적 관점에 입각하여 자유와 권리를 강조해왔음을 부인할 수 없다. 그러나 이런 관점은 지나치게 서구중심적인 것이라는 비판을 받아왔다. 서구가 지나친 개인주의로 인한 공동체의식의 약화를 경험하면서도, 이를 초래한 하나의 원인인 자유와 권리 담론을 일방적으로 강요하는 것은 바람직하지는 않다는 것이다.

이런 비판과 관련하여 근본적 다원주의의 관점을 참조할 필요가 있다. 근본적 다원주의는 모든 문화가 양립불가능하고 통약불가능한 가치로 이루어져 있으므로 상호 대체가 불가능한 관계로 이해한다. 그리하여 문화의 고유성을 최대한 존중하려는 입장이다. 오늘날의 다원주의 시대에 세계시민 교육은 이런 다원성과 고유성을 존중하는 근본적 다원주의의 관점을 반영할 필요가 있다. '문화란 번역이 불가능한 것'이므로, 다원성은 없애야 할 어떤 것이 아니라 존중하고 경외심과 호기심을 가져야 할 것으로 받아들일 필요가 있다.

물론 근본적 다원주의는 문화 간의 상호교류를 통하여 점차 공유점이 확대되어 가는 현상을 무시하고 문화 간 이질성만을 너무 강조한다는 점이 한계로 지적된다. 그러므로 세계시민은 근본적 다원주의의 관점은 받아들이면서도 극단적 문화상대주의는 경계할 필요가 있다. 오늘날 문화 간의 적극적인 이해와 교류를 통하여 공유할 수 있는 보편성의 확대를 추구하여야 한다는 점에서 근본적 다원주의 관점의 수용과 활용에는 나름의 한계도 필요하다.

이것이 와인스톡이 말한 '제한적 다원주의'에 수렴되는 측면도 있는데, 뒤에 다시 논의하겠지만 그렇더라도 '대체될 수 없는 일부가치'가 자유주의적 가치라고 전제하는 것은 곤란하다. 그리고 제한적 다원주의는 너무 정태적이고 고정적인 보편성을 함의한다는 점에서 변화를 적극수용하는 역동적인 보편성이 부족하다는 한계점을 갖는다. 그러므로 세계시민은 근본적 다원주의의 관점을 수용하되, 상호공존과 협력을 위한 최소한의 보편성은 합의하려 노력하여야 한다.

위에서 자유주의와 근본적 다원주의 관점의 의의와 한계를 비교해볼 때, 세계시민은 문화적 다양성을 최대한 존중하면서 합의가능한 보편성의 지평을 점차 확대해가는 것이 바람직해 보인다. 자유주의의 한계에도 불구하고 보편성 특히 합의적 보편성 추구의 장점은 적극 수용하여 이것으로 근본적 다원주의 관점의 한계를 보완하여야 한다.

(2) 중첩합의 — 보편성의 추구

세계시민이 다양성 속에서 보편성을 합의하는 개념적 틀로는 롤즈의 중첩합의(overlapping consensus)개념이 유용하다. 중첩합의란 서로 다른 포괄적 교설(comprehensive doctrine, 포괄적 교설이란 그 자체의 인생관, 세계관을 가지고 일관성 있게 전개되는 사유체계를 말한다. 기독교, 불교 등의 종교관이 대표적이며 서로 다른 문화체계도 이에 해당한다.) 일지라도 중첩적으로 합의되는 부분이 있을 수 있다는 것이다. 이런 중첩합의를 적극 모색하여서 합의적 보편성을 추구할 필요가 있다.

물론 중첩합의 개념을 이용하는데 있어서 롤즈의 자유주의적 전제까지 수용할 필요는 없다. 롤즈의 다원주의는 모든 교설들을 다 수용하는 것이 아니라 그 주장이 합당(reasonable)할 경우만으로 제한하는 합당한 다원주의이다. 이럴 경우에 합당하지 못한 것으로 배제되는 것은 상당부분 비자유주의일 것으로 추측된다. 이렇게 비자유주의를 배제시킨 합당한 다원주의의 전제하에서는 칸트나 밀의 자유주의나 이와 유사한 비자유주의 교설 속에서만 중첩합의가 이루어지므로 모든 문화에 보편타당한 합의라 보기 어렵다.

그러므로 롤즈의 중첩합의 개념은 비자유주의적 입장을 좀 더 폭넓게 존중하는 방향으로 개념수정이 이루어져야 진정한 합의 도출이 가능하게 된다.

이렇게 수정된 중첩합의의 틀에 의하면 다원주의 사회에서도 보편성에 대한 합의가 가능할 것이다. 그런데 중첩합의의 도출에 있어서 다음 몇 가지를 고려하여야 한다.

첫째, 중첩합의에 의하여 합의된 보편성이 다른 포괄적 교설들에 비해 우월성을 가진다고 전제해서는 안 된다는 것이다. 우월성을 전제했을 때 문화와 종교 등 다른 포괄적 교설들을 경쟁자 또는 종속적 위치로 파악하게 되고 이에 대한 지배와 억압이 이루어질 수 있다. 이런 전제에 의할 때 중첩합의는 우월한 공적영역에 위치지어지고 이것이 그 어떤 교설보다 중요한 삶의 핵심으로 여겨지게 된다. 이에 비해 문화와 종교 등의 포괄적 교설들은 주관적이고 사적 영역에 위치한 것으로 본다. 문화와 종교 등에 대한 다양성은 허용되지만 이것이 공적영역의 중첩합의와 충돌할 때에는 이에 지배, 종속되는 것으로 보는 것이다. 결국 문화와 종교를 고수하는 자는 이런 중첩합의의 우월성에 비추어볼 때 이등시민으로 전락할 수밖에 없는 것이다.

둘째, 이와 관련하여 중첩합의를 평화, 연대, 정의 등의 특정한 목적에 한정되는 것으로 국한한다면 우월성을 전제할 필요가 없다는 것이다. 중첩합의는 우월한 지위에서 강요되는 것이 아니라 포괄적 교설들의 내부에서 자발적으로 수용되는 것이다. 이제까지 중첩합의가 이루어지는 공적영역이 삶의 중심이자 우월성을 가지는 것으로 여겨 왔었는데 이제는 역으로 삶을 바라볼 필요가 있다. 즉 각 포괄적 교설들은 사적영역을 그들의 삶의 중심으로 중요하게 여기면서도 공존과 연대의 실용적 필요상 중첩합의를 자발적으로 수용하게 되는 것이다. 따라서 중첩합의에 의하여 형성되는 공적영역은 이전의 우월하고 배타적인 영역이 아니라 자발적 준수에 의하여 유지되는 영역이다. 여기서 중첩합의는 정치적 진리의 추구라기보다는 타협의 과정으로 간주되는 것이다.

셋째, 중첩합의는 고정된 것이 아니라 끊임없이 변화, 발전하는 과정에 있다. 다양한 포괄적 교설들이 공통으로 공유하는 부분이 중첩합의라는 생각은 너무 단순하고 정태적이다. 급변하는 현대사회에서 포괄적 교설들도 끊임없이 중첩합의와의 상호작용을 통하여 변화하고 있는 것이다. 뿐만 아니라 이런 고정된 중첩합의 개념은 논쟁적인 문제를 협상 테이블에서 제거함으로써 중첩합의의 전통을 구성하기 위하여 요구되는 논의를 금지하는 듯이 보인다. 포괄적 교설들이 사적인 영역을 넘어서 공적영역에서 논의되는 것 자체를 금할 필요는 없다. 다만 공적인 영역의 책임 있는 지위(국가나 공교육 등)에 있는 자가 어떤 결정을 할 때에는 합의가 어려운 주제들은 피할 것이 지혜로서 요청될 뿐이다. 그러나 공통의 기반을 추구하는 중첩합의는 대화를 통하여 구성하여 가는 것이고 상호 적응의 과정에 있다. 이 과정에서 중첩합의와 포괄적 교설들은 상호 변증법적인 관계에 있다. 중첩합의는 다양한 포괄적인 도덕적 교설들과 상호작용하는 과정에서 발전해 나간다. 그리고 일단 중첩합의가 확립되면 그 자체로 명확히 구별되는 도덕전통이 될 것이다. 그러나 다른 한편으로 중첩합의는 각자의 지역적 도덕전통의 맥락 내에서 그 정당성을 확보하는 방식으로 서로 다른 전통이나 포괄적 교설들과의 상호작용 속에서 발전해 나갈 것이다.

이상으로 중첩합의에 의하여 보편성을 확보하는데 고려할 점을 살펴보았다. 그렇다면 이런 중첩합의에 의하여 제시될 세계시민적 보편성의 덕목에는 어떤 것들이 있겠는가? 중첩합의 자체가 끊임없이 변화와 발전의 과정에 있다는 것을 앞에서 살펴보았으므로 어떤 고정된 목록의 덕목을 제시하는 것은 불가능하다. 그러나 현재 또는 가까운 미래에 보편적인 과제로 추구될 수 있는 것을 예상해 볼 수는 있다. 그런 덕목으로 타인의 고통감소에 대한 책임감, 특별한 종류의 긴급한 권리로서의 인권의 존중, 기본수요의 충족, 환경보전의 추구 등을 들 수 있을 것이다.

다원주의 시대에 세계시민이 추구하는 보편성은 상당히 가변적이고 범위가 좁을 수밖에 없다. 물론 장기적으로는 문화적 동질성이 확대되면서 이런 보편성의 범위가 상당히 두터워지겠지만 중단기적으로는 다양성의 혼재를 경험할 수밖에 없다. 세계시민은 이런 가변적 보편성의 성격을 이해하고 다원성을 존중하면서 공동으로 추구하는 보편성에 대한 합의능력을 가지고 있어야 한다. 결국 세계시민 교육은 문화적 다원성과 가변적이고 합의된 보편성의 존중을 내용으로 하면서 미래의 세계시민으로서의 합의능력에 중점을 둘 수밖에 없을 것이다.

(3) 능력중심의 세계시민 교육 모형

이와 관련하여 브릭스(Briks)는 능력(competence)개념을 제안하고 이를 체계화 하고 있다. 브릭스는 앞으로의 세계는 전 세계적 문제의 해법을 둘러싸고 협력하지 않을 수 없으며 교육은 학생들에게 이런 전 세계적 상황에 대처할 수 있는 능력을 키워주는 것이어야 한다고 주장한다. 이런 교육적 요청에서 브릭스의 문제의식은 현재 학교에서 배우는 것과 미래 세계 사회에서 살아가기 위해 요청되는 것 간에 격차가 발생하므로 이를 메꾸어 줄 수 있어야 한다는 것이다. 단순히 현행 국제사회에 대한 지식만 교육해서는 미래의 급격한 변화에 대처할 수 없다는 것이다. 그래서 브릭스가 생각한 것이 능력을 함양하는 교육이다. 미래사회도 세계적 문제의 해결을 위하여 대화를 통한 협력과 타협이 중요한데 이를 위한 능력을 키워준다면 현재와 미래 간의 격차가 극복될 수 있을 것으로 보는 것이다.

브릭스의 능력개념을 좀 더 자세히 살펴보기로 하자. 브릭스는 지식, 가치-태도, 기능의 목표에 상응하는 5가지 영역의 능력 범주를 제시하고 있다. 첫째, 지적, 인지적 능력으로 다음과 같은 것을 나열하고 있다. 즉 사물을 세계적이고 전체적으로 조망할 수 있는 마인드, 우리의 위치를 지구 전체적 맥락에서 조망하기, 간문화적 인식과 적응, 공동체에의 참여와 정치적 행위 기능, 대안적 미래의 모색, 반성을 핵심적인 능력으로 제시하고 있다. 둘째, 정의적 능력으로 변화에 대한 인내, 동정과 감정이입 그리고 이타주의, 전체로서의 공동체와의 동일시를 열거하고 있다. 셋째, 심미적 능력으로 문화적 다양성의 인식, 창조적 과정과 공동체의 문화적 발전에 대한 이해를 제시한다. 넷째, 사회적 능력으로 지구촌에서의 의사소통 기능, 타자와의 네트워킹 능력, 공유 기반의 모색, 평화와 타협의 기능, 자연에 대한 존중을 중요시하고 있다. 다섯째, 도덕적 능력으로 문화분석의 틀을 발전시키기, 상호대화에서 가치의 의미를 확립하기, 타자의 존중, 더 큰 공적 선에의 기여 등을 핵심 능력으로 본다.

이런 브릭스의 능력개념은 세계시민으로서의 합의능력 교육에 중요한 시사점을 준다. 세계시민에게 요청되는 다양한 능력을 키움으로써 미래 세계시민으로서의 자질을 함양할 수 있을 것이다. 다만 현행 국제질서에 대한 지식도 적절하게 교육이 되어야 미래를 예측할 수 있고 대비할 수 있으므로 그런 내용적 보완에도 유념해야 할 것이다.

지금까지의 논의를 정리하여 다원주의 사회에서의 세계시민 교육 모델을 표로 나타내어 보면 다음과 같다.

> 이상적인 세계시민 개념 제시 → 지식, 기능, 가치-태도 목표 명료화 → 목표별 세부 능력 상세화 → 관련 단원에서 관련 목표와 능력의 제시 → 소집단 토론, 시뮬레이션 게임 등 학습자 주도적 수업 방법 적용 → 수행 평가 → 학습자에게 피드백

그리고 이런 세계시민 교육 모델에 기반하고 앞서의 고려 사항들을 반영하여 이상적인 세계시민 개념과 지식, 기능, 가치-태도 목표별 세부 능력을 다음과 같이 예시해 볼 수 있다. 이것은 세계적 구호 시민단체인 옥스팜(Oxfam)의 세계시민 교육 모형을 주요 참고틀로 삼고자 한다. 거기에 국제이해 교육과 지구사회 교육의 성과를 반영하여 다원주의 사회에 적합한 세계시민의 관점에서 재구성한 것이다.

이상적인 세계시민은 다음과 같다. 첫째, 세계시민은 다음의 덕목을 추구한다. ㄱ)공존의 규칙, 제도의 추구, ㄴ)적극적 대화를 통한 변증법적 합의, ㄷ)타인의 고통감소에 대한 책임감, ㄹ)인권과 기본수요 보장, 환경보전 추구, ㅁ)맥락의존적 보편성 존중, ㅂ)최소 보편성과 무관한 문화적 다양성에 대한 관용과 존중. 둘째, 세계시민은 다음의 권리를 적극 주장하고 이를 실현하기 위한 세계적 통치 체제(global governance)의 창출에 노력하여야 한다. ㄱ)근본적 인권과 기본수요를 보장받을 권리, ㄴ)생태계와의 조화를 추

구할 권리, ㄷ)문화적 다양성을 존중받을 권리.

그리고 세계시민 교육이 추구할 구체적인 목표는 지식, 기능, 가치-태도 영역에 걸쳐서 상술할 수 있는데 이는 다음과 같은 능력개념으로 세분해 볼 수 있다.

첫째, 지적, 인지적 능력으로 다음과 같은 것을 나열할 수 있다. ㄱ)사물을 세계적이고 전체적인 관점에서 조망할 수 있는 마인드, ㄴ)지구 속에서 자신의 위치를 파악하기, ㄷ)간문화적 인식과 적응, ㄹ)공동체에의 참여와 정치적 행위 기능, ㅁ)대안적 미래의 모색, ㅂ)반성, ㅅ)사회 정의와 형평(equity), 평화와 갈등, 세계화와 상호의존, 지속 가능한 발전에 대한 파악능력, ㅇ)세계시민으로서의 권리에 대한 이해능력.

둘째, 정의적 능력으로 ㄱ)변화에 대한 인내, ㄴ)동정과 감정이입 그리고 이타주의, ㄷ)전체로서의 공동체(지구 공동체)와의 동일시, ㄹ)자신의 문화에 대한 정체감과 자긍심, ㅁ)사람들의 적극적 행위를 통하여 상황이 개선될 수 있다는 신념, ㅂ)환경에 대한 관심과 지속가능한 발전에 대한 헌신, ㅅ)세계시민으로서의 권리를 적극적으로 실현하려는 의지 등을 열거할 수 있다.

셋째, 심미적 능력으로 ㄱ)문화적 다양성의 인식, ㄴ)창조적 과정과 공동체의 문화적 발전에 대한 이해를 제시할 수 있다.

넷째, 사회적 능력으로 ㄱ)지구촌에서의 의사소통 기능, ㄴ)타자와의 네트워킹 능력, ㄷ)공유 기반의 모색, ㄹ)평화와 타협의 기능, ㅁ)자연에 대한 존중, ㅂ)세계시민으로서의 권리를 주장할 수 있는 능력 등을 들 수 있다.

다섯째, 도덕적 능력으로 ㄱ)문화분석의 틀을 발전시키기, ㄴ)상호대화에서 가치의 의미를 확립하기, ㄷ)타자의 존중, ㄹ)더 큰 공적 선에의 기여, ㅁ)사회 정의와 형평에 대한 헌신 등을 핵심 능력으로 볼 수 있다.

## 2. 실천 및 적용 사례

### 1) 수업 계획과 구성

(1) 수업 주제: 사물을 세계적이고 전체적인 관점에서 조망할 수 있는 마인드 형성하기

앞에서 살펴보았듯이 세계시민 교육은 능력 함양 중심의 교육모형을 추구한다. 그런데 현행 교과서가 이런 체계로 구성되어 있는 것이 아니므로 세계시민 교육은 관련 단원에서 적절한 능력 함양을 추구하여야 하겠다. 위에서 예시한 수업 주제는 국제 관련 단원에서 학생들로 하여금 세계적 관점 능력을 함양할 수 있도록 의도하였다고 할 수 있다. 세계시민의 능력 중 지적, 인지적 능력의 하위 능력으로서 제시되는 것이다.

(2) 수업 목표:
첫째, 학생들은 우리나라 이외의 전 세계에 대하여 관심을 가지게 된다.
둘째, 학생들은 전 세계적 관점에서 현안을 바라볼 수 있다.
셋째, 학생들은 현안에 대하여 다양한 관점이 있음을 알게 된다.

(3) 수업 시간의 개요

| 단계 | 개요 | 비고 |
|---|---|---|
| 1. 안내 | 세계적 관점에 대한 체계적 안내 | 세계적 관점 형성에 요구되는 의사소통 기능, 정보 활용 능력 등에 대한 훈련 필요 |
| 2. 모둠 구성 및 탐구 주제의 선정 | 모둠별 주제의 선정 및 하위주제에 대한 역할 분담 | 밀접한 상호의존의 세계라는 관점에서 조망하기 |
| 3. 모둠별 토론 및 발표 준비 | 모둠원들이 각자 조사한 내용을 상호 토론, 논의가 어느 정도 되면 발표 보고서 준비 | 세계와 우리라는 관점에 정리 될 수 있도록 유도 |

| 4. 학급 전체 토론 | 모둠별 보고서의 발표 및 토론 | 주제는 달라도 전지구적 현안 이라는 것을 인식하도록 함 |
|---|---|---|
| 5. 정리 및 반성 | 그동안의 논의 정리 및 진행 과정을 돌이켜 보기 | 미숙했던 점, 준비 부족의 문제점 등을 반성하기 |

(4) 수업 전개

① 수업 단계 1: 안내

세계시민 교육은 기존의 강의식 수업과는 전혀 다른 방식으로 전개되기 때문에 이에 생소한 학생들에게 사전 교육으로서의 안내가 충분히 제공되어야 한다. 우선 시간적 여유를 가질 필요가 있다. 왜냐하면 이런 주제를 다루는데는 준비 시간이 많이 필요하기 때문에 최소한 4-5 시간이 소요될 것으로 예상된다. 따라서 제한된 시간에 세계시민으로서 필요한 모든 능력을 키우기는 불가능한 것으로 보인다. 여기에서도 선택과 집중의 원리가 적용될 필요가 있으므로 세계시민으로서의 기능 목표는 학년, 교과에 따라 다양하게 분산되어져야 소기의 목적을 달성할 수 있을 것이다.

이 단계에서는 학생들이 세계적 관점을 형성할 필요성이 무엇인지, 그러기 위해서는 전세계적 현상을 어떻게 바라보아야 하는지에 대해 안내해 주어야 한다. 기본적으로 전세계는 밀접한 상호의존의 체계라는 의식을 심어주고 이런 세계에서 상호 협력하지 않으면 자신에게 피해가 돌아온다는 사실을 인식시킬 필요가 있다. 아울러 세계적 관점을 형성하기 위하여 필요한 의사소통 기능 등에 대하여 적절한 훈련이 제공되어야 한다.

② 수업 단계 2: 모둠 구성 및 탐구 주제의 선정

이 단계에서는 소집단으로 모둠을 구성하고 자신들이 원하는 탐구 주제를 선정하도록 한다. 세계적 관점 형성과 관련하여 특별히 주제 내용을 제한할 필요는 없고, 지구 전체적인 관점에서 분석해 볼 수 있는 현안이면 좋을 것이다. 지구 반대편에서 발생하는 현안일지라도 연관관계를 잘 따져 보면 우리에게도 중요한 영향을 끼칠 수 있다는 것을 학생들이 파악할 수 있도록 초점을 맞추어야 한다. 다음은 이런 주제로 학생들에게 선정될만한 것들을 예상해 본 것이다.

| 모둠 | 주제 |
|---|---|
| 1 | 일본의 장기 불황 |
| 2 | 세계의 식량 부족 문제 |
| 3 | 이상 기후와 환경 파괴의 관계 |
| 4 | 한미 FTA |
| 5 | 중국의 놀라운 경제 성장 |
| 6 | 미국의 금융위기 |
| 7 | 북한과 핵개발 |
| 8 | 아프리카의 저개발과 빈곤 |

③ 수업 단계 3: 모둠별 토론 및 발표 준비

각 모둠에서 탐구 주제를 선정하였으면 이에 대하여 교실 여건을 고려하여 토론을 해보도록 한다. 교실에서 모둠별 인터넷 검색이 가능하다면 곧바로 탐구하면 되겠지만 그렇지 못한 경우에는 개략적인 윤곽에 대해서만 의견 교환을 해 보고 각자 가정에서 조사해서 다음 시간에 본격적인 토론에 들어갈 수도 있다. 그러므로 이 단계는 1시간으로 수행 가능한 단계가 아니고 최소한 2~3시간으로 넉넉하게 잡을 필요가 있다.

이 때 탐구나 조사의 방법은 각 모둠에서 자율적으로 정하도록 한다. 모둠에 따라서는 탐구 주제를 다시 소주제로 구분을 해서 역할 분담을 통해 따로 자세히 조사해 오도록 할 수도 있다. 또는 각자 전체적인 자료를 구해 와서 서로 비교, 토론해 봄으로써 정리를 하는 모둠도 있을 것이다.

모둠별 토론을 통하여 어느 정도 논의가 되면 전체 학생들 앞에서 토론 결과를 발표하여야 하므로 정리를 할 필요가 있다. 그러므로 처음부터 모둠원 간의 역할 분담을 정해놓는 것이 바람직할 것으로 보인다. 즉 모둠장의 역할을 맡은 사람은 토론의 사회와 전체적인 준비의 총괄을 맡고, 서기 역할을 맡은 사람이 논의의 정리 및 발표, 나머지 모둠원들도 토론에 적극 참여하며 발표 준비에 나름대로 기여하도록 하면 좋은 성과를 보게 될 것이다.

④ 수업 단계 4: 학급 전체 토론
이 단계에서는 각 모둠별 토론 결과의 발표와 이에 대한 전체 학생들의 질문 및 자유 토론으로 이루어진다. 학생들은 다른 모둠의 토론 결과를 들으면서 전세계적 현안에 대해서 생각해 볼 수 있고 한 두 사람의 일방적인 관점보다는 여러 사람의 다양한 관점에 접해 볼 수 있다. 결과적으로 전세계적 관점에서 세계 현안들을 고찰할 수 있는 계기가 될 것이다.

⑤ 수업 단계 5: 정리 및 반성
이 단계에서는 토론 및 학습내용을 정리하고 그동안의 수업 과정을 다시 돌이켜보게 된다. 학생들은 토론 내용의 정리를 통하여 새롭게 느꼈던 것들을 다시 반복해서 살펴볼 수 있고 아직 이런 수업 유형에 익숙하지 않아 저질렀던 실수들을 반성의 과정을 통해 되돌이켜 보고 앞으로는 좀 더 발전된 모습을 향해 나아갈 수 있을 것이다.

## 3. 수업에 대한 분석 및 평가

여기에서는 세계시민 교육의 지적, 인지적 능력 중 '사물을 세계적이고 전체적인 관점에서 조망할 수 있는 마인드 형성하기'라는 능력 함양에 초점을 맞추었다. 앞서 언급하였듯이 학년, 교과별 적절한 내용과 연관하여 이런 능력 함양에 초점을 맞추어야 하므로 관련 내용에 대한 면밀한 분석을 통하여 초점을 맞출 능력을 정하여야 할 것이다.
물론, 세계시민 교육과 관련하여 학년별 중점 함양하여야 할 능력을 체계화해 놓으면 더욱 좋을 것이다. 세계적 구호 시민단체인 옥스팜(Oxfam)이 대표적으로 연령별 능력 함양 목표를 설정한 세계시민 교육모형을 제시하고 있다. 그러나 옥스팜의 모형은 개발교육의 관점에서 지구촌의 빈부 격차, 사회 정의의 실현 등에 초점을 맞추는 경향이 있다. 이런 것도 기존의 교육에서 부족한 점이므로 우리가 배워서 보완할 점이기는 하지만 세계시민 교육은 좀 더 폭넓고 전체적인 관점에 서 있을 필요가 있다. 그런 관점에서 앞에서 세계시민 교육의 능력 목표를 보완하여 제시해 봤는데 장기적으로는 학년별, 연령별, 교과별 능력 함양 목표를 제시해준다면 바람직할 것이다.

＊노찬옥

**┃참고문헌**

권오정·김영석(2006). 『사회과 교육학의 구조와 쟁점』. 서울: 교육과학사.
노찬옥(2004). "다원주의 시대의 세계시민 교육." 사회과교육 제43권 4호(2004.12) pp.207-224. 한국사회과교육학회.
차경수·모경환(2008). 『사회과 교육』. 서울: 동문사.

# 29

# 미래워크숍

## 1. 해설

오늘날의 급격한 사회변화와 테러·전쟁·환경파괴 등 현대사회의 다양한 문제들은 미래에 대한 불안감을 더해 주고 있다. 이에 오늘날의 시민들이 살아갈 미래사회에 슬기롭게 대처할 수 있는 방안과 미래에 대한 긍정적인 믿음을 갖게 할 방안이 요구된다. 교육을 통하여 미래를 대비하는 학습은 지구촌문제에 해결을 위하여 부분적으로나마 기여할 수 있다.

이러한 배경에서 미래워크숍이라는 방법적 도구가 등장하였다. 미래워크숍은 지구의 미래와 인류 생존을 염려하여 바람직하나 잠정적으로는 불가능한 미래들을 설계하고 그 관철 가능성을 검토해 보는 방법적 접근방안이다. 이를 통해 미래정책이라는 새로운 정책분야를 개척하고 미래대비능력이라는 새로운 능력과 자질을 개발 할 수 있다. 미래워크숍이 설정하는 주요목표는 미래를 예상하는 민주주의 형태를 개발하는데 놓여 있다. 즉 미래워크숍은 여러 가지 미래를 민주주의 방식으로 설계하면서 바람직한 대안을 현실로 옮길 수 있는 정치적 잠재력을 일깨우는 데 주안을 두고 있다.

미래워크숍은 자체의 고유한 방법적 특징을 갖고 있다. 미래워크숍은 세 개의 주요국면 또는 핵심영역(비판국면·상상국면·현실화국면) 및 그 전후

## 〈표 1〉 미래워크숍의 구조모형

| 단계 | 학습내용 | |
|---|---|---|
| 준비국면 | 집단편성, 학습환경 조성 등 | |
| I 비판국면 | 문제점·비판점 분석 | 미래워크숍의 핵심영역 |
| II 상상국면 | 유토피아적 미래 설계 | |
| III 현실화국면 | 현실적 가능방안 탐색 | |
| 사후정리(평가)국면 | 평가, 정리 | |

국면(준비국면과 사후정리 또는 평가국면)으로 구분할 수 있다. 그리고 각 국면에서는 직관적·정서적 학습과 합리적·분석적 학습의 통합(이중나선형)이 함께 추구된다. 이것을 도식화하면 위의 〈표 1〉과 같다.

미래워크숍에서 핵심영역인 세 단계에 해당하는 학습과정은 각각 별도로 이루어지는 것이 아니라 내용상 서로 연계되어 있다. 즉, 비판국면의 비판점들 중에서 중점주제를 선정하여 상상국면에서 바람직한 미래를 표현하고, 현실화국면에서 다시 현실적으로 실현 가능한 방안을 생각해 보게 하는 일련의 과정을 거치는데 이를 도식화하면 다음과 같다.

## 〈그림 1〉 미래워크숍 핵심영역의 학습과정

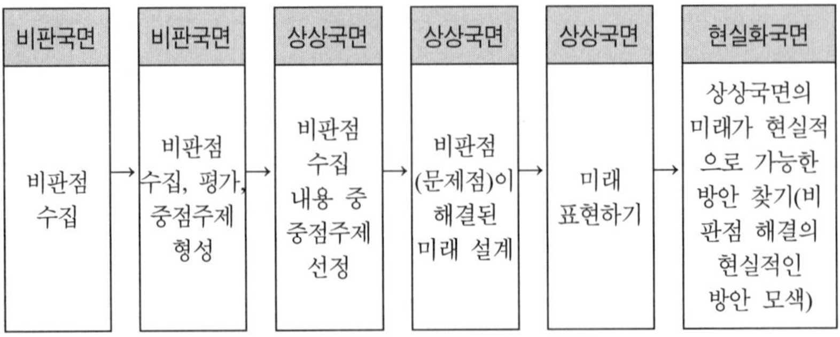

## 2. 실천 및 적용 사례

여기서는 미래워크숍 방법을 적용한 실행내용을 중심으로 기술한다. 수업에 참여한 학습자들은 교사양성기관에 재학 중인 32명의 대학생이며, 수업은 2008년 9월에 이루어졌다. 이 방법을 적용한 주제는 '21세기 지구사회의 동향과 문제'이다.

### 1) 준비국면

이번 미래워크숍에 참여한 인원수는 수업진행자를 포함하여 총 33명이다. 32명의 학습참여자를 5개의 소집단으로 구성하였으며 학습공간은 소집단활동이 가능하도록 배치하였다. 수업진행자는 사전에 미래워크숍 관련 인쇄물을 나누어주고 방법 및 특징, 운영방식을 설명한 후 이 방법을 적용할 주제 '21세기 지구사회의 동향과 문제'를 소개하였다. 학습참여자는 수업 전에 주제와 관련된 교재를 읽고 현대사회의 문제점이나 개선해야 할 점을 포스트잇에 적어 조별로 나누어준 전지에 붙이도록 했다.

준비물

활동자료는 전지, 포스트잇, 빨강색과 파랑색 스티커(부정적인 의미를 가지는 빨강색 스티커는 비판국면에서, 긍정적 의미를 가지는 파랑색 스티커는 상상국면에서 사용된다.), 투명테이프, 여러 가지 색의 매직 등 상상한 내용을 꾸미는 데 필요한 각종 준비물을 소집단별로 준비하였다.

이밖에 빔 프로젝터와 스크린, 디지털카메라, 캠코더 등을 준비하여 효과적인 발표를 할 수 있도록 하였다.

### 2) 비판국면

미래워크숍에서 핵심영역의 출발은 비판점 수집에 있다. 수업진행자는 각 조당 전지 1장과 부착이 가능한 메모지(포스트잍), 3색 매직을 나누어주었다. 이후 이 활동의 몇 가지 유의점을 주지시켰다. 첫째, 비판점에 대한 논의는 하지 않을 것. 둘째, 개인별로 자유롭게 생각하고 작성할 것. 셋째, 비판점이 겹치더라도 모두 전지에 붙일 것이다. 이후 자유연상을 통하여 소집단별로 비판점을 수집하도록 하였다. 조별로 수집한 비판점은 학급 전체가 볼 수 있도록 굵은 매직으로 메모지에 적어 전지에 붙였다. 조별 비판점 수집결과는 <표 2>와 같다.

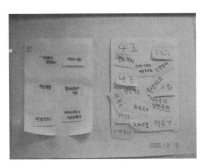

3조와 4조의 비판점 수집 결과

〈표 2〉 비판점 수집결과

| 1조 | 2조 | 3조 | 4조 | 5조 |
|---|---|---|---|---|
| 국제테러<br>대량살상무기<br>인도적지원의<br>정치적 남용<br>정치부패<br>정보의 양극화<br>환경변화 분쟁<br>인간안보 위협<br>국제전쟁 | 경제력의 격차<br>정보격차<br>개발에 따른<br>양극화 현상<br>환경문제<br>핵무기 확산<br>자원문제<br>대량살상무기<br>대량살상무기<br>생산의 근본원인<br>급속한 경제성장<br>에 의한 환경문제 | 기후변화와<br>환경문제<br>빈곤의 심화<br>환경변화와 갈등<br>양성평등<br>빈부격차<br>세계사회의<br>양극화 현상 | 빈부격차<br>테러<br>인도적 지원의<br>정치도구화<br>인권침해<br>빈곤<br>환경파괴<br>양극화<br>양성평등<br>미국의 일방주의<br>취약국가<br>핵무기<br>인간안보<br>국제연합<br>다자주의 | 국제테러<br>양극화 현상<br>미국의 일방주의<br>양성평등<br>빈곤퇴치와 참여<br>다자주의의 위기<br>정보격차 |

각 조별로 조별 대표가 앞에 나와 자신들의 수집결과를 발표하였다.

각 조별 수집결과 발표장면

이후 이 결과를 각 영역별로 유목화하여 중점영역을 제시하였다.

아이디어 유목화(주서화) 결과

그리고 개인별로 빨강색 스티커를 3개씩 나누어주고 자신이 가장 심각하다고 여기거나 관심 있는 아이디어에 스티커를 붙이도록 하였다.

아이디어를 유목화한 결과와 스티커를 붙인 결과를 <표 3>에 정리하였다.

개인별로 스티커를 붙임으로써 이 학급의 각 아이디어 혹은 주서(朱書, rubric)에 가시는 관심도를 잘 알 수 있다. 이 학급의 구성원은 양극화 현상 주서에 가장 관심이 높으며, 개별적인 아이디어로 봤을 때 정치 주서에서는 특히 미국의 일방주의에 대한 문제에 관심이 가장 높았다.

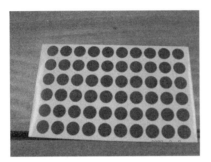

빨강 스티커를 나누어 준 후 학생들이 아이디어에 스티커를 붙이는 장면

〈표 3〉 아이디어 유목화 결과 및 학급이 각 아이디어에 가지는 관심도

| 대량살상무기 (16) | 환경문제 (17) | 양극화 현상 (28) | 정치 (15) | 인권 (11) |
|---|---|---|---|---|
| 대량살상무기(8) 국제테러(3) 대량살상무기 생산의 근본원인(1) 핵무기(1) 핵무기 확산(1) 인간안보위협 국제전쟁 | 기후변화와 환경문제(5) 환경문제와 정책(4) 급속한 경제성장에 의한 환경문제(4) 환경파괴(1) 환경변화 분쟁 자원문제 환경변화와 갈등 | 빈부격차(9) 빈곤(7) 정보격차(4) 양극화 현상(2) 세계사회의 양극화 현상(2) 개발에 따른 양극화 현상(1) 빈곤퇴치와 참여(1) 빈곤의 심화 경제력의 격차 | 미국의 일방주의(11) 다자주의의 위기(1) 정치부패(1) 국제연합(1) 인도적지원의 정치적 남용(1) 인도적 지원의 정치 도구화 다자주의 취약국가 | 인권침해(6) 양성평등(4) 인간안보(1) |

3) 상상(환상·유토피아·공상)국면

(1) 개시(열기)단계 — 긍정적인 재정식화

수업진행자는 우선 유토피아 국면에 대한 참여자의 이해를 돕기 위해 먼저 상상국면의 특징과 기능·규칙에 대해 간단히 소개를 하였다. 이 단계의

목표는 비판국면에서 나온 것을 완전히 뒤집어서 반전시키고, 바람직한 미래를 꿈꿔보는 것이다. 구체적으로 예를 들어서 '테러'라는 비판점을 반대로 '테러가 없는 세상'이라는 긍정적인 개념으로 덮어씌울 수 있다고 제시해주어 이 단계에 대한 이해를 도왔다.

참여자들이 현실적으로 가능한 해결책에만 매달리지 않고 미래에 대해서, 이상적인 상태에 대해서 여러 가지 관점으로 탐색할 수 있도록 하기 위해, 지금 이 상황은 돈·에너지·자원 등 모든 것이 다 갖춰져 있는 상태라고 가정한다. 참여자들 각자는 자신들이 생각한 이상적인 모습을 포스트잇에 적고 비판점이 적힌 원래의 포스트잇의 아래나 옆에 또는 바로 위에 이것을 덮어씌웠다. 그 결과는 다음과 같다.

그 다음 수업진행자는 '유토피아'에 대한 참여자들의 이해를 돕기 위해

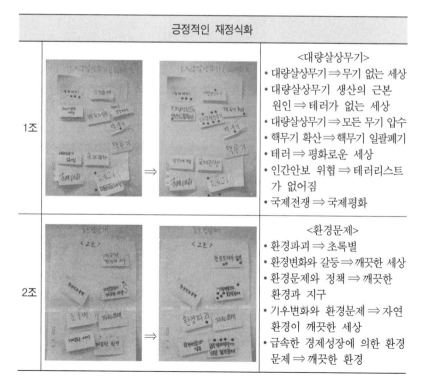

| | 긍정적인 재정식화 | |
|---|---|---|
| 1조 | ⇒ | **<대량살상무기>**<br>• 대량살상무기 ⇒ 무기 없는 세상<br>• 대량살상무기 생산의 근본 원인 ⇒ 테러가 없는 세상<br>• 대량살상무기 ⇒ 모든 무기 압수<br>• 핵무기 확산 ⇒ 핵무기 일괄폐기<br>• 테러 ⇒ 평화로운 세상<br>• 인간안보 위협 ⇒ 테러리스트가 없어짐<br>• 국제전쟁 ⇒ 국제평화 |
| 2조 | ⇒ | **<환경문제>**<br>• 환경파괴 ⇒ 초록별<br>• 환경변화와 갈등 ⇒ 깨끗한 세상<br>• 환경문제와 정책 ⇒ 깨끗한 환경과 지구<br>• 기후변화와 환경문제 ⇒ 자연환경이 깨끗한 세상<br>• 급속한 경제성장에 의한 환경문제 ⇒ 깨끗한 환경 |

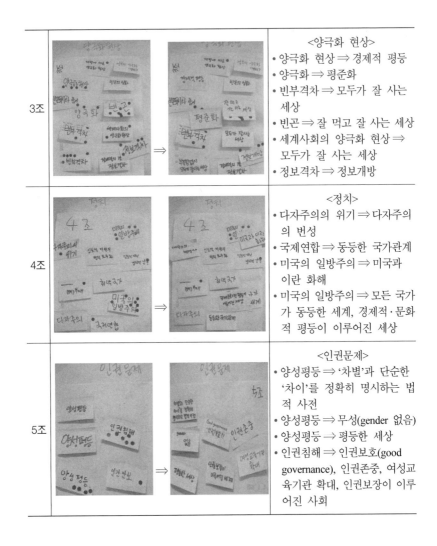

| | | | <양극화 현상><br>• 양극화 현상 ⇒ 경제적 평등<br>• 양극화 ⇒ 평준화<br>• 빈부격차 ⇒ 모두가 잘 사는 세상<br>• 빈곤 ⇒ 잘 먹고 잘 사는 세상<br>• 세계사회의 양극화 현상 ⇒ 모두가 잘 사는 세상<br>• 정보격차 ⇒ 정보개방 |
|---|---|---|---|
| 3조 | | ⇒ | |
| 4조 | | ⇒ | <정치><br>• 다자주의의 위기 ⇒ 다자주의의 번성<br>• 국제연합 ⇒ 동등한 국가관계<br>• 미국의 일방주의 ⇒ 미국과 이란 화해<br>• 미국의 일방주의 ⇒ 모든 국가가 동등한 세계, 경제적·문화적 평등이 이루어진 세상 |
| 5조 | | ⇒ | <인권문제><br>• 양성평등 ⇒ '차별'과 단순한 '차이'를 정확히 명시하는 법적 사전<br>• 양성평등 ⇒ 무성(gender 없음)<br>• 양성평등 ⇒ 평등한 세상<br>• 인권침해 ⇒ 인권보호(good governance), 인권존중, 여성교육기관 확대, 인권보장이 이루어진 사회 |

유토피아의 의미에 대하여 간단히 설명을 덧붙였다. 이상향을 말하는 유토피아는 첫 번째로 'neverland', 즉 '이 세상 어디에도 없는 곳'이라는 의미를 가지며, 두 번째로 'good place' 즉 '살기 좋은 곳'이라는 의미를 가진다. 또한 이상향의 반대로 암흑향(anti-utopia, kacotopia, dystopia)이 있다는 것을 강의식으로 설명해 주는 것을 통해 참여자들이 유토피아에 대해 막연하게

생각하고 있는 것을 구체화시킬 수 있도록 도왔다.

(2) 범위의 한정(제한)단계 — 구조화 및 심화

사회자가 참여자에게 청색스티커 세 개씩을 부여한다. 이 청색스티커를 통해 긍정적으로 재정식화 된 것들에 대해 다시 체계화 및 구조화할 수 있다. 참여자들은 각자 부여된 3개의 스티커를 갖고 자신의 주관적인 생각과 판단에 따라 가장 중요하다고 생각되는 것에 붙이게 된다. 이 단계를 통해서 참여자들의 흥미나 관심을 끄는 중점주제는 어디에 있는지, 스티커가 가장 많이 붙은 주제는 무엇인지 등을 알 수 있다.

청색스티커를 붙이는 것이 마무리되면 이를 체계화·범주화할 필요가 있으므로 각각의 포스트일 위에 파란스티커의 개수를 숫자로 적도록 하였다. 그 다음 각 조의 주제마다 가장 많은 표를 얻은 것이 무엇인지 살펴보았다. 예를 들어 '1조 대량살상무기'에서 가장 많은 표를 얻은 것은 '모든 무기 압수', 그 다음은 '테러가 없는 세상', '핵무기 일괄폐기'이었다. 그 다음 이렇게 선택된 주서들을 바탕으로 이 주서들을 포괄적으로 묶을 수 있는 말이 무엇인지에 대해 참여자들에게 생각해보도록 한다. 참여자들 스스로 생각하고 의견을 낼 수 있도록 말을 유도해내는 것이 중요하며, 이 때 1조의 주서로는 '무기가 없는 평화로운 세상'이 채택되었다. 이렇게 채택된 주서를 전지의 맨 위 제목 옆에 청색 매직을 사용하여 적어놓았다. 이렇게 하여 총 5가지 중점주제가 정해진 것이다. 이 단계의 결과는 다음과 같다.

다음 단계로 넘어가기 이전에 기존의 조를 재편성하였다. 수업참여자들 각자가 관심 있는 분야를 자율적으로 선택하게 하여 4개조로 재편성 되었다. 수업진행자는 수업참여자가 할 활동은 협동 학습 중에서 '전문가집단' 활동과 유사하다는 점을 알려주었다. 예를 들어서 '나는 무기가 없는 평화로운 세상을 꿈꿔보겠다.'고 한다면 그 주제로 가서 그 주제를 택한 사람들끼리 모여서 활동하는 것이 협동 학습의 경우와 비슷하며, 따라서 이것은 원래 모둠을 고수하는 것이 아니고 자신이 관심 있는 분야로 가서 새로운 모둠으로 모둠별 학습을 하는 것이기 때문에 이를 협동 학습의 '전문가집단' 활동

1조 〈무기가 없는 평화로운 세상〉

2조 〈깨끗한 초록별〉

3조 〈잘먹고 잘사는 세상〉

4조 〈동등한 국가 관계〉

5조 〈무성세상〉

| 주서1: 무기가 없는 평화로운 세상(14) | 주서2: 깨끗한 초록별(19) | 주서3: 잘 먹고 잘사는 세상(22) | 주서4: 동등한 국가관계(13) | 주서5: 무성세상(20) |
|---|---|---|---|---|
| – 무기 없는 세상(1) | – 자연환경이 깨끗한 세상(3) | – 경제적 평등(2) | – 미국과 이란 화해(4) | – 차별과 단순한 차이를 정확히 명시하는 법적 사전(2) |
| – 핵무기 일괄 폐기(2) | – 초록별(3) | – 잘 먹고 잘 사는 세상(15) | – 동등한 국가 관계(9) | – gender없음 (10) |
| – 테러가 없는 세상(2) | – 깨끗한 세상(8) | – 평준화(1) | – 다자주의의 번성(0) | – 평등한 세상(1) |
| – 모든 무기 압수(5) | – 깨끗한 환경(3) | – 정보개방(1) | – 경제적·문화적 평등이 이루어진 세상(0) | – 인권보호(good-governance)(2) |
| – 평화로운 세상(2) | – 깨끗한 환경과 지구(2) | – 부족함 없이 모두가 잘 사는 세상(2) | – 모든 국가가 동등한 세계(0) | – 인권보장이 이루어진 세계(5) |
| – 테러리스트가 없어짐(1) | | – 경제력의 격차와 정보격차(1) | | – 인권존중(0) |
| – 국제평화(1) | | – 모두가 잘 사는 세상(0) | | – 여성교육기관 확대(0) |

에 대응하는 것이라는 해설을 통해 두 가지 방법의 유사성을 이해하도록 도와주었다.

(3) 의사결정

수업진행자는 먼저 이 단계에 대해 소개를 하였다. 선정된 5가지 중점 주제 중에서 특정한 한 개의 중점주제에 흥미나 관심이 있는 사람들끼리 모여서 모둠을 형성하도록 한 후 선택한 중점주제를 어떻게 설계할지, 어떤 미래의 모습이 가능한지에 대해 상상해보고 설계하도록 한 후 발표하는 시간을 갖는다고 하였다. 발표형태는 모둠별로 이야기를 통해 다양하게 할 수 있으며 예를 들어 이야기, 무언극, 연극, 그림, 콜라주, 시, 편지, 노래, 미래신문 등의 다양한 발표형태가 있음을 알려주었다. 보다 충분한 이해를 돕기 위하여 내가 만약 '무기가 없는 평화로운 세상'이라는 중점주제 한 개를 선택하였다면 무기가 없는 평화로운 세상을 어떻게 하면 만들 수 있을지에 대하여 또는 무기가 없는 평화로운 세상의 모습은 어떠할지에 대하여 다양한 발표형태로 발표해보는 것임을 예를 들어 설명해 주었다.

모둠별로 갈라지기 위하여 각 조로 갈 인원을 손을 들도록 하여 조사해 보았는데, '무기가 없는 평화로운 세상', '잘 먹고 잘 사는 세상', '깨끗한 초록별', '무성세상' 이렇게 네 개의 중점주제는 선택이 되었으나 '동등한 국가관계'를 선택한 구성원이 없었다. 참여자들은 청색 스티커 3개 중에서 '동등한 국가관계'를 택하였지만 하나의 주제를 선택할 때에는 우선순위가 다른 것이 있어서 '동등한 국가관계'를 택하지 않았던 것이다. 또한 이 주제를 깊이 있게 논의하기에 어려울 것 같아서 선택하지 않았다는 의견도 있었다. 따라서 5가지 중점주제 중에서 최종적으로 4가지 중점주제가 선택되었으며, 각각 구성원들이 새로운 모둠을 이루어 활동하도록 하였고 시간은 40분을 부여하였다.

40분이 지난 후 각각의 모둠이 주제에 적절한 발표형식 및 내용을 토의한 후에, 참여자 전체 앞에서 발표를 하였다. 보기는 다음과 같다.

① 주서 1(정치영역: 무기 없는 세상)
• 준비과정
무기 없는 세상을 주제로 뉴스형식으로 제작하려고 계획을 세웠다. 무기
를 핵무기 또는 칼·총 등으로 정하였다. 이를 전지에 그림으로 표현하려고
하였고, 특히 핵무기 같은 경우는 그림으로 표현할 방법이 생각나지 않아
핵 표시가 된 핵시설을 그리기로 하였다. 뉴스에 대한 형식으로 하기 위해
각자의 역할을 정하였다. 무기가 없으면 얼마나 평화로울까라는 생각을 하
면서 자유롭게 토의하였다.

정치 영역 관련 조 활동모습

• 결과물
형식: 뉴스(아나운서, 기자, 전문가 등장)
준비물: '평양, 1000년 전 고대유적 발견' 문구, 핵무기 발굴 위한 기계들
(조원들), 무기 그림, 대본
내용: 1000년 후의 시대에는 무기가 없는 세상이라고 상상하였다. 현 시
대의 핵무기를 1000년 후의 시대에 발굴하였을 때, 사람들은 그 무기가 무
엇인지 잘 모른다. 그리고 전문가는 핵시설을 목욕탕의 환풍구 시설로, 총을
바디클렌저, 샴푸 등으로 추정한다.
풍자적인 뉴스를 통해 미래의 유토피아적 세계, 무기가 없는 세상의 모습
을 말하고 있다. 다음과 같은 대본을 첨부한다.

아나운서: 3008년 4월 5일 속보를 알려드리겠습니다. 평양시에서 약 1천여 년 전 사용되었을 것으로 추정되는 시설물이 발견되었습니다. 독도의 한 초등학교에서 식목일 행사로 나무를 심으러 갔다가 우연히 발견하게 되었다고 합니다. 그러면 현장을 연결해 보도록 하겠습니다. 현장에 나가있는 이○○ 기자.

기자: 네, 여기는 발굴현장입니다. 발굴 로봇들에서 과열된 엔진의 열기가 뜨겁습니다. 오늘 발견된 이 유적은 고대 목욕시설로 추정되는데요. 전문가의 자세한 의견을 들어보겠습니다. 이 시설이 고대 목욕시설이라는데 사실입니까?

전문가: 네, 그렇습니다. (그림자료 '핵시설'을 보여주며) 이것이 이 유적에서 발굴된 것 중 하나인데요. 이 표시(핵 표시)로 봐서 목욕탕에서 사용되었던 환풍기로 추정됩니다. (그림자료 '총'을 보여주며) 또, 이 유물은 구멍이 있고 손잡이에 누르는 것이 있는데요. 이로 보아 샴푸 통인지 바디클렌저인지에 관해서는 논란이 일고 있습니다.

기자: 네, 그렇군요. 이상 NEBS 이○○ 기자였습니다.

아나운서: 네, 지금도 확실치 않아 논란이 일고 있는 저 유물들에 대해 조금이라도 아시는 분은 여기로 제보를 해 주시기 바랍니다.

　　이 모둠은 대량살상무기와 인간안보의 위협에 대한 대안으로 무기가 없는 세상을 다루었다. 긍정적이고 바람직한 대안, 유토피아적인 세상을 이 모둠은 무기가 아예 존재하지 않는 세상을 다룬 것이다. 단지 해결방안에 머무른 것이 아니라 자유롭게 상상하여 기존의 한계와 경계를 넘어선 사고를 하려고 노력하였다.

정치조 발표 장면

② 주서 2(환경영역: 깨끗한 초록별)
• 준비과정
깨끗한 초록별을 주제로 시화와 노래를 계획하였다. 노래가사를 먼저 정
해 놓고, 지구에 나무가 가득하고 뚫리지 않은 오존층을 그려 깨끗한 초록별
을 표현하려고 하였다.

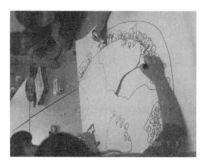 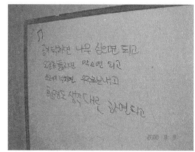

환경조 준비과정

• 결과물
형식: 시화 및 노래
준비물: 시화
내용: 인기 CF송을 개사하여 종이의 오른편에 시화처럼 세로로 나열하였
고, 나무가 많이 그려져 있는 세상을 시화로 크게 표현하였다. 지구를 크게
그리고 곳곳에 나무가 빽빽하게 들어찬 모습을 그리고, 지구의 겉 테두리는
파란색으로 오존층을 그려 지구의 깨끗함을 표현하였고, 시처럼 표현한 노
래를 통해 깨끗한 지구를 만들어야 한다는 의지를 말하고 있다. 다음과 같은
노래가 포함되어 있다.
이 모둠은 급속도로 진행되는 경제성장에 따른 기후변화와 환경파괴에

> ♬ 공기 탁하면 나무 심으면 되고, 오존층 뚫리면 막으면 되고,
> 쓰레기 넘치면 우주로 보내고, 환경도 생각대로 하면 되고 ♪

환경 관련 조 발표장면과 결과물

대한 대안을 깨끗한 초록별이라는 주제로 다루었다. 깨끗한 초록별이라는 주제가 구체적이지 않고 광범위하다고 생각하였는데, 이 모둠은 깨끗한 세상을 나무가 매우 많은 지구라고 생각하였다. 긍정적이고 바람직한 대안을 생각하였으나, 기존의 한계와 경계를 넘어서진 못한 것 같다는 의견이 있었다.

③ 주서 3(사회영역: 잘 먹고 잘 사는 세상)
• 준비과정
잘 먹고 잘사는 세상을 주제로 하여 그림으로 표현하려고 계획을 세웠다. 조원들이 모두 참여하여 전지에 집을 크게 그리고 그 안에 자신들이 먹고 싶은 음식이나 행복하다고 생각하는 모든 것들을 그리려고 하였다.

사회 관련 조 준비과정

• 결과물

형식: 그림

준비물: 그림

내용: 잘 먹고 잘 사는 한 가정을 그리는 데 치중하였다. 집이 어떻게 되면 좋아질까, 잘 먹는 것과 잘 사는 것을 어떻게 표현하면 좋을까를 생각하다가 잘 먹는 것에 대해서는 말 그대로 먹을 것이 많은 집을 표현하는 데 중점을 두었고, 잘 사는 것에 대해서는 좋은 집을 표현하는 데 중점을 두었다. 음식은 치킨·과일·술·고기·쌀 등 현실에 있는 것을 토대로 재미있게 표현하였고, 무지개·해·연못 등도 그려 모든 것들이 잘 사는 것처럼 보이게 그림을 그렸다. 전체적으로 보았을 때, 잘 먹고 잘 사는 세상은 골치 아픈 생각 없이 맛있는 것을 많이 먹고 행복하게 사는 모습이라는 것을 표현하였다.

이 모둠은 양극화 현상, 빈부격차 등에 대한 대안으로 잘 먹고 잘 사는 세상을 주제로 내세웠다. 모든 사람들이 잘 먹고 잘 살았으면 하고 바라는 마음이 그림에 담기게 표현하였다. 하지만 문제에 대한 근본적인 해결방안은 제시하지 못한 것 같다. 다만 유토피아적인 세상을 모둠의 생각대로 자유롭게 표현하려고 노력하였다.

사회 관련 조 발표장면과 결과물

④ 주서 4(사회영역: 무성세상)

• 준비과정

무성세상을 주제로 만화형식을 빌려 책으로 만든다는 계획을 세웠다. 무성세상이라는 주제를 극단적으로 생각하여 여자랑 남자라는 말을 없애고 겉으로 봤을 때 성의 구분이 가지 않게 하는 것으로 무성세상의 의미를 찾았다. 이를 위해서는 모든 사람들이 다 대머리이고 우주복을 입는 것도 생각했고, 성역할을 기계가 모두 대신하도록, 즉 아이를 낳는 일이나 군대를 가는 일 등을 기계가 하도록 하는 것이 좋다고 이야기를 하였다. 하지만 토의의 끝에 이런 세상이 과연 유토피아적인 세상인가에 대한 의문이 제기되기도 하였다.

사회 관련 조 준비과정

• 결과물

형식: 만화

준비물: 만화

내용: 전체적인 내용은 성이 없는 미래 세상에서 한 사람의 일생을 전개한다고 할 수 있다. 만화형식으로 책을 만들어 표현하였는데, 첫 장면으로는 아이를 낳아주는 황새가 부부에게 아이를 배달해준다. 자라서 유치원에 간 아이가 엄마·아빠라는 단어를 알지 못하고, 엄마·아빠를 보호자 알파($\alpha$), 베타($\beta$)라고 부른다. 사랑에 빠질 때도 서로 뇌 주름의 번호가 일치한다는

이유로 사랑에 빠진다. 직장에서도 우수사원을 뽑았는데 그들의 이름은 W 엠, B제이 등이다. 영희와 철수와 같은 성이 구별되는 이름이 없는 것이다. 남자, 여자였던 것을 모르고 태어났기 때문에 아이를 가질 때도 그 시대에는 기술이 뛰어나 같은 성이어도 아이를 가질 수 있다. 이를 통해 성이 없는 세상에서의 삶의 모습을 풍자적·극단적으로 표현하고 있다.

상상국면에서는 긍정적이고 바람직한 대안, 비전을 제공하는 대안을 탐색 하고 해결방안을 찾을 수 있는 활동을 하는 것이 목표이다. 불가능한 것도 생각해보고, 토의를 통해 공동으로 구성한 유토피아를 환상적인 방식으로 이상적인 미래상을 자유롭게 펼친다. 이 모둠은 양성평등에 관한 대안을 성 이 없는 세상이라는 주제로 내세웠다. 이 모둠이 생각하기에 여성·남성이 평등해야 한다는 것과 관련하여 아예 성이 없는 세상을 만들어 차별에 대한 해결방안을 만들어낸 것이다. 자유롭게 이상적인 미래상을 펼치는 것이 이

발표장면

결과물

국면의 목적이지만 무성세상이 과연 유토피아적인 세상, 긍정적이고 바람직한 대안인가 하는 생각이 들었다.

(4) 종결 및 이행

상상국면의 다음 단계인 현실화국면으로 이어지기 위한 중간연결 단계로, 이상향에 대해 네 개조가 발표한 것을 바탕으로 참여자들 각각이 어떤 생각이 드는지 등을 질문하고 간단히 이야기를 나누어보았다. 이를 통해 이상향과 현실을 연결지어 생각할 수 있는 고리를 만들어줄 수 있겠다.

4) 현실화국면

이 단계는 환상국면에서 내세운 유토피아적 세계를 실현가능성에 비추어 검토하여 실천방안을 세우는 단계이다. 다시 말해, 현재상태에서 환상적인 미래설계 관철을 위한 전략을 구상하는 과정이다. 이 국면은 개시-한정-의사결정-종결 및 이행 단계를 거치며 진행된다.

먼저 개시단계에서는 각 조원이 유토피아적 세계에서 꿈꾸던 매력적이고 흥미로운 사례나 소재를 현실로 옮길 수 있는지에 대하여 검토하는 과정이 이루어진다. 이 단계에서 너무 추상적이거나 허무맹랑한 것들은 취하지 않고 많은 시간이 소요된다고 하더라도 현실화가 가능한 것들로 목표를 정한다.

일단 목표가 정해지면 구체화하는 작업을 한다. 여기서 구체화란 바로 구조화하고 심화시키는 과정을 말하며, 좋은 아이디어 실현을 위한 구체적인 전략이나 방안 연구가 이에 해당 된다. 구체화하는 방법의 예로 누가·언제·어디서·무엇을·어떻게·왜 등 육하원칙에 의거하여 제시할 수 있겠다.

목표의 구체화 단계가 이루어진 후에는 조원들 간 의사결정이 이루어지는데, 목표에 대한 평가(비중 혹은 가중치를 고려한 우선순위)와 선정을 한다. 즉, 목표에 대한 요구사항이나 관철전략을 프로젝트나 구체적인 개인적·집단적 행동으로 압축하는 과정이 되겠다.

마지막 단계인 종결 및 이행 단계는 다음 단계인 정리국면으로의 이행 혹은 연결과정이 되겠다. 실행 및 적용 결과는 다음과 같다.

① 주서 1(정치영역: 대량살상무기가 없는 평화로운 세상)

이 모둠은 대량살상무기가 없는 평화로운 세상이 유토피아라고 생각한다. 그러나 이런 유토피아의 설계는 단기적으로는 실현이 불가능하고, 장기적인 계획수립이 필요하다고 하였다. 이를 위한 구체적인 실천방안을 살펴보면, 먼저 개인적 차원(시민단체)에서는 대량살상무기 확산방지 운동과 같은 캠페인, 모금운동을 할 수 있고, 피해지역이 생긴다면 적극적인 구호활동을 벌이는 행동도 할 수 있겠다. 국가적인 차원에서는 국가가 자국의 범죄조직에 대한 감시를 강화(보기: 무기 밀수입 규제강화)하고 군수물품 생산을 금지하며, 세계는 하나라는 의식에 대한 교육을 실시하는 방안을 내놓았다. 마지막으로 세계적 차원에서는 진정한 의미의 지구촌을 의식하게 하여 평화의식을 정착시키고, 국제간 협약을 통하여 만약 협약을 깨는 나라에 대해서는 경제적으로 고립시키자고 하였다.

냉전이 종식되고 다자주의로 사회가 변모하면서 지구상에 평화의 물결이 다가오는 듯하다. 그러나 실상을 파혜쳐보면 반드시 그러한 것만은 아니다. 다자주의를 대표하는 국제연합이라는 기구가 평화를 수호하기 위한 노력을 기울이고 있지만 아직 해결해야 할 문제들이 많다. 최근에는 국가제도의 수행능력을 거의 상실한 취약국가가 늘어나 그들의 중·장기적 경제적 위기가

대량살상무기 조 현실화 국면
발표 장면

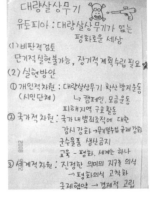

대량살상무기 조 발표 결과물

인간안보의 위협으로 다가온다. 따라서 국제사회는 이러한 국가에 개발지원금을 확충하는 등의 적절한 접근방안을 모색해야 한다. 국제테러는 전쟁에 비해 희생자 수는 적지만 국제사회에 미치는 영향이 크다. 때문에 국제테러는 쉽게 정치적으로 악용될 소지가 높으며 지역간, 국가간 분쟁을 조장하기도 한다.

또한 냉전은 끝났지만 국가안보를 핑계로 국가적 차원의 대량살상무기 개발은 여전하다. 이는 강대국 중심으로 개발이 활발하며 대량살상무기를 보유하고 있는 수도 많은데, 이는 오히려 새로운 보유국이 생성되도록 유도한다. 그리고 이런 무기가 테러집단에 들어간다면 인간안보의 측면에서는 심각한 위협이 될 수 있다. 이를 막기 위해서는 국제간 강력한 제재조치가 필요하다. 일례로 북한의 핵개발에 대한 국제연합의 집단안보체제를 들어보자. 2006년 10월 북한이 핵실험에 성공하자 미국과 일본을 중심으로 유엔안보리에 군사적 제재조치방안을 제출하였지만, 러시아와 중국의 반대로 비군사적 제재조치만 받아들여지게 되었다. 하지만 비군사적 제재만이라도 북한을 경제적으로 고립시킬 수 있는 조치이기에 북한이 핵실험을 계속해 나가는 데 큰 장애가 될 것이다.

② 주서 2(환경영역: 깨끗한 초록별)

이 모둠에서는 환경을 위해 우리가 실천할 수 있는 여러 가지 방안을 발표하였다. 그 내용을 살펴보면 나무 많이 심기, 수소 자동차 개발과 실용화, 쓰레기를 열분해하여 에너지를 얻는 과학적 원리를 실용화, 친환경적인 일회용품 쓰기, 강에 폐수 버리지 않기, 프레온 가스 대체물질 개발, 자동차 카풀 운동 실천하고 대중교통 이용하기, 화석연료 대신 대체연료 개발, 국가적 차원에서는 자전거 보급을 위한 자전거 대여, 아나바다 운동, 시민들이 이용할 수 있는 값싸고 질 좋은 대중교통 개발, 분리수거를 통해 분리배출 잘하기, 인구증가로 인한 문제를 줄이기 위해 인구감소정책 추진, 여름에 절전을 위한 에어컨 끄기, 자동센서달기, 전기 절약하기, 일회용 기저귀 대신 면 기저귀 쓰기, 온실가스를 분해할 수 있는 기계 개발 등 총 20가지에

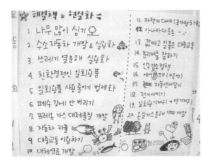

환경 조 발표 결과물과 발표 장면

이르는 구체적인 방안을 내놓았다.

③ 주서 3(사회영역: 잘 먹고 잘 사는 세상)

이 모둠에서는 크게 4가지 목표에 대한 실천방안을 내놓았다. 첫째, 불우이웃을 돕는다는 목표를 달성하기 위한 실천방안으로는 세계난민을 위해 사랑의 빵에 돈을 모으는 것과 독거노인과 결식아동을 위해 사랑의 도시락을 만들어 전달한다가 있었다. 둘째, 다 같이 잘 살기 위해 근검절약을 생활화

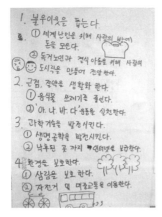

발표 결과물

양극화문제 조 발표 장면

해야 한다는 목표를 달성하기 위한 실천방안으로는 음식물 쓰레기를 줄인다
와 아나바다 운동을 실천한다가 있었다. 셋째, 살기 좋은 세상을 만들기 위
해서는 과학기술을 발전시킬 필요가 있다고 생각해 생명공학 발전시키기.
낙후된 곳에 인터넷 보급하기를 실천방안으로 내 놓았다. 마지막으로 환경
을 보호하기 위해 삼림보호, 자전거 및 대중교통 이용하기 등과 같은 방안을
제시하였다.

오늘날 지구적 수준의 환경정책에 관해서는 두 가지 새로운 경향을 확인
할 수 있다. 그 첫째 경향은 천연자원에 대한 소비가 증가일로에 놓여 있고,
공기·수자원·토지에 대한 부담을 가중시키고 있다는 점이다. 그로 인해 자
연재해의 수도 늘고 그 규모도 커지고 있다. 둘째 경향은 중국과 인도의 엄
청난 경제성장으로 인해 환경에 대한 부담이 증가하고 있다는 점과 관련되
어 있다. 만약 이들 국가가 환경에 대한 위험부담을 줄이지 않는다면 지구의
생태체제에 대한 부담이 악화될 것이다. 지방의 환경이 보건에 미치는 영향
은 오래전부터 중요한 요인으로 간주되어 왔다. 보건문제와 관련하여 지구
적 수준의 환경변화가 수반하는 결과에 대한 지식이 아직 부족한 점이 있지
만, 적어도 환경정책과 보건정책을 연결하여 실천방안을 모색하는 일이 필
요하다.

환경변화에 따른 자원에 대한 수요의 증가로 인하여 환경자원의 질이 점
점 더 많이 저하되고 있다. 이를 해결하기 위해서는 지속가능한 자원관리,
사회의 적응능력을 제고하기 위한 조치, 그리고 국제연합의 밀레니엄 개발목
표를 달성하기 위한 지구적 수준의 환경레짐(regime)과 노력의 마련이 필요
하다. 갈등과 분쟁으로 비화하는 것을 막기 위해서는 환경정책·개발정책·
안보정책의 특수한 요구사항을 결합시키는 지속가능하고 포괄적인 해결방
안을 모색해야한다. 1990년대 유엔에서는 인간안보라는 신조어를 창출했는
데 여기에는 환경문제 등이 포함되어 있으며, 보건과 환경측면의 문제가 해
결되어야 인간안보가 보장된다고 한다.

현대사회의 환경사는 시기에 따라 18~19세기의 에너지레짐, 20세기의 인
간과 환경, 1950년대 에너지·생산·소비 증후군, 1980년대 등장한 '위험사

회'의 측면에서 구분지을 수 있다. 우리가 살고 있는 세계는 권력과 부패, 기아와 빈곤, 전쟁과 폭력, 자연훼손과 파괴 등 인간에게 위험한 요소들이 강조되고 있다. 인간의 미래에 대한 이와 같은 불확실한 전망과 소위 '위험 사회'에서 나타나고 있는 또는 나타날 잠재성이 높은 새로운 위험요소들을 고려할 때, 이를 대비할 수 있는 미래학습의 방안, 예를 들면 미래워크숍 방법이 요청된다.

최근 여러 기업에서 새삼스럽게 사회적 책임에 관한 논의가 이루어지기 시작했는데, 이와 더불어 '기업시민성'을 고려한 '선량한 시민'으로서의 기업에 대한 가치가 대두되고 있다. 예를 들면, 환경문제에 있어서 기업이 사회적 측면에서 기여를 해야 한다는 것이다. 지속가능한 개발에 기반을 두며 생태기업가로서의 기업시민이 요구되고 있다. 지속가능성에 지향을 둔 기업 시민성의 실천사례로는 국제적 수준에서 유엔연합이 기업들의 협조를 받아 맺은 지구촌계약(Global Compact)이 있다. 하지만 이러한 사례는 다자주의의 부분적인 사유화(민영화)로 정당성을 상실할 위험성을 안고 있으며 민주적으로 통제를 받는 정치보다는 오히려 조합주의적 구조로 나아갈 수 있다. '생태기업가 정신'이라는 개념은 생태적인 지향(eco)과 기업가로서의 행위 혹은 기업가 정신(entrepreneurship)을 합성한 말이다. 따라서 생태기업가 정신은 생태에 지향을 둔 기업가 정신이라고 간단히 풀이 할 수 있다.

국제연합은 모든 회원국의 이름을 빌어 소위 '밀레니엄 개발목표'를 2015

### 밀레니엄 개발목표

1. 극빈과 기아를 제거한다.
2. 모든 아동에게 기본적인 학교교육을 보장한다.
3. 여성에 대한 동등한 대우를 신장시키고 여성의 영향력을 제고하도록 한다.
4. 아동(유아) 사망률을 줄인다.
5. 여성의 보건을 향상시킨다.
6. 에이즈, 말라리아, 그리고 다른 질병을 퇴치하는 데 노력한다.
7. 지속가능한 환경을 보장한다.
8. 개발을 위하여 지구적 동반자 관계를 마련한다.

년까지 달성할 수 있도록 노력하겠다는 다짐을 하였다. 대부분의 목표가 인간안보를 위한 일로 환경, 보건, 빈곤문제를 해결하기 위한 실천적인 방안의 성격을 띠고 있다.

④ 주서 4(사회영역: 양성평등)

이 모둠에서는 양성이 정치적·사회적으로 동등한 대우를 받을 수 있는 사회가 이상적인 모습이라고 생각하였다. 이를 위한 단계적 실천방안으로 먼저 가정에서는 '여자는…, 남자라면…'과 같은 관습적인 성역할을 주입시키지 않고, 학교에서는 성에 따른 교복구분을 없애고 남녀 동등한 복장을 착용하도록 한다. 또한 직장에서는 육아휴직을 여성뿐만 아니라 남자에게도 보장하여 아이 양육에 양성이 동등하게 참여하도록 하며, 탁아소와 같은 보육시설을 직장에도 확충해야 한다고 하였다. 마지막으로 현행 군 입대제도를 모병제로 바꾸고, 훈련소만 입소하게 하는 등 남성에게만 의무적으로 부과되었던 군대문제를 해소하고자 하였다. 양성평등을 위해 '무거운 짐을 함께 들기, 차별적인 언어를 사용하지 않는다.'와 같이 우리가 쉽게 실천할 수 있는 방안을 내놓았다.

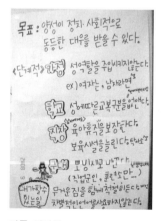

발표 결과물

양극화 문제 관련 조 발표 장면

지난 여러 해 동안 여성의 권리신장을 위한 노력은 지속되었다. 이로써 여성의 교육에 대한 접근과 같은 측면에서 경제적·사회적 지원을 향상시키는 데 상당한 성과를 거두었다. 특히 여러 개도국에서 벌인 국제적인 여성운동은 양성평등 실현을 위한 정책(성주류화: gender mainstreaming)을 여러 국가적 제도에서 정착시키기 위하여 많은 노력을 기울였으며 부분적으로 상당한 성과를 거두었다. 그러나 정치적·경제적 개혁과정에서 남성과 동등한 권한을 확보하는 데 있어서는 아직 부족한 부분이 많다. 또한 근본주의(원리주의: 자신의 종교만 옳다고 생각하고 타종교를 배척하는 경향)나 다른 종교적 근거를 대면서 정체성을 수립하려는 정책은 그동안 기회균등의 측면에서 달성한 성과를 다시금 문제시하고 있다.

여기서 국제연합이 모든 회원국에서 달성할 수 있도록 세운 새천년 목표를 살펴보면, 3번(여성에 대한 동등한 대우를 신장시키고 여성의 영향력을 제고하도록 한다.)과 5번(여성의 보건을 향상시킨다.) 항목에 명시되어있는 것처럼, 여성에 대한 인권문제는 전 세계가 함께 해결해 나가야 할 문제이다. 이를 위해서는 '여성도 남성과 동등한 대우를 받아야 한다.'라는 의식의 변화가 선행되어야 하며, 이 문제는 결국 남성과 여성이 함께 풀어가야 할 과제인 것이다.

### 5) 정리국면

주어진 수업 시간 동안에는 정리국면에 해당하는 공개적인 발언이나 조용히 다른 사람과 나누는 발언을 할 수 있을 만한 시간이 확보되지 못하였다. 따라서 현실화국면을 마친 다음 일부 참가자에게 미래워크숍 활동에 대한 소감을 받는 것으로 정리국면을 대신하였다. 일부는 참가자로부터 메일이나 직접 소감을 받고, 일부는 미래워크숍에 대한 보고서를 작성하는 우리 조원의 소감이나 글을 받았다. 다음과 같은 소감을 소개한다.

(1) 메일로 보내온 참가자들의 소감 — 주로 참여자로서의 느낌이나 생각, 활동에 대한 구체적인 부분이 많이 피력되었다.

① 지금까지 경험해 보지 못한 새로운 활동을 해본 것 같아 신기하고 재미있었다. 처음에 미래워크숍에 대한 안내나 소개를 들었을 때에는 복잡해 보여 잘 할 수 있을지 의문이 들었는데 하고 보니 여러 조원들의 토의를 통한 결과물에 뿌듯함을 느꼈다.

② 처음의 방향이나 주제를 어떻게 잡느냐에 따라 과정이나 결과가 매우 달라질 것 같다. 또한 자신이 생각한 방향과 맞지 않거나 생각이 바뀌었다면 다른 주제로 옮겨갈 수도 있다. 이처럼 다양한 변인을 생각해 본다면 미래워크숍 활동이 목적과 다르게 흘러갈 염려가 있단 생각이 들었다. 따라서 미래워크숍 활동을 할 때는 확실한 자신의 주장이나 생각에 따라 자부심을 갖고 적극적으로 활동에 임할 필요가 있을 것이다.

③ 유토피아적 세상에 대해 자유롭게 상상하는 것이 생각보다 쉽지 않았고, 그 구체적인 방안을 찾는 것은 더 어려웠다. 따라서 모둠 안에서 서로의 의견을 통합하는 일이 매우 중요하다고 생각하였다. 모둠 안에서 서로의 의견을 경청하고, 자신의 의견을 내세우고 하는 활동을 적극적으로 잘 한다면 많은 것을 배울 수 있는 활동인 것 같다.

④ 처음에는 '미래워크숍'이라는 단어조차 생소했었다. 또한 각 하위단계의 특징이나 규칙에 대한 안내문을 받았을 때만 해도 수업이 지루하고 어려울 것이라는 생각이 지배적이었다. 그런데 한 단계 한 단계를 사회자의 안내에 따라 따라가다 보니까 미래워크숍이라는 것이 그리 어려운 것이 아니며, 사회과 수업에서 효과적으로 적용할 수 있는 방법이라는 것을 알게 되었다. 나는 솔직히 '사회' 교과를 그다지 좋아하지 않았다. 사회적인 문제들, 사회적인 개념 및 지식들에 대해 거의 주입적인 방법으로 배워오지만 실제 우리가 생활하고 있는 사회에서 볼 수 있는 많은 문제들의 심각성이나 이를 해결하기 위한 방안 등에 대해 그 누가 진지하게 생각하며, 자신이 배운 바를 적용하기 위해 애쓰고 있는가.

이러한 점에서 '미래워크숍'은 우리들로 하여금 '생각'을 할 수 있도록 적절하게 유도해내는 것 같다. 바로 참여자중심, 학습자중심의 수업인 것이다. 그동안 등한시했던 주변 사회의 모습, 사회의 아픈 면들에 대해 생각해

볼 수 있는 기회가 되었던 수업, 긍정적인 미래의 모습을 떠올려 볼 수 있었던 수업, 친구들과 자연스럽게 이야기를 나누는 과정 중에 좋은 아이디어를 떠올릴 수 있었던 수업이었다. 또한 무엇보다도 미래의 모습을 직접 그려보고 발표해 보는 시간이 가장 재미있었고 뿌듯했으며, 현실의 억압 속에서 잠시나마 행복한 미래를 그려볼 수 있었던 것이 미래워크숍이 가지는 가장 큰 매력인 것 같다.

(2) 조원들의 소감 — 직접 참여는 하지 않았지만 미래워크숍 활동을 참가자들에 비해 보다 더 객관적인 입장에서 바라볼 수 있는 위치였기 때문에 주로 미래워크숍에 대한 장점이나 미래워크숍의 효과적인 활용방안 등에 대해 소감을 피력하였다.

① 미래워크숍은 문제해결 사고를 상당히 확장시킬 수 있는 효과적인 방안이다. 문제해결 과정에서 흔히 현실화에 초점을 맞춰 사고가 제한되고 경직되는 측면이 있다. 하지만 미래워크숍은 비판점에 대한 유토피아적이고 자유로운 상상을 하면서 다양하고 창의적인 측면의 해결방안을 찾는 데 도움을 준다. 자칫 비현실적인 이 해결방안을 다시 현실화하는 과정을 통해서 구체적이고 현실적이면서도 다양하고 창의적인 합의점에 도달할 수 있다는 것이 이 활동의 장점인 것 같다.

② 미래워크숍은 생각이 비슷한 학생들을 중심으로 모둠활동을 하여 자신들이 가지고 있는 여러 가지 의견을 자유롭게 내고 서로 비판해가며 이상적인 미래상을 구성해 나간다는 측면에서 학생들의 토론능력을 신장시킬 수 있는 수업모형으로 적합하다고 생각한다.

③ 미래워크숍은 사회나 집단의 문제를 참여자 스스로 고민하고, 그에 대한 대안이나 해결책을 수업진행자가 알려주는 대신 스스로의 노력에 의해 모색하기 때문에 실제 사회과수업에 적용시킬 경우 학생중심적인 역동적 수업을 할 수 있을 것 같다고 생각했다. 개개인의 작은 아이디어가 모여 큰 결과를 낳게 되는 것이 신기했고, 생각했던 것보다는 규칙이 간단해서 현장

에서 쉽게 적용할 수 있을 것 같았다. 그러나 참가자의 흥미 부족으로 적극적인 참여가 이루어지지 않는다면 워크숍 자체가 진행이 제대로 안 될 것이다. 따라서 미래워크숍을 진행할 때에는 참여자의 적극적 참여의식을 이끌어내는 것이 중요하다는 생각을 했다. 그리고 참여자들이 자유롭게 비판점을 내고 그 비판점의 해결책을 제시하는 일련의 과정이 원활하게 이루어질 수 있도록 자유롭고 허용적인 분위기 조성과 타인의 의견을 적극적으로 수용하고 경청하도록 유도하는 것도 필요하다고 생각한다.

이상에서 기술한 미래워크숍 방법의 단계별 적용 및 분석 결과에 기초하여 이제 종합적인 비평을 시도해 보면 다음과 같이 정리할 수 있다. 오늘날 사회는 날로 발전해가고 있지만 대량살상무기·환경문제·인권문제 등 여러 가지 복잡한 문제들로 얼룩지고 있는 실정이다. 이러한 전 세계적인 사회문제를 합리적으로 해결해하기 위한 방안이 요구되고 있다. 이에 현재를 살아가는 학생들에게도 급격히 변화하는 사회를 정확하게 바라보고 올바른 미래상을 스스로 구축할 수 있는 지식과 능력을 길러줄 필요가 있다. 즉, 학생들 스스로 현실의 문제점을 비판적으로 꼬집고 이상적인 방안을 모색해가며, 가장 현실적인 방안을 탐구할 수 있도록 하는 교육이 이루어져야 한다는 것이다.

우리가 앞서 다룬 미래워크숍 수업모형은 이러한 사회적인 요구에 충분히 부응할 수 있으며 이를 통해 생성될 수 있는 다양한 측면과 가치는 또 다른 사회적 문제를 해결할 수 있는 능력을 신장시키는 데에 도움이 된다고 생각한다. 미래워크숍 방법의 가장 큰 장점은 학생들이 다양한 미래상을 구상하면서 동원되는 진술방식이 만화와 노래, 뉴스진행 등 여러 가지 놀이형태로 진행되기 때문에, 학생들의 상상력과 창의력을 충분히 발휘할 수 있는 기회의 장이 된다는 것이다. 이러한 진행방식은 학생들이 직접 참여하면서 이루어지므로 지루해질 우려도 없고, 기존의 고정관념이나 틀을 여과 없이 깰 수 있다는 측면에서 비판적인 안목 신장과 사고의 다양성을 인정하는 것을 배울 수 있게 된다. 또한 각 조원끼리 같은 주제를 가지고 논의하며 하나의 결과물을 창출한다는 점에서는 학생들에게 협동심과 성취감을 맛볼 수 있게 해줄 수 있으며, 무엇보다 이런 과정 속에서 학생들이 현실세계에 대한 관심과 바람직한 미래상에 대한 실천의지를 배양할 수 있다.

　미래워크숍을 수업에 적용할 때에는 다음과 같은 몇 가지 유의사항이 요구된다. 먼저 수업모형에 대한 수업진행자의 명확한 언급이 필요하다. 미래워크숍 수업모형은 대학생이 시행하기에도 생소한 모델이다. 미래워크숍 수업모형에 등장하는 여러 가지 용어들과 규칙, 세부적인 단계들을 충분히 사전에 설명해 주고, 만약 이전에 실시되었던 좋은 사례들이 있다면 적절히 이용하며 피드백을 던져주는 역할을 해야 하겠다. 학교현장에서 사회교과를 충분히 분석하여 이 모델을 직접 사용하는 것은 좋으나, 자칫 학생들이 내용과 방법을 확실히 이해하지 못한 채 진행된다면 수업은 뜬구름 잡는 식으로 그냥 활발한 활동만 이루어질 우려가 있다.

　두 번째로 각 국면 사이의 연결관계에 주의를 기울일 필요가 있다. 미래워크숍의 핵심영역은 비판·상상·현실화 국면으로 이루어져 있다. 비판국면은 현실세계를 있는 그대로 바라보고 비판적 안목으로 바라보고 관심영역을 범주화하는 단계이고, 상상국면은 자신이 선택한 주제에 대한 이상적인 미래상을 설계하는 단계이다. 마지막으로 현실화국면은 상상국면에서 그린 유토피아적 세계에 대하여 현실성을 고려하면서 실천방안을 세우는 단계이다. 비판과 상상국면에서 학생들이 자신의 수준에서 현실을 바라보고 이상향을 커다란 장애 없이 그릴 수 있다고 생각한다. 그러나 상상국면에서 현실화로 넘어가는 단계에서는 추상적으로 그려졌던 세계를 구체화시킨다는 점에서 적지 않은 어려움이 예상된다. 바로 이상과 현실간의 괴리를 낳아 자칫 자신들이 선택한 주제에서 벗어나 진부한 결론을 내리거나 이상과 현실간의 딜레마에 빠져 세부적인 실천목표를 세우지 못한 채 마무리를 지을 수밖에 없는 상황이 나타날 우려가 있는 것이다. 특히 나이가 어린 학생들은 사회적인 문제에 대한 자세한 지식이나 현상들을 아직 갖추고 있지 못하고 있고, 현실상황에 비추어 구체화를 시키는 작업은 높은 과학적 탐구과정을 요구하고 있기 때문이다.

마지막으로 시간상의 문제점을 들 수 있다. 미래워크숍의 각 단계는 서로 긴밀하게 연결되기 때문에 시간계획을 잘 세워야 한다. 시간계획을 잘 잡지 못하여 수업이 처음부터 끝까지 일관되게 진행되지 못하면 오히려 결과의 질이 떨어지고 학생들의 사고과정을 저해하는 요소로 작용할 것이다. 따라서 수업진행자는 방법을 적용할 대상인 내용이나 주제를 철저히 분석하고, 비효율적인 시간낭비를 줄여 운용하는 것이 바람직하겠다.

요약컨대, 급변하는 사회를 비판적인 관점으로 바라보고 바람직한 미래상을 구상하며 현실세계에 견주어 적절한 실천방안을 논의하는 과정을 통해 학생들은 능동적인 참여와 창의력과 협동심을 기를 수 있으며 미래에 대한 긍정적인 사고를 할 수 있다. 따라서 교사나 강사는 현장에서 다양한 주제를 가지고 분석하여 이 모델의 장점들을 잘 살려 적용한다면 좋은 수업으로 이끌 수 있을 것이다. * 허영식

**▌참고문헌**

조배근(2003). "초등사회과에서 미래워크숍 방법의 적용방안." 청주교육대학교 석사 학위논문.
허영식(2006). 『현대사회의 시민교육: 이론과 실제』. 서울: 원미사.
_____(2008). 『지구사회의 도전과 시민교육의 과제』. 서울: 원미사.
허영식·신두철 편(2007). 『민주시민교육 핸드북』. 서울: 도서출판 오름.

# 30

# 전문가 면담

## 1. 해설

전문가(專門家, specialist, expert)란 어떤 분야를 연구하거나 그 일에 종사하여 그 분야에 상당한 지식과 경험을 가진 사람을 말한다. 그러나 교육현장에서 전문가 개념을 너무 엄격하게 규정할 필요는 없다. 왜냐하면 명성 있는 전문가를 초청하여 면담을 하려면 적지 않은 비용이 소요될 뿐만 아니라 전문가 고유의 활동을 방해하기 때문이다.

그러므로 우리가 관심을 가지는 전문가란 '자기가 맡은 분야의 일이나 직업에 대해서 자부심과 긍정적 사고를 가지고 일하는 사람'으로 규정해도 될 것 같다. 곧 우리 생활 속에서 흔히 볼 수 있는 건실하고 신뢰감 가는 직업인이 전문가이다. 예를 들면 항상 반갑게 승객을 맞이하면서 승객에게 인사를 건네는 버스 운전기사나 매일 새벽 길거리를 깨끗이 청소하는 환경미화원도 전문가가 될 수 있다. 미국 44대 대통령으로 선출된 오바마(B. Obama)가 선거일 직전 타계한 그의 외조모에 대해 평했던 찬사 "할머니는 전 미국의 조용한 영웅들 가운데 한 명이었다. 이름이 신문에 실리지는 않지만 그들은 매일의 일상 속에서 열심히 살고 있다." 라는 표현에 들어있는 '조용한 영웅'들이 전문가로 지칭될 수 있다.

면담(面談)이란 인터뷰(interview) 혹은 토크(talk)라고 하는데, 사람들이 서로 만나서 얼굴을 보면서 이야기하는 것을 말한다. 따라서 전문가 면담이란 전문가를 초청하여 학생들 한 사람 한 사람과 얼굴을 맞대면서(face-to-face) 유익한 대화를 나눔으로써 학생들의 궁금증을 풀어나가는 만남의 교육으로 정의할 수 있다.

전문가 면담의 의의는 전문가를 통해 어떤 정보나 지식 혹은 간접경험을 획득하는 것이다. 그러나 더욱 중요한 것은 이러한 만남과 대화를 통해서 학생들 자신의 인생에 목표의식을 갖는 것 혹은 자신의 삶에 어떤 열정을 갖는 것이라고 볼 수 있다. 이른바 답을 알려주는 선생이야말로 가장 무능한 선생이며, 가장 위대한 가르침은 학생의 마음에 불을 지르는 것이라는 말이 이 경우에 해당된다.

한 가지 사례를 들면, 30년 동안 ○○대 교수생활을 하고 부총장·총장 직무대행까지 하던 ○○○ 씨가 정년퇴임을 5년 앞두고 전북 전주에 있는 ○○고교 교장으로서 새로운 길을 개척했다. 교장 ○○○ 씨가 계획해 놓은 교육방침과 교수방법을 몇 가지 읽어보면 상당히 개혁적이고 참신하다고 느낄 수 있다. 그 중 하나를 소개하면, 각 분야의 전문가들 곧 교수, 저명인사, 석학들을 초청하고 배우는 특강 프로그램이다. 이는 당장의 성적에는 도움이 되지 않는다. 하지만 학생들의 가슴에 원대한 꿈과 삶의 목표를 심어줄 수 있다. 학창시절에 듣게 된 명사의 가르침 한 마디가 평생의 등불이 되는 경우가 많기 때문이다(김종서 외, 2007: 57, 144).

전문가 면담 수업형태를 전문가와 학생들 간 관계라는 관점에서 구분한다면, 전문가와 학생이 1:1 형식으로 면담이 이루어지는 멘토링(Mentoring), 전문가와 학생들이 1:소수 형식으로 면담이 이루어지는 학급(소규모 집단) 단위 학습, 전문가와 학생들이 1:다수 형식으로 만나는 전문가 초청 강연 등으로 구분할 수 있다.

그리고 전문가 면담 수업형태를 진행방식에 따라서 구분한다면, 사회자가 진행을 주도하는 사회자 중심 학습과 초청된 전문가가 진행을 주도하는 전문가 중심 학습으로 구분할 수 있다. 인터뷰나 토크쇼가 전자에 해당된다면 전문가가 일정 주제에 대해 발표를 한 후 질의응답에 응하는 형태는 후자에 해당된다. 특히 전문가가 2인 이상일 경우에 해당되는 심포지엄 형태의 수업도 있을 수 있다. 특정한 문제에 대하여 두 사람 이상의 전문가가 서로 다른 각도에서 의견을 발표하고 참석자의 질문에 답하는 토론회 성격의 수업을 말한다. 최근 우리사회에서 논란 중인 국제중학교 설립에 대한 찬성론자와 반대론자의 대립이라든지 우리나라 초·중학교 전학생에 대한 일제고사 실시 찬성론자와 반대론자 간 의견 개진이 여기에 해당된다.

전문가 면담이 이루어지는 과정을 간단히 요약하면, 면담 주제 정하기 → 면담 상대 및 면담 방법 정하기 → 면담 장소 및 시간 정하기 → 질문 정하기 → 기록 방법 정하기 → 면담하기 → 알게 된 내용 정리하기 및 발표하기 순으로 이루어진다. 다른 일도 그러하듯이 전문가 면담도 면담을 준비하는 과정이 중요하다. 준비할 사항을 열거한다면 다음과 같다.

(1) 면담의 주제를 선택한다.
• 궁금하거나 알고 싶은 문제나 주제에 대해 생각해 보고 구체적인 면담 내용을 정한다.
(2) 면담 상대 및 면담 방법을 선택한다.
• 주제에 적합한 전문가를 선정하고 면담 방법이나 수업형태를 정한다.
(3) 면담 시간과 장소를 선택한다.
• 면담하기에 적합한 시간과 장소를 전문가와 협의하여 결정한다.
(4) 질문을 미리 선택한다.
• 주제나 꼭 알고 싶은 내용에 대해서 간결하고 명확하게 질문하고 진지하게 경청한다. 주제에 어긋난 질문을 하지 않는다. 공손하고 예의바른 자세로 임한다.
(5) 기록 방법을 선택한다.
• 면담 내용을 메모하여 활자화하거나 사진 찍기, 녹화하기, 녹음하기 등을 통해 간직한다.

전문가 면담이 끝나면 면담 내용을 잘 정리할 필요가 있다. 정리한 내용을 통해서 내가 잘못 이해한 부분을 수정할 수 있거나 미처 느끼지 못한 점을 새롭게 배울 수 있으며 감동을 지속시킬 수 있다. 후배들에게 간접 경험을 물려줄 수 있다.

(1) 면담 결과를 정리한다.
• 면담 사진이나 그림을 붙이고 미리 준비한 면담 기록지에 면담 결과를 정리한다.
(2) 면담 결과를 발표할 순서대로 정리한다.
• 시작하는 말: 주제 및 주제 선택 동기, 전문가 선정, 면담 방법, 시간과 장소 소개 등
• 전할 말: 면담의 주요 내용, 준비한 질문 내용과 답변, 면담 분위기 등
• 마무리하는 말: 면담할 때 어려웠던 점, 보람 있었던 점, 알게 된 점, 느낌 등
(3) 면담 내용을 정리할 때 주의할 점을 생각해 보자.
• 면담 주제와 관련된 내용만을 정리한다.
• 육하원칙(六何原則)에 의거 객관적으로 정리한다.
• 계획했던 면담 내용을 빠뜨리지 않고 정리한다.

면담 결과를 발표하는 경우에는 다음 사항을 고려하여 정리한 내용을 발표한다.
(1) 정리한 순서대로 발표한다. 시작하는 말, 전할 말, 마무리하는 말의 순서로 발표한다.
(2) 그림이나 사진 자료를 보여 주며 발표한다.
(3) 간단하고 명료하게 발표한다.
(4) 적당한 어조와 뚜렷한 목소리로 발표한다.
(5) 자신감 있게 발표한다.
(6) 듣는 사람들이 질문을 할 경우 성의껏 답변한다.

## 2. 실천 및 적용 사례

1:1 면담 형태인 전문가에 의한 멘토링, 대면 접촉이 가능하고 소수 학생 (학급)을 대상으로 하는 전문가 면담, 다수 학생을 대상으로 하는 전문가 초청 강연들에 대한 사례를 차례로 제시하고자 한다. 그리고 마지막으로는 농·어촌 소규모 학교에서 운영한 온라인과 오프라인 상의 커뮤니티를 통한 전문가 면담의 한 가지 사례를 개괄적으로 소개하고자 한다.

### 1) 멘토링

멘토링이란 경험과 지식이 풍부한 사람이 구성원을 1:1로 전담해 지도조 언하면서 실력과 잠재력을 계발시키는 것을 말한다. 조언자 역할을 하는 사 람을 멘토(Mentor)라 하고 조언을 받는 사람을 멘티(Mentee)라고 한다. 멘토 는 경험이 풍부하며 신뢰를 받는 상담자 혹은 총명하고 충성스러운 조언자 또는 지도자, 스승, 선생을 의미한다.

멘토라는 말의 어원은 그리스 신화에서 비롯됐다고 말해진다. 오디세우스 (Odysseus)가 트로이 전쟁에 출정하면서 아들 텔레마코스를 절친한 친구인 멘토에게 맡겼다. 그는 오디세우스가 돌아올 때까지 아들의 친구, 선생, 조 언자, 아버지 역할을 하며 잘 돌봐주었다. 그 후로 멘토는 지혜와 신뢰로 인생을 이끌어주는 지도자라는 의미를 뜻하게 됐다. 멘토링 프로그램의 기 대효과는 청소년 비행의 예방이나 치료에서부터 장래가 촉망되는 학생을 지 도자로 키우는 교육 프로그램에 이르기까지 다양하다.

다음은 서울시 서초구 소재 ○○고교에서 시행된 멘토링에 대한 신문 기 사 내용 중 일부이다. 이를 통해 멘토링의 한 모습을 개괄적으로 엿볼 수 있을 것이다.

> 개교 60주년… 졸업생들의 후배 사랑
> 유명인사 40명이 재학생의 후견인이 된다. 오늘 '멘토 결연식' 가져. ○○고교

출신 유명 인사들이 고교 후배들의 후견인을 자처하고 나섰다. ○○고 총동창회 (회장 ○○○)는 14일 오후 6시 서울 △△호텔에서 개교 60주년 및 총동창회 창립 50주년 기념사업의 하나로 '멘토 결연식'을 개최한다. 다양한 방면에서 두각을 나타내고 있는 권위자 40명의 선배들이 후배 재학생과 결연식을 맺을 예정이다. 학교는 일정 요건을 갖춘 40명의 2학년 재학생들을 선발했다. 학생들의 장래 희망에 따라 법조인이 되고 싶은 학생은 법조인, 경영인이 희망인 학생은 기업인, 기자가 되고 싶은 학생은 언론인 선배와 각각 인연을 맺게 했다.

○○○ 교장은 "학생들의 학교에 대한 애착과 자긍심이 줄어드는 것 같아 이 같은 결연식을 마련했다"면서 "선배들이 분기별로 한 번씩 정기적으로 후배와 만나 진로를 상담하고 대화를 나누는 등 든든한 후견인이 될 것"이라고 말했다. 학교 측은 선·후배 간 결연을 매년 계속하기로 했다.

_출처: 조선일보, 2006.4.14

## 2) 학급에서의 전문가 면담

다음은 30명 정도의 인원으로 구성된 학급에서 시행된 전문가 면담의 사례들이다. 첫째 사례는 2008년 5월 중순 인천 ○○고교 전자도서관에서 학교 도서반 학생 30여 명과 10여 명의 교사를 대상으로 열린 전문가 면담 학습의 사례이다. '사유(思惟)하는 교사와 사유하는 학생'이라는 제목 아래 진행된 이날 수업에서 ◇◇대학 교양과정 전공 ○○○ 교수의 강의와 면담을 주요 내용만 요약하여 적어본 것이다. 둘째 사례는 다양한 직업을 가진 40대 후반의 고교 선배 10여 명이 2006년 4월 1일 모교인 서울 ○○고교 각 교실에 한 명씩 배치되어 30여 년 아래의 고교 재학생 후배들에게 전문가로서 유익한 이야기와 조언을 들려주고 학생들의 질문에 대답을 해준 사례이다. 구체적인 강의와 면담내용은 알 수 없으나 면담 후 작성한 초청 전문가들의 소감문 일부를 통해서 전문가 면담이란 수업의 한 단면을 추측할 수 있다. 특히 '교실붕괴' 담론이 지나간 이후의 학교 교실의 분위기와 풍경을 상상할 수 있는 자료이다.

### (1) 전문가 강의

한나 아렌트(H. Arendt)의 표현에 의하면, 첫째로 '사유' 곧 '생각하는 것'

은 말없는 대화로서 내 '한 몸 속의 두 사람'임을 경험하는 것이며 양심의
원천이다. 사유라는 리트머스 시험지를 통해서 나는 악에 빠지지 않을 수
있다. 둘째로 사유는 삶을 의미 있게 만든다. 이는 반성적 혹은 성찰적 사유
를 말한다. '성찰적'이란 자기 자신의 위치나 행동을 전체 맥락 속에서 상상
하고 확인하는 과정이다.

나치 전범인 아이히만(K. Eichmann)의 재판을 지켜 본 아렌트는 극단적
으로 서로 모순되는 두 가지 행동이 한 인간 안에 공존할 수 있었던 이유를
추론해 본다. 저녁에는 가족과 함께 촛불을 켜고 모차르트의 음악을 들으면
서 행복한 저녁식사를 하는 것의 맛을 알고 있던 아이히만이 낮에는 그토록
반인륜적 범죄 행위를 저지르는 것이 동시에 가능할 수 있었던 원인이 무엇
일까? 라고 아렌트는 추론해본 것이다. 이의 원인은 아이히만의 악마적 성
격 때문이 아니라 그의 생각 없음(thoughtlessness) 때문이라는 것을 발견하
게 된다. 곧 자신이 하는 일의 의미가 무엇인지? 왜 이일을 해야 하는지?
에 대한 생각과 고뇌와 비판이 없었고 그 결과 이에 따른 양심적인 말과
행동이 없었다는 것이 아렌트의 견해이다. 우리가 생각하지 않는다면 혹은
사유를 포기한다면 악이란 무척 평범하고 매우 일상적인 모습으로 우리에게
다가올 수 있음을 보여준 중요한 사례라고 아렌트는 주장한다.

성찰(반성)적 사유를 통해 삶의 본질적 의미를 찾는 일이 중요하다는 것
을 보여주는 좋은 사례는 빅터 플랭클(V. Frankl)의 생존이다. 2차 대전 중
아우슈비츠의 생지옥 상황에서 그가 살아남을 수 있었던 힘의 근원이 바로
자기 인생의 궁극적 의미를 찾고자 했던 성찰적 사유 때문이었다. 미래에
대한 기대가 없으면 살 수 없는 것이 바로 사람의 특성이며 앞날을 생각할
수 있는 정신적 힘인 사유야말로 가장 고통스러운 순간에서 자신을 구하는
수단이 된다는 것이다. 아무리 혹독한 시련 속에서도 내면의 정신적 자유
곧 성찰적 사유를 지키고 있어야 시련과 고통을 삶의 깊은 의미로 승화시킬
수 있게 된다는 것이다.

그런데 이러한 사유의 힘은 광범위한 인문학적 소양 곧 교양(敎養, liberal
education)에 의해서 길러진다고 본다. 교양은 세상을 보는 깊은 안목이다.

우리나라 대학이 이런 부분에서 아주 취약하다. 탄탄한 교양 곧 통합적인 시야나 식견이 없으면 창조적인 것도 나올 수 없다. 이는 애니메이션학과 학생들에게 인문학과 신화를 가르쳐야 할 이유이기도 하다. 선진국의 명문 대학들이 최근 하나같이 기초 학문을 강조하는 까닭도 이 때문이다.

(2) 전문가 면담

학생: 요즘 대학에서 전공교육이라는 한 우물 파기도 몹시 어렵고 취직하기도 매우 어려운 형편인데 넓게 공부하는 교양교육이 과연 필요한 것인지요?

전문가: 여러분 우물을 깊게 파려면 땅을 넓게 팔 수 밖에 없지요. 실제적으로 생각해보세요. 땅을 깊게 파려면 넓게 파면서 점점 좁게 파는 것 아니겠어요. 전공공부도 마찬가지입니다. 교양공부를 튼튼히 해놓아야 깊게 나갈 수 있습니다. 피라미드 같은 높은 건축물을 세울 때도 마찬가지죠. 높게 쌓으려면 기초를 넓고 튼튼하게 쌓아야 됩니다.

학생: 교양이란 개념이 쉬우면서도 잘 와 닿지가 않습니다. 일상생활에서 경험할 수 있는 쉬운 사례를 말해 주세요.

전문가: 교양을 어떤 선생님께서 이렇게 말씀하셨어요. 모르는 타인을 마치 다시 만날 사람인 것처럼 상대방을 대하는 것이라고요. 사소한 예를 들어볼까요? 여러분, 전철에서 서서 가고 있는데 내 앞에 앉은 사람이 갑자기 내리는 바람에 빈자리가 생겼어요. 내가 막 앉으려는데 저쪽의 어떤 사람이 재빨리 와서 앉아버립니다. 이런 경험 가끔 있지요? 그런 경우에 기분이 좀 상합니다. 그래서 제가 아는 그 선생님은 서 있을 때 앉아있는 사람 바로 앞에 서서 자기 영역을 명확히 알리고 간답니다. 그래야 빈자리가 생기면 확실히 앉을 수 있기 때문이죠 (일동 웃음). 만약에 잽싸게 남의 자리에 앉은 그 사람이 또다시 나와 만난다면 좀 머쓱하겠지요. 교양이란 남을 배려하는 것입니다. 마치 다시 만날 사람인 것처럼 상대방을 대하는 것입니다.

학생: 교수님 말씀 중에 '배웠다는 것은 교양이 있다는 것'이라고 말한 대목이 있는데요, 배움과 교양과의 관계를 좀 더 쉽게 이해하도록 알려 주세요.

전문가: 『논어』에 보면 '학이시습(學而時習)'이란 말이 나옵니다. 배우고 수시로 익힌다는 뜻입니다. 곧 배우고 부지런히 익힌다는 뜻입니다. 습(習)자는 어린 새가 날기를 배울 때 하도 열심히 날갯짓을 해서 날개 깃털의 하얀 모습이 멀리서도 보인다는 의미라고 말해요. 곧 습(習)=우(羽)+백(白)이라는 것이죠. 여기서 '익힌다'란 의미를 '생각한다'라는 의미로 해석한다면 배우고 수시로 그 배운 것을 '생각한다 혹은 사유한다'라는 뜻이지요. 곧 배움은 사유이며, 올바른 사유(생각) 혹은 이의 실천이 교양입니다. 사유 중에서 가장 중요한 것들 중 하나가 비판적 사고입니다.

비판적 사고에 대해서 말한다면, 여러분! 혹시 『죽은 시인의 사회』라는 영화를 보셨어요? 거기에 보면 키딩 선생님이 학생들과 처음 시를 공부하는 시간에 무비판적으로 전통적인 시 해석에 따르지 말라고 가르치면서 학생들에게 책상 위로 올라가서 교실을 보라고 가르친 장면이 나옵니다. 이 행동의 의미는 아마도 진정한 자신의 삶을 살기 위해서는 남들과 똑같이 되려하지 말라는 것, 곧 어떤 것이든 여러 각도에서 보아야 하며 다르게 생각할 줄 알아야 한다는 비판적 사고 혹은 창의적 사고를 가르친다고 저는 생각합니다.

예를 들면, 어떤 시인이 장미꽃을 보고서 "(장미꽃에 가시가 있다고 보는 것이 아니라) 가시나무에도 예쁜 꽃이 피는구나." 라고 보았다지요.

*『죽은 시인의 사회(Dead Poets Society, 1989)』 영화 소개

오랜 전통을 자랑하는 명문 웰튼(Welton) 고등학교의 새 학기가 시작된다. 웰튼 고등학교는 일류대 진학을 최고의 가치로 삼는 엄격한 학교이다. 웰튼 고등학교에 전학 온 토드는 다른 신입생들과 함께 들뜬 마음으로 학교생활을 시작한

다. 그리고 이 학교 출신의 키팅 선생이 영어 교사로 새로 부임하는데 그는 첫 시간부터 새로운 수업 방식으로 학생들에게 강렬한 인상을 심어준다. 닐, 녹스, 토드 등 7명은 키팅(J. Keating) 선생으로부터 들은 옛 동아리 '죽은 시인의 사회' 를 자신들이 이어가기로 한다. 이들은 학교 뒷산 동굴에서 시를 낭독하면서 잃 었던 자아를 찾기 시작한다.

닐은 자신이 진정으로 하고 싶었던 연극에 대한 열정으로 용기를 내어 연극에 출현하기로 한다. 그러나 닐의 아버지는 닐에게 의사가 될 것을 강요하면서 당 장 연극을 그만 두지 않으면 군사학교로 전학시킬 것이라고 다그친다. 자신의 꿈이 꺾인 닐은 그 날 밤 권총으로 자살하고 만다. 닐이 자살을 하자 학교 측은 조사를 하게 되고 '죽은 시인의 사회'라는 서클을 권유한 키팅 선생에게 책임을 돌린다. 키팅 선생은 그에 대한 책임을 지고 학교를 떠나게 되고 학생들은 마지 막 인사를 하기 위해 교실에 들른 그에게 책상 위로 올라가 '오 캡틴, 나의 캡틴' 을 외친다.

단순한 주입식 교육으로 메말라가는 현실에 따뜻한 인간애와 자유로운 정신 을 심어주는 한 교사의 이야기를 감동적으로 그린 작품으로 1981년에 발표한 톰 슐만(T. Schulman)의 소설을 웨이(P. Weir) 감독이 영화로 만들었다. 미국은 물론, 우리나라에서도 크게 호응을 받았던 이 영화는 명문교의 전통과 권위에 저항하는 청춘 세대의 향수를 따뜻하면서도 가슴 뭉클한 감동으로 그려졌다. 키 팅 선생의 감동적인 역할을 한 로빈 윌리암스를 비롯, 오디션을 통해 선발된 청소년 배우들의 풋풋한 연기가 돋보이는 작품이다. 1990년 아카데미 각본상, 1990년 플란더스 국제 영화제 외국영화상, 1990년 영국 아카데미 시상식 작품상 과 작곡상, 1990년 프랑스 영화 아카데미 외국영화상 수상.

(3) '후배와의 대화'에 참여한 전문가 면담

① ○○○ 씨(대기업 이사)의 회고

난 이날 정말 쇼를 했음. 처음 20분은 조는 학생, 음악 듣는 학생들에게 눈짓을 보내면서 관심을 유도하였는데, 도저히 더 이상 참을 수가 없더군. 마침 검도부 소속 학생 한 명이 목검을 가지고 들어오자 그 목검을 들고 한바탕 무당굿을 하였다. 한 10분 정도 군기를 잡고 나니 그제서야 학생들이 정신을 차리고 듣더라.

역시 좋은 학교와 그렇지 못한 학교의 차이는 수업 시간에 나타나는 학생들의 관심의 차이를 말한다고 봐야지. 이렇게 33년 선배가 와서 야단치며 훈계하는 것도 다 후배들에 대한 애정이지. 애정이 없으면 이렇게 할 수가 있나. 지금은 공부 잘하는 것도 좋지만 싸움(격투기)을 잘해도 돈 잘 벌 수 있고, 노래를 잘 하거나 말을 잘 하거나, 혹은 야구나 축구 같은 운동을 잘 해도 스타가 되는 세상이야. 어떻게 보면 가장 재미없는 사람들이 공부해서 그 덕으로 살아가는 봉급쟁이들이야….

가장 중요한 것은 어느 하나라도 관심과 집중을 해야 하는데, 이래도 좋고, 저래도 좋고 하는 무관심을 가장 나쁜 것이라고 가르쳤다. 후배님들 그날 좀 놀랐더라도 이해들 하게나.

② ○○○ 씨(사업체 경영)의 소감
내가 맡은 반은 미래의 사업가들이 모였는지 의외로 조는 후배들이 2명밖에 없었어. 나는 그동안 우리나라 대학의 학과별 인기도 변천사를 이야기해 주었지. 곧 화학공학과 > 기계공학과 > 건축학과 > 의대 > 법대 및 한의대 > 수의학과 등 유전공학 관련학과들의 특징과 변천을 쭉 설명했어. 그리고 미래에는 '사(士)'자 들어가는 직업의 인기가 별로라고 말해줬지. 아울러 24시 편의점 운영 방법과 1억 투자에 월수입이 500만 원이 되는 방법을 알려준다고 하니 관심이 많더라. 공부하고 싶지 않으면 하지 말고 차라리 독서와 영어회화를 열심히 하면 그런대로 사는데 지장이 없다고 말하니 모두들 좋아하더군. 압구정동에서 월 4,000만 원 버는 남자 미용사 이야기를 하니까 조는 아이도 깨더라… 하긴 앞으로 블루칼라가 더 속 편하고 자유로운 직업이리라.

③ ○○○ 씨(공인회계사)의 후배 관찰기
의사·교수·공무원 지망학생들은 다 다른 반에 가버리고 나에겐 잠꾸러기만 남았나? 35명 중에 10명은 애초부터 자고 있다. 책상을 꽝 쳐서 깨워도 누에고치인지 머리를 돌려 다시 잠을 잔다. 10분 내 10명이 추가로 자는지 조는지? 옆구리를 긁어도 방탄조끼를 입었는지 까딱도 안 한다. 6명은 옆자

리와 신나는 잡담. 내가 빤히 쳐다봐도 당당하다. 나이도 잘 모르는 아버지 뻘 되는 선배에게 이런 얘기 귀 아프게 듣는다는 군. 겨우 9명 정도만 자세를 바르게 하고서 그나마 예의를 차리는 듯 했다. 풍채 좋은 놈 딱 한 명이 종소리에 놀라서 자다 깨서 동문서답 질문을 했는데, 종이 울리니 모두들 해방된 듯 만세를 부르고 힘이 솟는 듯 토끼 줄행랑을 친다.

수업이 끝나고 키가 큰 친구 ○○○이는 검도용 나무칼로 군기를 잡았다는 비방을 알려줌. 아차! 30센티미터 자라도 가져갈 걸. 집에 와서 우리 아들놈에게 비분강개하니 아들 놈 왈, 학원 갔다 와서 밤늦게 게임하다 등교했는데… 아침은 취침시간이죠, 당연히 자죠. 앞으로는 게임이나 노는 이야기를 준비하라고 귀띔한다. 친구 ○○○이가 자기 잘 논 얘기를 했더니 모두들 졸린 눈 부릅뜨고 듣더란 승전보가 이제야 실감이 나네. 33년 전 겨우 3년 선배 앞에서 3시간 꼼짝없이 차려했던 기억은 희귀한 고려시대의 골동품이구나.

### 3) 대규모 집단에서의 전문가 초청 강연

다음은 모 경제단체에서 주관하는 'CEO와 함께하는 경제교육'이라는 프로그램의 일환으로 진행된 사례이다. 약 350명 정도의 학생을 상대로 2008년 10월 30일 경제전문가 ○○○ 씨가 인천 소재 ○○고교에서 신용에 대한 경제교육 강연을 하였다.

대집단 강연에서는 학생들의 경청자세가 부실해지고 분위기가 산만해지기 쉽다. 강연자는 강연 중간 중간에 흥미를 유발시키는 질문도 하고 우스갯소리도 한다. 질문에 대해 답변을 재미있게 잘 한 학생들에게 소정의 기념품이나 도서상품권 같은 선물을 주기도 하여 분위기를 집중시켰다. 이러한 강연을 앞두고 학생들에게 미리 예습을 겸한 학습지를 나눠주어서 강연 내용을 잘 듣고 중요한 내용을 스스로 적어보게 하거나 메모하도록 유도할 수 있다. 나중에 학습지를 수거하여 수행평가 태도 점수에 이를 반영할 수도 있다. 예습을 겸한 강연 학습지, 강연 평가 설문지, 강연 후기 설문지는 뒤에 싣는다.

4) 지역사회와 학교 간 협조 사례: e-Learning 커뮤니티 활용

최근 나타나는 e-Learning 지원체제는 온라인(인터넷)과 오프라인(학교)을 연계한 교육활동을 통해 학교교육의 수준을 높임으로써 공교육 정상화의 기초를 다지고, 소외계층이 교육받을 수 있는 기회를 확대함으로써 교육복지를 실현해 나가는 데 근본적인 목적이 있다. 바로 이러한 점에서 학교-가정-지역사회가 연계된 e-Learning 학습체제의 구축 및 운영은 농·어촌 소규모 학교의 시·공간의 한계를 넘어 교육의 불균형을 해소하는 방안으로서 주목할 필요가 있다.

e-Learning의 효과는 인터넷을 통한 학습으로서 반드시 교과 학습에만 국한 할 필요는 없다. 오히려 e-Learning은 인터넷을 매개로 하여 물리적 및 시·공간의 제약을 극복하여 사이버 공간에서 상호작용이 가능한 공동체가 형성될 수 있다는 점에서 인성교육의 장으로서도 유용하게 활용될 수 있다.

전북 임실의 ○○중학교가 자리 잡고 있는 임실군 삼계면은 현재 약 850 세대가 살고 있으며 2,000여 명의 주민들로 구성되어 있는데 예로부터 '박사의 고장'으로 유명한 곳이다. 오지의 어려운 가정환경 속에서도 일찍이 면학의 기풍이 면면이 이어져 왔던 이곳은 현직 박사들만 100여 명이 되고 그 외에도 각 분야에서 두각을 나타내는 명사들이 많은 편이다. 그러나 이들은 대부분 현재 고향에서 멀리 떨어진 대도시에서 활동하고 있으며, 이미 이 지역에 연고가 끊긴 사람도 적지 않다. 하지만 e-Learning의 특성을 살려서 이들 지역 명사들과 사이버 공간에서 커뮤니티가 이루어질 수 있도록 여건을 조성한다면 학생들의 진로교육에 큰 효과를 거둘 수 있을 것이다.

구체적으로 ○○중학교는 첫째, 100여 명의 박사출신 중에서 지역 사회기관, 학부모, 학교운영위원회의 자문을 받아 본인의 희망, 업적, 교육적 역량, 애향심과 봉사정신을 고려하여 26명을 지역명사 풀(pool)로 구축하였다.

둘째, 학교 홈페이지에 '박사마을 사랑방'이라는 배너를 구축하여 지역 명사들과 ○○중학교 학생들이 진로·인성·학습에 관하여 온라인 대화를 나누는 사이버 공간을 설치하였다. 이에는 '지역 명사 커뮤니티', '초청 강연회', '직업 현장 체험', '의견 듣기'라는 하위 메뉴가 들어 있다. 학생들은

관리교사의 안내를 받아 활동 전에 대화방에 탑재된 '지역 명사 프로필'과 '상세 보기' 자료를 읽고 질의하며, 자신의 희망·적성·취미·성적 등을 밝혀 진로 상담을 받거나 관련 교과학습에 관하여 조언을 받도록 하였다.

셋째, 전교생이 32명(남자 17명, 여자 15명)으로서 오프라인상의 전문가 초청 면담과 필요시 직업 현장 체험 학습을 실시함으로써 전문가와 대면접촉을 통해 직업의 세계를 실감할 수 있도록 하였다.

이러한 온라인과 오프라인 상의 공동체를 통해서 학생들의 진로 탐색 능력을 배양하는 데 기대되는 효과를 네 가지로 열거하면 다음과 같다.

첫째로 학생-학교-가정-지역사회 연계를 통하여 개인의 차이와 학교교육을 둘러싼 환경의 차이를 어느 정도 극복함으로써 농어촌 소규모 학교 학생들의 상대적 박탈감을 해소하는 데 도움을 준다.

둘째로 내 고장의 실제 생존 인물들의 생생하고 진솔한 체험을 통해 역경을 극복하는 지혜와 직업에 대한 다양한 정보를 얻어 자신의 진로를 탐색하는 데 도움을 준다.

셋째로 온라인 대화와 상호보완적인 오프라인 '전문가 면담'을 운영하여 각종 직업에 종사하는 사람들의 생생한 목소리를 들음으로써 직업세계에 대한 이해의 폭을 넓히는 데 도움을 준다.

넷째로 지역의 어른을 존경하고 고향에 대한 자긍심과 애향심을 길러주는 데 도움을 준다(삼계중학교, 2005: 97-109).

〈전문가 초청 강연에서 학습지와 설문지〉

# 강연 학습지:
## 고등학생이 꼭 알아야 할 신용 이야기

강사: ○○○

1. 21C 우리사회는?

2. 신용 관리
   • 예제를 통해 본 신용의 의미
   • 신용의 중요성

3. 기업과 국가의 신용 관리
   • 기업과 국가의 신용등급 평가 누가, 어떻게 하나?
   • 신용등급평가에 따른 영향은?
   • 한국의 신용등급

4. 개인의 신용 관리
   • 개인의 신용등급 평가
   • 우리나라의 개인 신용 관리
   • 두 얼굴을 가진 신용카드(동영상 사례)
   • 신용카드를 사용할 때 주의점
   • 신용카드의 그림자로서 신용불량

5. 나의 신용도 높이기
   • 용돈은 철저하게 관리하기
   • 필요한 것과 원하는 것 구분하기
   • 주거래 은행 만들기
   • 연체는 금물! 핸드폰 요금 연체 NO!

# 강연 평가 설문지

안녕하십니까? ◇◇◇◇ 경제교육 담당자입니다.

저희 ◇◇◇◇ 경제교육 프로그램을 신청해 주셔서 감사드립니다.

앞으로 더 좋은 내용으로 찾아뵐 수 있도록 강연내용에 대한 의견을 파악코자하오니 냉철하고 객관적인 입장에서 응답하여 주시길 바라며, 응답내용은 철저히 비밀로 유지하겠습니다. 감사합니다.

1. 강연내용에 대한 평가 (택1)

(1) 강연 내용 적절성(사례 등)
　　①매우 좋음　　②좋음　　③보통　　④나쁨　　⑤매우 나쁨
(2) 강사 태도(열성 등)
　　①매우 좋음　　②좋음　　③보통　　④나쁨　　⑤매우 나쁨
(3) 강연 분위기
　　①매우 좋음　　②좋음　　③보통　　④나쁨　　⑤매우 나쁨
(4) 내용 전달(흥미 등)
　　①매우 좋음　　②좋음　　③보통　　④나쁨　　⑤매우 나쁨
(5) 전반적 만족도
　　①매우 좋음　　②좋음　　③보통　　④나쁨　　⑤매우 나쁨

2. 기타(예/아니오)

(1) ◇◇◇◇ 경제 강연을 또 신청하실 의향이 있으십니까? (　　　)
(2) 그렇다면, 해당 강사 분에게 또 강연요청을 하실 의향이 있으십니까?
　　(　　　)
(3) 해당 강사 분을 다른 교사 또는 학교에 추천하시겠습니까?
　　(　　　)
(4) 기타 개선해야 할 사항
(다음 교육부터 반영토록 노력하겠사오니, 가능한 상세히 적어주시기 바랍니다.)

# 강연 후기 설문지

○○고등학교 2학년 3반
이름: ○○○

---

강연을 듣고 난 후의 소감 또는 의견을 적어주세요.
(강연일: 2008.10.30 / 강사명: ○○○)

적절한 예화와 시청각 자료의 활용, 답변을 잘하면 우리들에게 주는 기념품(도서상
품권 1만 원 권 3매) 등으로 유익한 강연이 되었습니다. 요즘 어딜 가나 학생들 듣는
태도가 좋지 않아서 강연하시기가 몹시 힘드시겠어요. 이번 강연을 통해 저는 다시
한 번 신용의 중요성을 깨달았습니다. 특히 휴대폰 요금연체도 신용상태에 체크가
된다는 지적이 고맙고요, 신용카드와 체크카드의 구별도 도움이 되었습니다. 고맙습
니다.

(해당 부분에 ○표 하세요)

| 평가 | 매우 그렇다 | 그렇다 | 보통 | 아니다 | 전혀 아니다 |
|---|---|---|---|---|---|
| 1. 전체적인 강연분위기는 좋았나요? | 5 | 4 | 3 | 2 | 1 |
| 2. 시간은 예정대로 진행되었나요? | 5 | 4 | 3 | 2 | 1 |
| 3. 수준이나 난이도는 적절했나요? | 5 | 4 | 3 | 2 | 1 |
| 4. 내용은 이해하기 쉽고 명확합니까? | 5 | 4 | 3 | 2 | 1 |
| 5. 내용은 풍부하고 깊이가 있었나요? | 5 | 4 | 3 | 2 | 1 |
| 6. 사용한 교재, 자료는 내용에 부합되었나요? | 5 | 4 | 3 | 2 | 1 |
| 7. 흥미와 호기심을 갖도록 진행하였나요? | 5 | 4 | 3 | 2 | 1 |
| 8. 질문과 참여 기회를 제공하였나요? | 5 | 4 | 3 | 2 | 1 |
| 9. 강연 후 여러 가지 지식을 습득하였나요? | 5 | 4 | 3 | 2 | 1 |
| 10. 전체적으로 강연에 대해 만족하나요? | 5 | 4 | 3 | 2 | 1 |

＊ 강영호

**┃참고문헌** ─────────────────────────────

김종서 외(2007). 『상산고 아이들은 다른 길을 찾는다』. 파주: 즐거운책.
삼계중학교(2005). 『교육의 열매 제18호: 교육활동 우수 사례집』. 전북임실교육청.
지그프리드 프레쉬·한스-베르너 쿤·페더 마싱 저, 신두철·임종헌·이경님 역
　　(2007). 『시민교육방법 트레이닝』. 서울: 엠-에드.

# 31

# 선거 백과사전

## 1. 해설

본 기법은 참여식 교수법의 한 형태로서 학생들이 선거 백과사전을 직접 만들어 봄으로써 민주시민으로서 선거에 관심을 가지고 적극적으로 참여하도록 하는 데 목적이 있다. 무엇보다 학생들이 직접 만든 사전은 수업 후에도 학급에 보관하여 자주 접하면서 선거에 대한 이해를 더욱 높일 수 있다.

이와 같이 참여식 학습법은 학습자의 지적인 욕구나 호기심과 새로운 기술의 습득은 개인적인 학습보다는 집단적 학습형태, 교육생의 능동적인 참여 속에서 훨씬 쉽게 또는 더 효과적일 수 있다는 데 기인하고 있다. 즉 학습주체인 피교육자가 스스로 깨닫고 그것을 실생활 속에서 실천할 수 있도록 도와주어야 하는 것이다.

## 2. 실천 및 적용 사례

### 1) 수업 지도안

| 수업 주제 | 내가 만드는 선거 백과사전 | 수업대상 | 고등학생 | 수업 시간 | 50분 |
|---|---|---|---|---|---|

| 수업 목표 | • 게임에 참여함으로써 우리나라 선거에 대해 쉽게 배울 수 있도록 한다.<br>• 민주시민으로서 선거에 관심을 가지고 적극적으로 참여할 수 있도록 한다.<br>• 학생들이 만든 책은 수업 후에도 학급에 보관하여 자주 접하면서 선거 상식을 완전히 습득할 수 있도록 한다. | |
|---|---|---|
| 수업방식 | • 학생을 모둠으로 나누고 교사가 우리나라 선거제도에 관련된 문제를 낸다.<br>• 맞춘 모둠에게는 답과 관련된 설명이 적힌 카드를 나누어 주고, 그 자료들로 직접 책을 만들도록 한다. | |
| 준비물 | 책 만들 속지, 책을 꾸밀 소품(스티커, 리본 등),<br>문제와 답이 적힌 카드, PPT자료 | |
| 단계 | 주요 활동 | 소요시간 |
| 도입 | 모둠 설명, 게임 설명, 준비물 배부 | 10분 |
| 전개 | 교사가 문제를 내고, 학생들은 조별로 1분간 상의한 후 답을 맞힌다. | 20분 |
| | 지식카드와 장식품을 가지고 모둠별로 직접 책을 만든다. | 10분 |
| 마무리 | 각 모둠별로 만든 지리 책 소개 및 소감 발표 | 10분 |
| 참고자료 | • 선거 – 김종민의 고등학교 정치교실<br>http://user.chollian.net/~kjmtime/ilsa/law19.htm<br>• 중앙선거관리위원회　http://www.nec.go.kr<br>• 네이버 백과사전<br>• 선거정책: 네이버 카페<br>http://cafe.naver.com/votewoo.cafe?iframe_url=/ArticleRead.nhn%3Farticleid=2 | |

2) 진행 순서

(1) 수업 목표를 전달하고 주제에 대한 질문으로 흥미를 유발한다.

(2) 학생들에게 게임 방법과 규칙에 대해 설명한다.

(게임 규칙: 장식품을 아이템이라 부르기로 약속한다. 찬스사용 규칙에 내해 실넁한나. 찬스는 사용하고 싶은 때에 한 번 사용할 수 있는데, 자신의 모둠에서 획득한 아이템을 걸고 쓸 수 있다. 찬스를 써서 문제를 맞힐 경우, 아이템 한 개와 사탕을 주고, 못 맞출 경우에는

걸었던 아이템을 교사가 뺏어간다.)
(3) 각 모둠원들에게 번호를 정해준다.
(답 발표, 지식카드 받아가기, 소감 발표 등의 역할을 부여하여 모두가
수업에 참여할 수 있도록 유도한다.)
(4) 게임은 친구들과의 자연스러운 토론과 협동을 통해 답을 찾아가도록
모둠 활동으로 진행된다. 영상 자료 등을 적극 활용하여 주의를 집중
시키고, 우리나라 선거에 대한 상식을 쉽게 접하고 관심을 가질 수
있도록 한다.
(5) 교사가 문제를 내고, 약 1분간의 토론 시간을 준 후 답을 적은 종이를
들도록 한다.
(6) 맞춘 모둠에게는 문제와 답에 대한 설명이 적힌 지식카드와 책을 꾸
밀 수 있는 재료를 준다. (단순히 문제를 맞히는 것에 그치지 않고 카
드 내용을 통해 선거와 관련한 개념 등에 대한 깊은 지식을 알 수 있
으며 수업이 끝난 후에도 학생들이 학습 자료로 활용할 수 있다.)
(7) 게임이 끝난 후, 모둠별로 모은 지식카드와 장식품을 가지고 책을 완
성한다.
(8) 교사는 책 만들기를 마무리 하고, 다른 모둠이 만든 책도 볼 수 있게
한다.
(9) 교사는 각 모둠의 학생 한 명에게 앞에 나와서 친구들과 직접 책을
만들어 본 소감을 발표하도록 한다.
(10) 수업을 마무리하고 주어진 수업 목표를 달성했는지 확인한다.

3) 수업 시연 시나리오

〈장면 1〉
교사: 여러분, 12월 19일이 무슨 날이었는지 아나요?
학생: 대통령 선거 날이었어요.
교사: 맞아요. 5년 동안 우리나라를 이끌어갈 대표를 뽑는 중요한 날이에요.

길거리마다 각 후보들의 선거 유세가 한창인데요. 그럼 여러분들도 투표를 할 수 있나요?

학생: 못하지 않나요? 몇 살부터 할 수 있는거지……?

교사: 생각보다 여러분들이 선거에 대한 관심과 지식이 많이 부족한거 같아요. 이번시간에 선거에 관한 문제를 함께 풀어보면서, 나중에 올바르게 한 표를 행사할 수 있는 능력을 키워보도록 해요.

〈장면 2〉

교사: 자, 그럼 지금부터 수업을 시작하도록 할게요. 이번 수업은 게임 형식으로 진행 될 텐데요, 선생님이 게임 규칙에 대해 설명해 줄 테니까 잘 듣도록 하세요.

　　지금 자기가 속한 모둠은 한 팀이 되어서 함께 답을 맞히는 거예요. 지금 조별로 맨 앞 왼쪽 학생부터 시작해서 시계방향으로 1번부터 5번 학생이 되는 겁니다. 선생님이 수업 시간 동안 번호마다 역할을 줄 겁니다. 그러니까 각자 자신이 할 일을 잘 듣고 지시에 따르도록 하세요.

　　선생님이 지금 들고 있는 이 하얀 종이와 내용이 채워지지 않은 책을 각 조에게 줄 거예요. 그러면 문제를 듣고 잠시 동안 조원들과 상의한 후 여기에 답을 크게 적어서 1번 학생이 들어주면 됩니다. 문제를 맞힌 모둠에게는 답에 대한 자세한 설명이 적힌 지식카드와 책을 꾸밀 수 있는 여러 가지 아이템을 줄 거예요. 당연히 문제를 많이 맞힌 모둠이 내용도 풍부하고 예쁜 책을 만들 수 있겠죠?

　　아, 그리고 게임의 재미를 더하기 위해서 '찬스'를 사용할 건데요. 찬스는 각 조에서 한번 사용할 수 있으며 문제가 나가기 전에 2번 학생이 '찬스'를 외치면 됩니다. 찬스를 사용한 조는 획득한 아이템을 하나 걸어야 되고요. 만약 찬스문제를 맞히면 선생님이 아이템을 주고, 못 맞힐 경우 걸어놓은 아이템을 다시 돌려줘야 해요. 자 이제 게임에 대해 이해가 되었죠? 그럼 이제 시작합니다.

〈장면 3〉

교사: 첫 번째 문제입니다. 화면에 보이는 캐릭디의 이금은 '궁멍이'입니다. 이 캐릭터가 상징하는 기관으로 선거와 국민투표의 공정한 관리 및 정당에 관한 사무를 관장하기 위하여 설치된 헌법기관은 어디일까요? 자, 3분 동안 모둠원들과 상의해 주세요.

〈장면 4〉

교사: 자, 그럼 정답을 살펴볼까요? 정답은 중앙선거관리위원회입니다. 2조, 3조가 맞춰주었군요. 중앙선거관리위원회는 선거와 국민투표의 공정한 관리, 정당에 관한 사무, 하급 선거관리위원회의 지휘 및 감독 선거관리, 국민투표관리, 선거 홍보 등의 일을 합니다. 그럼, 각 조의 3번 학생은 나와서 지식카드와 아이템을 받아가세요.

〈장면 5〉

교사: 그럼 다음 문제입니다.

3조: 선생님 저희 조 찬스 쓸게요.

교사: 네, 3조 이번문제 꼭 맞히길 바라요. 여러분들은 아직 투표가 가능한 나이가 아니죠?

　　하지만 곧 있으면 선거에 참여해 투표를 하게 돼요. 투표는 어떻게 하는지 다음의 보기를 보고 투표 순서를 배열해 보세요. 3분 드리겠습니다.

〈장면 6〉

교사: 정답은 3 ⇒ 4 ⇒ 1 ⇒ 2입니다. 찬스를 사용한 3조 맞혔네요. 축하해요~.

　　3번 학생이 나와서 아이템 받아가도록 하세요. 이쪽 화면을 참고하면 선거가 어떤 순서로 이루어지는지 쉽게 알 수 있을 거예요.

〈장면 7〉

교사: 벌써 마지막 문제네요. 마지막이니만큼 모두들 맞혀주세요~! 문제 나갑니다.

　　특정 정당이나 특정 후보자에게 유리하도록 자의적으로 부자연스럽게 선거구를 정하는 일을 뜻하는 용어는 무엇일까요?

　　　　　　　(시간경과)

교사: 모두들 이 단어를 한 번쯤 들어보지 않았나 싶네요. 정답은 게리멘더링입니다. 1812년 미국 매사추세츠주 주지사 E.게리가 상원선거법 개정법의 강행을 위하여 자기당인 공화당에 유리하도록 선거구를 분할하였는데, 그 모양이 샐러맨더(salamander:도롱뇽)와 같다고 하여 반대당에서 샐러 대신에 게리의 이름을 붙여 게리맨더라고 야유하고 비난한 데서

유래한 말이에요.

문제를 맞춘 3,5조는 지식카드와 아이템을 받아가세요. 네, 이제 두 문제만을 남겨두고 있네요. 마지막까지 최선을 다해주세요. 그럼 다음 문제입니다. 다음은 각종의 대표제에 대한 설명입니다. 각각의 빈칸에 들어갈 알맞은 말을 적어주세요.

〈장면 8〉

교사: 자, 이렇게 해서 준비한 문제를 모두 풀어봤어요. 어느새 각 조마다 책이 하나씩 완성되어있네요. 모두들 만든 책이 맘에 드나요? 그럼 각조의 4번 학생이 나와서 이번 수업에 대한 소감을 발표해 볼까요?

학생: 매일 선생님이 하시는 수업을 앉아서 듣기만 하다가 친구하고 같이 문제도 풀고, 직접 책도 만드니까 지루하지 않고 뭔가 남는 것 같아서 뿌듯해요. 그동안 선거에 대해 몰랐던 점도 많이 알게 됐고요.

교사: 네, 선생님도 여러분들이 수업에 적극적으로 참여해줘서 너무 즐거웠어요. 이번 수업 시간이 끝난 후에도, 여러분들이 만든 책을 서로 돌려보기도 하고, 선거에 대해 계속 관심을 갖고 공부했으면 좋겠어요. 모두들 수고했어요. *신두철

**∥참고문헌**

신두철·허영식(2007). 『민주시민교육의 정석』. 서울: 도서출판 오름.
지그프리드 프레쉬 외, 신두철 외 역(2007). 『시민교육방법 트레이닝』. 서울: 엠-에드.
허영식·신두철(2007). 『민주시민교육 핸드북』. 서울: 도서출판 오름.

# 32

# 영화 활용 학습

## 1. 해석

### 1) 영화 활용 학습의 의미

우리가 살아가는 사회는 다양한 문화가 생성되는 다원화된 공간이다. 급속하게 발달하는 대중문화는 대중 매체의 발달과 함께 사회의 지배적인 문화를 형성하고 있는 생활양식이나 가치관 등을 더욱 분화시킨다. 이러한 문화적 다원화 속에서 학생들의 생활양식은 우리 사회의 지배적인 생활양식과는 다른 자기 집단만이 공유하는 독특한 사고, 신념, 가치체계를 형성하면서 하나의 하위문화로 자리 잡아 가고 있다. 학생들은 대중문화를 매개로 자신들의 생각과 가치관을 형성할 뿐만 아니라 적극적으로 이러한 문화를 창조적으로 재생산하는 능력을 보여주기도 한다.

이미 정치교육 또는 민주시민교육의 방법으로 '참여식 교수법'이 새롭게 도입되었다. 참여식 교수법이란 교수자 중심이 아닌 참가자 중심의 교수방법이며 시각적인 매체를 적극적으로 활용하여 세미나를 진행하는 교수 기법의 한 형태를 말한다. 참여식 교수법은 지적인 욕구나 호기심, 새로운 기술의 습득을 개인적인 학습에 의존하는 것이 아니라 집단적 학습형태, 교육생의 능동적 참여 속에서 훨씬 쉽게 또는 더 효과적으로 충족시킬 수 있다.

학생들이나 일반 시민들이 비판적 판단과 독창력을 향상시킬 수 있도록 많은 참여식 교수법에 대한 방법론이 개발되었고 지금도 개발되는 중이다. 그러나 아직 우리 교육 현실은 미디어를 통해 학생들을 창조적이고 비판적인 사고, 민주 시민 자질 향상에 기여할 수 있는 수업 방법론에 대한 고민이 부족해 보인다.

본 글은 대중 매체 중에서 영화를 통한 참여식 교육의 방법을 제시하고자 한다. 오늘날 영화는 가장 대중적인 문화현상으로 인식되고 있으며 관객 동원이나 상업적 성장 가능성이란 측면에서의 위상 역시 확고하다. 대중문화로서 영화에 대한 평가는 매우 다름에도 그 영향력에 대해 의문을 제기하는 사람은 없을 것이다. 대부분 상업성을 목적으로 제작된 영화는 관람자, 특히 청소년들에게 나쁜 영향을 미칠 수도 있지만, 영화는 그러한 부정적 영향보다는 더 많은 것을 우리에게 주는 것이 사실이다. 상업성을 지닌 문화라고 해서 인간 존재와 삶의 본질적 문제들, 일상생활 영역과 미래에 대한 창조적이고 상상력이 풍부한 대안이 부재한 것은 아니다. 따라서 영화처럼 상업성을 지닌 대중문화를 통해 인간이 처한 다양한 상황과 문제를 전망하고 논의하는 일은 피교육자 스스로 자신의 문제에 친숙하게 접근하고 성찰할 수 있는 기회를 제공한다는 의미에서 민주시민교육의 방법론과 잘 어울린다고 할 수 있다.

### 2) 영화읽기의 교육적 특성

영화에 대한 사회적 관심은 영화제작의 양과 관객 동원, 영화 관련 서적의 출간, 다양한 영화와 관련된 사이트, 영화동호회의 엄청난 증가를 통해 알 수 있다. 또한, 교육현장에서 영상매체를 활용하는 수업도 점점 증가하는 추세다. 초·중등교육에서 성교육이나 환경교육 등을 위한 영상물, 교육방송의 TV를 이용한 교과교육, 시사 교양 프로그램을 이용한 수업 등이 그러한 예라고 할 수 있다. 그리고 많은 대학에서 교양수업뿐만 아니라 전공수업까지도 영화를 수용하고 있다.

이러한 시대적 변화에도 교육학자들은 영화에 대한 교육적 가치에 대해서는 크게 주목하고 있지 않다. 아직도 교육의 영역에서 영화가 지니는 교육학적 의미나 특정 영화에 대한 교육학적 관점에서 분석하는 시도는 찾아보기 어려운 것이 그것을 증명하고 있다. 영상문화 전반과 영화에 대한 무수한 담론이 전개됨에도 아직 우리는 영화를 단지 소일거리나 구경거리 정도로 인식하고 있다. 문화현상으로서 영화에 대한 관심은 특정한 영화전문가에 국한되었고, 영화를 통해 인간의 다양한 삶을 고찰하려는 시도도 이제야 시작하는 단계이다. 정영근은 교육에서 영화의 중요성을 강조하면서 영화가 지니는 교육적 특징과 의미를 다음과 같이 요약하고 있다.*

첫째, 문자로 의미전달을 하는 책에 비해 영화는 인간의 일차적 감각에 직접적으로 호소할 수 있기 때문에 보는 이의 관심을 쉽게 끌 수 있다는 이점을 가지고 있다. 영화의 특징은 무엇보다도 영상이 지닌 구상성과 직관성을 매개로 하여 스토리를 전개하기 때문에 감상하는 사람이 때로는 감정이입을 통해 메시지를 직접적으로 느끼고 파악하도록 유도한다는 점이다. 따라서 영화에는 비록 간접적이기는 하지만 자신의 체험을 통해 공감이나 이해가 가능하게 한다는 장점이 있다.

둘째, 교육현상과 교육문제를 추상적 개념을 통해 제시하는 교육이론과 달리 영화는 영상화된 스토리 전개를 통해 교육실천과 접촉할 수 있게 해준다. 실제로 교육실천은 물론이고 교육학적 사유의 핵심 주제라고 할 수 있는 학생, 교사, 학교에 대해 인식하고 이해하기 위해서는 이론에 의존하는 추상적 논의보다 영화 속에서 가상적으로 구현된 현실 체험이 훨씬 효과적일 수 있다.

셋째, 영화는 일상을 보여줌으로써 비판적 거리를 두고 그것의 의미를 포착할 수 있도록 해준다. 따라서 영화는 관객들에게 삶의 현장으로서의 교육이라는 일상을 되돌아보게 하여 인간의 성장과 삶에 중요하고 의미 있는 것을 제대로 찾아낼 수 있도록 해준다.

넷째, 역동성과 동태적 변화가 강조되는 21세기 디지털문화시대에서는

---

* 정영근(2003), "디지털문화시대의 영화와 교육," 『교육인류학연구』, 6, pp.214-216 참조.

개별적 인간의 인식 못지않게 대중매체를 이용한 이해의 공유와 지적 상호
작용이 중요시되고 있다. 그런데 영화야말로 다른 어떤 매체 못지 않게 일상
에 숨어 있는 의미의 해석뿐만 아니라 이해의 공유를 통한 지적 상호작용의
활성화를 위한 교육 미디어 역할을 해낼 수 있다. 즉 영화는 인간 존재와
교육을 포함한 사회적 삶의 다양한 일상적 관심사를 대중화함으로써 사회
구성원들 사이에 지적 상호작용의 필요성과 계기를 제공하게 된다.

영화감상의 교육적 측면은 영화를 감상하는 감상자가 영화를 단순히 수
동적으로 수용하는 태도에서 벗어나 적극적으로 영화를 읽어야 한다. 그렇
다면, 영화를 읽는다는 것이 어떤 의미가 있는가? 정영근은 '영화읽기'에 대
해 다음과 같이 주장한다.

관객은 단순히 영화를 보는 것이 아니라 그 속에서 이미지화되어 있는
텍스트를 읽어야 한다. 그것은 영화를 통해 인생과 세계의 질서를 읽어내어
그에 대처할 수 있는 힘을 길러야 한다는 의미이다. 관객은 영화 속에서 자
신이 관심을 갖게 되는 부분에 주의를 기울이고 참을성 있게 집중하여 감상
해야 한다. 영화를 구경하는 것이 아니라 영화에 참여하여 화면에서 생동하
는 요소들을 영화 전체의 문맥과 연결시킴으로써 주제를 파악하고 감독의
의도를 읽어내야 한다는 것이다(정영근, 같은 글, 212).

결국 '영화읽기'란 영화의 선정과 활용에서 무엇보다 중요한 것은 '어떤'
영화를 보느냐는 '선택'의 문제가 아니라 영화를 '어떻게' 보느냐는 '적용'
의 문제라는 것이다. 우선, 이미 어렸을 때부터 TV나 광고, 오락영화에 익숙
해진 영상세대에게 영화는 오락을 넘어서는 삶의 중요한 부분이라는 인식적
전환이 필요하다. 이러한 영화에 대한 인식 전환이 '영화보기'에서 '영화읽
기'이다. 다시 말해서 영화읽기란 비판적으로 영화보기로 영화로부터 일정
거리를 확보하고 영화 속 인물이 처한 시대 상황, 한계들에 주목하면서 영화
와 대화를 이끌어내는 것을 말한다(윤희윤, 2003: 204).

### 3) 영화읽기의 문제점

대중문화로서 영화가 인간의 자기 성찰과 민주시민으로서 자질 함양에 이바지하기 위해서는 영화가 가지는 자기 한계와 제약에 대한 명확한 인식이 필요하다. 인간은 사회와 문화 안에서 성장하지만 그 내용을 수동적으로 수용하기만 하지는 않는다. 민주주의는 이미 확정된 가치를 시민들에게 이식시키기보다는 열린 정치 체제로서 자율적이고 주체적인 인격체, 즉 민주시민을 요구한다. 따라서 영화를 통한 민주시민교육은 영화가 주는 문제점을 파악하고 극복하는 과정 그 자체가 중요하다고 하겠다.

영화는 영상을 통해 구상성과 직관성을 매개한다는 장점을 지니고 있으나 그 반면에 이미지 중심으로 상호 소통하기 때문에 수용자의 상상력을 제한시킬 수 있다. 인쇄문화는 읽고 상상하며 사유함으로써 대상을 이미지화하여 체계적으로 이해시키지만, 영화는 직접적으로 내용과 상황을 한정된 시간 내에 이미지를 통해 보여줌으로써 상상과 사유 그리고 비판을 어렵게 한다. 따라서 교육자는 영화의 한계를 분명하게 하여 영화를 활자화된 텍스트처럼 중요한 장면에 대한 반복과 설명, 그리고 비판적으로 영화읽기를 의도해야만 한다.

다음으로, 영화는 이익을 창출하는 산업과 밀접한 관련을 한다. 이점은 영화적 문법이 대중들을 단순화시키고 오직 흥미만을 유발시켜 대중들로 하여금 소극적이고 수동적인 문화소비자로 전락시킬 수 있다. 교육자는 이점을 명심하고 영화 속에서 드러난 정치성을 비판적으로 읽을 능력을 먼저 갖춰야 할 것이다.

또한, 교육자는 영화를 비판적으로 읽기 위해 학생들과 함께 영화 내용에 대한 선 이해를 해야 한다. 그러기 위해서는 학생들과 함께 주제와 다양한 문헌들을 조사하고 토론하는 과정이 필요하다. 그것이 영화가 주는 일방성에서 탈피하여 중심 잡힌 영화읽기를 가능하게 할 것이다.

## 2. 실천 및 적용 사례

학생 스스로 수업에 참여하는 것을 유도하는 참여식 교수법의 하나로 '영화읽기' 수업의 가장 중요한 점은 민주시민 육성에 필요한 주제를 가진 영화를 선택하는 것이다. 교육자가 스스로 선택한 영화를 볼 수도 있지만 영화 선택 과정 자체를 학생들과의 토론을 거치는 것이 좋다. 영화가 선택되었으면, 우선으로 영화의 내용을 이해할 수 있는 준비 과정이 필요하다. 사전 준비 과정으로는 영화의 시대적 배경과 정치적 배경 지식이나 영화를 만든 감독의 배경과 영화를 만든 의도, 영화에 대한 다양한 평들을 수집하는 것이다. 다음으로 영화를 본 다음 다양한 등장인물들의 특징과 영화 속에 숨은 의도들을 찾아내기. 문제 제기에 대한 토론, 독후감 쓰기와 같은 정리 활동으로 나눌 수 있다.

이와 같은 수업 모형을 중심으로 영화 '우리들의 일그러진 영웅'을 수업의 예로 제시해 보겠다.

〈그림 1〉 영화읽기 수업 모형

| 준비활동 | 1. 영화선택<br>2. 영화의 주제와 문제 제기<br>3. 영화에 대한 다양한 정보수집 | 생각열기 |
|---|---|---|
| 중심활동 | 1. 선택한 영화 관람<br>2. 중요한 대사와 장면들의 반복시청<br>3. 의미와 상징성에 대한 교사의 설명 | 영화감상 |
| 정리활동 | 1. 문제 제기에 대한 토론<br>2. 감상문 쓰기<br>3. 대안의 제시 | 토론과 감상문 |

❖ 영화 선택

이 영화는 박종원 감독이 1987년에 발표한 이문열의 동명소설을 영화한

작품이다. 치밀한 연출로 등장인물들의 심리를 적절하게 묘사했다는 평판과 함께 1992년 제 16회 몬트리올 영화제 최우수 제작자상을 비롯하여 많은 영화제에서 상을 받았다.

❖ 영화의 주제와 문제 제기

이 영화는 정치학 또는 민주시민교육의 관점에서 많은 주제들을 포함하고 있다. 절대 권력의 생성과 몰락, 민주주의, 정치의식, 권력과 권위, 정치적 질서, 구조적 폭력, 지배와 피지배 등이 그것이다. 우리는 특히 민주주의와 독재, 민주적 주인의식, 권력과 개인에 대한 주제와 문제의식을 영화를 통해 밝혀보고자 한다. 교사는 영화 관람에 앞서 학생들에게 민주주의 제도와 민주주의의 특징, 독재와 민주주의의 차이, 시민성에 대해 자유롭게 이야기할 수 있도록 한다.

❖ 영화에 대한 정보

교사는 학생들에게 인터넷이나 활자화된 책들을 통해 이 영화에 대한 정보를 수집하게 한다. 특히 교사는 작품에 나타난 이승만 정부 시절의 정치 사회상에 대한 충분하고 객관적인 정보를 제공해야 한다. 또한 교사는 민주주의의 원칙과 민주시민의 의식에 대한 충분한 설명을 준비해야 한다.

❖ 영화감상

교사는 영화의 중심인물인 한병태와 엄석대의 관계를 중심으로 그들 사이의 갈등에 주목하도록 한다. 또한 영화에 등장하는 김정원 선생님을 통해 엄석대 왕국이 파괴되는 과정을 보고 민주주의에 대해 비판적으로 관찰할 수 있도록 한다.

❖ 감상 후 토론과 독후감

영화 속의 설정이 우리의 과거 역사이며 또한 민주주의는 아직도 진행형 이라는 점을 깨달을 수 있도록 객관적 자료와 함께 민주주의란 무엇인지 그리고 민주시민으로 성장할 학생들이 어떻게 행동해야 하는지 자신의 경험 과 함께 다양한 토론과 독후감 쓰기를 시킨다.

❖ 독후감 사례 (대전지족중학교 3학년 학생들이 발표한 것 중 일부, 첨삭
     없이 그대로 옮김)

(은성이) 민주주의란 국민에 의한 정치인데 이 영화에서는 엄석대가 독재 를 하는 것 같다. 그 반 아이들은 대화, 토론을 하면서 정책결정을 하던지 그 반의 법이나 규칙 등을 정해야 하는데 엄석대는 무력으로 다른 아이들의 말을 듣지 않고 독재를 하고 있는 것 같다. 내가 보기엔 아까 싸우고 난 장면에서 이 엄석대가 급장이 되어 법을 만들어 입헌주의를 하거나 권력분 립을 해야 한다고 생각한다. 그 이유는 자기 혼자 집행하는 독재는 없어질 것이기 때문이다. 꼭 이승만 같다. 그리고 인간의 존엄성이 실현되어야 할 것 같다. 원래 인간이라는 존재만으로 존중해야하는데 이 영화에서는 꼭 엄 석대만 존중되는 것 같다.

(부가) 민주주의의 의미는 모든 권력은 국민에게 있고, 국민의 뜻으로 정 치를 해나가는 것이다. 하지만 이 영화에서는, 학급의 학생들의 의견이 아닌 엄석대의 독재로 운영해 나간다. 학급회의 시간에도 소수의견존중, 타협을 하지 않고 한병태의 의견에 대한 다수결로 정함으로써 반 학생들에게 '무언 의 압력'을 가해 의견을 무산시켰다. 또한, 민주주의 원리 중에 '입헌주의'가 있다. 이것은 정치가 '헌법'에 입각해 해나감으로써 국민의 자유와 평등을 보장하는 것이다. 그러나 영화속에서는 이미 정해진 음악시간을 한 명의 독 재자 엄석대에 의해 마음대로 변동시켜 한병태에게 불이익을 가져다주었다.

(희원이) "우리들의 일그러진 영웅"을 보고, 나는 어떤 학생 둘이 싸우다

가 급장인 엄석대가 이를 보고 혼을 내고 벌을 주는 장면이 인상 깊었다. 나는 그 장면을 보고 민주주의의 원리 중에 '국민주권의 원리'가 문득 떠오르게 되었다. 이 영화에서 보면 반의 아이들이 국민이라고 볼 때 엄석대는 맞군림하고 지배하는 독재자를 보는 듯하여서 국민주권주의가 지켜지지 않은 것 같았다. 국민주권주의는 국민이 주권을 행사하는 권리인데, 권리를 행사하지 못한 것 같았다. 또한 민주주의의 이념에서 '인간 존엄성 실현'과 '자유와 평등 추구'가 이루어지지 않은 것 같았다. 이 영화를 보고 나는 민주주의가 지켜지지 않는 전제와 독재의 작은 세계를 본 것 같아 재미있게 보았다. *이한규

■참고문헌

미네르바정치학회 편(2008).『정치 @ 영화: 영화 속에서 본 정치』. 서울: 한국외국어대학교 출판부.

윤희윤(2003). "'에듀테인먼트'를 넘어서는 영화일기."『문학과 영상』. 봄.

윤희준(2000). "책과 함께 하는 영화읽기."『초등교원 연수자료집』. 서울교대.

이건만·오희진(1999).『영화로 읽는 교육학: 닫힌 학교 열린 꿈』. 서울: 양서원.

정영근(2001).『영화로 만나는 교육학』. 서울: 문음사.

_____(2003). "디지털문화시대의 영화와 교육."『교육인류학연구』6.

# 33

# 전자민주주의

## 1. 해설

최근 인터넷을 통한 전자민주주의의 실험은 개혁의 변화에 대한 국민적 요구에 부응하려는 것으로 볼 수 있다. 전자민주주의는 정보통신 기반을 이용해 일반 국민의 정치참여율을 높이고 정치참여에 따른 비용을 줄여 직접민주주의를 실현하려는 새로운 시도이다.

최근 발달된 정보통신기술은 일반 국민의 직접민주주의를 실현할 수 있는 토대를 마련함으로써 대의민주주의의 한계를 극복하고, 정치참여에 대한 개인적·사회적 거래비용을 줄이며, 일반 국민이 정보화를 통해 정치권력을 감시할 수 있다. 인터넷을 통한 여론 수렴, 선거 캠페인 및 홍보, 온라인 투표, 사이버 국회, 전자공청회, 정책결정에 따른 시민의 참여 및 토론, 여론 조사 등 일련의 정치적 행위가 모두 전자민주주의에 포함된다(야후 백과사전, http://kr.search.yahoo.com).

하지만 전자민주주의는 다음과 같은 문제점, 첫째 투표권의 남용 및 이에 따른 조작 가능성이 존재하며, 둘째 정보화의 불평등을 야기할 수 있는 바, 즉 정보화에 앞선 사람의 정치참여가 높아질 수 있다는 점, 셋째, 여론이 여과되지 않은 채 정치과정에 투입되어 중우민주주의 혹은 폭도정치가 될 가능성, 즉 사이버 포퓰리즘(cyber populism) 등을 들 수 있다.

따라서 전자민주주의의 도입으로 인해 발생할 수 있는 문제점에 대한 발전적 대안을 모색하고 민주주의 발전에 의미가 있는 사실들을 제도화하기 위해 노력해야 하는 바, 여기에서 적용된 기법은 실천사례는 이러한 의미에서 전자민주주의의 의미를 바르게 이해하고 장단점을 파악하는데 중점을 맞추었다.

## 2. 실천 및 적용 사례

| 대상 | 중학생 | 차시 | 1/2 | 수업 시간 | 45분 |
|---|---|---|---|---|---|
| 학습주제 | • 전자민주주의의 의미와 장단점 | | | | |
| 학습목표 | • 전자민주주의의 의미를 알고, 전자민주주의의 장점과 단점을 설명할 수 있다. | | 발표 조 | | 3 조 |

| 단계 | 학습 과정 | 교수-학습 활동 | 시간 | 자료 및 유의점 |
|---|---|---|---|---|
| 도입 | 주의 집중 | * 학생은 5개조를 나누어 모둠별로 둥글게 앉는다. 각 조의 인원은 5명 내외로 조절한다. | 2' | |
| | | 제시1. (OX 퀴즈)<br>파워포인트로 OX퀴즈를 준비하여 보여준다.<br>* 교사발문: "전자민주주의는 전자투표만을 의미하는 것이다?" O일까요, X일까요? 모둠별로 O나 X를 들어봅시다.<br>* 학생은 조별로 O, X를 선택하여 판을 들어 보이며 흥미를 가진다.<br>* 교사: (X) 답을 알려주고 부가 설명을 한다. "전자민주주의는 ..........이며 ..........을 포함한다." | 7' | 준비 자료:<br>O, X 판을 모둠 수만큼 준비, OX 문제가 적힌 PPT 자료<br>유) OX퀴즈는 전자민주주의에 대한 가치판단이 들어간 질문이 아닌 단순히 개념제시를 위한 설명으로 국한한다. |

| 도입 | 동기<br>유발 | 제시2. 학습목표 제시<br>이번 차시에 할 활동에 대해 간단히<br>설명하고 학습목표를 제시한다.<br>※ • 전자민주주의의 의미를 알고, 전자민주<br>주의의 장점과 단점을 설명할 수 있다. | 1' | |
|---|---|---|---|---|
| 전개 | 활동 | * 전자민주주의 찬, 반에 관한 토론 진행<br><br>a. 학생은 배포된 신문기사 및 자료를 읽고, 전자민<br>주주의의 장점과 단점을 발견하고, 어느 쪽에서 자<br>신의 입장을 주장할지 정하며, 주장할 내용을 충분<br>히 정리한다.<br><br>b. 전자민주주의에 찬성하는 학생과 반대하는 학생<br>2그룹으로 나누어 서로 마주보게 앉게 배치한다.<br><br>c. 교사는 양쪽 그룹이 바라보는, 가운데에 자리하<br>여 토론을 진행한다. (H모양으로 자리 배치)<br><br>d. 학생들은 반대쪽에 있는 학생들을 설득하고, 토<br>론하는 도중에(설득당하여) 입장을 바꾼 학생은 토<br>론 중간에 언제든지 반대편으로 자리를 이동 할 수<br>있다.<br><br>e. 결과적으로 최종 학생 수가 많은 쪽이 승리하게<br>되는 게임이다. (TV 프로그램 "결정 맛대맛"과 같<br>은 방식) | 7'<br><br>3'<br><br>20' | 준비 자료: PPT<br><br>준비자료: 전자<br>민주주의에 대<br>한 신문기사 및<br>자료 (뒤에 첨부)<br><br>유1)교사는 학<br>생의 자유로운<br>발표를 유도하<br>고, 적극적인 개<br>입을 피한다.<br>유2)쟁점에 관<br>한 교사의 태도<br>는 배타적 공정<br>형-(전자민주주<br>의에 장단점과<br>다양한 각계각<br>층의 의견을 중<br>립적으로 설명)<br>이 되게 한다. |
| | | *토론 규칙*<br><br>a. 학생은 자신의 주장을 펼치거나 상대를 설득할<br>때, 반드시 배포된 자료에서 근거를 찾아서 뒷받침<br>해야 한다.<br>　(예를 들면, 2번자료 4째줄을 통해, 전자민주주<br>의가 ‥‥‥하다는 것을 알 수 있습니다. 따라서<br>저는 전자민주주의가　　하다고 생각합니다.) | | |

| 전개 | | b. 교사는 공정하게 사회자로서 진행하되, 최근 논란의 여지가 있는 핵심쟁점에 관한 토론이 되도록 이끌 수 있다.<br>(예를 들면,<br>– 전자민주주의는 높은 비용이 필요한 것인가요?<br>– 전자민주주의를 통해 정치의 질을 높일 수 있을까요?)<br><br>c. 학생들은 손을 들어, 사회자의 발언권을 획득한 경우에만 발언할 수 있고, 1회 발언 시간은 3분으로 제한한다. | |
|---|---|---|---|
| 정리 | | *정리 코멘트<br><br>양쪽의 학생 수를 세어 어느 팀의 의견이 우세했는지 말해주고, 그동안 양쪽에서 나온 핵심 근거들을 정리하여 얘기해준다.<br><br>*생각해볼 문제 및 발전<br><br>Q) 전자민주주의가 갖는 한계를 극복하면서 우리 사회의 민주주의를 발전시킬 수 있는 방안은 무엇이 있는가?<br><br>* 다음 차시 예고<br><br>다음차시에 배울 내용에 관해 간단히 설명한다. | 3'<br><br><br><br><br>2' |

## 3. 첨부자료(탐구활동 1)

1) 〈 "고위공무원에 경차를…" 누리꾼 '생활공약' 화제 /
   경향신문 2007-11-08〉

참여연대와 녹색연합 등 전국 370개 시민사회단체로 구성된 ≪2007 대선 시민연대≫는 '포털사이트 다음'과 함께 지난 6일 '1000개 생활공약 모으기 캠페인'을 시작했다. 대선 투표 전날인 다음달 18일까지 계속되는 이 캠페인은 유권자들의 생생한 목소리를 각 대선후보들에게 전달하고 유권자 참여를 촉진하기 위해 마련됐다. 대통령 선거를 40여 일 앞두고 네티즌들의 아이디어 넘치는 '생활공약'이 눈길을 끌고 있다.

그중 가장 많은 조회수를 기록하고 있는 생활공약은 '선거법 93조 없애기 - 언론의 자유를 보장하라'다. 네티즌 '윤회안폐인'은 "선거 180일 전부터 선거에 영향을 끼칠 목적으로 정당·후보자를 지지·반대하는 내용에 대해 게시 및 상영을 할 수 없다고 규정한 선거법 93조는 악법"이라고 주장했다. 이에 네티즌 '이순정'은 댓글을 통해 "(정치에 대해) 가장 많이 이야기해야 할 때 의사 표현도 못하게 하는 게 누굴 위한 법이냐"며 지지했다.

'고위공무원에게 경차를!' 이라는 공약도 많은 지지를 얻고 있다. 누리꾼 '이니지오'는 "기름 한방울 안 나는 대한민국"이라며 "고위공무원들이 혈세로 중대형 승용차를 타고 다니면서 국민들에게 '에너지 절약'을 외치는 것은 말이 안된다"고 말했다. 이에 'abk814'도 "사회적 지위가 높은 사람들부터 모범을 보여야 한다."며 공감했다.

이 밖에도 '국회의원 출근카드 만들기', '지방의원직을 다시 무급제로'라는 공약도 높은 조회수와 추천수를 기록하고 있다. 또 '버스 승차인원 제한', '은행 현금인출기 수수료 인하', '등록금 상한제 도입', '현역 군인들의 KTX 무료이용', '어린이집 장기 결석 때 보육료 할인' 등 실생활에서 느낀 다양한 의견이 올라와 있다.


2) 〈EU, 전자투표시스템 도입 열풍 / 전자신문 2004-02-25〉

유럽연합(EU)에 IT를 활용한 전자투표시스템 도입 열풍이 불고 있다. EU의 이러한 움직임은 전자투표를 가장 먼저 실시했던 미국조차 데이터의 부정 조작, 해커 침입 등의 문제가 불거지면서 확산에 어려움을 겪고 있다는 점에서 안착 여부에 관심이 쏠리고 있다.

기술적인 불안을 지적하는 목소리 또한 적지 않다. 영국선거위원회는 올 6월 같은 날 동시에 실시되는 EU '의회선거'와 '지방선거'에 전자투표를 도입할 계획이었다. 독일 지멘스와 프랑스 텔레콤 등이 프로젝트업체로서 참여했으나 면밀한 검토 결과 아직은 불안하다는 판단이 내려져 결국 '우편

투표'를 통한 선거로 최종 결론이 났다.

가장 큰 이유는 '시간이 촉박하고 너무 복잡하다'는 것이었지만 선거 관리 담당자들의 불만과 개인정보 누출, 데이터 조작 등도 그 이유였다고 알려지고 있다.

한편 미국은 오는 2006년까지 전국적으로 전자투표기를 확보한다는 내용의 '선거제도개혁법'이 지난 2002년 통과된 상태로 2005년까지 총 3년간 39억 달러(약 4조 3,000억 원)의 예산을 확보해 놓고 있다. 단지 전자투표기가 오작동 될 경우 재집계가 불가능하다는 우려가 있어 아직 실제 선거에 적용된 사례는 없다.

### 3) 〈인터넷 정치 정화작업부터 선행돼야 / 전자신문 2003-01-15〉

인터넷을 통한 전자민주주의의 실험은 개혁과 변화에 대한 국민적 요구에 부응하려는 것으로 볼 수 있다. 특히 "인터넷으로 인재와 정책을 추천받겠다"는 데서 과거 우리 정치의 가장 큰 폐단인 밀실정치를 극복하려는 의지를 보게 되는 것 같아 희망과 기대가 어느 때보다 크다고 아니할 수 없다.

하지만 과연 우리가 바라는 대로 인사와 정책이 잘될 것인지는 두고 볼 문제다. 인터넷의 검증과 공개주의가 공직자의 도덕성을 높이는 데는 기여하겠지만 과연 자질과 능력, 경쟁력까지 검증해줄 수 있는지 의문이 들지 않을 수 없다.

국정을 이끌어나갈 장관을 대중공모방식으로 뽑는 것도 일면 문제가 없지 않다. 인터넷에는 특정계층의 영향력이 작용할 수밖에 없다. 특히 중장년층의 견해는 거의 없다시피 하며, 지나치게 인기에 영합할 수도 있고, 시민단체에 대한 청탁과 로비라는 새로운 문제점과 부작용도 충분히 나타날 수 있는 것이다.

벌써부터 인터넷 정치에 대한 찬반여론이 인터넷 사이트에서도 나타나고 있지 않은가. 조작되거나 동원된 여론을 막을 확고한 장치가 없는 것도 문제가 아닐 수 없다.

인터넷으로 한 나라의 장관을 추천받고, 국가의 새로운 정책제안도 받는다면 그것은 분명 새로운 세상이 아닐 수 없다. 특히 많은 네티즌의 여론을 듣고 참고한다는 차원에서 새로운 민의수렴기구가 아닐 수 없다. 이제는 우리 정치가 보다 국민에게 투명하게 다가서는 열린 시대를 구현하게 되는 셈이다. 그러기 위해서는 인터넷 언어폭력과 특정인에 대한 일방적인 비방과 비난에 대한 정화작업부터 선행돼야 하지 않을까. *신두철

## ▎참고문헌

신두철·허영식(2007). 『민주시민교육의 정석』. 서울: 도서출판 오름.

지그프리드 프레쉬 외, 신두철 외 역(2007). 『시민교육방법 트레이닝』. 서울: 엠-에드.

허영식·신두철(2007). 『민주시민교육 핸드북』. 서울: 도서출판 오름.

# 34

# 지역사회 밀착형 청소년자원봉사 학습

## 1. 해설

### 1) 청소년자원봉사의 뜻

청소년자원봉사에서 자원봉사는 일정한 일을 스스로 원한다는 의미의 '자원(自願)'과 남의 뜻을 받들어 섬기기 혹은 자기 이해를 돌보지 않고 노력이나 힘을 들여 친절하게 보살펴주거나 일하기를 의미하는 '봉사(奉仕)'의 합성어이다. 한편, 자원봉사를 의미하는 표현인 Volunteerism은 자유의지를 의미하는 라틴어 Voluntas로부터 유래하는 것으로서 자유의지를 가지고 자기 스스로 강제 받지 않은 상태에서 다른 사람이나 사회를 위해 헌신하는 활동을 의미한다. 이렇게 볼 때 자원봉사는 물질적인 반대급부 없이 자발적으로 개인이나 사회를 위해 돕는 사람들의 다양한 행위라고 할 수 있다(오명자, 2006: 15).

청소년자원봉사를 이해하기 위해서는 자원봉사의 일반적 의미에 더하여 청소년들이 성장해 가는 과정에 있다는 인간 발달적 측면을 고려하여 그 과정 자체가 교육적이어야 한다는 사실이 고려되어야 한다. 즉 청소년들은 자원봉사활동을 함으로써 봉사활동 수혜자에게 필요한 것을 제공하기도 하지만 봉사활동제공자인 청소년 스스로가 사회성, 시민 정신, 이타심 등을 경험하는 교육활동이기도 하다(오명자, 2006: 28). 결국 청소년자원봉사란 청소년 자신의 정신적, 육체적 자원을 활용하여 자발적인 의도로 타인이나 사회를 위하여 계획을 가지고 어떠한 대가를 요구하지 않으면서 일정한 기간 동안 지속적으로 수행함으로써 보람과 재미를 느끼고 자신이 가진 재능이나 소질을 발견하며 자신이 살아갈 공동체적 삶의 영역을 체험함으로써 건강한 인성을 형성해 가는 청소년 수련활동의 한 영역이다(서울대학교교육공동체연구팀, 2001: 9).

### 2) 청소년자원봉사의 순환과정

자원봉사의 측면과 교육적 과정이라는 이중적 특성을 갖는 청소년자원봉사는 다음과 같은 과정을 통해 이루어진다(송복임, 2002: 25-27).

〈그림 1〉 청소년자원봉사 학습 순환과정

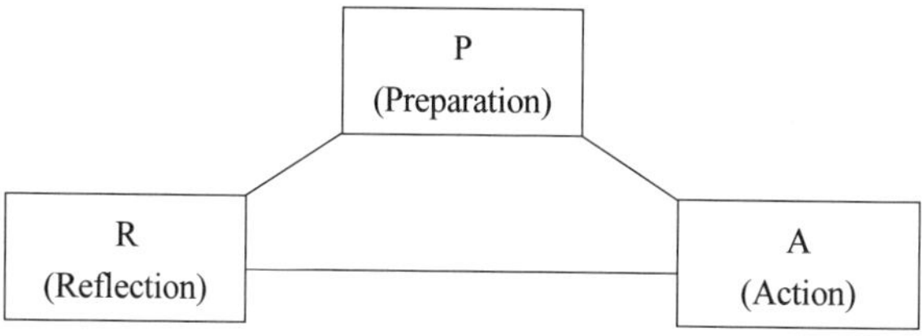

```
                    ┌─────────────────┐
                    │        P        │
                    │  (Preparation)  │
                    └─────────────────┘
          ┌──────────────┐      ┌──────────────┐
          │      R       │──────│      A       │
          │ (Reflection) │      │   (Action)   │
          └──────────────┘      └──────────────┘
```

### (1) 준비(Preparation)

이 과정은 자원봉사정신을 이해하는 것이다. 여기에서 준비 과정은 서비스제공이라는 점에서보다는 경험을 체득하고 재구성하려는 청소년에게 초점을 맞추어야 한다. 이 과정은 학생들 스스로 지역사회 문제를 발견하고, 도울만한 여러 가지 아이디어를 모아 계획을 세우는 과정이다. 현장답사와 같은 동기유발 활동을 통해 쟁점논의와 문제파악, 해결한 선택 등 토의과정을 거쳐 계획안을 수립한다. 계획안에는 자신들뿐만 아니라 부모나 지역사회의 참여, 시간대, 실행을 위한 준비조사와 필요한 지식, 기술, 경험을 파악하여 각 학생들의 특성에 맞는 역할 분담, 역할의 구체적 훈련을 한다.

(2) 실행(Action)

실행은 구체적 활동을 하는 것이다. 이것은 '겪는 것'과 '행하는 것'의 양 방향으로 이루어진다. 학습기의 청소년들에게는 '겪는 것'의 내면화가 중요하다.

(3) 평가, 반추, 성찰(Reflection)

자신들의 활동을 스스로 평가하는 단계로, 내가 무엇을 학습했는지, 나는 왜, 무엇을 했는지에 대한 자기 자신의 기본적 질문에 답하는 것이다. 이 과정을 통해 봉사대상자들에게 얼마나 도움이 되었는가와 활동 중 예기치 못했던 문제점 발생과 대책, 개선방법, 스스로의 성장과 보람은 있었는가 등을 검토하면서 활동의 확대나 수정을 하여 새로운 준비를 하는 단계이다.

3) 청소년자원봉사활동의 실제모습

청소년자원봉사활동의 의미와 과정을 기준으로 하여 우리나라 청소년자원봉사의 실제모습을 살펴보자. 우선 지적할 수 있는 것은 청소년자원봉사활동은 청소년 관계법령에도 강제하는 구절은 없으며 단지 권장을 할 뿐이다. 하지만 청소년들의 자원봉사활동결과는 학습태도 혹은 성적에 반영되기 때문에 강제적 성격을 갖는 것이라고 말하지 않을 수도 없다.

둘째로, 통계청이 발표한 「2003 청소년 통계」자료를 바탕으로 정리한 다음 그래프에서 확인할 수 있듯이, 청소년자원봉사활동 참여율이 연령별로 차이가 나타날 뿐만 아니라, 다른 활동보다 사회복지시설 활동이나 환경보전 활동에 편중되어 있음을 알 수 있다.

셋째, 봉사활동에 대한 사전 교육은 잘 이루어지지 않고 봉사활동 시간만을 강조함으로써 처음 봉사활동을 할 경우 어디를 가야할지, 무슨 일을 해야 할지를 걱정하게 된다. 이렇게 청소년의 자원봉사활동은 자원봉사학습이 아닌 활동 그 자체에 중점을 두게 된다. 그렇게 되면 청소년들은 자원봉사활동은 나 자신을 위한 일이라고 생각하게 되며 점수를 따기 위한 활동으로만 생각하게 된다. 청소년자원봉사 학습의 정신과는 괴리가 생기는 것이다.

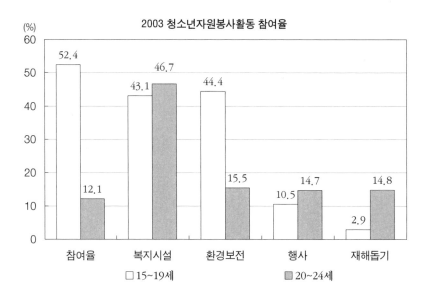

넷째, 청소년들이 봉사활동을 하기 위해 가는 기관의 경우에도 봉사시간을 채우기 위해 찾아오는 청소년들을 달갑게 생각하지 않으며 지속적이지도 않다고 생각하기 때문에 소홀히 대할 뿐만 아니라 청소년들에게 적합한 봉사활동프로그램을 준비하고 있지 못하다.

4) 지역사회 밀착형 청소년자원봉사 학습

청소년자원봉사의 자원봉사 측면과 교육적 측면을 최대한 살리면서 청소년자원봉사의 취지에 적합한 실천을 유도하기 위해서는 청소년 자신뿐만 아니라 청소년자원봉사를 할 수 있는 기관의 노력 그리고 이들 노력이 원활하게 이루어지기 위한 제도의 정비 및 제도적 지원이 절실하다.

청소년자원봉사의 현실을 인식하고 과제를 해결하기 위해 고안한 것이 '지역사회 밀착형 청소년자원봉사 학습 프로그램'이다. 이 프로그램을 마련하는 과정에서 주안점을 둔 것은 다음과 같다.

첫째, 청소년들이 자원봉사와 관련하여 봉사시간을 요구하고 있고 따라서 적절한 봉사시간을 주어야 한다는 현실을 고려하고 인정한다.

둘째, 청소년들의 자원봉사활동 영역이 확대되도록 하기 위해 목적의식적으로 평화나 인권 등의 가치를 구현하는 활동과 자원봉사 활동을 하도록 유도한다.

셋째, 청소년들이 자원봉사를 하는 과정에서 무엇을 왜 어떻게 해야 하는지를 명확하게 인식하도록 하기 위해 사전교육 프로그램을 마련한다.

넷째, 청소년들 스스로의 활동과 노력으로 일정한 의식과 가치관의 변화를 가져올 수 있도록 구성한다.

다섯째, 청소년들의 자원봉사활동을 할 수 있는 기관과 상호 유기적으로 협조체제를 구축함으로써 지역 단체간의 네트워크를 확립한다.

여섯째, 청소년들의 자원봉사활동과 지역사회의 시민들의 활동을 상호 연계시킴으로써 지역사회를 좀더 깊이 이해할 수 있는 기회를 마련한다.

일곱째, 청소년들이 자원봉사를 통해 깨달은 것을 지역주민에게 전달하고 발표할 수 있는 기회를 마련한다.

## 2. 실천 및 적용 사례

지역사회 밀착형 청소년자원봉사 학습은 2006년부터 경기도 부천시의 한 '청소년문화의집'에서 운영되고 있다. 처음 시작할 때부터 완성된 형태로 진행된 것은 아니지만 매년 그 내용이 풍부해지고 있고 프로그램도 세련되고 있다. 이 '청소년문화의집'에서 활동한 내용을 자료로 정리한 것을 해당기관의 활동가의 이해를 얻어 정리하면 다음과 같다.

### 1) 2006년 프로그램

[청소년 평화·통일 참여마당]
평화?! 통일?!
이젠, 우리도 함께 합니다!!
일시: 2006. 8. 26 10시~16시 주관: 고리울청소년문화의집 「꾸마」

❖ 행사진행
- 10:00~12:00: 아름다운 평화이야기
- 12:00~13:00: 통일비빔밥 만들기
- 13:00~15:00: 신나는 통일 이야기
- 15:00~15:40: 평화통일 도전 골든벨을 울려라!!
- 15:40~16:00: 시상식 및 정리

❖ 참가인원: 22명

❖ 행사결과

① 설문조사 결과 한반도 통일, 평화에 대해서 생각해 볼 수 있는 시간이 되었으며 한반도 통일에 대한 많은 관심을 갖게 되었다고 답하고 있어 90%의 목표를 달성했다.

② 청소년들의 생각이나 태도에 대한 변화를 토대로 보았을 때, 생각의 전화, 통일의 심각성, 양보하기, 다름을 인정, 통일에 대해 더 생각해 봄, 내가 통일의 자석이 될 것이다, 통일이 싫었는데 조금 바뀌었다, 평화에 대한 생각 등 50%가 생각의 변화를 가져왔다고 응답하고 있어 50% 목표 달성했다.

③ 본 프로그램을 기획, 진행하면서 평화, 통일에 대해서는 감수성 훈련 프로그램이 꾸준히 지속되어야 하는 필요성을 절감하였다. 2007년에는 통일 캠프로 진행되는 것이 어떨까? 기행, 강좌, 사회참여(통일문화제참여)를 함께 할 수 있도록 기획하여 지속적으로 평화, 통일을 실천할 수 있는 리더로 청소년들을 성장시키는 것이 필요하다고 생각한다.

## 2) 2007년 프로그램

누구도 상상하지 못한 꾸마자원봉사학교

**평화가 통일가 청수년이 눈으로 바라부다!!**
일시: 2007년 7월 25일(수)~8월 15일(수) 대상: 부천시 청소년 30명

❖ 행사진행
  • 1회: 7/25(수)

| 시간 | 내용 | 세부내용 |
|---|---|---|
| 13:00~13:30 | 자원봉사이해 | 자원봉사와 평화통일교육이 어떤 연관성에 진행되는지 |
| 13:30~15:30 | 평화?! 바라보기 | - 평화감수성훈련프로그램<br>- 인권의 꽃 |
| 15:30~17:30 | 통일?! 바라보기 | - 평화의 관점으로 통일 바라보기<br>- 북한이주민 청소년에 대한 이해 |
| 17:30~18:00 | 평가 | - 느낌나누기 |

  • 2회: 7/26(목)

| 시간 | 내용 | 세부내용 |
|---|---|---|
| 09:30~10:00 | 꾸마로 집결 | 이름표, 출석체크 |
| 10:00~12:00 | 민통선 지역으로 출발 (점심먹기) | 점심식사는 차내에서 해결<br>평화기행의 의미, 민통선지역에 대한<br>기본적인 교육진행 |
| 12:00~15:00 | 평화기행 | 구체적인 "통일맞이"단체와 내용 협의 및 진행<br>민통선 지역 내 코스(2~3곳)을 선정,<br>전문가의 설명과 함께 청소년들이 직접 눈으로<br>보고 느끼기, 느낀 점을 사진에 담아보기 |
| 15:00~17:00 | 꾸마에 도착 | 평가와 느낌나누기는 버스 안에서~♬ |

  • 3~4회: 7/27(금)~28(토)

| 시간 | 내용 | 세부내용 |
|---|---|---|
| 13:00~14:30 | 미디어교육 | - 사진말로 표현하기 |
| 14:30~16:30 | 미디어교육 | - 사진말로 표현하기 |
| 16:30~17:00 | 느낌나누기/정리 | |

• 5회: 8/11(토)

| 시간 | 내용 | 세부내용 |
|------|------|----------|
| 13:00~14:00 | 기획회의 | – 시민통일문화제 부스운영을 위한 기획회의 진행 |
| 14:00~17:00 | 제작 | – 부스운영을 위한 만들기 작업 |

• 6회: 8/15(수)

| 시간 | 프로그램명 | 내용 |
|------|-----------|------|
| 16:00~17:00 | 행사장 셋팅 | – 시민통일문화제 부스 셋팅 |
| 17:00~19:00 | 부스운영 | – 청소년들의 눈으로 본 평화·통일에 대해 지역사회에 알릴 수 있도록 부스를 운영한다. |
| 19:00~20:00 | 정리 및 평가 | – 평가 및 느낌나누기 |

• 7회: 8/16(목)

| 시간 | 프로그램명 | 내용 |
|------|-----------|------|
| 13:00~14:30 | 수료식 | – 그 간의 활동을 리뷰하며 자원봉사확인증 및 수료증을 전달한다. |

❖ 행사결과

1. 이번 프로그램이 자원봉사와 평화통일교육사업의 연관성 속에서 "사회참여"라는 부분에 포커스를 맞춰 진행되었던 만큼 단순 자원봉사점수를 얻기 위해 참여했던 청소년들에게는 자원봉사의 개념에 대해 폭넓게 이해할 수 있는 기회가 되었다고 판단된다. 설문조사 결과 또한 92%가 '자원봉사의 개념에 대해 이해할 수 있었다'라고 응답하고 있으며 기존의 자원봉사와는 다른 특별한 자원봉사활동이었다고 많은 청소년들이 이야기하였다.

2. 첫째 날 차이와 차별? 평화란? 등 인권, 평화감수성 훈련프로그램을 진행하였다. 인권·평화감수성훈련프로그램은 첫째 날 집중되어 진행

되었지만 매 과정에서 인권, 평화에 대해 함께 보고 느낌으로써 자연스레 인권·평화감수성을 고취시킬 수 있는 시간이 되었을 거라 생각한다. 청소년들 또한 이번 프로그램을 계기로 자신의 인권, 평화를 생각해 볼 수 있는 기회가 되었다고 응답하고 있다.(80%)

3. 이번 프로그램을 통해 청소년들이 그 동안 교과서를 통해서만 생각했을 통일에 대해 '아! 우리도 이젠 통일에 대해 관심을 가져야 하는구나!!!'라는 반응과 만약 통일을 해야 한다면, 즉 통일의 정당성을 이야기할 때 단순 '우리는 동일민족이니까'를 넘어 서서 생각해 볼 수 있기를 기대하였다. 이는 통일교육프로그램을 시작으로 이뤄질 수 있었는데 통일에 대한 찬/반 의견이 매우 다양하게 나왔고 앞에서 우려한 것처럼 단순 동일민족을 넘어서 나름 설득력 있는 이야기도 많이 나왔다. 이처럼 본 프로그램을 계기로 통일에 대한 관심을 갖게 되고 (설문조사 결과 또한 80%가 '통일에 대한 나의 생각을 정리할 수 있는 기회가 되었다.'라고 답하고 있다.) 거기서 그친 것이 아니라 청소년이 주체가 되어 평화·통일을 이야기하고 이를 지역주민들과 나누었다는 것은 의미 있는 일이라고 생각된다.

4. 평화기행을 통해 보고 느끼고 생각했던 것들을 토대로 미디어교육 및 제작수업을 진행하였다. 5개 모둠으로 나눠 진행하였는데, 처음 해보는 작업이라 어려웠을텐데도 이러한 과정을 통해 자신들의 생각이 표현될 수 있다는 것에 무척 흥미로워 했다. 실제로, 미디어작업을 하고 제작수업을 함께 나누고 난 후 청소년들의 흥미도, 관심도, 반응도가 확 달라졌으며 이를 계기로 청소년들 또한 평화통일에 대한 자신의 생각을 재정리할 수 있었을 것이라 생각된다. 그리고 이때 작업했던 영상물은 부천시민통일문화제 때 상영함으로써 청소년들이 생각하는 평화와 통일에 대해 알릴 수 있는 기회가 되었다. 참여 청소년들 또한 미디어를 통해 평화통일에 대한 우리들의 생각을 표현할 수 있어서 좋았다고 72%가 응답하고 있다.

5. 기존의 부천시민통일문화제는 성인들 위주로 준비하고 진행되었던 행

사였다면 이번 통일문화제는 청소년들이 평화와 통일에 대해서 느끼고 생각했던 것들을 가지고 직접 참여했다는 것에 대해서 높이 평가한다. 이처럼 본 프로그램은 참여청소년들이 느끼고 생각했던 것을 단순히 그들의 생각으로만 그친 것이 아니라 지역사회에 함께 참여함으로써 그들의 생각을 나눴다는 것에 큰 의미가 있다는 생각이 든다. 80%가 우리들이 생각하는 평화통일에 대해 지역주민, 또래친구에게 알릴 수 있는 기회가 되어서 좋았다고 응답하고 있다.

6. 북한이주민 청소년들에 대해 이해할 수 있다.(0%)
7. 지역 내 북한이주민 청소년들에 대한 관심도를 높이고 그들과 서로 융화되어 평화·통일을 실천할 수 있는 주체로 성장시킨다.(0%)

　　6, 7번 목표에 대한 평가 >>> 통일교육프로그램을 통해서 새터민에 대해서 이해하는 시간을 갖고자 했으나 실제로 이 부분이 제대로 이뤄지지 못하였다.

## 3) 2008년 프로그램

| 누구도 상상하지 못한 꾸마자원봉사학교 |
| :---: |
| 나≒지역≒평화 |
| 2008년 8월 7일(목)~8월 16일(토) |

❖ 행사진행

| 8월 7일(목) | 8월 8일(금) | 8월 12일(화) | 8월 13일(수) | 8월 14일(목) | 8월 15일(금) | 8월 16일(토) |
| :---: | :---: | :---: | :---: | :---: | :---: | :---: |
| 1:30~5:00 | 1:30~5:00 | 1:30~5:00 | 1:30~5:00 | 1:30~5:00 | 3:00~8:00 | 2:00~3:00 |
| - 청소년 봉사학습 이해<br>- 인권 평화 감수성 교육 | - NGO, NPO 이해 교육<br>- 부천지역 활동단체 알아보기 (모둠활동) | 부천시 소재 시민단체 조사·탐방을 통해서 나와의 관계망 그려보기 (모둠활동)<br>모둠활동 발표<br>실천활동 모색 (미디어 영상 작업 교육) | 부천시민 평화·통일 문화제 부스운영 준비 | 부천시민 평화·통일 문화제 참여 | 수료식 |

❖ 행사결과

1. 청소년봉사학습에 관한 교육을 자체적으로 계획하고 진행하면서 이번 자원봉사학교 프로그램 주제와 연결된 교육이 진행되었다. (봉사학습의 의미와 실천 활동의 의미, 캠페인 활동의 의미와 역할 강조)
   • 일지에 청소년들은 다음과 같이 응답하였다.
   – 봉사의 범위가 넓다는 것을 알았다.
   – 내가 봉사활동을 할 수 있다는 것을 배웠다.
   – 봉사의 종류가 많다는 것을 알았다. 등

2. 자체적으로 평화 감수성에 대한 교육을 진행하게 되어 단순한 '평화'에 대한 사전적 이해에서부터 '나'의 평화, '나와 타인 (관계의) 평화', '나와 지역 평화'에 관해서 구체적으로 생각해 볼 수 있도록 유도하였다. 이를 통해 자원봉사학교 기간내 평화 감수성 교육이 지속적으로 이뤄질 수 있었다.
   • 일지에 청소년들은 다음과 같이 응답하였다.
   – 나에게 필요한 평화를 알았다.
   – 나를 이해하고 평화롭게 살 수 있는 법을 배웠다.
   – 평화와 관련된 여러 가지 활동을 알았다.
   – 평화를 깨는 요인들, 내가 평화롭기 위해 필요한 것들을 알았다.
   – 내가 평화로워도 다른 사람들이 그렇지 않다는 걸 배웠다
   – 자신의 평화에 필요한 일들이 여러 가지인 것에 놀랐다.
   – 모든 사람들이 행복해야 모두 평화롭다는 걸 알았다.
   – 작은 일에도 평화로워 질 수 있다는 것에 놀랐다.
   – 내가 행복한 순간에 다른 사람들은 고통 받는 것에 놀랐다. 등

3. 부천시민평화통일 포럼에서 활동 중인 현직 중학교 선생님(교사 손동빈)의 강의를 통해 다소 생소할 수 있는 주제가 쉽게 전달 될 수 있었다.
   • 행사진행일지에 청소년들은 다음과 같이 응답하였다.
   – 내가 몰랐던 여러 분야의 시민단체들, 부천에 있는 단체들을 알았다.
   – 대니 서가 12살에 적은 돈으로 2만 명의 사람들이 있는 단체를 만들

었다는 것에 놀랐다

- NGO에 대한 뜻을 알았다.
- NGO, NPO의 종류나 그 뜻을 평소엔 무엇인지 몰랐는데 쉽게 알 수 있었다. 등

4. 처음에 계획하였던, 인터뷰 영상촬영과 같은 미디어 기자재 활용은 내용전달 위주의 프로그램 진행으로 미디어 활용 교육시간이 부족하여 진행하지 못하였다. 대신 판넬작업, 사진말 작업 등으로 '나'와 '평화'의 관계에 관해서 표현할 수 있도록 하였다.

5. 부천시민통일 문화제에 참여하여 그동안의 활동내용을 공유하였다. 본 프로그램에 참여한 청소년들이 느끼고 생각했던 것을 단순히 그들의 생각으로만 그친 것이 아니라 지역사회 축제에 참여함으로써 그들의 생각을 나눴다는 것에 큰 의미가 있었다. 축제를 주최한 부천시민평화통일 포럼에서도 청소년들이 직접 평화를 구체적인 탐방을 통해서 이야기 하고, 부천 시민단체들에 관해서 알고 이를 지역사회에 알리는 것이 의미 있는 활동이란 평가가 있었다. * 손동빈

## 참고문헌

서울대학교두뇌한국21 아시아태평양교육발전연구단 교육공동체연구팀(2001). "봉사학습을 위한 봉사활동실태조사 연구." BK21 iAPED 연구보고서 VII-01-04.

송복임(2002) "청소년 자원봉사 활동이 민주시민의식발달에 미치는 영향에 관한 연구." 동아대대학원.

오명자(2006). "NGO탐구반 사례연구를 통한 중학생의 사회참여의식 변화." 우석대 교육대학원.

# 35

# '주관적인 편견' 극복하기

## 1. 해설

### 1) 필요성과 의의

우리는 자신과 다른 생각과 관점을 가진 사람들과 마주칠 때 당황하기도 하고 다른 관점과 생각을 가진 사람들을 무시하며 이들에 대해 적대감을 갖기도 한다. 때로는 주관적인 기준에 따라 상대방을 평가하며 매도하기도 한다. 우리가 갖고 있는 생각이나 관점에서 상대방을 바라보면 착각, 오해, 편견으로 인해 상대방과의 관계가 나빠지고 문제를 해결하기 보다는 오히려 갈등이 증폭되어 문제 해결이 더 어려워지기도 한다. 따라서 이러한 문제를 해결하기 위해서는 주관적인 편견을 극복하는 것이 필요하다.

주관적인 편견을 극복하기 위해서 무엇보다 다른 사람의 입장에서 그들의 생각과 관점을 이해하도록 노력해야 한다. 누군가 나와 다르게 생각 할 수 있고, 그 생각이 불완전하다 할지라도 그 생각으로부터 배울 점이 있다는 것을 인정하는 태도가 필요하다. 즉 '어떻게 저런 말도 안 되는 생각을 할 수 있지?'라고 생각하며 무시하는 태도에서 "저 사람이 왜 그렇게 생각했는지 알겠어!"라는 이해의 태도로 전환하려는 노력이 필요하다. 이와 같이 태도를 전환함으로써 우리는 일상생활에서 다른 사람들과 맺는 관계의 질을 더 높일 수 있고, 더 나은 문제 해결 방법을 찾을 수 있으며, 불필요한 오해에 바탕을 둔 증오와 멸시 때문에 일어나는 갈등을 막거나 줄일 수 있다.

그러나 다른 사람의 관점을 이해하는 것은 자동적으로 이루어지지 않는다. 또한 그 필요성을 인식했다고 해서 다른 사람의 관점을 실지로 이해할 수 있는 것도 아니다. 더 나아가 다른 사람의 관점을 파악했다고 해서 그 관점을 가진 사람을 무시하지 않는 것도 아니다. 다른 관점을 이해하는 아이들의 능력이 어떻게 발달하는지 연구한 존 플라벨은 "자기 자신의 관점에서는 다른 사람들이 발산하는 신호보다 훨씬 잘 들리는 또렷한 신호가 방출된다. 그런 신호는 타인의 관점을 이해하려는 순간에도 귓가에서 계속 울려댄다. 따라서 자신이 발산하는 신호의 소음 속에서 타인의 관점을 정확히 포착해내려면 상당한 노력이 요구된다."고 하였다(Hecke, 2007: 161-162). 또 비판적 사고 연구자인 퍼트리샤 킹과 캐런 키치너는 타인의 관점을 파악하고도 무시하는 것은 "자기 자신의 관점에만 파묻혀 다른 사람의 관점에서 좀 더 깊이 있게 생각하지 못하기 때문"이라고 설명한다(Hecke, 2007).

이처럼 다른 사람의 관점에서 생각하고 느끼며 바라보는 것은 말처럼 쉬운 것이 아니다. 다른 사람의 입장에서 생각하고 느끼며 바라보는 것도 연습과 훈련이 필요하다. 우리에게 너무나 익숙한 사고방식과 태도를 벗어나 우리와 전혀 다른 사고방식과 태도로 세상을 보기 위한 몇 가지 방법을 제시하고자 한다. 여기서 제시하는 것 외에도 다양한 방법이 있을 수 있다. 다만 여기서는 머리가 아닌 마음과 몸으로 다른 사람의 관점을 이해할 수 있는 능력을 키우는데 초점을 맞춰 몇 가지 실천 가능한 전략과 예시를 소개할 것이다.

## 2) 교수·학습 전략

다른 사람의 관점을 제대로 이해하려면 무엇보다 다른 사람의 관점에서 세계를 볼 필요가 있다. 나의 관점을 상대방에 투사하는 것이 아니라 나의 관점과 전혀 다른 각도에서 세상을 보는 것이 필요하다. 나에게 너무나 익숙하고 내가 옳다고 생각한 나의 관점을 잠시 괄호쳐두고 상대방의 입장에서 바라보려는 노력이 요구된다. 이러한 노력은 혼자서도 할 수 있지만 다음 몇 가지 방법을 실제 해봄으로써 자신의 편견은 물론 상대방의 관점을 이해하기 위해서는 무엇을 어떻게 해야 하는지 스스로 자각 할 수 있다.

### (1) 모의 체험해보기: 감정 이입

상대방의 입장에서 바라보기 위해서는 무엇보다 상대방의 입장이 되어보는 체험을 하는 것이 중요하다. 실제 작가나 배우, 최근에는 의사들까지 상대방의 입장을 체험해보려는 노력을 기울이고 있다. 영국 배우 대니얼 데이루이스(D. Day-Lewis)는 자신이 맡은 역을 실제 생활에서 살아본 적이 있다고 하였다(Rootberstein, 2007: 253). 그는 극중 인물을 단순히 흉내 내거나 그와 비슷하게 행동하기 보다는 그 자체가 '되는 것'이 필요하다고 말한다. 연출가 스타니슬라브스키(Stanislavsky)는 "배우들은 자신을 그 인물의 위치로 밀어넣어야 한다."고 하였다(위의 책, 254). 이 과정을 통해서 배역에게 요구되는 것과 같은 느낌을 배우의 내면에 불러일으킬 수 있다고 한다.

미국 미네소타 주의 한 병원에서는 의대생들과 의사들이 환자를 이해하고 이들에게 감정을 이입하는데 도움을 주기 위해 연극을 이용했다고 한다. 실제 진짜 배우를 데려와 상황극을 만들어 '마약중독의 세계'를 의사들에게 보여주고, '알코올중독자의 내면'을 탐색하기도 했으며, '노화된다는 것'에 대해서 설명하기도 하였다(위의 책, 256). 뉴욕의 한 병원에서는 이 접근에서 한 걸음 더 나아가 배우들이 말기 암이나 에이즈 등 갖가지 질병을 앓고 있는 환자들을 연기하고 의대생들은 의료기록을 체크하고 진단하면서 환자들에게 예후를 말해준다고 한다(위의 책, 256).

이런 체험을 통해 학생들은 정서적으로 환자들과 연결되며, 자신들이 의료기술자가 아니라 환자들을 보살피고 배려하는 사람이라는 사실을 처음 깨닫게 된다고 한다. 더 나아가 짧은 시간 동안이라도 '환자가 되어 보는' 체험을 통해 생소한 검사나 절차 앞에서 환자들이 느끼는 두려움을 알 수 있다고 한다. 이처럼 상대방의 입장을 체험하는 것은 자신의 편견과 고정관념을 벗어나 상대방을 이해하는데 매우 효과적인 방법이다.

그러나 실제 교육현장에서 체험할 기회와 상황을 만들기 어려울 수 있기 때문에 간접적으로 체험할 기회와 그로 인해 새롭게 알고 느끼게 된 점을 서로 토의해보는 방식을 활용할 수 있다. 간접 체험의 방식은 앞서 살펴본 것처럼 가상의 상황을 만들어 입장 바꾸어보는 역할극을 활용할 수도 있고 우리가 평상시에 접하기 어려운 인물이나 상황을 잘 묘사한 문학작품을 활용하여 읽어보는 것도 좋은 방법이다. 이와 같은 허구적인 상황이외에도 실제 우리와 다른 방식으로 세상을 바라보고 이해하며 살아가는 집단의 삶을 연구한 문화 인류학의 연구물을 가져다가 읽고 토의하는 것도 좋은 방법이다. 여기서 중요한 점은 직접 체험하지 않더라도 간접적으로라도 체험할 수 있는 기회와 계기를 만들어주는 것이 필요하다.

### (2) 경청하기

누구나 대화를 하면 상대방의 입장에 대해서 어느 정도 이해할 수 있다고 생각한다. 그러나 대화를 한다고 해서 사람들을 이해할 수 있는 것은 아니다. 오히려 대화로 인해서 상대방에 대해 더 큰 오해를 할 수도 있다. 우리는 누구나 자신의 입장에서 상대방 말을 듣고 이해하지 상대방의 입장에서 상대방이 정말 말하고자 하는 이야기가 무엇인지를 잘 생각하지 못하는 경향이 있기 때문이다. 또한 우리는 상대방의 말이 채 끝나기도 전에 우리 입장에서 상대방의 말을 규정하며 상대방의 말을 진심으로 듣기보다는 상대방 말에 대꾸할 말을 궁리하면서 듣다보니 정작 상대방의 입장에서 상대방이 말하려고 하는 내용을 이해하지 못하기도 한다. 따라서 대화를 통해서 상대방의 관점과 입장을 이해하려면 무엇보다 "경청"하는 자세를 훈련할 필요하다.

### ① 공감하며 듣기

경청이란 단순히 상대방이 하는 말을 듣고 이해하는 것을 넘어 비언어적인 메시지까지도 읽는 것을 말한다. 즉 상대방이 지금 하고 있는 말 뿐만 아니라 상대방이 정말 나에게 하고 싶은 말이 무엇인지를 파악하는 것을 말한다. 다음 상황을 보면 코치 1은 나름대로 선수의 긴장도를 낮추기 위해 격려의 말을 하고 있지만 코치의 입장에서 일방적으로 표현하는 것이므로 선수 입장에서 보면 공감하기 어렵다. 그러나 코치 2의 경우는 선수 2의 상태에 주목하고 그 상태를 그대로 읽으면서 자신도 비슷한 경험이 있다는 것을 통해서 선수의 입장을 충분히 이해하고 있다는 것을 보여준다(박혜주, 2006: 14).

⟨상황 1⟩
  선수 1: (시합직전, 긴장이 몰려온다. 아무리 심호흡을 하고 편안해지려고 해도 심장의 고동소리를 잠재울 수가 없다.)
  코치 1: "야, 긴장 풀어. 이래가지고 어떻게 성적을 내겠어, 잘 할 수 있어, 파이팅."
  선수 1: (코치의 말대로 파이팅을 외쳐보지만 심장고동은 여전하다.)

⟨상황 2⟩
  선수 2: (시합직전, 긴장이 몰려온다. 아무리 심호흡을 하고 편안해지려고 해도 심장의 고동소리를 잠재울 수가 없다.)
  코치 2: "많이 긴장되는구나."
  선수 2: (반가운 듯) "네! 아무런 생각이 안나요."
  코치 2: "너무 긴장되면 그럴 수 있어. 나도 예전에 시합 뛸 때 그런 적이 있었단다."
  선수 2: (놀라며) "정말요? 코치님도 그런 적 있었어요?"
  코치 2: "그럼."
  선수 2: (심장의 고동소리가 점차 낮아진다.)

② 집중해서 충분히 들어주기

또한 경청이란 인내하며 끝까지는 듣는 것을 말한다. 즉 상대방 말에 대꾸할 내용을 궁리하면서 듣는 것이 아니라 상대방에게만 집중하는 것이다. 다음은 토니 힐러먼의 추리 소설에 등장하는 진 제이콥스의 경청하는 모습을 보면 경청을 하기 위해 어떤 자세가 필요한지 잘 알 수 있다(Hecke, 2008: 168).

그녀는 재치 있게 들을 줄 알았다. 물론 예전부터 그런 줄은 알고 있었다.

누군가와 이야기를 하게 되면 이 여자는 상대의 말에 귀를 기울인다. 주변의 모든 것들로부터 멀어진 채 오로지 말하는 사람에게만 집중한다. 그녀에게는 상대방의 말 이외에 아무 얘기도 들리지 않았다. 이처럼 귀 기울여 듣는 방법은 나바호 인디언들의 문화에서 비롯된 것이었다. 이 인디언들은 상대의 말이 끝날 때까지 잠자코 기다리면서 말이 다 끝난 후에도 뭔가 덧붙여 토를 달며 수정할 시간을 넉넉히 준다. 하지만 나바호 인디언들조차도 인내심이 다해서 초조해지는 때가 있다. 정말로 귀 기울여 듣는 것이 아니라 대답을 궁리하며 듣는 경우가 그렇다. 그에 비해 진 제이콥스는 정말로 남의 말에 귀를 기울일 줄 알았다.

③ 자비롭게 듣기

경청은 상대방의 말을 상대방이 표현하고자 하는 의도를 최대한 존중하여 받아들이는 태도를 말한다. 논리학에서 말하는 자비로운 해석의 원칙과 같은 것이다. 상대방의 말이 도무지 납득이 안 되는 말이라고 하더라도 상대방이 그와 같은 말을 하는 데는 나름의 이유가 있다고 생각하고 상대방이 진정으로 의도하는 바에 비추어 상대방의 말을 이해하려는 것이다. 표현 하나, 부분적인 내용 하나에 감정적으로 민감하게 반응하기 보다는 상대방이 전체적으로 전달하고자 하는 내용을 중심으로 상대방의 말을 듣다 보면 상대방에 대한 오해와 편견으로부터 어느 정도 벗어나 상대방과 의사소통을 할 수 있다. 이를 위해서는 일단 상대방의 말에 반응하는 자기 자신의 표정과 반응부터 점검할 필요가 있다. 상대방의 말에 화난 표정으로 상대방의 눈길을 무시하면서 상대방의 말에서 잘못된 부분만 찾아내려는 태도는 아닌지 반성해야 한다. 경청을 하기 위해서는 따뜻하고 부드러운 인상으로 상대방을 대하고, 상대방의 말을 충분히 듣고 있다는 긍정적인 신호를 보내며 그리고 상대방이 뜻하는 바를 좀 더 제대로 알아듣기 위한 질문을 던지는 것이 필요하다.

경청은 말처럼 쉽지 않기 때문에 경청도 연습이 필요하다. 거울을 보고 표정 훈련도, 대화를 듣고 나서 질문을 던지는 연습도 해볼 필요가 있다.

또한 표현이 좀 서툴거나 말이 어눌한 사람이 말하는 장면을 보여주고 이 사람의 입장에서 하고 싶은 말이 무엇인지를 말해보게 하는 연습을 해볼 수 있고, 자기보다 나이가 어리거나 적극적으로 의사 표현을 못하는 사람을 상대로 이들의 말을 끝까지 듣는 연습도 좋은 방법일 수 있다.

(3) 자신과 다른 관점 이해하기

① 자신의 신념, 가치관, 관점과 정 반대되는 신념, 가치관, 관점 조사해보기 또는 정반대되는 입장을 가진 사람과 인터뷰해보기

다른 사람의 입장을 정확하게 파악하기 위해서는 자신의 입장과 정반대 되는 입장을 몸소 체험해보는 것이 필요하다. 바로 자신의 입장과 극단적으로 반대에 있는 입장을 조사해보거나 그와 같은 입장을 가진 사람을 만나서 이야기해봄으로써 그 사람이 어떻게 자기 자신과 다른 눈으로 세상을 보는지 몸소 체험할 수 있다. 자신과 다르게 세상을 보는 관점을 조사하거나 다른 관점을 가진 사람들을 인터뷰하는 목적은 다른 입장을 분석하고 평가하여 다른 관점을 물리치는 것이라기보다는 사람들이 어떻게 서로 다른 가치관과 관점을 가질 수 있는지 이해하기 위한 것이다.

② 서로 입장을 바꾸어서 토론해보기

이 방법 역시 위의 방법과 그 목적은 동일하다. 쟁점에 관해서 서로 반대되는 입장을 가진 사람들이 원래 자신의 의견과 다른 입장에서 토론을 준비하고 해보는 것이다. 이 토론의 목적도 상대방을 이기기 위한 것이 아니라 상대방의 입장이 되어서 상대방의 주장을 최대한 이해하기 위한 것이다.

(4) 서로 공유하고 있는 것 찾아보기

공감, 경청, 이해하려는 노력만으로 입장의 차이를 줄이기는 어렵다. 입장의 차이만 강조하기 보다는 서로 공유하고 있는 가치와 목표는 없는지 찾아보는 것도 자신의 입장과 전혀 다른 입장을 가진 사람들과 공감할 수 있는

중요한 방법이다. 상대방과 차이를 인정하면서도 상대방과 공통된 목표와 공유하고 있는 가치를 찾아 최소한 그 점에 있어서 공감대를 형성하는 것도 편견으로 인한 오해와 갈등을 막으면서 실질적인 해결책을 찾아나갈 수 있는 방법이다.

예를 들어 낙태에 대해서 극단적으로 찬성하고 반대하는 입장을 가진 사람들이 서로 토론을 하면 평행선을 달리다 토론을 끝낼 수 있다. 그러나 낙태에 관해서 어떠한 입장을 가진 사람이든 낙태율을 실질적으로 줄일 수 있는 해결책을 찾는 것에 대해서는 공감할 수 있다. 또한 낙태 자체에 대한 반대와 찬성 대신 임신한 십대들처럼 궁지에 몰린 여성들을 위한 대안을 함께 찾아보는 것에 대해서도 동의 할 수 있다. 이처럼 서로 대립된 주장에만 매몰되어 있기보다 서로 공유할 수 있는 문제의식과 해결방안을 찾아보고 확인하는 것도 관점의 차이를 넘어서 서로 이해할 수 있는 중요한 방법이 될 수 있다.

## 2. 실천 및 적용 사례

### 1) 수업 대상 학년 및 학습 주제

| |
|---|
| 대상: 고등학교 1, 2 학년 |
| 학습 주제: 타인의 관점 이해를 통해 주관적 편견 극복하기 |

### 2) 수업 계획 및 구성

### (1) 학습 목표

1. 주관적인 편견에 대해서 성찰하는 태도를 기른다.
2. 타인의 입장을 경청하는 태도를 기른다.
3. 타인의 입장을 이해하는 방법을 익힌다.

## (2) 수업 개요

| 단계 | 내용 | 주의사항 |
|---|---|---|
| 도입 | ① 동기유발: 주관적 편견에 대한 자각<br>② 학습주제 제시: | |
| 전개 | ① 전략1. 문학 작품을 통해서 간접체험 해보기<br>　- 활동1. 함민복의 "눈물은 왜 짠가"<br>　- 활동2. 카프카의 "변신" | 『변신』 미리<br>읽어오게<br>할 것 |
| | ② 전략2. 경청하기<br>　- 활동1. 문제 제기<br>　- 활동2-1. 경청지수 측정<br>　- 활동2-2. 경청의 수준 점검<br>　- 활동3. 경청의 의미와 방법 | |
| 정리 | ① 활동에 대한 평가<br>② 과제 제시 | |

## (3) 수업 단계별 활동

### ① 도입 활동

#### (가) 동기유발: 주관적인 편견에 자각

> 우리 아이들이 어렸을 때 남편과 나는 아이들이 지하실에서 노는 소리를 거실의 난방용 환기구를 통해 거의 다 들을 수 있었다. 환기구 근처에 있는 소파에서 책을 읽고 있는데 아이들이 하는 말이 너무나 또렷하게 들려 깜짝 놀랐다. 나는 몇 분 동안 아이들 말을 귀 기울여 들어보았다. 그렇게 몰래 엿들은 게 마음에 걸려 아이들이 점심을 달라며 거실로 뛰어 들어왔을 때 솔직히 털어놓았다.
> "있잖아, 너희가 지하실에서 놀고 있을 때 아빠와 엄마가 이 환기구로 너희가 하는 말을 다 들었어."
> 난 아이들이 놀랄 것이라고 생각했는데 예상은 빗나갔다. 아이들은 그래서 뭐 어떠냐는 듯 어깨를 으쓱했다.
> "알아요. 우리도 엄마랑 아빠가 하는 말을 다 듣는걸요, 뭐."
> _Hecke, M. L. V.(2007), 『블라인드 스팟』, 서울: 다산초당, p.160

1. 위 사례가 시사하는 바가 무엇일까?
2. 위 사례와 비슷한 경우를 경험한 적이 있으면 발표해보자.


(나) 학습 주제 제시: 주관적 편견의 극복 방법 —다른 사람의 입장과 관점
　　에서 이해하기

우리가 아이들 얘기를 엿들었듯이 아이들도 우리 얘기를 엿들을 수 있다는 생각을
왜 하지 못했을까? 아이들 얘기를 듣고 나니 어처구니가 없었다. 그처럼 뻔한 사실
조차 알아차리지 못하는데 다른 사람의 관점을 취하는 게 얼마나 어렵겠는가?

② 전개: 다른 사람의 관점에서 이해하는 방법 익히기


(가) 전략 1. 문학작품을 통한 간접 체험: 상상력과 공감 능력 키우기


〈활동 1〉 다음 글을 읽고 물음에 답해보자.


지난 여름이었습니다 가세가 기울어 갈곳이 없어진 어머니를 고향 이모님댁에 모
셔다 드릴 때의 일입니다 어머니는 차시간도 있고 하니까 요기를 하고 가자시며
고깃국을 먹자고 하셨습니다
어머니는 한평생 중이염을 앓아 고기만 드시면 귀에서 고름이 나오곤 했습니다
그런 어머니가 나를 위해 고깃국을 먹으러 가자고 하시는 마음을 읽자 어머니 이
마의 주름살이 더 깊게 보였습니다
설렁탕집에 들어가 물수건으로 이마에 흐르는 땀을 닦았습니다
"더울 때일수록 고기를 먹어야 더위를 안 먹는다 고기를 먹어야 하는데 … 고깃국
물이라도 되게 먹어둬라"
설렁탕에 다대기를 풀어 한 맛 숟가락 국물을 떠먹었을 때였습니다 어머니가 주인
아저씨를 불렀습니다 주인 아저씨는 뭐 잘못된 게 있나 싶었던지 고개를 앞으로
빼고 의아해하며 다가왔습니다 어머니는 설렁탕에 소금을 너무 많이 풀어 짜서
그런다며 국물을 더 달라고 했습니다 주인아저씨는 흔쾌히 국물을 더 갖다 주었습
니다
어머니는 주인아저씨가 안보고 있다 싶어지자 내 투가리에 국물을 부어 주셨습니
다 나는 당황히여 주인 아저씨를 흘금기리며 국물을 디 받았습니다 주인 아서씨는
넌지시 우리 모자의 행동을 보고 애써 시선을 외면해주는게 역력했습니다 나는
그만 국물을 따르시라고 내 투가리로 어머니 투가리를 톡, 부딪쳤습니다 순간 투가
리가 부딪치며 내는 소리가 왜 그렇게 서럽게 들리던지 나는 울컥 치받치는 감정

을 억제하려고 설렁탕에 만 밥과 깍두기를 마구 썰어댔습니다 그러자 주인 아저씨
는 우리 모자가 미안한 마음 안느끼게 조심, 다가와 성냥갑만한 깍두기 한 접시를
놓고 돌아서는 거였습니다
일순, 나는 참고 있던 눈물을 찔끔 흘리고 말았습니다 나는 얼른 이마에 흐른 땀을
훔쳐내려 눈물을 땀인 양 만들어놓고 나서, 아주 천천히 물수건으로 눈동자에서
난 땀을 씻어냈습니다 그러면서 속으로 중얼거렸습니다

눈물은 왜 짠가

_함만복, 「눈물은 왜 짠가」 전문

1. 만약 여러분이 주인이었다면 주인 몰래 국물을 더 부어주는 모습을 보
   고 어떻게 반응했겠는가?
2. 설렁탕 집 주인의 반응과 여러분의 반응에 차이점은 있는가?, 있다면
   그 이유는 무엇일까?
3. 주인이 깍두기 한 접시를 조심스럽게 놓고 돌아서는 이유는 무엇일까?

〈활동 2〉 독서 감상: 카프카의 『변신』을 읽고 나서 다음 문제에 대해서
        서로 이야기해 보자.

1. 만약 여러분이 이 소설의 주인공 그레고르 잠자처럼 어느 날 갑자기

그레고르 잠자는 어느 날 아침 불안한 꿈에서 깨어났을 때, 자신이 잠자리 속에서
한 마리 흉측한 해충으로 변해 있음을 발견했다. 그는 장갑차처럼 딱딱한 등을 대
고 벌렁 누워 있었는데, 고개를 약간 들자, 활 모양의 각질로 나뉘어 진 불룩한
갈색배가 보였고, 그 위에 이불이 금방 미끄러져 떨어질 듯 간신히 걸려 있었다.
그의 다른 부분의 크기와 비교해 볼 때 형편없이 가느다란 여러 개의 다리가 눈앞
에 맥없이 허우적거리고 있었다.
'어찌된 셈일까?'하고 그는 생각했다. 꿈은 아니었다. 그의 방, 다만 지나치게 비좁
다 싶을 뿐 제대로 된 사람이 사는 방이 낯익은 네 벽에 둘러싸여 조용히 거기
있었다. …

_카프카(F. Kafka)의 『변신』 중에서

해충으로 변신한다면 어떻겠는가?

2. 그레고르에 대한 가족들의 반응이 나타난 부분들을 찾아서 정리하고, 가족들의 반응에 대해 그레고르의 입장에서 말해보자.

3. 만약 여러분이 그레고르의 부모나 누이동생이라면 어떻게 반응하겠는가?


(나) 전략 2. 경청하기


〈활동 1〉 다음 상황을 보고 느낀 점은 무엇인지 적어보자.

〈사례 1〉 엄마의 태도

단아: (집으로 들어오며) 아이 짜증나.
엄마: 아이고, 또 짜증이냐? 너 왜 맨날 짜증만 부리냐. 무슨 애가?
단아: 애들이 나만 은근히 따돌리잖아.
엄마: 이그, 너는 어떻게 그 모양이니, 네가 뭐 잘못한 것 아니야?
단아: (소리 지르며) 아니란 말야.
엄마: 아니긴 뭐가 아니야. 그리고 왜 소리는 지르고 그래? 정 그러면 다른 친구들과 잘 지내면 되잖아.
단아: 싫단 말이야.
엄마: 그럼 어쩌라고? 네 맘대로 해.

_이희경(2006), 『보모의 대화기술』, 산호와 진주, pp.121-122

〈사례 2〉 학생의 태도

교탁을 중심으로 오른 쪽의 학생들은 고개를 숙이고 필기를 열심히 하는 행동을 하도록 하고 왼쪽의 학생들은 선생님께 시선을 맞추며 말하는 사이사이 고개를 끄덕이고 눈이 마주치면 웃는 행동을 하도록 했습니다. 이런 사실을 전혀 모르고 있는 선생님은 수업이 시작된 지 얼마 되지 않아 왼쪽 편의 학생들을 자주 바라보다가 15분 정도 지나자 아예 왼쪽에 붙박여서 강의를 했습니다. 강의가 끝나고 난 뒤에도 선생님 자신은 교탁 왼쪽에서만 수업을 진행한 사실을 전혀 의식하지 못하고 있었습니다. 선생님은 자신도 모르게 경청 행동을 보여준 학생들에게 관심을 보이며 맞춤 수업을 하게 됩니다.

서울신문, 2007.9.11

---

### 〈사례 3〉 남편의 태도

어느 날 저녁 신문을 보던 남편이 아내를 불렀다. "여보, 이것 좀 봐. 여자들이 남자보다 2배나 말을 많이 한다는 통계가 실렸네! 남자는 하루 평균 1만 5천 단어를 말하는데, 여자들은 3만 단어를 말한다는 거야!" 이 말을 들은 아내가 말했다. "남자들이 워낙 안 들으니까, 여자들은 늘 똑같은 말을 두 번씩 하게 되잖아요. 그러니까 두 배지!" 약 3초 후에 남편이 아내를 향해 물었다. "뭐라고?"

_한겨레, 2007.12.2

---

1. 위 사례의 공통된 주제는 무엇일까?
2. 사례 1과 비슷한 경험이 있으면 말해보자. 여러분의 부모님들이 여러분의 말에 경청하지 않을 때 어떤 느낌이 드는지 말해보자. 부모님들이 여러분의 말에 어떻게 반응해주었으면 좋은지도 말해보자.
3. 수업 시간에 여러분은 선생님의 강의를 경청하고 있는가? 만약 경청하기 어렵다면 경청을 방해하는 걸림돌이 무엇인지 말해보자.

〈활동 2-1〉 경청 지수는?

### 〈표 1〉 경청 지수

| 항목 | 드물게 (5점) | 가끔 (3점) | 자주 (1점) |
|---|---|---|---|
| 1. 지레짐작으로 상대의 이야기를 끝까지 듣지 않고 판단한다. | | | |
| 2. 나는 상대방의 이야기가 지루해지면 관심을 끊어 버린다. | | | |
| 3. 이야기하는 상대방이 싫은 사람일 경우 마음을 닫아버린다. | | | |
| 4. 상대의 이야기 방법이 서투른 경우 들으려고 하지 않는다. | | | |
| 5. 자신이 할 얘기를 생각하느라 상대의 말을 제대로 듣지 못한다. | | | |
| 6. 자신이 먼저 얘기하고 싶어서 상대방 이야기를 가로막은 일이 있다. | | | |
| 7. 관심 밖의 이야기여서 들을 마음이 생기지 않았던 일이 있다. | | | |

| | | | |
|---|---|---|---|
| 8. 자신과 생각이 다르다고 판단되면 전혀 듣지 않는다. | | | |
| 9. 남의 이야기를 들을 때 팔짱을 끼거나 무표정하다. | | | |
| 10. 이야기의 내용에 불명확한 점이 있어도 질문이나 확인을 하지 않는다. | | | |
| 11. 상대방이 말하는 동안 내가 대답할 내용을 머릿속으로 연습한다. | | | |
| 12. 내가 제대로 이해했는지 확인하지 않고 대답한다. | | | |
| 13. 상대방의 말을 재촉하면서 듣는다. | | | |
| 14. 상대방의 말이 끝나기 전에 조언을 한다. | | | |
| 15. 다른 일을 하면서 상대방 말을 듣는다. 가령 책이나 TV를 보면서 | | | |
| 16. 상대방이 하는 말 중에서 틀리게 말하는 부분에만 집중하며 듣는다. | | | |
| 17. 자기 생각에 상대방이 말하고자 하는 내용이 중요하지 않으면 대화를 뒤로 미룬다. | | | |
| 18. 상대방이 말하는 동안 주의 집중 하지 않아 상대방이 같은 말을 다시 하게 만든다. | | | |
| 19. 상대방의 말만 듣고 말하는 의도와 맥락에 대해서는 생각하지 않는다. | | | |
| 20. 상대방 말보다 메모하는데 더 관심을 둔다. | | | |
| 총점 | | | |

〈활동 2-2〉 여러분의 경청 태도는 다음 중 어느 수준에 해당하는가?

1) 경청의 가장 낮은 수준을 이르는 '배우자 경청(Spouse Listening)'이란 용어가 있다. TV를 보면서 건성으로 듣는 것, "좀 조용히 해봐" "있다가 얘기해!" 하는 식으로 말을 종종 가로막기까지 하는 경청이 바로 배우자 경청이다.
2) '수동적 경청(Passive Listening)'이란 상대에게 주의를 기울이거나 공감해주지 않고 그저 말하도록 놓아두는 것이다. 말을 가로막지 않는다는 면에서 배우자 경청보다는 나을지 모르지만, 이렇게 수동적으로 경청하면 말하는 사람은 주제에 집중을 못하고, '어디까지 말했더라?'하고 산만하게 된다.
3) '적극적 경청(Active Listening)'은 말하는 사람에게 주의를 집중하고, 공감해주는 경청이다. 상대방과 눈을 맞추고 고개를 끄덕이며, "저런!" "그래서 어떻게 되었는데요?" 하는 추임새를 넣으면서 듣는다. 이렇게 적극적으로 경청해주면 말하는 사람은 신이 나고 더 많은 아이디어를 얘기하게 되며 존중 받는 느낌을 갖는다.
4) 경청의 최고단계는 '맥락적 경청(Contextual Listening)'이다. 이것은 '말하지 않는 것까지 듣는 경청법(Listen beyond words)'이다. 말 자체가 아니라, 어떤 맥락에서 나온 말인가, 즉 말하는 사람의 의도·감정·배경까지 헤아리면서 듣는 것을 말한다.

_한겨레, 2007.12.2

〈활동 3〉 다음 글을 읽고 물음에 답해보자.

경청에서 청(聽)자는 '귀 耳'와 '임금 王' '열 十' '눈 目' '한 一' '마음 心' 등 여섯 자의 한자로 만들어졌다. '왕의 귀'에 '열 개의 눈' 그리고 '하나의 마음'으로 집중해서 들으라는 의미이다. 경청하기 위해서는 다음과 같은 자세가 필요하다.
1. 대화를 시작할 때 먼저 나의 마음속에 있는 판단과 선입견, 충고하고 싶은 생각들을 모두 다 비워내고 그냥 들어주도록 준비하자.
2. 상대를 완전한 인격체로 인정해야 진정한 마음의 소리가 들리 듯 상대를 인정하자.
3. 말을 배우는 데는 2년 걸리지만 침묵을 배우는 데는 60년이 걸린다고 하듯이 말하기를 절제하자.
4. 겸손하면 들을 수 있고 교만하면 들을 수 없듯이 겸손하게 이해하자.
5. 경청은 귀로만 하는 것이 아니다. 눈으로도 하고, 입으로도 하고, 손으로도 하는 것이므로 온몸으로 응답하자.

1. 여러분이 생각하는 경청의 의미는 무엇인지 간단하게 정의 내려보자.
   내가 생각하는 경청이란 ＿＿＿＿＿＿＿＿＿＿＿＿＿＿＿.
2. 여러분이 경청하기 위해서 제일 부족한 점은 무엇이며 이를 극복하기
   위해 어떤 노력을 기울여야 하는지 말해보자.
3. 경청이 자기 삶과 우리 사회에서 중요한 시민의 덕목이 될 수 있는지
   말해보자.


③ 정리

(가) 정리 질문 및 평가

1. 주관적인 편견을 극복하기 위해서 다른 사람의 관점을 이해하는 것이
   필요한지 말해보자.
2. 다른 사람의 관점을 이해하는 능력을 키우기 위한 방법으로 간접체험,
   경청에 대해서 평가해보자.

(나) 과제 부여: 다음 중 활동 하나를 선택하여 다음 시간에 발표해보자.

> • 전략 1. 자신의 생활방식, 신념, 가치와 정반대되는 관점을 조사하기
> 활동 1. 자신의 생활방식, 가치관 중에서 부모님이 가장 못 마땅하게 생각하는 부
> 　　　분이 무엇이며, 왜 그렇게 생각하는지 부모님과 인터뷰해서 발표해보자.
> 활동 2. 자신이 도저히 이해하기 어려운 입장이나 관점에 대해서 다룬 책이나 사람
> 　　　을 찾아서 그 입장에 대해서 상세히 알아보자. 특히 조사하기 전과 조사하
> 　　　고 난 후 자신의 관점이나 태도가 어떻게 달라졌는지 정리해보자.
>
> • 전략 2. 사회적인 쟁점에 관한 논쟁에서 서로 공유할 수 있는 문제의식, 목표,
> 　　　　가치 등을 찾아보기
> 활동 1. 낙태, 안락사, 인간 복제 등 우리 사회에서 쟁점이 되고 있는 문제를 찾아
> 　　　친번 상 입장에서 서로 공유할 수 있는 목표나 가치, 방향 등은 없는지
> 　　　찾아서 발표해보자.

＊이상인

## ▌참고문헌 ─────────────────────────────────

박혜주(2006). "변화의 시작 공감." 한국코칭능력개발원, *Coach* 제22권 제1호, pp. 13-17.

Hecke, M. L. V.(2007). *Blind Spot: Why smart people do dumb things*; 임옥희 옮김 (2007). 『블라인드 스팟』. 서울: 다산초당.

Root-Bernstein, Robert · Root-Bernstein, Michèle(1999). *Sparks of Genius*; 박종성 옮김(2007). 『생각의 탄생』. 서울: 에코의 서재.

—— **36**

# 사회참여 체험 학습

## 1. 해설

### 1) 사회참여 체험 학습의 의미

사회참여 체험 학습에서 사회참여란 "깨어 있는 시민이, 자신과 공동체의 질적인 발전을 목표로, 의제 설정과 담론 생산 등과 같은 사회적 의사 결정의 초기 단계에서부터 모든 일의 추진 과정과 결과 평가에 이르기까지 전 사회 과정에 대하여 지속적으로 관심을 가지고, 개인적으로 또는 집단적으로 연대하여 자발적으로 필요한 자원을 투여하고 공감의 확산과 압력을 행사하는 등 다양한 영향력을 발휘하는 것을 시민의 의무이며, 당연한 행위로 여기고, 일상생활 속에서 실천함으로써 사회의 총효율을 증진시키는 사회적 자본의 하나(최현섭, 1999: 8)"이다.

이와 같은 사회참여의 의미를 바탕으로 사회참여 체험 학습의 뜻을 정리하면 다음과 같다. 즉 사회참여 체험 학습이란 사회 현장에의 실제 참여 경험을 통해 공동체 문제에 지속적으로 관심을 갖고 이것을 해결하기 위해 노력하는 과정에서 시민성 형성에 필요한 인지적·정의적·행동적 차원의 능력을 함양해 가는 실천적인 행위와 활동 중심의 민주시민 교육방법을 말한다(설규주, 2008: 1).

사회참여 체험 학습은 교실이나 강의실을 벗어나 실제 사회를 학습의 장으로 삼는다는 점, 학습자의 능동성과 자발성을 전제로 한다는 점, 실제적 행위와 경험을 중요시하는 점 등을 특징으로 한다. 특히 사회참여 학습은 시민으로서 참여능력을 기르는 데 유용하다. 참여경험을 통해서 단순히 말과 글을 통해서는 배우기 어려운 참여에 필요한 실제적 지식(practical knowledge)을 효과적으로 배울 수 있기 때문이다(설규주, 2008: 1).

2) 사회참여 체험 학습의 절차

사회참여 체험 학습의 모형이나 절차는 다양하게 제시될 수 있으나, 여기에서는 다음과 같이 일반적 절차를 제시하고자 한다(설규주, 2008: 14-15).

### 〈사회참여 체험 학습의 절차〉

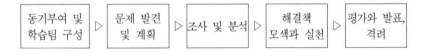

동기부여 및 학습팀 구성 ▷ 문제 발견 및 계획 ▷ 조사 및 분석 ▷ 해결책 모색과 실천 ▷ 평가와 발표, 격려

• 1단계: 동기부여 및 학습팀 구성

사회참여 학습은 학습자들의 자발성과 능동성이 필수적인 요소이다. 자발성과 능동성은 외적 동기보다는 내적 동기에 의해서 잘 유발될 수 있으므로 참여에 대한 다양한 사례를 제시하고 이에 대하여 생각해보도록 하여 학습자 스스로 참여의 필요성을 느끼고 사회참여 학습에 대한 내적인 동기를 갖도록 한다. 사회참여 학습을 할 때, 개인보다는 집단적으로 협동 학습을 하는 것이 더 효과적일 수 있다. 사회참여 학습에서는 사회적 실천을 필수적으로 하는데, 학습자 입장에서 보면 개인보다는 집단에 의할 때 이러한 실천이 용이하고, 집단 및 개인적 토론과 성찰이 동시에 이루어질 수 있어 학습 효과가 증대될 수 있기 때문이다.

• 2단계: 문제발견 및 계획

문제발견은 사회참여 학습의 주제가 될 문제를 인식하고 공유하는 단계

이다. 학습팀 내에서 브레인스토밍과 같은 자유토의를 통해서 학습자들의
경험을 바탕으로 생활주변에서 쟁점이 되고 있는 문제를 발표하도록 한다.
발표된 다양한 문제를 중요성, 해결가능성, 친근성 등을 기준으로 검토하여
학습팀의 사회참여 학습주제를 선정한다. 토의를 통하여 문제가 정해지면,
문제해결을 위한 사회참여 학습계획을 세운다. 학습계획은 구체적이고 치밀
하며 실천 가능하게 수립되도록 한다. 학습계획에는 각자의 학습과제 수행
역할, 과제 해결의 구체적인 방안, 장소와 시간 등이 포함되도록 한다. 이런
학습계획내용이 정해지면 계획서를 작성하여 학습진행의 점검표가 될 수 있
도록 한다.

•3단계: 조사 및 분석

　조사는 현장조사와 이론조사가 병행되도록 한다. 현장조사는 직접 문제가
일어나고 있는 현장을 방문하여 문제의 실태를 파악하는 단계이다. 교실(강
의실) 밖에서 이루어지는 조사 작업이므로 세심한 준비와 주의가 필요하다.
이론조사는 문제에 관련된 지식과 이론을 탐구하는 것이다. 이를 위해서는
도서관과 인터넷 등을 활용한다. 분석은 현장조사와 이론조사를 통하여 수
집된 자료를 토대로 문제에 관련된 쟁점을 알아보는 것이다. 문제에 관련된
이해관계 당사자 및 사회 전체 입장에서 각각의 주장을 파악하도록 한다.
필요하다면 직접방문 또는 인터넷상에서 전문가에게 자문을 받는다.

•4단계: 해결책 모색과 실천

　문제를 해결할 수 있는 여러 가지 법적인 대안을 모색한다. 대안은 개인
적 차원과 제도적 차원으로 나누어 생각해 볼 수 있다. 대안 모색에 있어서
는 공익성, 실현가능성 등이 우선적으로 고려되어야 하며 개인적인 이익과
권리도 가능한 보호되도록 해야 한다. 여러 가지 대안이 모색되면, 이 대안
중 학습자 입장에서 실현가능한 것을 선택하여 직접 실천한다. 실천은 다양
한 방식으로 이루어질 수 있다. 예컨대, 입법청원 서명, 홍보캠페인, 관공서
방문, 인터넷상의 관련기관 홈페이지 활용, 언론매체 투고 등을 생각해 볼

수 있다. 가능하면 실천 활동을 기록으로 남겨 이후의 사회참여 학습 자료로
활용한다. 실천과정에서 이해관계 당사자들과 갈등이나 충돌이 벌어지지 않
도록 유의한다.

• 5단계: 평가와 발표, 격려

실천과정까지의 사회참여 학습이 끝나면 다시 교실(강의실)로 돌아와 일
련의 과정을 팀별로 평가한다. 학습팀 별로 각자 느낀 점, 잘된 점과 보완할
점을 자유롭게 이야기하도록 한다. 평가과정이 의례적이 아닌 진지한 성찰
의 과정이 되도록 함으로써 사회참여 학습 과정에서 얻은 각자의 경험이
교류되고 공유될 수 있도록 한다. 평가를 종합하여 보고서를 작성하고 발표
를 한다. 발표는 보고서, 역할극, 비디오 등 다양한 형태로 할 수 있다. 보고
서에는 사회참여 학습주제, 사회참여 학습 과정, 결과와 보완점, 각 구성원
의 느낀 점 등이 기록되도록 한다. 발표는 격려와 축제적 분위기에서 이루어
지도록 하며 각 학습팀의 경험이 전체에 공유되도록 한다.

3) 사회참여 체험 학습의 유형

사회참여 체험 학습은 다양한 교육주체들, 장소, 시기에 따라 여러 가지
형태를 띨 수 있다. 이것을 정리해보면 다음과 같다(오명자, 2006: 35).

<사회참여 학습의 유형>

| 교육 대상 | 교육 기관 | 교육 시기 | 특징 |
|---|---|---|---|
| 어린이·청소년형 | 학교형 | 교과 수업형 | 교과의 관련 단원과 연계 |
| | | 재량 시간형 | 초·중·고등학교 가능한 형태 |
| | | 특별활동 (동아리)형 | 특별활동의 조직이나 동아리 형태로 운영 |
| 어린이·청소년형 | | 지역사회 연계형 | 교과수업이나 특별활동시간, 방과 후에 지역사회의 시민단체들과의 연대성 강화 |

| 어린이·<br>청소년형 | 학교 밖<br>기관 주도형 | 방과 후,<br>휴일 | 지역 사회문제에 대한 학생들의 관심 고조 |
|---|---|---|---|
| 성인형 | 지방자치단에,<br>학술단체,<br>시민사회 단체 | 연중 | 주로 시민단체가 운영 |

## 2. 실천 및 적용 사례

지금까지 사회참여 체험 학습의 사례는 매우 많다. 지난 1999년 이래 전국사회과교사모임을 중심으로 이 학습이 전파되었고, 청소년사회참여발표한마당 등의 행사를 통해 확산되어왔다. 이들 사례들은 해당교과모임이나 자료를 통해 구체적으로 많이 확보할 수 있다. 여기에서는 저자가 실천했던 사례만을 제시하고자 한다.

■ 1999년 실천사례

이 교육은 학교에서의 사전교육과 시민단체에서의 체험활동으로 두 부분으로 구성하여 실천하였다.

1) 개요

(1) 대상: 서울 D 중학교 2학년, 3학년 36명(클럽활동 NGO 탐방반)
(2) 기간 및 횟수: 1999년 총 8회
(3) 운영 시간: 특별활동 시간(매월 첫째 토요일)

2) 운영 빙식

(1) 학교 내에서의 사전 교육: 시민단체인 <인권과 평화를 위한 국제민주

연대>의 "지구촌 좋은 이웃되기 캠페인"을 교사가 운영
(2) 시민단체 방문 및 활동 참여
① 시민단체 활동가와 자원봉사자를 중심으로 강사진 확보
② 다양한 교육 방법 활용(강의, 시청각 자료 활용, 토의토론, 모둠 활동 등)
③ 학생들 스스로 시민단체 활동에 직접 참여하여 체험하는 형태로 진행

## 3) 교육 활동

(1) 참여 동기 고취
① 학생들 자신이 지금까지 살아온 삶이 무엇을 지향하고 있었는지 반성
② 자신을 위한 삶과 타인을 위한 삶의 특징 및 차이점 분석
(2) 인권에 대한 기본적 이해
① 나의 소중함과 다른 사람의 소중함에 대한 토의 및 발표
② 교사로부터 인권에 대한 설명을 들으면서 인권에 대한 기본적인 개념 형성
(3) 시민단체 활동의 의미 공유
① 인권 관련 시민단체들의 활동에 대한 조사 및 발표
② 시민의 참여 행위가 갖는 의미 인식
(4) 시민단체 탐방 및 활동 참여
① 학생의 관심에 부합하는 시민단체 선정 및 탐방
② 시민단체 프로그램에 직접 참여하거나 학생의 제안에 따라 프로그램 재구성 및 활용
(5) 참여 결과에 대한 검토 및 반성
① 프로그램 참여로 인해 생긴 자신의 변화 발견
② 자신의 참여가 문제 해결에 끼친 영향 발견
③ 일상생활에서 해결해야 할 문제 발견 및 해결책 제시

## 4) 주별 운영 내용

| 주 | 내용 |
|---|---|
| 1주차 | • 인권에 대한 일반적 접근: 나와 내 이웃이 소중한 이유 토의<br>• 우리가 소비 생활을 하는 방식에 대한 이야기 나누기<br>• 우리의 소비 생활 뒤에 가려진 노동자들의 모습 알기<br>• "지구촌 좋은 이웃되기 캠페인" 소개 및 소감문 작성 |
| 2주차 | • 외국인이 생각하는 한국 기업 및 한국인에 대해 알아보기<br>• 외국에 있는 우리 기업에서 일하는 이주 노동자들의 생활 알아보기<br>• 캠페인을 위한 준비: 소리통, 현수막, 피켓, 전단지, 노래가사 바꾸기, 율동 등<br>• 소감문 작성 및 차시예고 |
| 3주차 | • 참여연대 방문 빛 보고서 작성<br>• "지구촌 좋은 이웃되기" 거리 캠페인 실시 (인사동)<br>• 소감문 작성 및 차시예고 |
| 4주차 | • 1주차에서 3주차까지의 내용 정리 · 자신들의 활동을 알리기 위한 자료 제작<br>• 자신들의 활동 평가 및 차시 예고 |
| 5주차 | • 성남 외국인 노동자의 집 방문<br>• 기관의 연혁, 활동 내용 등에 대한 강의 및 비디오 시청<br>• 방글라데시 음식 함께 먹기　• 이주 노동자와 함께 대화하기<br>• 성금 전달　　　　　　　• 소감문 작성 및 차시예고 |
| 6주차 | • 환경운동연합 방문 및 보고서 작성<br>• 을지로입구역에서 쓰레기 문제해결을 위한 시민운동협의회와 함께 "우유병 되살리기" 캠페인 실시<br>• 소감문 작성 및 차시예고 |
| 7주차 | • 민주언론운동연합 방문 및 보고서 작성<br>• 학생들이 활동할 수 있는 과제 부여　• 소감문 작성 및 차시예고 |
| 8주차 | • 경험 나누기　　• 자신들의 활동 내용, 활동 태도, 결과 평가하기 |

## 5) 운영 결과

(1) 학생, 학부모, 교사들의 시민단체에 대한 관심 고취
(2) 캠페인에서 강조하는 내용을 자신의 문제로 인식
(3) 이주 노동자에 대한 편견 감소
(4) 캠페인 활동 자체에 대한 인식 변화 (과격한 것 → 필요한 것, 중요한
    것, 흥미로운 것, 의미 있는 것 등)
(5) 학교 내 문제 등 일상적인 문제에 대한 인식 및 해결책 모색 활동으로
    의 전이
(6) 학교 내에 일종의 시민단체 성격의 단체 조직에 대한 제안 제기

■ 2000년 실천사례

## 1) 기대 효과

(1) 청소년들이 사회현실을 알아 나가고 직접 실천적인 활동을 해 봄으로
    써 '나'뿐만 아니라 '우리'의 소중함을 깨닫게 한다.
(2) 일찍부터 시민사회단체의 활동을 접함으로써 미래의 시민사회운동의
    저변을 확대한다.
(3) 형식화된 사회봉사활동을 대체할 수 있는 교육 프로그램을 개발한다.
    더 나아가 획일화된 교과과정의 폭을 넓힌다.
(4) 장기적으로 학교 내 청소년들의 NGO 형식의 동아리를 만든다.

## 2) 경과 및 일지

(1) 청소년 특별활동 교육
    ① 서울 D중학교(NGO 탐방반 35명)
        • 1차 교육 – 일시: 4월 1일(토) 오전 9시~12시, 장소: D중학교

주제: '나와 다른 너, 너와 다른 나, 함께 살아갈 우리'
- 2차 교육 – 일시: 4월 29일(토) 오전 9시~12시, 장소: D중학교

  주제: '이유 없이 죽어간 베트남 사람들, 이제 우리가 사과해야 할 때입니다'
- 3차 교육 – 일시: 6월 3일(토) 오전 10시~1시, 장소: 대학로 마로니에 공원

  주제: '지구촌 좋은 이웃되기 – 베트남에 대한 사과 캠페인'
- 4차 교육 – 일시: 7월 1일(토) 오전 9시~12시, 장소: D중학교

  주제: '아직도 전쟁은 끝나지 않았다 – 매향리에 평화의 꽃을'
- 5차 교육 – 일시: 9월 2일(토) 오전 9시~12시, 장소: 민주언론운동시민연합

  주제: '시민사회단체 탐방 1 – 언론과 미디어 바로보기'
- 6차 교육 – 일시: 9월 30일(토) 오전 10시~오후 1시, 장소: 한글과 컴퓨터

  주제: '시민사회단체 탐방 2 – 네티즌 예절 캠페인'
- 7차 교육 – 일시: 10월 28일(토) 오전 10시~12시, 장소: (사) 좋은 벗들

  주제: '시민사회단체 탐방 3 – 굶주리는 북한동포와 어린이, 우리의 문제입니다'
- 8차 교육 – 일시: 11월 25일(토) 오전 9시~12시, 장소: 서울 청소년 문화교류센터

  주제: '시민사회단체 탐방 4 – 청소년 문화교류센터의 활동체험과 정보검색대회'

② 서울 Y중학교(NGO 탐방반 75명)
- 1차 교육 – 일시: 3월 25일(토) 오전 9시~12시, 장소: Y중학교

  주제: '나와 다른 너, 너와 다른 나, 함께 살아갈 우리'
- 2차 교육 – 일시: 4월 15일(토) 오전 9시~12시, 장소: Y중학교

주제: '이유 없이 죽어간 베트남 사람들, 이제 우리가 사과해야
할 때입니다'

• 3차 교육 – 일시: 5월 13일(토) 오전 10시~오후 1시, 장소: 대학로
마로니에공원

주제: '지구촌 좋은 이웃되기 – 베트남에 대한 사과 캠페인'

• 4차 교육 – 일시: 6월 10일(토) 오전 9시~12시, 장소: Y중학교

주제: '아직도 전쟁은 끝나지 않았다 – 매향리에 평화의 꽃을'

• 5차 교육 – 일시: 7월 8일(토) 오전 9시~12시, 장소: Y중학교

주제: '친구들의 눈물로 만들어진 나이키와 맥도날드'

• 6차 교육 – 일시: 9월 30일(토) 오전 10시~오후 1시, 장소: 한글과
컴퓨터

주제: '시민사회단체 탐방 1 – 네티즌 예절 캠페인'

• 7차 교육 – 일시: 10월 28일(토) 오전 10시~오후 1시, 장소: 북부장
애인 종합복지관

주제: '시민사회단체 탐방 2 – 장애인과 더불어 살기'

## 3) 세부추진 내용

(1) 이 프로그램은 1년간 서울의 D중학교와 Y중학교에서 직접 시행하
였다.

(2) 교육 목적: 청소년들에게 사회현실과 시민사회단체의 다양한 활동들
을 교육하고 그들이 직접 사회운동에 참여해 보는 체험을 해 봄
으로써 성인이 된 이 후에도 자연스레 자원활동 등에 참여할 수
있는 계기를 마련해 주는 것을 목적으로 하였다.

(3) 교육 방법

– 현재 각 학교에서는 매월 하루씩 특별활동의 날을 정해 시행을 하고
있다.

– 주로 취미활동 위주인 특별활동반 중에서 교사들과 함께 NGO탐방

반을 만들어 정기적으로 교육을 실시하였다.
- 초기에는 학교 내 교육을 위주로 하였고, 중반기부터는 현장체험교
육을 위주로 프로그램을 운영하였다.
(4) 프로그램 내용
※ 위의 프로그램은 학교와 단체의 상황에 따라 일정과 순서를 조정하였음.

4) 성과

(1) 1년 동안 교육을 실시하면서 학교에서 교사들이 직접 적용할 수 있는
사회현실참여형 청소년 학습프로그램의 모델을 개발하게 되었다.
(2) 교사들에게 각종 세미나와 언론, 자료제공 등을 통해 이런 교육을 소
개함으로써 일선교사들의 관심이 날로 높아지고 있으며 실제로 교육
을 실시한 학교 이외에 여러 학교에서 비슷한 형식의 교육을 시작하
거나 준비 중에 있다.
(3) 청소년들의 눈높이에 맞는 교육프로그램과 사업을 시민사회단체들이
고민할 수 있는 계기를 마련하였다.
(4) 1999년 교육과 겨울학교에 참가한 학생들이 진학한 후에도 각 동아리
와 학생회에서 사회참여활동을 하게 되었다.
(5) 적어도 교육에 참가한 학생들만큼은 시민사회운동의 필요성과 중요성
에 대해서 인식하게 되었다.
(6) 2001년도에 더욱 체계적으로 교육하고, 이 프로그램을 확산하기 위한
매뉴얼작업의 토대를 마련하였다. ＊손동빈

## ▌참고문헌

설규주(2008). "한국 민주시민교육의 방법과 실천 사례." 선거연수원발표논문.
오명자(2006). "NGO탐구반 사례연구를 통한 중학생의 사회참여의식 변화." 우석대
　　교육대학원.
최현섭(1999). "사회참여체험학습의 원리와 기본개요." 교사연수자료집. 정교협.

# 색 인

# 편자 및 집필진 소개

## ▌편자 소개

::신두철

독일 하노버대학교 정치학·교육학 학사 및 석사(복수전공)
독일 하이델베르크대학교 정치학 박사
연세대 동서문제연구원 전문연구원
경실련 정치개혁위원회 위원
현재 중앙선거관리위원회 선거연수원 교수
Email: dsin@nec.go.kr

::허영식

서울대학교 독어교육과 및 동 대학원 사회교육과 졸업
독일 프랑크푸르트대학교 사회과학부 철학 박사(사회과학교육학 전공)
2006-2007 한국민주시민교육학회 회장
현재 청주교육대학교 사회교육과 교수
Email: huhyousi@cje.ac.kr

# █ 집필진 소개(가나다 순)

:: 노찬옥
　　서울대학교 교육학 박사(사회교육 전공)
　　현재 서울 석관고등학교 교사

:: 손동빈
　　서울대학교 사회교육과 박사과정 수료
　　현재 서울 영원중학교 교사

:: 이상인
　　서울대학교 사회교육과 박사과정 수료
　　현재 서울 국악고등학교 교사

:: 이한규
　　독일 만하임대학교 철학 박사
　　현재 숭실대학교 연구교수

:: 장영호
　　서울대학교 교육학 박사(사회교육 전공)
　　현재 인천 선인고등학교 교사

:: 장원순
　　서울대학교 교육학 박사(사회교육 전공)
　　현재 공주교육대학교 사회교육과 교수

:: 조지현
　　독일 하이델베르크대학교 법학 박사
　　현재 한림대학교 법학과 교수

## 민주시민교육 핸드북 II: 방법론

인  쇄: 2009년 10월 26일
발  행: 2009년 10월 31일

공편자: 신두철·허영식
발행인: 부성옥
발행처: 도서출판 오름
등록번호: 제2-1548호 (1993. 5. 11)

서울특별시 서초구 서초동 1420-6
전  화: (02) 585-9122, 9123 / 팩  스: (02) 584-7952
E-mail: oruem@oruem.co.kr
URL: http://www.oruem.co.kr

ISBN 978-89-7778-325-6   93340        정가 18,000원

*잘못된 책은 교환해 드립니다.